GOLDMANN

W0383440

Autorin

Mit ihrem ersten Roman *Blumen der Nacht* wurde V. C. Andrews zur Bestsellerautorin. Ihrem Erstling folgten zehn weitere spektakuläre Erfolge, unter anderem *Wie Blüten im Wind, Dornen des Glücks, Schatten der Vergangenheit, Schwarzer Engel, Gärten der Nacht, Nacht über Eden* und *Dunkle Umarmung*. Nach ihrem Tod brachte ihre Familie zusammen mit einem sorgfältig ausgewählten Autor eine neue V.-C.-Andrews-Serie auf den Markt, die mit dem Titel *Zerbrechliche Träume* begann und weltweit ein begeistertes Echo hervorrief. Bis heute sind 32 Millionen V.-C.-Andrews-Bücher verkauft und in sechzehn Sprachen übersetzt worden.

In der Reihe Goldmann-Taschenbücher sind außerdem von V. C. Andrews™ erschienen:

DAS ERBE VON FOXWORTH HALL:
Gärten der Nacht. Roman (9163)
Blumen der Nacht. Roman (6617)
Dornen des Glücks. Roman (6619)
Wie Blüten im Wind. Roman (6618)
Schatten der Vergangenheit. Roman (8841)

DIE CASTEEL-SAGA:
Dunkle Wasser. Roman (8655)
Schwarzer Engel. Roman (8964)
Gebrochene Schwingen. Roman (9301)
Nacht über Eden. Roman (9833)
Dunkle Umarmung. Roman (9882)

DIE CUTLER-SAGA:
Zerbrechliche Träume. Roman (42045)
Geheimnis im Morgengrauen. Roman (41222)
Kind der Dämmerung. Roman (41304)
Stimmen aus dem Dunkel. Roman (41305)

und:
Das Netz im Dunkel. Roman (6764)

V. C. Andrews

Stimmen aus dem Dunkel

Roman

Aus dem Amerikanischen
von Uschi Gnade

GOLDMANN VERLAG

Deutsche Erstausgabe

Titel der Originalausgabe: Midnight Whispers
Originalverlag: Pocket Books, New York

Umwelthinweis:
Alle bedruckten Materialien
dieses Taschenbuches sind umweltfreundlich.
Sie sind chlorfrei und enthalten
Anteile von Recycling-Papier.

Der Goldmann Verlag
ist ein Unternehmen der Verlagsgruppe Bertelsmann

Made in Germany · 1. Auflage · 5/93
© der Originalausgabe 1992 by the Virginia C. Andrews Trust
All rights reserved including the right of reproduction
in whole or in part in any form.
This edition published by arrangement with the
original publisher, Pocket Books, New York.
© der deutschsprachigen Ausgabe 1993
by Wilhelm Goldmann Verlag, München
Umschlaggestaltung: Design Team München
Satz: IBV Satz- und Datentechnik GmbH, Berlin
Druck: Elsnerdruck, Berlin
Verlagsnummer: 41305
Lektorat: Ilse Wagner/SN
Herstellung: Peter Papenbrok
ISBN 3-442-41305-2

Inhalt

Liebe Virginia-Andrews-Leser,

diejenigen unter uns, die Virginia Andrews gekannt und geliebt haben, wissen, daß ihr nichts in ihrem Leben so wichtig war wie ihre Romane. Nie war sie so stolz wie in dem Moment, als sie das erste gedruckte Exemplar von *Blumen der Nacht* in der Hand hielt.

Virginia war eine einzigartige und begnadete Erzählerin, die Tag für Tag fieberhaft schrieb. Ständig entwickelte sie Ideen für neue Geschichten, aus denen schließlich Romane werden sollten. Gleich nach dem Stolz auf ihre Werke kam für sie die Freude, die es ihr bereitete, Briefe von Lesern zu erhalten, die von ihren Büchern beeindruckt waren.

Seit ihrem Tod haben viele von Ihnen an uns geschrieben und angefragt, ob weiterhin neue Romane von V. C. Andrews erscheinen würden. Kurz bevor sie starb, gelobten wir uns, einen Weg zu finden, um weitere Geschichten zu entwickeln, die ihrer Phantasie entsprungen sind.

Angefangen mit den letzten Bänden der Casteel-Sage, haben wir eng mit einem sorgsam ausgewählten Autor zusammengearbeitet, um ihre Begabung durch das Erschaffen neuer Romane wie *Zerbrechliche Träume, Geheimnis im Morgengrauen, Kind der Dämmerung* und jetzt *Stimmen aus dem Dunkel* weiterzuentwickeln, die von ihrem wunderbaren Erzähltalent inspiriert worden sind.

Stimmen aus dem Dunkel ist der vierte Teil einer neuen Serie. Wir glauben, es hätte V. C. Andrews große Freude bereitet, wenn sie gewußt hätte, daß vielen von Ihnen dieses weitere Lesevergnügen vergönnt ist. Andere Romane, darunter etliche, die sich auf Geschichten gründen, die Virginia noch vor ihrem Tod fertigstellen konnte, werden in den kommenden Jahren veröffentlicht werden, und wir hoffen, daß sie Ihnen soviel bedeuten werden wie bisher auch.

Hochachtungsvoll
DIE ANDREWS-FAMILIE

Prolog

Liebe Tante Trisha,
es freut mich ja so sehr, daß du zu der Party zu meinem sechzehnten Geburtstag kommen kannst. Mommy hat mir gesagt, du würdest es versuchen, aber ich hätte nicht geglaubt, daß du es schaffst, dir während der Proben freizunehmen, und schon gar nicht, weil es sich um eine neue Broadway-Show handelt!

Mommy sagt mir zwar immer wieder, sie sei nicht neidisch, aber ich weiß, daß sie es doch ist, denn ich habe sie ein paar Mal dabei ertappt, wie sie geseufzt und sehnsüchtig ein Programm von einer deiner Broadway-Produktionen angeschaut hat. Daddy Jimmy weiß auch, daß sie dich beneidet, und ihm tut es leid für sie. Es genügt ihr nicht, von Zeit zu Zeit im Hotel zu singen, und jemandem, der Mommys Talent hat, kann das schon gar nicht genügen. Ich glaube, am schlimmsten ist es für sie, wenn jemand hinterher zu ihr kommt und sagt: »Sie waren einfach wunderbar; Sie sollten am Broadway singen.«

Wir haben dieses wunderbare Hotel, das immer größeren Erfolg zu verbuchen hat, und Mommy wird als Geschäftsfrau in hohem Maß respektiert, aber ich glaube, für Mommy ist das Hotel ein Klotz am Bein. Ich habe Mommy und Daddy Jimmy schon gesagt, daß ich nicht im Hotel arbeiten möchte. Mein Bruder Jefferson kann irgendwann in ihre Fußstapfen treten, ich nicht. Ich möchte Pianistin werden und die Bernhardt-Schule in New York besuchen, in der ihr beide gewesen seid, du und Mommy.

Ich weiß, daß ich sehr froh sein sollte. Mommy und Daddy werden an meinem sechzehnten Geburtstag das größte Fest feiern, das das Hotel je erlebt hat. Nußbaum wird sich mit dem Menu selbst überbieten, der Ballsaal wird geschmückt, und alle Hotelangestellten haben ihre Aufgaben und Verantwortungen. Manche Mitarbeiter sind noch aufgeregter als ich!

Alle werden kommen, sogar Großpapa Longchamp und Gavin. Ich freue mich ja so sehr darauf, Gavin zu sehen; es ist schon viele Monate her, seit wir einander das letzte Mal gesehen haben. Wir schreiben uns praktisch wöchentlich. Er ist größer als ich. Dir kann ich es sagen, weil du meine Geheimnisse für dich behältst – ich finde, er sieht sehr gut aus.

Ich wette, Mommy wünschte, Tante Fern müßte im College bleiben und könnte nicht kommen, aber das würde sie Daddy Jimmy gegenüber nie aussprechen. Als Tante Fern das letzte Mal zu Hause war, hatten Mommy und sie einen furchtbaren Streit wegen ihren Schulnoten und einem Bericht über ihr Betragen, den der Dekan geschickt hat.

Bronson wird Großmutter Laura mitbringen, aber ich bezweifle, daß sie wissen wird, für wen das Fest gefeiert wird. Manchmal, wenn ich sie sehe, nennt sie mich Clara. Gestern hat sie mich Dawn genannt. Mommy sagt, ich sollte einfach nur lächeln und so tun, als sei ich diejenige, für die sie mich gerade hält.

Ja, ich sollte wirklich froh sein. In ein paar Tagen werde ich sechzehn, und ich werde bergeweise schöne Geschenke bekommen. Ich bin wirklich in vielerlei Hinsicht sehr glücklich dran. Meine Mitschülerinnen ziehen mich auf und nennen mich Prinzessin, weil ich hoch oben auf dem Hügel in einem wunderschönen Haus lebe und weil meine Familie eines der luxuriösesten Urlaubshotels an der ganzen Ostküste besitzt. Meine Mutter ist eine wunderschöne und talentierte Frau, Daddy Jimmy ist bei allen beliebt und geht so wunderbar mit mir um, wie mein geheimnisvoller Vater es nie hätte tun können, und wenn er auch ein frecher Lümmel ist, dann ist Jefferson doch ein süßer Bruder mit seinen neun Jahren. Sag ihm bloß nicht, daß ich das gesagt habe.

Aber ich kann diese traurigen Gefühle nicht verscheuchen, die sich in mein Herz einschleichen. Es ist, als hinge ständig eine dunkle Wolke über mir, obwohl der restliche Himmel blau ist. Ich wünschte, ich könnte dir ähnlicher sein und an allem die fröhliche Seite sehen. Mommy sagt, dein Blut schäumt wie Sekt.

Vielleicht bin ich auch nur dumm. Daddy Jimmy sagt, es ist Unsinn, wenn man glaubt, es gäbe so etwas wie einen Fluch, aber ich kann nichts dafür, daß ich mich immer wieder frage, ob auf unserer Familie nicht doch ein Fluch lastet. Schau dir doch nur die gräßlichen Dinge an, die Großvater Cutler Großmutter Laura angetan hat, und sieh dir an, was Großmutter Cutler Mommy angetan hat, als sie gerade erst geboren war. Kein Wunder, daß Randolph so jung gestorben ist und daß Tante Clara so unbändig war und schließlich bei einem Autounfall ums Leben gekommen ist. Großmutter Laura tut mir leid, weil sie seitdem verwirrt ist und in ihrer eigenen Welt lebt.

Die Leute sagen, in allen großen Familien gäbe es Tragödien, und es besteht kein Anlaß zu dem Glauben, unsere Familie sei erwählt worden, besondere Tragödien zu erleben. Und doch habe ich manchmal das Gefühl, das mich etwas Furchtbares erwartet, ein dunkler Schatten, der in einer Ecke lauert und nur auf eine Gelegenheit wartet, sich auf mich zu stürzen. Kein Maß an Musik, an Licht, an Gelächter und Freude kann ihn vertreiben. Er wartet dort und beobachtet mich wie ein häßliches, buckliges Ungeheuer, das einem Alptraum entsprungen ist.

Ich werde in wenigen Tagen sechzehn, und ich schlafe immer noch beim Licht einer kleinen Lampe. Ich weiß, daß ich mich lächerlich mache, aber ich kann nichts dagegen tun. Nur Gavin lacht nie darüber. Er scheint genau zu wissen, was ich meine. Ich sehe es in seinen dunklen Augen.

Und du lachst mich nicht aus, wenn du mich auch immer dafür ausschimpfst, daß ich nicht oft genug lächle.

Ich verspreche dir, daß ich es versuchen werde. Ich kann es kaum erwarten, dich wiederzusehen. Ich kann es kaum erwarten, all die Gäste zu sehen. Das wird das tollste Wochenende meines Lebens!

Wie du siehst, springe ich übergangslos von einer Stimmung in die andere. Kein Wunder, daß Daddy Jimmy mich einen Tischtennisball nennt.

Tante Trisha, wenn du ein Programm von deiner neuen Show hast, dann bring es doch bitte mit. Ich bin so stolz auf dich, und ich hoffe und bete, daß du eines Tages genauso stolz auf mich sein wirst.

Die liebsten Grüße
Christie

I

Mein sechzehnter Geburtstag

Die dichten Wolken, die über Nacht vom Meer herübergeweht worden waren, waren immer noch da, als ich am frühen Morgen erwachte. Ich konnte nicht mehr schlafen, nicht heute, nicht am wichtigsten Tag meines ganzen Lebens. Ich schlug meine rosa-weiß gemusterte Daunendecke zurück und sprang mit einem Satz aus meinem Bett mit dem rosagesprenkelten Baldachin, um ans Fenster zu stürzen und auf das Gelände hinauszuschauen, das zwischen unserem Haus und dem Hotel liegt. Die meisten Gärtner waren schon dort draußen und stutzten Hecken, mähten Gras und reinigten die Wege. Zwischendurch sah ich vereinzelt Gäste, die Frühaufsteher waren und ihren Morgenspaziergang machten. Viele unserer Gäste kamen schon seit vielen, vielen Jahren nach Cutler's Cove und waren schon recht betagt.

Zu meiner Rechten schimmerte das Meer so silbrig wie Münzen, und es waren Seeschwalben zu sehen, die sich hungrig auf den Strand hinabstürzten, um sich dort ihr Frühstück zu suchen. In der Ferne verschwamm ein Passagierdampfer fast mit dem grauen Hintergrund. Ich hatte mir so sehr gewünscht, es würde ein strahlend sonniger Morgen sein, wenn ich aufwachte. Ich wollte, daß das Meer so hell funkelte wie nie zuvor, und ich wollte, daß die Sonne durch die Blütenblätter der Rosen strömte, durch die Blätter der Narzissen und Tulpen, und daß sie das frische Laub der Bäume im späten Frühjahr üppig grün leuchten ließ wie irischen Klee.

Als ich noch klein war, habe ich mir immer ausgemalt, das

Hotel, das Gelände, die Strände und das Meer seien mein eigenes privates Wunderland, in das ich wie Alice gefallen war.

Ich gab allen Dingen alberne Namen und tat sogar so, als seien die Leute, die ich kannte, Tiere, die wie Menschen gekleidet waren. Nußbaum, der Küchenchef, war ein alter Löwe, und sein Neffe Leon, sein Helfer mit dem langen Hals, war eine Giraffe. Die Pagen, die umhereilten, waren Kaninchen, und Mr. Dorfman, der um jede Tageszeit mit weitaufgerissenen Augen durch das Hotel schlich und nach Mängeln und Unzulänglichkeiten Ausschau hielt, war eine hochnäsige Eule. Ich blickte zu dem Ölgemälde im Foyer auf, das Großmutter Cutler darstellte, und ich stellte sie mir als die böse Hexe vor. Sogar die Zwillinge von Onkel Philip und Tante Bet, Richard und Melanie, die einander wirklich ähnlich sahen, fürchteten sich vor Großmutter Cutlers Bild und versuchten, einander oder mich und Jefferson damit zu erschrecken, daß sie sagten: »Großmutter Cutler wird dich erwischen!«

Mommy hatte mir zwar nie all die gräßlichen Einzelheiten erzählt, aber ich wußte, wie furchtbar sie behandelt worden war, als sie damals nach Cutler's Cove zurückgebracht wurde. Es erschien mir einfach unglaublich, daß jemand Mommy derart verabscheuen konnte. Manchmal, wenn ich sehr tapfer war und niemand in meiner Nähe war, stellte ich mich hin und starrte Großmutter Cutlers Porträt an, um ihr hageres, hartes Gesicht zu betrachten und mich zu fragen, ob in diesem finsteren, bösen Gesicht irgendwelche Hinweise verborgen waren, die mir dabei halfen, zu verstehen, warum sie so grausam gewesen war. Ich hatte immer das Gefühl, daß ihre kalten grauen Augen mir folgten, wenn ich an diesem Porträt vorbeilief. Ich hatte zahlreiche Alpträume, in denen sie vorkam.

Ganz anders war Großvater Cutlers Gesicht auf dem Porträt in Mommys Büro. Auf seinen Zügen stand ein verschlagenes

Lächeln, aber es war von der Art, die mich dazu brachte, ganz schnell den Blick wieder abzuwenden und mich zu vergewissern, daß auch all meine Knöpfe geschlossen waren. Ich wußte andeutungsweise, daß er Großmutter Laura etwas sehr Böses angetan hatte, das Mommys Geburt zur Folge gehabt hatte; aber auch in dem Fall hatte mir noch niemand in allen Einzelheiten gesagt, was eigentlich genau passiert war. All das gehörte einer geheimnisvollen Vergangenheit an, der düsteren und unerfreulichen Geschichte der Cutlers. Die Geschichte meiner Vorfahren wurde weitgehend unter Verschluß gehalten, war in alten Dokumenten begraben, die in eiserne Tresore gestopft und verstaut worden waren oder in irgendwelchen Fotoalben klebten, die in verstaubten Kartons irgendwo auf dem Dachboden im Hauptgebäude des Hotels aufbewahrt wurden.

Und hier arbeiteten immer weniger Menschen, die sich noch an Großmutter und Großvater Cutler erinnern konnten. Diejenigen, die sie noch in Erinnerung hatten, wollten meine Fragen nie beantworten und sagten immer nur: »Danach solltest du deine Mutter fragen, Christie. Das sind Familienangelegenheiten.« Als seien Familienangelegenheiten Schlüsselworte für größte Geheimnisse. Mrs. Boston, unsere Haushälterin und unser Kindermädchen, hatte auf jede Frage eine feststehende Antwort parat. Sie war Großmutter Cutlers Haushälterin gewesen, aber sie erwiderte immer: »Es ist besser, wenn du das nicht weißt.«

Warum war das besser? Wie furchtbar konnte es denn gewesen sein? Wann würde ich endlich alt genug sein, um es zu erfahren? Daddy Jimmy sagte, für Mommy sei es zu schmerzlich, über diese Dinge zu reden und dabei in Einzelheiten zu gehen, und es würde bei ihr nur alte Erinnerungen wachrufen und sie zum Weinen bringen.

»Du willst doch nicht, daß sie weint, oder?« fragte er mich

jedesmal, und dann schüttelte ich den Kopf und versuchte, diese Dinge zu vergessen.

Aber es war ausgeschlossen, eine Vergangenheit zu vergessen, die in dunklen Winkeln und zwischen den Sätzen lauerte, eine Vergangenheit, die bewirken konnte, daß ein Lächeln sich plötzlich in einen Ausdruck der Traurigkeit oder der Angst verwandelte, eine Vergangenheit, die mir von den alten Gemälden oder von den Grabsteinen auf den Gräbern von Randolph und Tante Clara entgegenblickte, die sich in dem Teil des alten Friedhofs befanden, der den Familienangehörigen vorbehalten war. Manchmal löste das bei mir das Gefühl aus, nur ein halber Mensch zu sein, als müßte ich der anderen Hälfte meiner Person noch begegnen, die eines Tages aus diesen dunklen Schatten auftauchen und sich mir als die wahre Christie Longchamp vorstellen würde.

Nichts verstärkte dieses Gefühl mehr in mir als der Umstand, daß ich nur spärliche Fakten über meinen wirklichen Vater wußte. Ich kannte seinen Namen, Michael Sutton, und ich wußte, weil ich in der Schulbücherei nachgeschlagen hatte, daß er früher einmal ein berühmter Opernsänger war, der auch in London und am Broadway aufgetreten war und dort gesungen hatte. Seine Karriere hatte eine abrupte Wendung zum Schlechten genommen, und er war aus der Öffentlichkeit verschwunden. Mommy wollte nicht über ihn reden. Sie wollte mir nicht erzählen, wie sie sich so ineinander verliebt hatten, daß sie mich bekommen hatte, und auch nicht, warum ich ihn nie zu sehen bekam. Wenn ich sie danach fragte, sagte sie immer: »Eines Tages werde ich dir das alles erzählen, Christie, wenn du alt genug bist, um es zu verstehen.«

Oh, wie sehr es mir doch verhaßt war, wenn die Leute das zu mir sagten. Wenn du alt genug bist, um zu verstehen, warum sich Erwachsene verlieben und entlieben, warum Erwachsene einander hassen und verletzen, warum Menschen wie Großmutter Laura, die früher einmal jung und schön und stark und energiegeladen waren, innerlich so übel aus den Fugen geraten, so sehr schrumpfen und zum Krüppel werden können, daß sie die Namen derer, die sie lieben, alle vergessen? Ich kam zu dem Schluß, es läge nicht daran, daß ich noch nicht alt genug war; es lag daran, daß Mommy und die Leute, die die Vergangenheit kannten, es als zu schmerzlich empfanden, darüber zu reden, und daher erfanden sie immer wieder einen neuen Vorwand und neue Ausflüchte. Sie taten mir leid, aber inzwischen tat ich mir selbst auch leid. Ich hatte ein Recht darauf, es zu erfahren... zu erfahren, wer ich war.

Während ich immer noch dastand und aus dem Fenster meines Zimmers schaute, knöpfte ich mir den obersten Knopf meiner wollenen Schlafanzugjacke zu. Die Junitage waren morgens immer noch ein wenig kühl, doch den Spatzen, die vor dem Fenster meines Zimmers auf den Telefonleitungen herumsaßen, schien das nichts auszumachen. Heute saßen sie merkwürdig ruhig da und schauten mich aus neugierigen Augen an. Es war, als wüßten sie, daß heute mein sechzehnter Geburtstag war, und als wollten sie sehen, wie ich auf den grauen Himmel reagierte. Sie flatterten nervös mit den Flügeln, blieben aber sitzen, als kauerten sie in unsichtbaren Nestern, und starrten weiterhin zu mir herüber.

Ich schaute sie böse an, verschränkte die Arme unter den Brüsten und ließ die Schultern auf die Art hängen, die Mommy nicht ausstehen konnte. Ich konnte nichts dafür, daß mir so zumute war. Daddy Jimmy bezeichnete mich als Wetterfahne.

»Ein Blick in dein Gesicht genügt«, sagte er, »und ich weiß, ob es ein schöner Tag werden wird oder nicht.«

Er hatte recht. Ich war wie eine Fensterscheibe; so leicht konnte man durch mich hindurchschauen und lesen, was innen geschrieben stand. Das Wetter wirkte sich immer auf meine Stimmung aus. Wenn es regnete und regnete, schaute ich nicht einmal aus dem Fenster hinaus. Ich tat dann so, als sei es draußen schön, und ignorierte das Plätschern der Tropfen auf dem Dach schlichtweg. Aber wenn die Sonne durch meine Spitzengardinen strömte und mein Gesicht küßte, öffneten sich meine Augen, und ich hüpfte mit einem Satz aus dem Bett, als sei der Schlaf ein Gefängnis gewesen, und das Tageslicht sei der Schlüssel, mit dem sich die schwere Eisentür aufschließen ließ.

Mr. Wittleman, mein Klavierlehrer, sagte dasselbe über mich. Er hatte es sich mittlerweile angewöhnt, an dunklen, bewölkten Tagen ein ernstes Stück auszusuchen, etwas von Brahms oder Beethoven, und an sonnigen Tagen entschied er sich für etwas Leichtes oder Liebliches, etwa von Tschaikowsky oder von Liszt. Er sagte, meine Finger würden jedesmal zehn Pfund mehr wiegen, wenn es regnet.

»Du hättest als Blume geboren werden sollen«, sagte er, und seine dichten dunkelbraunen Augenbrauen zogen sich zusammen. Sie waren so dick wie Raupen. »Wenn man bedenkt, wie du aufblühst oder den Kopf hängen läßt.«

Ich wußte, daß er sich damit über mich lustig machte, obgleich er nicht lächelte. Er war ein strenger, aber toleranter Mann, der eine Reihe von jungen Leuten in Cutler's Cove privat unterrichtete. Mit Kleinigkeiten gab er mir zu verstehen, daß ich seine vielversprechendste Schülerin war. Er sagte mir, er würde mit Mommy darüber reden, daß ich mich bei Julliard in New York City bewerben und dort vorspielen sollte.

Ich wandte mich vom Fenster ab, als ich hörte, wie mein kleiner Bruder Jefferson aus seinem Zimmer kam und durch den Korridor zu meinem Zimmer tappte. Ich wartete gespannt darauf, wie sich mein Türgriff langsam drehen würde. Er liebte es, sich leise reinzuschleichen, wenn ich noch schlief, und dann laut zu schreien und auf mein Bett zu springen, gleichgültig wie oft ich ihn dafür schon ausgeschimpft hatte. Ich sagte zu Mommy, der Cartoonist, der *Denace the Menace* erfunden hatte, hätte Jefferson bestimmt gekannt.

Heute morgen würde ich ihn, da ich bereits aufgestanden war, überraschen. Ich sah, wie sich der Türgriff drehte und die Tür sich Stückchen für Stückchen öffnete, bis sich Jefferson auf Zehenspitzen durch den Türspalt schleichen konnte. In dem Moment, in dem er seinen Fuß ins Zimmer schob, packte ich die Tür und riß sie weit auf.

»JEFFERSON!« schrie ich, und er schrie vor Schreck laut auf, und dann lachte er und sprang auf mein Bett und schlüpfte schnell unter meine Daunendecke. Auch er war noch im Schlafanzug. Ich gab ihm einen festen Klaps auf sein Hinterteil. »Ich habe dir doch gesagt, daß du das bleiben lassen sollst. Du mußt lernen anzuklopfen.«

Er streckte den Kopf unter der Decke raus. Jefferson war ganz anders als ich. Er war niemals niedergeschlagen und störte sich nie am Wetter, wenn es ihn nicht daran hinderte, etwas zu unternehmen, was er geplant hatte. Er konnte ebensogut in einem warmen Nieselregen im Freien spielen wie bei Sonnenschein. Wenn er erst in seine Phantasiewelt eingetaucht war, dann zählte nichts anderes mehr. Mrs. Boston mußte ihn vier- oder fünfmal rufen, ehe er sie hörte, und wenn man ihn bei etwas störte, dann kniff er seine Saphiraugen zu dunklen kleinen Schlitzen zusammen und wurde wütend. Er hatte sein Temperament und seinen Körperbau von Daddy Jimmy geerbt, aber er hatte Mommys Mund und Nase. Sein Haar war dunkelbraun, doch im Sommer wurde es heller, vielleicht, weil er jede mögliche Sekunde in der Sonne verbrachte.

»Heute hast du Geburtstag«, bekundete er und ging nicht auf meine Beschwerde ein. »Da soll ich dir sechzehn Klapse auf den

Hintern geben – und dann noch einen, um dir Glück zu wünschen.«

»Das wirst du nicht tun. Wer hat dir das gesagt?«

»Raymond Sanders.«

»Dem kannst du ausrichten, er soll sich selbst siebzehn Klapse verpassen. Und jetzt verschwinde aus meinem Bett, und geh wieder in dein Zimmer, damit ich mich anziehen kann«, ordnete ich an. Er setzte sich auf, schlug die Decke über seine Beine und schaute mich aus diesen dunklen forschenden Augen an.

»Was glaubst du wohl, was du geschenkt bekommst? Du wirst Hunderte von Geschenken bekommen. Es sind so viele Leute zu deinem Geburtstagsfest eingeladen«, fügte er noch hinzu und streckte die Hände mit erhobenen Handflächen aus.

»Jefferson, es gehört sich nicht, an die Geschenke zu denken. Es ist schon nett genug von diesen Menschen, daß sie alle kommen, manche sogar von sehr weit her. Und jetzt verschwinde, ehe ich Daddy rufe«, sagte ich und wies auf die Tür.

»Wirst du viel Spielzeug geschenkt bekommen?« fragte er gespannt, und seine Augen strahlten vor Erwartung.

»Das glaube ich kaum. Ich werde sechzehn, Jefferson, nicht sechs Jahre alt.«

Er verzog das Gesicht. Er haßte es, wenn er zu seinem Geburtstag Kleidungsstücke und keine Spielsachen geschenkt bekam. Die Päckchen mit den Kleidern riß er auf, schaute sie einen Moment lang an und wandte sich dann hoffnungsvoll dem nächsten Geschenk zu.

»Warum ist der sechzehnte Geburtstag so wichtig?« fragte er.

Ich strich mir das Haar zurück, damit es mir über die Schultern fiel, und dann setzte ich mich auf das Fußende des Bettes.

»Weil von den Menschen erwartet wird, daß sie ein Mädchen anders behandeln, wenn es sechzehn wird«, erklärte ich.

»Wieso?« Jefferson hat immer eine Menge Fragen auf Lager

und bringt mit seinem »Warum?«, »Wieso?« und »Was?« jeden um den Verstand.

»Es ist einfach so. Sie behandeln einen dann mehr wie eine Erwachsene und nicht mehr wie ein Kind oder wie ein kleines Baby, wie du es bist.«

»Ich bin kein Baby«, protestierte er. »Ich bin neun.«

»Du benimmst dich aber wie ein Baby. Jeden Morgen schleichst du dich in mein Zimmer und schreist. Und jetzt geh endlich, und zieh dich für das Frühstück an«, sagte ich und stand auf. »Ich muß noch duschen und mir etwas zum Anziehen rauslegen.«

»Wann kommt Tante Trisha?« fragte er, statt zu gehen. Er würde vorher noch tausend weitere Fragen stellen.

»Heute, am frühen Nachmittag.«

»Und Gavin?«

»Etwa zwischen drei und vier Uhr. Okay, Jefferson. Kann ich mich jetzt anziehen?«

»Zieh dich ruhig an«, sagte er achselzuckend.

»Ich ziehe mich nicht im Beisein von Jungen an«, sagte ich. Er verzog den Mund nach allen Seiten, als kaute er auf diesem Gedanken herum.

»Warum nicht?« fragte er schließlich.

»Jefferson! Du solltest inzwischen alt genug sein, um solche Fragen nicht mehr zu stellen.«

»Ich ziehe mich doch auch an, wenn Mommy oder Mrs. Boston dabei ist«, sagte er.

»Das liegt daran, daß du noch ein Kind bist. Und jetzt raus mit dir!« sagte ich und wies wieder auf die Tür. Langsam glitt er aus dem Bett, blieb dann stehen und dachte über das nach, was ich gesagt hatte.

»Richard und Melanie ziehen sich voreinander an und aus«, sagte er. »Und die beiden sind zwölf.«

»Woher weißt du, daß sie das tun?« fragte ich. Mich interessierte immer, was bei Onkel Philip und Tante Bet vorging. Sie wohnen immer noch im alten Teil des Hotels, und Onkel Philip und Tante Bet schliefen jetzt dort, wo Großmutter Laura und Randolph früher einmal geschlafen hatten. Die Zwillinge hatten ihre eigenen Zimmer, aber bis zu diesem Jahr hatten sie gemeinsam in dem Zimmer geschlafen, das früher Mommy und Daddy Jimmy gehört hatte. Ich ging nicht oft in die obere Etage, doch jedesmal, wenn ich es tat, blieb ich vor der verschlossenen Tür zu Großmutter Cutlers früherer Suite stehen. Ich hatte nie Gelegenheit gehabt, einen Blick hineinzuwerfen.

»Ich habe sie gesehen«, sagte Jefferson.

»Du hast gesehen, wie Melanie sich angezogen hat?«

»Mhm. Ich war in Richards Zimmer, und sie ist reingekommen, um sich ein Paar von seinen blauen Socken zu holen«, erklärte er.

»Sie tragen abwechselnd ihre Socken?« fragte ich ungläubig.

»Mhm«, meinte Jefferson und nickte. »Und sie hatte nur ihre Unterwäsche an und nichts drüber«, sagte er und wies auf seine Brust. Mir sprang der Mund auf. Melanies Brüste hatten bereits begonnen, sich zu entwickeln.

»Das ist ja furchtbar«, sagte ich. Jefferson zuckte die Achseln.

»Wir haben uns zum Federball spielen fertiggemacht.«

»Das interessiert mich nicht. Ein Mädchen in dem Alter sollte nicht halbnackt vor ihrem Bruder und ihrem Cousin rumlaufen.«

Jefferson zuckte wieder die Achseln, und dann fiel ihm etwas anderes ein.

»Falls du doch Spielsachen geschenkt bekommst, darf ich dann heute abend damit spielen? Darf ich?«

»Jefferson, ich habe es dir doch schon gesagt. Ich glaube nicht, daß ich Spielsachen geschenkt bekomme.«

»Aber wenn du doch welche kriegst«, beharrte er.

»Ja, dann darfst du damit spielen. Wenn du jetzt auf der Stelle aus meinem Zimmer verschwindest«, fügte ich noch hinzu.

»Prima«, rief er und rannte in dem Moment zur Tür hinaus, in dem Mommy anklopfte und die Tür öffnete. Er prallte fast mit ihr zusammen.

»Was ist denn hier los?« fragte sie.

»Jefferson wollte gerade gehen, damit ich mich anziehen kann«, sagte ich und fixierte ihn mit einem wütenden Blick.

»Geh schon, Jefferson. Laß deine Schwester in Ruhe. Sie hat heute eine Menge zu tun«, riet ihm Mommy.

»Sie hat gesagt, daß ich heute abend mit ihren Spielsachen spielen darf«, behauptete er.

»Mit ihren Spielsachen?«

»Er glaubt, ich bekäme Spielzeug geschenkt«, sagte ich.

»Ach so.« Mommy lächelte. »Geh schon, Jefferson. Zieh dich zum Frühstück an.«

»Ich bin ein Pirat«, erklärte er und hob den Arm, als hielte er ein Schwert in der Hand. »Yo ho ho, und eine Buddel voll Rum«, schrie er und raste zur Tür hinaus. Mommy lachte, und dann wandte sie sich zu mir um und lächelte mich an.

»Alles Gute zum Geburtstag, meine Süße«, sagte sie und kam auf mich zu, um mir einen Kuß zu geben und mich zu umarmen. »Es wird ein wunderschöner Tag werden.« Ich konnte die Freude und das Glück in ihren Augen sehen. Die Röte, die in ihr Gesicht strömte, machte sie noch schöner.

»Danke, Mommy.«

»Daddy duscht gerade und zieht sich an. Er möchte, daß wir dir unser erstes Geschenk beim Frühstück geben. Ich glaube, er ist noch mehr gespannt als ich«, fügte sie hinzu.

»Ich bin so aufgeregt und auf alle, die kommen, gespannt«, sagte ich. »Tante Trisha kommt doch wirklich, oder?«

»Oh, ja, sie hat gestern abend angerufen. Und sie bringt dir Programmhefte und andere Kleinigkeiten vom Theater mit.«

»Ich kann es kaum erwarten.« Ich ging zum Kleiderschrank und suchte mir einen Rock und eine Bluse.

»Du solltest heute morgen lieber einen deiner leichten Pullover anziehen«, riet mir Mommy. »Es ist noch empfindlich kühl.« Sie stellte sich mit mir vor meinen Schrank, um mein Kleid noch einmal anzuschauen, das für das Fest geschneidert worden war. »Du wirst ganz wunderschön darin aussehen«, sagte sie und hielt das Kleid vor sich hin.

Es war zartrosafarben und dreiviertellang und trägerlos und hatte einen herzförmigen Ausschnitt und einen weiten Rock, unter dem man viele Petticoats trug. Ich hatte passende Schuhe dazu und würde auch Handschuhe tragen. Als ich das Kleid zum ersten Mal anprobiert hatte, fand ich, ich sähe doof darin aus, weil mein Busen so klein war, aber Mommy hatte mich damit überrascht, daß sie mir einen wattierten BH kaufte. Die Wirkung hatte mich schockiert. Es verschlug mir den Atem, als ich sah, wie der Ansatz meiner Brüste so angehoben wurde, daß ein Spalt dazwischen entstand. Mein Gesicht war rot angelaufen, und auch mein Hals und mein Dekolleté hatten sich zart gerötet. Konnte ich das wirklich tragen? Würde ich es wagen?

»Du wirst sehr erwachsen aussehen«, sagte Mommy und seufzte. Sie drehte sich zu mir um. »Mein kleines Mädchen ist jetzt eine junge Dame. Du wirst schneller, als wir glauben, die Schule beenden und ins College gehen«, fügte sie noch hinzu, doch es klang melancholisch.

»Ich will das tun, was Mr. Wittleman sagt, Mommy. Ich möchte bei Julliard oder vielleicht auch bei Sarah Bernhardt vorspielen«, sagte ich, und ihr Lächeln verblaßte. Aus irgendwelchen Gründen hatte Mommy Angst davor, ich könnte nach New York gehen, und sie machte mir nicht gerade viel Mut.

»Es gibt auch außerhalb von New York viele gute Schulen für die darstellenden Künste. Es gibt auch hier in Virginia einige.«

»Aber, Mommy, warum sollte ich nicht nach New York gehen wollen?«

»New York ist zu groß. Dort kann man sich verlaufen.«

»In New York bieten sich die meisten Gelegenheiten, Mommy«, erwiderte ich. »Das sagt Mr. Wittleman auch.«

Sie wandte nichts dagegen ein. Statt dessen trat dieser traurige Ausdruck in ihr Gesicht, und sie schlug die blauen Augen nieder und senkte den Kopf. Sie war so schön und normalerweise fröhlich und lebhaft, daß ich oft eine furchtbare Vorahnung hatte und eine Leere in meinem Herzen fühlte, wenn etwas sie traurig machte und ihr Gesicht sich verfinsterte.

»Und außerdem, Mommy«, rief ich ihr ins Gedächtnis zurück, »bist du dort in die Schule für darstellende Künste gegangen, und Tante Trisha war auch dort, und schau nur, wieweit sie es gebracht hat!«

»Ich weiß«, sagte sie und gestand widerstrebend ein, daß das, was ich gesagt hatte, die Wahrheit war. »Trotzdem habe ich Angst um dich, und dagegen kann ich einfach nichts tun.«

»Ich werde dann auch nicht viel älter sein, als du es gewesen bist, als du die gesamte Verantwortung für das Hotel auf dich genommen hast«, erinnerte ich sie.

»Ja, Schätzchen, das ist wahr, aber die Verantwortung ist mir aufgedrängt worden. Es war nicht so, daß ich sie hätte haben wollen. Mir ist nichts anderes übriggeblieben«, klagte sie.

»Wirst du mir die ganze Geschichte erzählen, Mommy? Warum du von der Sarah-Bernhardt-Schule abgegangen bist? Wirst du es mir erzählen?«

»Bald«, versprach sie.

»Und wirst du mir endlich die Wahrheit über meinen richtigen Vater erzählen? Wirst du das tun?« bohrte ich weiter. »Ich bin jetzt alt genug, um alles zu erfahren, Mommy. Ich bin wirklich alt genug.«

Sie schaute mich an, als sähe sie mich zum ersten Mal. Dann trat dieses engelhafte Lächeln auf ihre Lippen, und sie streckte die Hand aus, um mir ein paar Strähnen meines goldblonden Haars aus der Stirn zu streichen.

»Ja, Christie. Heute abend werde ich in dein Zimmer kommen und dir die Wahrheit erzählen«, versprach sie mir.

»Die ganze Wahrheit?« fragte ich und hätte fast hörbar nach Luft geschnappt. Sie holte tief Atem und nickte.

»Die ganze Wahrheit«, sagte sie.

Daddy Jimmy saß bereits am Tisch und las die Zeitung, als ich zum Frühstück nach unten kam. Mommy war in Jeffersons Zimmer gegangen, um ihm zu helfen. Er konnte endlos trödeln, wenn er plötzlich Interesse an einem seiner Spielzeuglastwagen oder Züge bekam, während er sich die Zähne putzte oder das Haar bürstete.

»Alles Gute zum Geburtstag, Schätzchen«, sagte Daddy Jimmy und beugte sich vor, um mir einen Kuß auf die Wange zu geben, als ich mich setzte.

Daddy Jimmy sah immer noch so aus, als sei er mein älterer Bruder und nicht mein Stiefvater. Meine Eltern sahen beide so jung aus, daß all meine Freundinnen neidisch darauf waren, vor allem meine beste Freundin, Pauline Bradley, die Enkelin von Mrs. Bradley. Mrs. Bradley war die Empfangsdame, die für die Rezeption verantwortlich war.

»Jimmy hat so verträumte Augen«, sagte Pauline oft. Vor allem im Sommer äußerte sie sich immer wieder zu Jimmys Aussehen, wenn er braungebrannt war, weil er viel im Freien arbeitete. Seine dunklen Augen strahlten und glänzten wie geschliffener Onyx, und er hatte wunderbare weiße Zähne. Er war muskulös und groß, und in der letzten Zeit hatte er sich das Haar länger wachsen lassen und bürstete es sich zart gewellt aus der Stirn. Es fiel mir nicht schwer, zu verstehen, warum Mommy sich in ihn verliebt hatte, warum sie ihn schon geliebt hatte, als sie beide noch Kinder waren.

»Und wie fühlt man sich, wenn man das stolze Alter von sechzehn Jahren erreicht hat?« fragte er und lächelte belustigt.

»Ich weiß es nicht. Ich glaube, ich bin zu aufgeregt, um irgend etwas zu empfinden«, sagte ich, und er lächelte noch mehr.

»Wenn man deine Mutter sieht, könnte man glauben, sie würde heute sechzehn«, bemerkte er spöttisch.

»Was hast du da gerade gesagt, James Gary Longchamp?« rief Mommy, die zur Tür hereinkam und Jefferson hinter sich herzog.

Daddy Jimmy griff nach seiner Zeitung und tat so, als wollte er weiterlesen.

»Und dabei ist es so«, sagte Mommy, als sie sich setzte, »daß dein Vater derjenige ist, der sich um das Essen gekümmert hat, um die Dekoration, um die Musik. Er ist derjenige, der das gesamte Hotelpersonal verrückt macht, weil er darauf besteht, daß jede Hecke pedantisch genau geschnitten wird, daß jeder Blumenstengel gerade dastehen soll. Man könnte glauben, er veranstaltete ein Fest für die Königin von England!«

Daddy Jimmy zog die Zeitung so zur Seite, daß er mich sehen konnte, und zwinkerte mir zu.

»Daddy, Daddy, darf ich heute mit dir auf dem großen Rasenmäher fahren?« bettelte Jefferson. »Darf ich? Bitte.«

»Das werden wir noch sehen«, sagte Daddy. »Es kommt darauf an, ob du brav dein Frühstück ißt und wie viele Leute du innerhalb von einer Stunde verrückt machst.«

Mommy und ich lachten.

»Alles Gute zum Geburtstag, Christie«, sagte Mrs. Boston, die mit Eiern und Haferflocken ins Eßzimmer trat. Nachdem sie alles abgestellt hatte, drückte sie mich an sich und gab mir einen Kuß.

»Danke, Mrs. Boston.«

»Du wirst ein schönes Geburtstagskind abgeben.«

»Sie kommen doch zu meiner Party, ja?« fragte ich sie.

»Ja, sicher. Ich habe mir speziell dafür ein neues Kleid gekauft, ein modernes.« Sie warf einen schnellen Blick auf Daddy Jimmy. »Und wagen Sie es nicht, sich dazu zu äußern, Mr. Longchamp.«

Daddy lachte in sich hinein und faltete seine Zeitung zusammen. Dann griff er neben seinen Stuhl und hob ein kleines Päckchen auf.

»Wir werden heute keine einzige Gelegenheit mehr haben, miteinander allein zu sein, und daher haben wir uns entschlossen, dir das jetzt zu geben«, erklärte er. »Wir dachten, es könnte dir heute noch nützlich werden, wenn man bedenkt, wie wichtig jede einzelne Minute ist.«

»Uih!« rief Jefferson, den das Geschenkpapier beeindruckte.

Aufgeregt fing ich an, das Geschenk auszupacken, und dabei achtete ich sorgsam darauf, das schöne Papier nicht einzureißen. Ich wollte alles aufbewahren, was mich an diesen Tag erinnerte, jedes kleine Andenken, jedes Souvenir. Ich öffnete die längliche Schachtel, und mein Blick fiel auf eine unglaublich schöne, goldene Uhr.

»Oh, wie schön«, rief ich aus. »Danke, Daddy.« Ich umarmte ihn. »Danke, Mommy«, sagte ich und gab ihr einen Kuß.

»Laß dir beim Anziehen helfen«, sagte Daddy Jimmy und zog die Uhr aus dem Etui.

»Kann man sie auch als Wecker benutzen? Läßt sie sich aufklappen? Ist sie wasserdicht?« fragte Jefferson.

»Das ist eine ganz normale Damenuhr«, sagte Daddy. »Schau sie dir an«, fügte er hinzu, als ich das Handgelenk ausstreckte.

»Sie steht dir sehr gut, Christie«, sagte Mommy.

»Ist die Zeit auch richtig eingestellt?« fragte Jefferson. »Wie willst du wissen, wie spät es ist, wenn die Uhr so klein ist?«

»Ich kann die Zeit gut ablesen. Ja.« Ich lächelte alle an und war so froh darüber, daß wir zusammen waren, daß wir einander alle so liebten. Einen Moment lang vergaß ich sogar, daß es ein bewölkter Tag war. Im Haus herrschte so viel warmer Sonnenschein. »Richtiger könnte die Zeit gar nicht sein!« Mommy und Daddy Jimmy lachten, und während wir beim Frühstück saßen, redeten alle aufgeregt durcheinander.

An den Wochenenden half ich, wenn ich mich nicht um Jefferson kümmerte, im allgemeinen im Hotel aus und löste an der Rezeption Angestellte ab. Manchmal kaum Pauline rüber und half mir bei der Arbeit. Sie hatte sich nacheinander in verschiedene Pagen verliebt, wie ich auch, denn es machte Spaß, im Foyer mit ihnen zu flirten, und ebensoviel Spaß machte es, das Telefon abzunehmen und mit Menschen zu reden, die aus fernen Orten anriefen, sogar aus Montreal in Kanada. Aber heute, an meinem Festtag, mußte ich nichts tun. Sowie wir mit dem Frühstück fertig waren, wollte ich in den Ballsaal gehen, um mir anzusehen, wieweit er schon geschmückt war. Natürlich bettelte Jefferson, ich sollte ihn mitnehmen.

»Du solltest deine Schwester heute in Ruhe lassen«, warnte ihn Mommy.

»Es ist schon gut, Mommy, solange er sich benimmt«, sagte ich und schaute ihn streng an. Ich hätte ebensogut versuchen können, mit meinen Blicken Eis zu schmelzen. Niemand außer Daddy Jimmy und Mrs. Boston konnte Jefferson dazu bringen, daß er sich benahm, wenn er keine Lust hatte, sich zu benehmen.

»Ich werde brav sein«, versprach er.

»Wenn du brav bist, kannst du mir heute nachmittag beim Rasenmähen helfen«, sagte Daddy Jimmy. Das genügte, um zu bewirken, daß er sich aufrecht hinsetzte, sein Frühstück aß und seine Milch trank. Danach nahm er gehorsam meine Hand, und wir eilten zur Tür hinaus, und wir schafften es sogar, noch vor Mommy im Hotel zu sein.

Der große Ballsaal war festlich beleuchtet, da das Personal ihn gerade schmückte. Mommy hatte entschieden, ein musikalisches Motto für meinen sechzehnten Geburtstag zu wählen, und daher waren aus roséfarbenem und weißem Styropor Tubas, Trompeten, Trommeln und Posaunen, aber auch Geigen, Oboen und Celli ausgesägt worden, die jetzt an den Wänden hingen. An beiden Enden des Ballsaals standen riesige Konzertflügel, die ebenfalls aus Styropor waren und als Dekoration dienten. Von der Decke hingen in allen Farben Noten aus Styropor, und an beide Enden des Ballsaals sollten noch große Bündel von Luftballons gehängt werden, auf denen allen die Worte standen: Alles Gute zum Geburtstag, Christie. Auch eine große Sechzehn war daraufgemalt. Mommy sagte, nachdem alle »Happy Birthday« gesungen hatten, sollten die Ballons losgebunden werden.

Als wir dort eintrafen, deckte das Restaurantpersonal bereits die Tische, auf die blau und rosa gemusterte Papierdecken gelegt wurden, die das musikalische Thema in Form von Noten und Taktstrichen wieder aufgriffen. Auf jeden Tisch sollte ein Korb mit kleinen Erinnerungen gestellt werden, die die Gäste mit nach Hause nehmen konnten, darunter Kämme und Spiegel, und die Spiegel trugen mein Bild auf der Rückseite.

Am Kopfende des Raumes war das Podest aufgebaut, auf dem Daddy Jimmy, Mommy, Großmutter Laura und Bronson, Tante Trisha, Tante Fern, Großpapa Longchamp und seine Frau Edwina und ihr Sohn Gavin mit mir und meinen besten Schulfreundinnen sitzen würden. Jefferson war aufgeregt, weil er für seine Schulfreunde gemeinsam mit Richard und Melanie einen eigenen Tisch hatte.

Nur für diese eine Party war die Beleuchtung der Tanzfläche verändert worden, es gab jetzt farbige Kugeln, die sich drehten, und pulsierende Punktstrahler. Die Hotelkapelle würde spielen, und Mommy hatte versprochen, ein oder zwei Lieder zu singen.

Alle sagten, es würde die tollste Party, die je im Hotel veranstaltet worden war. Das gesamte Hotelpersonal war entweder zum Fest eingeladen worden oder arbeitete aktiv daran mit, und die meisten waren so aufgeregt wie ich.

Jefferson und ich blieben in der Tür stehen und beobachteten alles, nahmen den Anblick in uns auf. Alle waren so beschäftigt, daß niemand uns bemerkte. Plötzlich hörten wir jedoch jemanden sagen: »Das wird eine sehr kostspielige Party werden.«

Als wir uns umdrehten, sahen wir Richard und Melanie, die so dicht nebeneinander standen, als seien sie zusammengewachsen. Wie üblich trugen sie Sachen, die zueinander paßten: Melanie einen marineblauen Rock und eine weiße Bluse mit blauen Tupfen, und Richard trug eine marineblaue Hose und ein weißes Hemd mit blauen Tupfen. Tante Bet brachte viel Zeit damit zu, diese Kleider im Zwillings-Look für sie zu finden. Sie war sehr stolz darauf, daß sie Zwillinge hatte, und sie ließ keine Gelegenheit aus, mit ihnen anzugeben. Beide trugen Brillen derselben Stärke, da sie beide dieselben Probleme mit den Augen hatten.

Richard und Melanie hatten strohblondes Haar und Onkel Philips himmelblaue Augen. Beide hatten verkniffene Gesichter und Tante Bets spitze Nase und ihre dünnen Lippen. Richard war ein wenig schwerer und vielleicht drei Zentimeter größer, Melanie hatte gleichmäßigere Zähne und kleinere Ohren. Richard hatte aber eine Cutler-Figur – breite Schultern und eine schmale Taille –, und seine Kopfhaltung war arroganter, und er redete so nasal wie Tante Bet. Melanie war die zurückhaltendere von den beiden und meines Erachtens auch die intelligentere, wenn sich Richard auch überlegen gab.

»Hallo«, sagte ich. »Es sieht einfach prima aus, meint ihr nicht auch?«

»Prima«, äffte Richard mich trocken nach. Er wandte sich an Jefferson. »Vater sagt, daß wir an deinem Tisch sitzen werden. Bring uns und Christie also bitte nicht damit in Verlegenheit, daß du mit gutdurchgekauten, spucketriefenden Papierkügelchen nach uns wirfst.«

»Jefferson wird heute abend nichts dergleichen tun, stimmt's?« fragte ich nachdrücklich.

»Nee«, sagte er und steckte die Hände tief in die Taschen. »Ich werde heute nachmittag mit Daddy Gras mähen.«

»Na, toll«, sagte Richard aus dem Mundwinkel. »Es gibt nichts, was ich lieber täte, als in der heißen Sonne auf einer Maschine rumgeschüttelt zu werden, die Gras spuckt.«

»Und was tut ihr jetzt?« fragte Jefferson, dem Richards Sarkasmus nichts anhaben konnte. Mich freute es immer wieder, wie gleichgültig Jefferson Richards Gemeinheiten hinnahm. Er benahm sich, als hätte Richard eine merkwürdige Krankheit und es das beste wäre, diesem Umstand nicht mehr Beachtung als nötig zu schenken.

»Wir waren auf dem Weg zum Spielzimmer«, sagte Melanie. »Wir wollen mit den Kindern einiger Gäste spielen.«

»Darf ich zuschauen?« fragte Jefferson.

»Ich bezweifle, daß du es hinkriegst, einfach nur ruhig zuzuschauen«, sagte Richard zynisch. »Aber...«

»Du darfst mitkommen«, beendete Melanie seinen Satz. »Möchtest du auch mitkommen, Christie?« fragte sie.

»Nein, ich gehe jetzt zu Mr. Nußbaum. Er hat mich gebeten, heute morgen bei ihm vorbeizuschauen.«

»Die Küche... iiih«, keifte Richard.

»Du solltest das Hotel nicht derart verabscheuen, Richard«, schalt ich ihn. »Du bist ein Cutler.«

»Er hat doch nichts Böses gesagt«, fauchte Melanie, die schnell zu seiner Verteidigung einsprang. Es war, als seien meine Worte an sie gerichtet gewesen.

»Es gehört sich nicht, auf das Personal herabzusehen und den Leuten den Eindruck zu vermitteln, daß man sich überlegen fühlt.«

»Uns gehört das Hotel doch«, rief mir Richard ins Gedächtnis.

»Aber das würde uns gar nichts nützen, wenn die Hotelangestellten nicht gern hier arbeiten und ihre Arbeit gut machen würden«, sagte ich betont. Die beiden gafften mich durch ihre dicken Brillengläser an, die ihre Augen derart stark vergrößerten, daß sie mir in diesem Augenblick eher wie Frösche vorkamen. Schließlich zuckte Richard die Achseln.

»Laß uns gehen«, sagte er zu Melanie.

»Oh«, sagte Melanie und drehte sich zu mir um. »Alles Gute zum Geburtstag, Christie.«

»Ja«, rief Richard wie ein Papagei. »Alles Gute zum Geburtstag.«

Jefferson lief hinter ihnen her, als sie gingen, und ich machte mich auf den Weg zur Küche. Mr. Nußbaums Gesicht hellte sich in dem Moment auf, in dem sein Blick auf mich fiel. Mommy sagte, er sei schon seit Ewigkeiten im Hotel beschäftigt, und wahrscheinlich log sie, wenn es um sein Alter ging. Sie schätzte ihn auf Anfang Achtzig. In den letzten Jahren hatte er eingewilligt, sich einen Assistenten zu nehmen, seinen Neffen Leon, einen großen, schlaksigen Mann mit braunem Haar und schläfrigen kastanienbraunen Augen. Er wirkte zwar immer, als sei er im Halbschlaf, doch er war ein wunderbarer Küchenchef und praktisch der einzige Mensch, dessen Einmischung Nußbaum in »seiner Küche« duldete.

»Ah, das Geburtstagskind«, sagte Nußbaum. »Komm her...

schau«, sagte er und winkte mich zu sich, und ich trat an eine der Anrichten, auf der viele Tabletts mit den vorbereiteten Hors d'œuvres standen. »Es gibt drei verschiedene Sorten Garnelen, alle in einem Spezialteig gebacken, gebratene Won-tons, gebratene Zucchini und eine Käseplatte, und der Käse wird mit Speck und mit Schinken angerichtet. Diese Platte hat Leon vorbereitet«, fügte er hinzu und deutete darauf. »Komm«, sagte er und nahm mich an der Hand, um mir die edlen Fleischstücke zu zeigen.

»Für diejenigen, die kein Rindfleisch mögen, habe ich Huhn in Weinsauce. Sieh nur, was mein Bäcker gebacken hat«, fügte er hinzu und zeigte mir die kleinen Brötchen und Brote. Die Brote waren wie Musiknoten geformt.

»Den Kuchen darfst du noch nicht sehen. Das wird eine große Überraschung«, sagte Mr. Nußbaum.

»Es sieht alles einfach prachtvoll aus.«

»So. Und warum sollte es nicht prachtvoll aussehen? Schließlich ist es für eine prachtvolle junge Dame gedacht. Stimmt's, Leon?«

»Oh, ja, ja«, sagte er und lächelte mich eilig an.

»Mein Neffe«, sagte Mr. Nußbaum kopfschüttelnd. »Der ist schuld daran, daß ich mich niemals zur Ruhe setzen kann.« Er lächelte mich strahlend an. »Aber mach du dir bloß keine Sorgen. Du sollst nur Freude haben.«

»Danke, Mr. Nußbaum«, sagte ich. Ich verließ die Küche und machte mich auf den Weg zum Foyer, aber als ich um die Ecke bog, begegnete ich Onkel Philip, der gerade aus dem alten Trakt des Hotels kam.

»Christie«, rief er aus. »Wie wunderbar – so bekomme ich eine Gelegenheit, meiner liebsten Nichte ungestört zu gratulieren. Alles Gute zum Geburtstag.« Er umarmte mich und zog mich sanft an sich, und dann preßte er seine Lippen auf meine

Stirn, erst sachte, und dann erstaunte er mich damit, daß sein Mund über mein Gesicht auf meine Wange glitt.

Onkel Philip war ein gutaussehender und charmanter Mann, der immer todschicke Sportjacken aus Samt oder Seide und Hosen mit Bügelfalten trug, die so scharf waren, daß sie aussahen, als könnte man sich die Finger daran aufschneiden, Manschettenknöpfe aus Gold und Diamanten, goldene Ringe und goldene Armbanduhren. Sein Haar war immer gutgeschnitten und so ordentlich frisiert, daß nicht ein Haar verrutschte. Ich hatte ihn nie in Schuhen gesehen, die nicht wie Spiegel glänzten, und ich kannte ihn auch nicht in alten Arbeitskleidern. Seine Vorstellung von Lässigkeit bestand darin, ein Jackett ohne Krawatte zu tragen.

Tante Bet war genauso geziert und ordentlich und trug nie etwas, was nicht hochmodern oder ein Modellkleid war. Sie kam nie nach unten, ehe ihr Haar perfekt frisiert war und sie mit Make-up das betont hatte, was sie für ihre großen Vorzüge hielt: ihre langen Wimpern, den dünnen Mund und das kleine, spitze Kinn.

Onkel Philip ließ mich nicht los, nachdem er seine Lippen von meiner Wange genommen hatte. Er hielt mich auf Armeslänge von sich und schaute auf mich herunter, und dabei nickte er bedächtig. Dicht neben seinem Mund zuckte ein Muskel.

»Du bist zu einer sehr, sehr hübschen jungen Dame herangewachsen, sogar noch hübscher, als deine Mutter es in deinem Alter gewesen war«, sagte er leise, so leise, daß es kaum mehr als ein Flüstern war.

»Oh, nein, das stimmt nicht, Onkel Philip. Ich bin nicht hübscher als Mommy.«

Er lachte, ließ mich aber immer noch nicht los. Allmählich begann ich, mich unwohl zu fühlen. Wenn Onkel Philip mich allein antraf, ließ er sich nie eine Gelegenheit entgehen, mich zu umarmen oder mich irgendwie anzufassen, dachte ich. Ich konnte mich sogar daran erinnern, wie er früher im Haus in mein Kinderzimmer gekommen war und es getan hatte.

»Mir gefällt es gut, wie du dein Haar jetzt trägst«, sagte er. »Ein süßer kleiner Pony.« Er ließ einen Zeigefinger über meine Stirn gleiten, ganz sanft.

»Danke, Onkel Philip. Jetzt sollte ich lieber ins Foyer gehen. Tante Trisha kann jeden Augenblick kommen.«

»Ach ja, Trisha«, sagte er und verzog das Gesicht. »Diese Frau bringt mich manchmal um den Verstand. Sie kann nicht stillsitzen. Sie ist ständig in Bewegung, dreht sich im Kreis und läuft dahin und dorthin, und dann diese Hände... die sind wie zwei Vögel, die an ihren Handgelenken befestigt sind und ständig bemüht sind, sich loszureißen.«

»So ist sie, weil sie Schauspielerin ist, Onkel Philip.«

»Stimmt. Das Theater«, sagte er und legte lächelnd den Kopf zurück. Er hielt mich immer noch an den Händen.

»Ich muß jetzt gehen«, wiederholte ich.

»Ich auch. Noch einmal alles Gute zum Geburtstag«, sagte er und drückte mir noch einen Kuß auf die Wange, ehe er mich losließ.

»Danke«, sagte ich und eilte weiter, und aus Gründen, die ich nicht ganz verstehen konnte, ließ mein Herz ab und zu einen Schlag aus. In der letzten Zeit reagierte ich immer so auf Onkel Philip, sogar dann, wenn er mich vom anderen Ende des Foyers aus beobachtete.

In dem Moment, als ich das Foyer betrat, sah ich, wie Mommy Tante Trisha begrüßte. Sie umarmten und küßten einander, während ich durchs Foyer lief. Tante Trisha trug ein Kleid in einem leuchtenden Pink mit einem Rock, der ihr bis auf die Knöchel reichte. Als sie sich im Kreis drehte, wirbelte der Rock wie der einer Flamenco-Tänzerin. Sie trug Sandalen mit Riemchen, die bis zu den Waden geschnürt waren, und eine weiße Stola um die Schultern. Ihr dunkelbraunes Haar war aus dem Gesicht zurückgebunden und zu einem Chignon aufgesteckt, den ich sehr elegant fand. Lange Ohrringe aus Muschelschalen baumelten von ihren Ohrläppchen, und sie trug eine mehrreihige Perlenkette am Hals.

»Christie, mein Liebling!« rief sie und breitete die Arme aus.

»Hallo, Tante Trisha.«

»Schau dich nur an«, sagte sie und legte die Hände auf meine Schultern. »Jedesmal, wenn ich zu Besuch komme, bist du noch schöner geworden. Dieses Mädchen ist für die Bühne geschaffen, Dawn«, sagte sie und nickte.

»Mag sein«, sagte Mommy und schaute mich stolz an. »Hast du Hunger, Trish?«

»Ich bin restlos ausgehungert. Oh, ich kann deine Party einfach nicht erwarten«, sagte sie zu mir.

»Ich werde Julius sagen, daß er deine Sachen ins Haus bringt«, meinte Mommy. »Du wirst bei uns wohnen... in Ferns Zimmer«, fügte sie hinzu.

»Kommt sie denn nicht aus dem College nach Hause, wenn dieses Fest stattfindet?« fragte Tante Trisha, und ihre Augen waren vor Erstaunen weit aufgerissen.

»Doch, aber sie hat eingewilligt, im Hotel zu übernachten«, sagte Mommy. Der Blick, den Tante Trisha und Mommy miteinander wechselten, erklärte alles – wie froh Mommy darüber war, daß Tante Fern im Hotel und nicht im Haus wohnte, und daß es neuerliche Probleme gegeben hatte, Probleme, die Mommy und Daddy Jimmy allein miteinander zu besprechen versuchten. Aber die Wände haben Ohren, und sowohl Jefferson als auch ich wußten, daß Tante Fern in der letzten Zeit im College wieder in ernsthafte Schwierigkeiten geraten war.

»Komm mit«, sagte Mommy. »Ich bringe dich jetzt in die

Küche, damit du etwas ganz Besonderes bekommst. Du weißt doch, wie gern Nußbaum sich für dich anstrengt. Und dann erzählen wir einander alle Neuigkeiten.«

»Okay. Christie, ich habe die Theaterprogramme in meinem Koffer, und ich habe dir noch etwas anderes mitgebracht«, sagte sie, und ihre grünen Augen funkelten.

»Was denn?«

»Eine signierte Fotografie von...«

»Den Monkeys!« quietschte ich. Sie nickte.

»Mein Agent hat sie uns besorgt.«

»Oh, vielen Dank, Tante Trisha. Pauline wird mich ja so beneiden«, sagte ich lachend. Ich gab ihr noch einen Kuß, und sie und Mommy machten sich auf den Weg zur Küche, und beide redeten ohne Punkt und Komma gleichzeitig, denn keine von beiden wartete ab, bis die andere einen Satz beendet hatte. Wie sehr ich doch hoffte, ich würde eines Tages eine liebe und anhängliche Freundin fürs Leben finden, wie Mommy sie hatte. Vielleicht, wenn ich erst einmal in die Schule für darstellende Künste ging, dachte ich.

Der Rest des Tages ging für meine Begriffe viel zu langsam vorüber. Natürlich freute ich mich schon auf Gavins Ankunft und trieb mich, so oft es ging, im Hotelfoyer herum. Am späten Nachmittag traf dann endlich ein Taxi vom Flughafen ein. Ich eilte hinaus und die Stufen hinunter, weil ich hoffte, es seien Großpapa Longchamp, Edwina und Gavin, aber statt dessen stieg Tante Fern aus.

Sie trug eine alte Jeans und ein ausgeblichenes T-Shirt. Seit ich sie das letzte Mal gesehen hatte, hatte sie sich das Haar abgeschnitten, ihr wunderschönes langes seidiges schwarzes Haar, von dem Daddy Jimmy sagte, es erinnerte ihn sehr an das Haar seiner Mutter. Mir sank das Herz, denn ich wußte, wie sehr ihn das enttäuschen würde.

Tante Fern war groß, fast so groß wie Daddy Jimmy, und sie hatte die Figur eines Mannequins – lange Beine und schmale Hüften. Trotz all der schrecklichen Dinge, die sie sich antat – sie rauchte alles von Zigaretten bis zu dünnen Zigarren, sie trank und feierte bis in die frühen Morgenstunden –, hatte sie einen auffallend klaren und zarten Teint. Sie hatte dieselben strahlenden dunklen Augen wie Daddy Jimmy, doch ihre waren kleiner und zusammengekniffener und wirkten manchmal regelrecht verschlagen. Mir war es verhaßt, wie sie die Oberlippe am Mundwinkel hochzog, wenn ihr etwas nicht paßte. Gewöhnlich geschah das, wenn Mommy etwas sagte oder ihr etwas vorschrieb.

»Bringen Sie die Tasche rein«, befahl sie dem Fahrer, als er sie aus dem Kofferraum geholt hatte. Dann sah sie mich.

»Also, wenn das nicht die Prinzessin persönlich ist. Alles Gute zum Sechzehnten«, sagte sie und zog ein Päckchen Zigaretten aus der hinteren Hosentasche. Ihre Hose saß so eng, daß ich mir nicht vorstellen konnte, wie in den Taschen noch Platz sein sollte. Sie steckte sich schnell die Zigarette in den Mund und zündete sie an, während sie das Hotel ansah. »Jedesmal, wenn ich hierher zurückkomme, setzen bei mir von Kopf bis Fuß Beklemmungen ein«, murmelte sie.

»Hallo, Tante Fern«, sagte ich schließlich. Sie warf mir ein kurzes Lächeln zu.

»Wo, zum Teufel, stecken alle anderen? In ihren Büros?« fragte sie spöttisch.

»Mommy ist mit Tante Trisha im Haus, und Daddy arbeitet hinter dem Haus auf dem Hotelgelände.«

»Tante Trisha«, sagte sie abschätzig. »Ist sie jetzt schon außer Atem?«

»Ich habe Tante Trisha sehr gern«, sagte ich.

»Erstens ist sie nicht wirklich deine Tante, und daher weiß ich nicht, warum du darauf bestehst, sie so zu nennen, und zweitens tut sie dir nicht gut.« Sie unterbrach sich, paffte an ihrer Zigarette, blies den Rauch in die Luft und schaute mich dann an. »Rate mal, was ich dir zum sechzehnten Geburtstag mitgebracht habe«, sagte sie und lächelte spröde.

»Ich habe keine Ahnung«, antwortete ich.

»Ich gebe es dir später, aber du darfst es deiner Mutter nicht zeigen und ihr auch nicht sagen, daß du es von mir hast. Versprichst du mir das?«

»Was ist es denn?« fragte ich fasziniert.

»Ein Exemplar von *Lady Chatterley*. Es ist an der Zeit, daß du erfährst, was eigentlich gespielt wird«, fügte sie hinzu. »Tja, hier bin ich jetzt. Mal wieder zu Hause«, sagte sie und stieg die Stufen zum Hotel hinauf.

Ein beunruhigendes Gefühl zog mir über den Rücken. Ich hatte bis jetzt erst ein paar Minuten mit ihr geredet, aber schon schlug mein Herz vor Sorge, was noch kommen würde. Tante Fern war wie ein unerwartetes Gewitter, das an den Fundamenten des Glücks rütteln konnte. Ich schaute zum Meer hinaus. Die Wolken waren immer noch dicht und wälzten sich verbissen weiter, entschlossen, die Sonne zu verbergen. Ich senkte den Kopf und lief die ersten Stufen hinauf, als ich eine Hupe hörte und ein weiteres Taxi auf das Hotel zufahren sah, als ich mich umdrehte.

Eine Hand winkte mir aus dem Rückfenster zu, und dann sah ich ein Gesicht.

Es war Gavin, und sein bezauberndes Lächeln vertrieb das Gefühl der Leere aus meiner Magengrube und brachte die Hoffnung auf Sonnenschein so schnell wieder zurück, wie sie gerade erst verflogen war.

2

Und war doch nie…

Gavin sprang schnell aus dem Taxi, blieb dann aber stehen. Ich wäre am liebsten auf ihn zugelaufen und hätte ihn umarmt, aber ich wußte, daß sein Gesicht dann knallrot angelaufen wäre und er vor Verlegenheit gestottert hätte, vor allem, wenn ich so etwas vor den Augen seiner Mutter und seines Vaters getan hätte. Ich nannte seinen Vater Großpapa Longchamp, weil er der Vater von Daddy Jimmy war. Er war ein großer, hagerer Mann mit dunklen Augen und einem zerfurchten Gesicht. Sein dunkelbraunes Haar war ziemlich dünn geworden, aber er trug es immer noch seitlich zurückgebürstet. Seit ich ihn das letzte Mal gesehen hatte, hatte sich viel Grau in sein Haar eingenistet, vor allem an den Schläfen. Seine schlaksigen Bewegungen, seine langen Arme und Hände und seine oft so traurigen Augen ließen mich an Abraham Lincoln denken.

Gavins Mutter Edwina war eine ganz reizende und warmherzige Frau, die leise sprach und immer entsetzlichen Respekt vor dem Hotel und der Familie zu haben schien. Tante Fern zögerte nie, ihr auf jede erdenkliche Weise ins Gedächtnis zu rufen, daß sie nur ihre Stiefmutter war, und das trotz der Freundlichkeit und Zuneigung, die Edwina ihr entgegenzubringen versuchte. In seinen Briefen und jedes Mal, wenn wir zusammen waren, berichtete mir Gavin viel über die Gemeinheiten, die Tante Fern zu seiner Mutter gesagt oder ihr angetan hatte.

»Sie ist meine Halbschwester«, sagte er zu mir, »aber mir wäre es viel lieber, wenn sie es nicht wäre.«

»Na, so was«, rief Großpapa Longchamp aus, als er aus dem Taxi stieg. »Das Geburtstagskind!«

»Alles Gute zum Geburtstag, Schätzchen«, rief Edwina. Ich umarmte sie. Großpapa Longchamp gab mir einen Kuß auf die Wange und sah sich um. Dabei stemmte er die Hände auf die Hüften und stand genauso da, wie Daddy Jimmy immer dastand, wenn er sich umschaute oder Arbeiten überwachte.

»Hallo, Gavin«, sagte ich und wandte mich ihm zu.

»Hallo.« Sein Blick wurde liebevoll, als er mir in die Augen sah und den Blick nicht mehr abwandte.

»Wo ist Jimmy?« fragte Großpapa Longchamp, doch ehe ich etwas erwidern konnte, tauchte Daddy Jimmy an der Tür auf.

»Hallo, Pop, herzlich willkommen«, rief er aus und ging auf die Familie zu. Er umarmte und küßte Edwina und half den dreien mit dem Gepäck. Gavin und ich folgten ihnen, und wir betraten gemeinsam das Hotel.

»Wie war die Reise?« fragte ich Gavin. Ich bemühte mich, ihn nicht anzustarren, aber ich konnte sehen, daß er gewachsen war und ein volleres Gesicht bekommen hatte und dadurch reifer wirkte. Da sein Schnurrbart und sein Bart dunkel waren, hatte er vor zwei Jahren schon angefangen, sich zu rasieren. Das hatte er mir in einem der Briefe berichtet, die er mir damals geschrieben hatte. Seit wir einander schrieben, kamen wir in unseren Briefen auf persönlichere Dinge zu sprechen und verrieten einander mehr, als wenn wir uns persönlich gegenüberstanden.

»Es war eine lange und langweilige Reise«, erwiderte Gavin und fügte dann hinzu: »Ich wünschte, ich würde in deiner Nähe leben.«

»Das wünschte ich auch«, gestand ich. Er lächelte mich kurz an und schaute sich dann im Hotelfoyer um. »Hat sich irgend etwas verändert?«

»Warte nur, bis du den großen Ballsaal siehst. Du weißt noch nicht, was Mommy sich an Dekorationen für die Party hat einfallen lassen«, sagte ich zu ihm.

»Kommst du mit nach oben in unsere Suite, Gavin?« fragte Großpapa Longchamp.

»Das ist nicht nötig. Ich kümmere mich um dein Gepäck«, sagte seine Mutter, die seinen Widerwillen bemerkte. »Er möchte Zeit für Christie haben. Sie haben einander lange nicht gesehen«, sagte sie, und Gavin strahlte. Ich kannte keinen anderen Jungen, der derart schüchtern war.

»Danke, Mom«, murmelte er und schaute zum anderen Ende des Foyers.

Sobald Daddy Jimmy mit Großpapa Longchamp und Edwina fortgegangen war, drehte ich mich zu Gavin um.

»Möchtest du einen Spaziergang durch die Gärten und zum Pool machen?« fragte ich. »Dort draußen wird viel gearbeitet.«

»Gern. Ich wette, heute abend kommen viele Schulfreundinnen von dir«, sagte er, als wir uns auf den Weg machten.

»Alle, die mit mir in eine Klasse gehen. Ich habe es nicht übers Herz gebracht, jemanden zu übergehen.«

»Ach? Hast du seit deinem letzten Brief neue Freundschaften geschlossen?« fragte er zögernd. Ich wußte, was er meinte: ob ich einen neuen Freund hatte.

»Nein«, sagte ich. Sein Lächeln wurde breiter, und er zog die Schultern hoch, als er sich das lange schwarze Haar zurückstrich, so ebenholzschwarz wie Daddy Jimmys Haar. Er hatte außerdem unglaublich lange Wimpern, so lang und dicht, daß sie unecht wirkten. »Und was ist mit dir?« fragte ich.

»Nee«, sagte er. »Ich treibe mich immer noch mit Tony und Doug und Jerry rum. Ich habe es dir noch nicht erzählt, aber Dougs Schwester hat sich innerhalb von einem Monat verlobt und geheiratet«, fügte er hinzu, als er durch den Hinterausgang auf einen der Gehwege trat.

»In einem Monat!«

»Tja«, sagte er und blieb stehen. »Sie mußte heiraten.«

»Oh. Sind alle böse auf sie?« fragte ich.

»Ich denke schon. Doug redet fast nie darüber. In jeder Familie gibt es ein schwarzes Schaf, vermute ich. Wobei mir etwas einfällt«, sagte er und zog die Mundwinkel herunter. »Ist Fern schon hier?«

»Mhm. Sie hat sich das Haar ganz kurz geschnitten. Ich glaube nicht, daß Daddy sie schon gesehen hat. Sie schläft im Hotel, und Tante Trisha wohnt im Haus und schläft in ihrem Zimmer. Mommy wollte es so haben.«

»Das kann ich ihr nicht vorwerfen. Wie geht es Pauline Bradley? Wickelt sie sich immer noch das Haar um den Zeigefinger, wenn sie mit jemandem spricht?« fragte er. Ich lachte.

»Sie wird eben leicht nervös, Gavin. Sie ist wirklich ein auffallend schüchternes Mädchen«, erklärte ich.

Er nickte. Als ich den Blick zum Meer wandte, sah ich, daß die Wolkendecke aufzureißen begann. Man konnte bereits blaue Streifen sehen. Dieser Umstand und Gavins Eintreffen bewirkten, daß mir warm ums Herz wurde. Gavin wußte, wohin ich schaute; er zog mich immer mit meiner Wetterfühligkeit auf, die sich auf meine Stimmungen niederschlug.

»Das mit den Wolken tut mir leid«, sagte er. »Ich habe versucht, sie wegzupusten, aber...«

»Wenigstens wird es nicht regnen«, sagte ich. »Es sieht aus, als würde der Himmel aufklaren.«

»Es würde niemals wagen zu regnen. Bist du schon sehr aufgeregt und auf deine Party gespannt?« fragte er.

»Ja. Ich bin ja so froh, daß du kommen konntest«, fügte ich hinzu.

»Ich auch«, sagte er und blieb stehen, um mich anzusehen. »Du siehst sehr... hübsch aus.«

»Sehe ich älter aus? Ich fühle mich nicht älter«, sagte ich eilig. »Obwohl mich alle so behandeln, als sei ich jetzt älter.«

Er musterte mich einen Moment lang mit diesen sanften dunklen Augen.

»Ich finde, du siehst älter aus«, sagte er. »Und du bist hübscher geworden«, fügte er hinzu. Er wandte sich ab, sowie er die Worte geäußert hatte, aber für mich blieben sie wie der Duft von blühenden Rosen in der Luft hängen. »He, ist das da drüben auf dem Rasenmäher nicht Jefferson?« Er winkte, Jefferson sah uns und bat Buster, den Gärtner, anzuhalten, damit er abspringen und zu uns laufen konnte.

»GAVIN!« rief Jefferson. Gavin hob ihn hoch und wirbelte ihn herum.

»Wie geht es dir, mein kleiner Neffe?«

»Ich arbeite, Gavin. Ich mähe den Rasen. Später helfe ich dann dabei, die Stufen zum Pool zu reparieren. Sie zerbröckeln.«

»Das klingt aber nach einer sehr wichtigen Arbeit«, sagte Gavin und zwinkerte mir zu. Ich war immer noch ganz aufgeregt, weil er mich so angesehen und gesagt hatte, ich sei »hübscher« geworden.

»Willst du es sehen? Komm mit, ich zeige dir die Stufen«, sagte Jefferson und packte Gavin an der Hand. Gavin zuckte hilflos die Achseln. Ich lief hinter den beiden her und hielt den Kopf gesenkt, und mein Herz pochte heftig.

Wie verwirrend unser aller Leben in so vielerlei Hinsicht war. Gavin und Daddy Jimmy waren Halbbrüder, und daher war Gavin der Onkel meines Bruders Jefferson, aber wir beide waren nicht blutsverwandt. Er zog mich jedoch damit auf und sagte mir, ich müßte ihn Onkel Gavin nennen, denn rein theoretisch sei er mein Stiefonkel. Wir machten zwar Scherze über unsere familiären Beziehungen, doch die seltsamen Verbindungen unserer Familien miteinander führten dazu, daß es uns widerstrebte, darüber zu reden, was wir wirklich füreinander empfanden. Ich fragte mich, ob wir uns jemals darüber hinwegsetzen würden, und wenn wir das schafften, würde das dann nicht das Leben aller noch mehr komplizieren?

Nachdem Jefferson Gavin gezeigt hatte, welche Arbeiten am Pool ausgeführt werden mußten, rannte er wieder zu Buster, um beim Rasenmähen mitzumachen, und Gavin und ich waren wieder allein miteinander. Der Wind trieb die Wolken jetzt immer schneller auseinander. Auf Teile des Hotels und des Geländes schien bereits die Sonne. Gavin und ich setzten unseren Spaziergang durch die Gärten fort und redeten über die Schule und das, was wir erlebt hatten, seit wir einander das letzte Mal gesehen hatten. Wir wiederholten beide einiges von dem, was wir uns in unseren Briefen bereits mitgeteilt hatten, aber es schien, als sei es ihm genauso wichtig wie mir, ununterbrochen weiterzureden. Wenn Schweigen zwischen uns herrschte, bekamen wir beide ein komisches Gefühl. Wenn unsere Blicke sich trafen, schauten wir schnell etwas anderes an und bemühten uns beide, uns etwas einfallen zu lassen, worüber wir uns unterhalten konnten.

»Ich vermute, wir sollten jetzt lieber umkehren«, sagte Gavin schließlich. »Es wird schon spät, und ich bin sicher, daß du langsam anfangen willst, dich für die Party fertigzumachen.«

»Ich bin plötzlich sehr nervös«, sagte ich. »Weniger meinetwegen, mehr wegen Mommy«, fügte ich hinzu. »Sie möchte, daß es eine ganz tolle Party wird.«

»Das wird es auch werden. Sei nicht nervös«, sagte er lächelnd und drückte schnell meine Hand. Meine Finger streckten sich nach ihm aus, als er meine Hand losließ. »Wirst du dir einen Tanz für mich freihalten?«

»Natürlich, Gavin. Du wirst sogar mein erster Tanzpartner sein, einverstanden?«

»Der erste?« Die Vorstellung schien ihn zu erschrecken. Er

wußte, daß wir damit die Aufmerksamkeit aller anderen auf uns ziehen würden.

»Warum denn nicht?«

»Vielleicht solltest du den ersten Tanz mit Jimmy tanzen«, schlug er vor.

»Ich werde es mir noch überlegen«, sagte ich kokett. Daraufhin errötete er. »Versteck dich bloß nicht mit Ricky Smith und Warren Steine in einem Winkel. Ich werde dich suchen«, drohte ich ihm im Scherz.

»Ich werde mich nicht verstecken«, sagte er. »Nicht heute abend. Schließlich hat dieser Abend für dich eine ganz besondere Bedeutung.«

»Ich hoffe, für dich auch«, sagte ich, und er strahlte.

Ich sah Mommy, die in einiger Entfernung winkte und mich rief. Sie stand vor unserem Haus.

»Ich muß jetzt gehen«, sagte ich. »Wir sehen uns später.«

Ich streckte die Hand aus, und er tat es auch. Einen Moment lang berührten sich unsere Finger, und bei dieser Berührung schoß eine elektrisierende Wärme durch meinen Arm und meine Brust, bis sie mein Herz erreicht hatte. Ich wandte mich ab, um fortzulaufen, doch dann blieb ich noch einmal stehen.

»Ich bin sehr froh, daß du hier bist«, rief ich ihm über die Schulter zu.

»Ich auch«, sagte er.

Ich rannte weiter und kam aus dem Schatten, den die dunklen Wolken warfen, in den Sonnenschein, der jetzt durch die Wolken brach und mir den aufregendsten Abend meines Lebens versprach. Die Brise, die vom Meer kam, küßte mein Gesicht und zerzauste mein Haar. Ich entfloh der Kindheit und stürzte kopfüber der Schwelle zur Weiblichkeit entgegen, dem Dasein als Frau, und die neuen und tiefen Gefühle, die schon auf der Lauer lagen, waren aufregend und erschreckend zugleich.

Nachdem ich geduscht hatte, kam Mommy rein, um sich an meiner Frisierkommode neben mir zu frisieren und zu schminken. Als wir so nebeneinander dasaßen und aufgeregt über das bevorstehende Ereignis kicherten, konnte ich sehen, warum die meisten Leute fanden, wir wirkten eher wie Schwestern und nicht wie Mutter und Tochter. Natürlich war Mommy noch sehr jung gewesen, als sie mich bekommen hatte. Sie war jetzt erst Anfang Dreißig, und sie hatte genau das Gesicht und den Teint, der erst in Jahrhunderten ihr Alter zeigen würde. Ich hoffte, ich würde immer und ewig so wie sie aussehen, aber in diesem Augenblick, als ich unsere Gesichter nebeneinander im Spiegel sah, konnte ich die Unterschiede deutlich erkennen, Unterschiede, die auf meinen Vater zurückgehen mußten. Ich stoppte mitten in der Bewegung, als ich mir gerade den Pony in die Stirn bürstete.

»Wie hat er ausgesehen, Mommy?« platzte ich abrupt heraus.

»Was?«

»Mein richtiger Vater?« sagte ich. Da wir einander im Spiegel betrachteten, entstand irgendwie das Gefühl, als redeten wir aus einer großen Entfernung miteinander, und diese Entfernung erleichterte es, die Fragen zu stellen und die Antworten zu geben. Ich hoffte, Mommy würde die Gelegenheit ergreifen und mir jetzt die Dinge erzählen, von denen sie mir versprochen hatte, sie mir noch an diesem Abend zu erzählen.

»Oh«, sagte sie und bürstete sich einen Moment lang weiterhin ihr Haar. Ich dachte schon, sie würde mir keine Antwort geben. Dann legte sie die Bürste hin. »Er hat sehr gut ausgesehen, so gut wie ein Filmstar, und er hatte breite Schultern und eine schmale Taille. Er hatte dunkles, seidiges Haar, das er auf den Seiten streng zurückgekämmt trug, und vorn war es zu einer weichen Tolle gebürstet«, sagte sie. »Er hat immer elegant ausgesehen, und er hatte diese dunklen Saphiraugen, in denen ein schelmisches Funkeln stand.« Ihre Lider flatterten, und sie lächelte mich an. »Alle Mädchen in der Schule waren rasend in ihn verliebt, das ist ja klar. Und er hat es gewußt!« fügte sie hinzu und kämmte sich mit energischeren Bewegungen das Haar. »Man kann sich keinen Mann vorstellen, der arroganter...«

Ich hielt immer noch den Atem an, denn ich fürchtete, wenn ich zu tief atmete oder auch nur ein Wort sagte, würde sie mich unterbrechen.

»Ich war nichts weiter als eine von diesen kulleräugigen dummen Teenagern, die er mühelos ausnutzen konnte. Ich bin sicher, daß ich für ihn eine Tontaube war, die für ihn schwärmte und die ihm alles geglaubt hat, was er ihr versprach, und ich bin durch die Gegend gelaufen und hatte den Kopf in den Wolken. Es ist ein Wunder, daß ich auf dem Heimweg von der Schule nicht von einem New Yorker Taxi überfahren worden bin. Ich habe Straßen überquert und mich später nicht daran erinnern können, daß ich über die Straße gegangen bin«, fügte sie hinzu.

»Habe ich meine Augen von ihm?« fragte ich vorsichtig.

»Die Farbe ja, aber seine waren gewöhnlich etwas verschleiert und voller leerer Versprechungen.«

»Den Mund muß ich von ihm haben«, kam ich ihr entgegen. Sie musterte mich einen Moment lang.

»Ja, vermutlich, und dein Kinn ist so geformt wie seines. Manchmal, wenn du lächelst...« Sie unterbrach sich, als fände sie plötzlich wieder zu sich.

»War er immer scheußlich, schon am Anfang?« fragte ich schnell, weil ich sie dazu bringen wollte, weiter über ihn zu reden.

»Oh, nein. Am Anfang war er reizend, charmant und liebevoll. Ich habe ihm jedes Wort geglaubt und seine Lügen gierig geschluckt. Aber«, fügte sie hinzu und legte den Kopf auf die Seite, und plötzlich wurden ihre Augen traurig, »du mußt immer daran denken, daß ich ein junges Mädchen war, das nie wirklich eine eigene Familie gehabt hat. Großmutter Cutler hatte eingewilligt, mich nach New York zu schicken, aber in erster Linie nur, um mich loszuwerden, und meine Mutter war nicht in der Lage, für sich selbst zu sorgen, ganz zu schweigen davon, daß sie mir hätte beistehen können. Ich war wahrhaft ein Waisenkind.

Und dann ist mir dieser verheerend gutaussehende, weltbekannte Künstler über den Weg gelaufen und hat mich mit Aufmerksamkeiten überschüttet und mir versprochen, ich würde eines Tages an seiner Seite auf den erstklassigsten Bühnen der Welt singen. Warum hätte ich mich nicht Hals über Kopf in ihn verlieben und ihm all seine Versprechungen glauben sollen? Das hat er gespürt, wie ein Geier, der auf die Liebe aus ist«, fügte sie verbittert hinzu.

»Und niemand hat etwas davon gewußt?« fragte ich, all das Rätselhafte faszinierte mich. Trotz der harten Zeiten, die Mommy hinterher durchmachen mußte, übte das Abenteuerliche einer solchen Romanze eine große Faszination auf mich aus.

»Wir mußten alles geheimhalten. Er war der Lehrer, und ich war seine Schülerin. Großmutter Cutler hatte ihre Spione und hoffte nur darauf, einen Grund zu finden, mir etwas anzutun. Ich habe sogar Tante Trisha belogen, bis es sich nicht mehr verheimlichen ließ«, sagte sie. »Bis ich mit dir schwanger war.«

»Was hat er getan, als du es ihm gesagt hast?«

»Oh«, sagte sie und bürstete sich wieder das Haar. »Er hat mir noch mehr versprochen. Wir würden heiraten und eine Hausangestellte haben und reisen. Ich würde trotzdem als Sängerin berühmt werden.« Sie unterbrach sich und verzog das Gesicht. »Solange ich nur weiterhin alles geheimhielte, damit er seinen Lehrauftrag an der Schule beenden konnte.«

»Dann«, fügte sie hinzu und schaute mit so kalten und zusammengekniffenen Augen in den Spiegel, als könnte sie ihn dort sehen, »hat er sich einfach klammheimlich davongeschlichen.

Trisha ist eines Nachmittags ganz aufgeregt nach Hause gekommen, weil Michael Sutton seine Laufbahn als Lehrer abrupt beendet hat, angeblich, weil er nach London berufen worden ist, um dort in einer neuen Produktion die Hauptrolle zu übernehmen.«

»Alles Lügen«, fügte sie unbestimmt hinzu und schüttelte den Kopf. »Er hat mich verlassen.«

»Wie gräßlich«, sagte ich, und mein Herz schlug heftig. Ich fragte mich, was ich in einer so üblen Situation getan hätte.

»Ich konnte meiner Mutter nichts erzählen und wußte, daß Großmutter Cutler sich an meinem Elend weiden würde. Ich war außer mir, und ich bin während eines Schneesturms durch die Straßen gelaufen und von einem Wagen angefahren worden. Zum Glück habe ich keine ernsten Verletzungen davongetragen, aber damit war Schluß mit all den Lügen; nur stand ich hinterher noch angreifbarer da als vorher und war Großmutter Cutler auf Gedeih und Verderb ausgeliefert, und sie traf schnell Vorkehrungen, mich ihrer Schwester Emily, dieser Hexe, auf The Meadows, der Plantage der Familie, anzuvertrauen.«

»Alles weitere ist zu furchtbar, um darüber zu reden«, schloß sie.

»Ich bin dort geboren worden?« fragte ich.

»Ja, und man hat dich mir fortgenommen. Aber Jimmy ist gekommen, und Gott sei Dank ist es uns gelungen, dich zurückzuholen«, sagte sie lächelnd. »Siehst du«, fügte sie hinzu und gab mir einen Kuß auf die Wange. »Du hast mich dazu gebracht, dir unsere ganze traurige und unerfreuliche Geschichte an deinem Geburtstag zu erzählen, an diesem ganz besonderen Tag.«

»Aber du hast mir noch nicht alles erzählt, Mommy. Und das hast du mir versprochen«, rief ich aus.

»O Christie, was muß ich dir denn noch erzählen?« fragte sie, und ihre Mundwinkel zogen sich nach unten.

»Mein Vater ist doch einmal hier gewesen, stimmt's?«

»Nicht hier«, sagte sie. »Er hat mich aus Virginia Beach angerufen. Er hat mich gebeten, dich zu ihm zu bringen, damit er dich sehen kann, und er hat behauptet, das sei alles, was er wollte – seine Tochter sehen. In Wirklichkeit wollte er mich erpressen und Geld aus mir herausholen, aber mein Anwalt hat ihn eingeschüchtert.

Um die Wahrheit zu sagen, er hat mir leid getan. Er war nur noch der Schatten des Mannes, der er früher einmal gewesen war. Der Alkohol und das ausschweifende Leben hatten ihren Tribut gefordert und ihn seine Karriere gekostet.«

»Mommy«, sagte ich, und eine Erinnerung schoß mir plötzlich durch den Kopf, »dieses alte Medaillon, das ganz unten in meinem Schmuckkasten liegt...« Ich öffnete den Kasten und wühlte darin herum, bis ich es fand und herausholte. Sie nickte. »Dann war der Mann, der mir das geschenkt hat, mein Vater?« Sie nickte wieder.

»Ja, das ist das einzige, was er dir je gegeben hat«, sagte sie.

»Ich kann mich nicht an ihn erinnern... ich sehe nur ein trauriges Gesicht vor mir... dunkle, melancholische Augen...«

»Das war alles nur Theater, um mein Mitgefühl zu wecken«, sagte sie kalt.

»Dann haßt du ihn also?« fragte ich.

Sie drehte sich um und schaute sich lange selbst im Spiegel an, ehe sie darauf antwortete.

»Ich vermute, heute hasse ich ihn nicht mehr. In meiner Vorstellung ist er so etwas wie ein Geist, vielleicht der Inbegriff der hinterlistigen Täuschung, der Geist der Phantasievorstellungen eines jungen Mädchens, der Geist des Geliebten ihrer Träume, der undenkbare Liebhaber, den sie sich erträumt. Das passiert eben, wenn wir unsere Frösche zu Prinzen machen«, sagte sie. Sie drehte sich abrupt zu mir um. »Hüte dich davor, Christie. Da du eine schöne junge Frau geworden bist, wirst du feststellen, daß du dich großer Beliebtheit erfreust. Ich hatte nie eine Mutter, die mich gewarnt hätte, aber ich fürchte, selbst wenn ich eine gehabt hätte, wäre ich dem Charme und dem Lächeln und den Versprechungen trotzdem auf den Leim gegangen.

Sei klüger, als ich es gewesen bin. Fürchte dich nicht davor, jemanden von ganzem Herzen zu lieben, aber verschenke dein Herz nicht zu leichtfertig. Ein wenig Skepsis ist gut und notwendig, und wenn ein Mann dich wirklich liebt, dann wird er deine Ängste und dein Zögern verstehen und niemals versuchen, dich zu drängen. Weißt du, was ich meine?« fragte sie.

»Ja, Mommy«, sagte ich. Mommy und ich hatten es zwar nie über uns gebracht, über Sexualität zu reden, aber ich wußte, daß sie davon sprach, in der Hinsicht zu weit zu gehen, wie sie es getan hatte.

Sie gab mir einen Kuß und drückte liebevoll meinen Arm.

»So, wo waren wir doch gleich stehengeblieben?« fragte sie lächelnd und schaute dabei in den Spiegel. »Es ist ein Jammer, daß es deiner Großmutter Laura nicht gut genug geht, um jetzt hier bei uns zu sein. Sie würde wie ein Trainer auf und ab laufen und uns genau sagen, welchen Farbton wir beim Make-up und beim Lippenstift wählen sollen, welche Ohrringe wir anziehen sollen und wie wir uns das Haar frisieren sollen.«

»Ich möchte so aussehen wie du, Mommy«, sagte ich. »Natürlich schlicht, ich selbst. Ich will nicht tonnenweise Schminke auftragen und die Leute mit Kilos von Schmuck beeindrucken.«

Sie lachte.

»Trotzdem«, sagte sie, »gibt es ein paar Kleinigkeiten, die wir für unser Äußeres tun können, ohne andere täuschen zu wollen – die Augenbrauen zupfen, ein wenig Rouge auftragen, beim Lippenstift den günstigsten Farbton wählen, einen Hauch von Parfüm aufsprühen.« Sie spritzte mir einen Tropfen ihres Lieblingsdufts zwischen die Brüste und unter das Handtuch, in das ich mich gehüllt hatte. Wir lachten beide laut, so laut, daß Daddy Jimmy an die Tür kam.

»Ich dachte schon, ich sei versehentlich in den Schlafsaal eines College für Mädchen geraten«, bemerkte er lächelnd.

»Das macht nichts, James Gary Longchamp, aber vergiß bloß nicht, deinen Smoking anzuziehen, wie du es mir versprochen hast. Du solltest dich geschmeichelt fühlen, Christie«, fügte Mommy hinzu, »denn das tut er nur für dich. Ich kann ihn sonst nicht dazu bringen, eine Krawatte oder eine Fliege zu tragen.«

»Warum eine Frau sich so bequem anziehen darf, wie sie will, ein Mann aber einen Smoking tragen muß, ist mir unbegreiflich«, beschwerte sich Daddy Jimmy. »Aber«, sagte er eilig, als Mommy ihn warnend ansah, »ich tue es, ich tue es mit Freuden.« Er hob die Hände hoch und wich rückwärts durch die Tür.

Als er gegangen war, trat ein liebevoller Ausdruck auf Mommys Gesicht, und ihre strahlenden Augen und ihr leicht geröteter Teint verrieten eine Liebe, die ungewöhnlich stark war.

»Männer sind Kinder«, sagte sie. »Merk dir das. Selbst die Stärksten sind empfindsamer, als sie es sich eingestehen.«

»Ich weiß. Gavin ist so einer«, sagte ich.

Sie starrte mich einen Moment lang an, und dieses engelhafte Lächeln stand auf ihren Lippen.

»Du magst Gavin sehr, stimmt's?« fragte sie.

»Ja«, sagte ich zögernd. Sie nickte, als bestätigte sie sich selbst eine Vermutung.

»Magst du ihn denn nicht auch, Mommy?«

»O doch. Er ist ein sehr sensibler und zuvorkommender junger Mann, aber du hast noch viel Zeit, um dich in jemanden zu verlieben«, sagte sie. »Du wirst Dutzende von Freunden haben.«

»Das hast du nicht gehabt«, sagte ich schnell. »Tut es dir leid, daß du das verpaßt hast?«

Sie dachte einen Moment lang darüber nach.

»Manchmal«, gestand sie. »Ich würde Jimmy gegen keinen anderen eintauschen, aber ich wünschte, ich hätte eine normale Kindheit verbracht und wäre tanzen gegangen und hätte Rendezvous gehabt und...«

»Du hattest keinen Freund, als du zur High School gegangen bist, und du hast keine Rendezvous gehabt?« fragte ich. Der verträumte Ausdruck wich augenblicklich von ihrem Gesicht.

»Nicht wirklich«, sagte sie eilig. »O Christie«, fügte sie hinzu, »laß uns aufhören, über deprimierende Themen zu reden, und laß uns nur noch an deine wundervolle Party denken. Und jetzt machen wir uns wieder an die Arbeit«, ordnete sie an, und wir widmeten uns unseren Frisuren und dem Schminken.

Aber warum, fragte ich mich, war es so belastend, über Freunde aus High School-Zeiten zu reden? Jedesmal, wenn ich etwas Neues über meine Mutter erfuhr, tat sich eine Menge weiterer Rätsel auf. Sowie ein Geheimnis geklärt war, entstand auch schon das nächste.

Nachdem wir uns frisiert und geschminkt hatten, ging Mommy in ihr Zimmer, um sich anzuziehen, und ich zog mein neues Partykleid an. Ich war gerade in die Schuhe geschlüpft und hatte mich wieder vor den Spiegel gestellt, als Tante Trisha an meiner Tür anklopfte.

»Darf ich kurz reinschauen?« fragte sie und streckte den Kopf durch die Tür.

»Ja, selbstverständlich.«

»O Schätzchen, du siehst wunderschön aus. Ich hoffe, daß Dutzende von Fotos gemacht werden«, rief sie aus.

»Danke, du bist auch wunderschön, Tante Trisha.« Sie hatte ihr Haar immer noch aufgesteckt und trug ein türkisfarbenes Kleid mit Spaghettiträgern und einer Perlenkette und Perlenohrringen. Ihre grünen Augen glänzten wie geschliffene Jade, als sie mich anlächelte. Ich fühlte mich unglaublich geehrt, weil all diese Leute sich nur für meinen sechzehnten Geburtstag so schön machten.

»Was meint ihr«, sagte Daddy Jimmy, der neben ihr auftauchte, »wie albern sehe ich aus?«

»O Daddy!« rief ich aus. In seinem schwarzen Smoking mit der Fliege, dem dunklen Haar, das zurückgebürstet war, und seinem braungebrannten Gesicht sah er noch besser aus als sonst. »Du siehst aus wie... wie ein Filmstar«, sagte ich, als ich wieder daran dachte, wie Mommy mir meinen richtigen Vater beschrieben hatte. Tante Trisha lachte.

»Ich komme mir aber nicht vor wie ein Filmstar. Ich komme mir vor wie eine Schaufensterpuppe«, erwiderte er und tat so, als fühlte er sich unbehaglich.

»Du bist nichts dergleichen«, sagte Mommy, die hinter den beiden auftauchte. Auch sie trug ein Kleid mit Spaghettiträgern, doch ihres war weiß und hatte einen tiefen Ausschnitt, der den Spalt zwischen ihren Brüsten mehr entblößte, als ich es je bei ihr gesehen hatte. Das Kleid war an der Taille schmal und hatte einen Rock, der ihr bis auf die Knöchel reichte. Mit der Kette aus Diamanten und Rubinen und den Diamantohrringen bot sie einen majestätischen Anblick.

»Mommy, du siehst wunderschön aus!« rief ich.

»Ich habe auch allen Grund dazu«, erwiderte sie. Die drei schauten mich an. »Sieht sie nicht hinreißend aus, Trisha?«

»Ganz und gar. Agnes Morris würde sie augenblicklich zu einer Julia oder einer Kleopatra küren«, sagte sie, und beide lachten.

»Wer ist Agnes Morris?« fragte ich.

»Die Frau, in deren Haus wir gewohnt haben, als wir an die Sarah-Bernhardt-Schule gegangen sind«, erklärte Trisha.

»Ich bin fertig«, hörten wir Jefferson rufen. Er kam aus seinem

Zimmer gelaufen, denn dort hatte ihm Mrs. Boston beim Ankleiden geholfen. In seinem kleinen blauen Anzug und mit der Krawatte und dem ordentlich frisierten Haar sah er ganz reizend aus.

»Was für ein gutaussehender junger Mann«, sagte Tante Trisha. »Möchtest du heute abend mein Begleiter sein?«

»Mhm«, brummte Jefferson und schaute aus großen Augen zu ihr auf.

Alle lachten, und wir machten uns auf den Weg zum Hotel. Mein Herz klopfte so heftig, daß ich glaubte, ich würde auf der Treppe ohnmächtig werden. Mommy bemerkte die Anspannung in meinem Gesicht und legte schnell einen Arm um mich und gab mir einen Kuß.

»Es wird alles bestens verlaufen«, versprach sie mir. »Du sollst nur Freude haben.«

»Danke, Mommy. Ich habe die besten Eltern, die sich ein Mädchen nur wünschen könnte. Ich bin dir so dankbar dafür, daß du mich so lieb hast«, sagte ich. Sie lächelte, aber in ihren Augen standen Tränen.

Am Abend, als die Kapelle spielte und die Lichter die Tanzfläche anstrahlten und die Dekoration blitzte, sah der Ballsaal grandios aus. Im letzten Augenblick, damit es eine Überraschung für mich war, hatte das Personal ein riesiges Spruchband aufgehängt, auf dem stand: ALLES GUTE ZUM SECHZEHNTEN GEBURTSTAG, CHRISTIE. WIR HABEN DICH ALLE LIEB. Die Schrift strahlte in leuchtend rosafarbenen Buchstaben.

Menschen trafen buchstäblich in Scharen ein, und es waren so viele, und sie kamen so kurz hintereinander, daß ich die einen Gäste kaum begrüßt hatte, wenn schon die nächsten auf mich zukamen. Die Kellner, die gestärkte weiße Hemden und Fliegen, dunkelblaue Westen und Hosen trugen, und die Kellnerinnen, in ihren süßen rosafarbenen Blusen und Röcken, begannen, mit Tabletts zwischen den Gästen umherzulaufen, auf denen die warmen und kalten Vorspeisen angerichtet waren, die Mr. Nußbaum und sein Neffe Leon sich ausgedacht hatten. Für die jungen Leute waren an der linken Seite des Ballsaals zwei riesige Bowleschalen aufgestellt worden. Am hinteren Ende der rechten Wand war die Bar für die Erwachsenen aufgebaut.

Onkel Philip, Tante Bet und die Zwillinge erschienen kurz nach uns. Richard trug einen dunkelblauen Anzug und eine Krawatte, und Melanie trug ein Kleid im selben Blauton mit dreiviertellangen Ärmeln. Nachdem sie uns begrüßt hatten, blieb Onkel Philip neben Mommy und mir stehen. Er ließ den Blick über mich gleiten und nickte beifällig.

»Ich weiß nicht, wer von euch beiden heute abend schöner ist«, sagte er und schaute von mir zu Mommy, ehe er mich wieder ansah, »du oder deine Mutter. Tatsächlich«, fügte er eilig hinzu, ehe eine von uns beiden behaupten konnte, die andere sei die Hübschere, »ist Christie wie ein kleiner Diamant, und du bist das Kronjuwel, Dawn.«

»Danke, Philip«, sagte Mommy eilig und wandte ihre Aufmerksamkeit Bronson und Großmutter Laura zu, die gerade eintrafen. »Oh, Mutter ist gekommen.«

»Du begrüßt sie zuerst«, sagte Philip, und ein schiefes Lächeln verzog seine Lippen. »Ich hasse es, wenn sie mich Randolph nennt und Bronson dabei direkt neben ihr steht.« Mommy nickte und nahm mich an der Hand, um mich mit sich zu ziehen. Ich schaute Onkel Philip an, der dastand und uns anblickte, und dann eilte ich neben Mommy her, um die beiden an der Tür zu begrüßen. Großmutter Laura hatte ihr Haar gewaschen und frisiert. Wegen der schrecklichen Arthritis in den Hüften saß sie seit einiger Zeit im Rollstuhl. Sie trug ihre Zobelstola und sah wie die Königinwitwe aus. Sie hatte eines ihrer schönsten Kleider angezogen und trug dazu ihre auffällige Diamantenkette, passende Ohrringe und ein Diamantendiadem. Sie schien sich zwar darüber zu freuen, daß sie hier war, doch in ihren Augen lag dieser leere Blick, das nichtssagende Lächeln und der Ausdruck der Verwirrung.

Die Sorge um Großmutter Laura hatte ihren Tribut von Bronson Alcott gefordert. Er war zwar nach wie vor ein großgewachsener Mann mit einer schlanken Figur, doch seine Schultern hingen jedes Mal, wenn ich ihn sah, etwas weiter herunter. Sein Schnurrbart, der an Clark Gable erinnerte, war von Grau durchzogen, wie auch sein kastanienbraunes Haar. Dennoch sah er noch gut aus und war eine würdevolle Erscheinung. Ich mochte seine freundliche behutsame Art. Niemand rief mir deutlicher als Bronson ins Gedächtnis, wie ein reicher Aristokrat aus dem Süden sein sollte. Wider Willen bewunderte ich ihn für die Geduld und die Liebe, mit der er Großmutter Laura überschüttete, die, laut Mommy, trotz ihres zeitweiligen Gedächtnisverlustes immer noch verwöhnt und launisch war.

»Mutter, du siehst schön aus«, sagte Mommy zu ihr, ehe sie sich vorbeugte, um sie zu umarmen und ihr einen Kuß zu geben. Großmutter Laura schien erfreut zu sein, und dann schaute sie mich an.

»Alles Gute zum Geburtstag, meine Liebe«, sagte sie. Das ist ja großartig, dachte ich. Sie weiß es, sie kann sich daran erinnern. »Bronson, gib Clara ihr Geschenk«, sagte sie, und mein Herz überschlug sich. Mommy warf mir einen verschwörerischen Blick zu, und Bronson zwinkerte. Ich nickte.

»Danke, Großmutter«, sagte ich, umarmte sie und gab ihr einen Kuß. Der starke Geruch ihres Parfüms drang in meine Nase. Es schien, als hätte sie darin gebadet.

»Schieb mich, schieb mich«, befahl Großmutter Laura und fuchtelte mit der Hand. »Es gibt Leute, die ich begrüßen muß.«

»Alles Gute zum Geburtstag, Christie«, sagte Bronson und drückte mir ein Geschenk in die Hand, ehe er mich auf die Wange küßte und Großmutter in den Ballsaal schob.

»Ich werde es für dich aufbewahren«, sagte Mommy. »Geh du zu deinen Freundinnen.«

»Danke, Mommy.« Ich hielt nach Gavin Ausschau, aber weder er noch seine Eltern waren bisher eingetroffen. Im nächsten Moment kaum Pauline Bradley mit einigen meiner anderen Schulfreundinnen hereingestürmt, und wir drängten uns in einer Ecke zusammen und kicherten und umarmten einander, und alle Mädchen hielten unter den Partygästen nach den Jungen Ausschau, die ihnen gefielen.

»Das ist die beste Party, die ich je erlebt habe!« rief Pauline aufgeregt aus. »Ist das Gavin?« fragte sie dann. Er und seine Eltern waren endlich eingetroffen. Sämtliche Mädchen drehten sich um.

Bei dieser Beleuchtung zog Gavin in seinem hellblauen Jackett und der passenden Hose und Krawatte die Blicke vieler Mädchen auf sich. Sogar aus dieser Entfernung konnte ich sehen, daß seine dunklen Augen mich liebevoll anlächelten. Ich winkte, und er kam auf uns zu. Großpapa Longchamp und Edwina gingen auf Mommy zu, um sie zu begrüßen.

»Hallo«, sagte er und beachtete niemanden außer mir. »Du siehst phantastisch aus.«

»Du auch«, sagte ich, und meine Stimme war kaum mehr als ein Flüstern, obwohl um uns herum Musik und Stimmen ertönten.

»Danke. Dieses Jackett habe ich mir speziell für deine Party gekauft«, sagte er.

Ich merkte schnell, wie meine Freundinnen uns anstarrten. »Du erinnerst dich doch noch an Pauline«, sagte ich und drehte mich um.

»Ja, sicher. Hallo.«

Pauline stand mit einem dümmlichen Lächeln im Gesicht da und fing an, sich das Haar um die Finger zu wickeln. Aus den Augenwinkeln bemerkte ich, wie Mommy mir winkte, ich sollte zu ihr kommen, damit sie mich jemandem vorstellen konnte.

»Pauline, warum stellst du Gavin nicht allen anderen vor, während ich hingehe und nachsehe, was meine Mutter von mir will?« sagte ich.

»Ja, klar«, erwiderte Pauline, und ihre Augen strahlten selig. Gavin machte ein trauriges Gesicht, weil ich ihn so schnell wieder verließ, und offensichtlich fühlte er sich im Mittelpunkt der Aufmerksamkeit sehr unwohl, aber im Moment konnte ich nichts für ihn tun. Mommy hatte Dutzende von Menschen um sich geschart, die ich begrüßten mußte: berühmte Geschäftsleute aus Cutler's Cove und Virginia Beach, Hotelgäste, die aufgrund der Häufigkeit, mit der sie in unser Hotel kamen, praktisch schon Familienangehörige waren, und natürlich Leute aus der Hotelverwaltung wie Mr. und Mrs. Dorfman.

»Es ist gleich an der Zeit, daß sich alle hinsetzen«, sagte Mommy.

»Ich habe Fern nicht kommen sehen, habt ihr sie gesehen?« fragte Daddy Jimmy und schaute sich um.

»Es sähe ihr wirklich ähnlich, nicht zu erscheinen«, murrte Mommy. Daddy Jimmy schien sehr nervös zu sein, und das war er zu Recht, denn ein paar Minuten später, als der Kapellmeister gerade alle Anwesenden aufforderte, sich auf ihre Plätze zu begeben, kam es zu Tante Ferns großem Auftritt. Offensichtlich hatte Daddy Jimmy sie bis zu diesem Augenblick noch nicht gesehen, denn die ersten Worte, die er äußerte, waren: »Sie hat sich doch tatsächlich das Haar in Fetzen schneiden lassen!«

Aber das war noch längst nicht alles. Sie hatte sich entschlossen, in einer derart empörenden Aufmachung zu erscheinen, daß selbst Tante Trisha, die die weltgewandteste von uns allen war, schockiert zu sein schien. Ihr knapper Rock war seitlich geschlitzt, und der Schlitz reichte bis ans obere Ende ihres Oberschenkels. Der Rock war so durchsichtig, daß bei dieser Beleuchtung jeder erkennen konnte, daß sie nur einen Tanga-Slip darunter trug. Ihre wohlgeformten Brüste waren so deutlich zu sehen, daß sie auch oben ohne hätte erscheinen können. Es erübrigt sich, zu betonen, daß sie bei ihrem Eintreten die Aufmerksamkeit auf sich zog. Sogar die Gespräche verstummten. Nach einem Moment setzte Geflüster ein, und dann erhoben sich laute Stimmen, als die Leute, die nicht wußten, wer sie war, darüber aufgeklärt wurden.

»Was, zum Teufel, hast du da an? Und was hast du mit deinem Haar angestellt?« fragte Daddy Jimmy erbost.

»Gegrüßt seist du, Bruder«, tönte sie und verzog hämisch das Gesicht. »Alles Gute zum Geburtstag, Prinzessin«, sagte sie und reichte mir das eingewickelte Exemplar von *Lady Chatterley*. »Pack es in einem dunklen Winkel aus«, fügte sie hinzu und zwinkerte mir zu. »Hallo, Dawn. Du siehst aus... tja... wie immer«, sagte sie und lachte. »Und Trisha, wie nett, dich wiederzusehen«, sagte sie, und als sie Tante Trisha die Hand gab, lächelte sie verschlagen.

»Hallo, Fern«, erwiderte Tante Trisha und ließ den Blick zu Mommy gleiten, die vor Wut kochte.

»Fern«, sagte Daddy Jimmy und packte sie grob am Arm. Er führte sie zum Ausgang und redete zornig auf sie ein.

»Sie ist ihm inzwischen der reinste Klotz am Bein«, sagte Mommy kopfschüttelnd, »und sie tut alles, was sie kann, um seine Geduld zu strapazieren und uns das Leben schwerzumachen. Offen gesagt, bin ich soweit, sie aufzugeben. Es ist furchtbar, so etwas zu sagen, das weiß ich selbst, aber ich beklage den Tag, an dem wir sie wiedergefunden haben.«

»Ach, sie sticht doch nur der Hafer, Dawn«, sagte Tante Trisha. »Das ist doch ganz normal bei Mädchen, die ins College gehen.«

»Wohl kaum. Wenn sie so weitermacht, fehlt nicht mehr viel, und sie wird rausgeworfen«, schimpfte Mommy.

Der Kapellmeister ging zum Mikrofon und forderte alle auf, ihre Plätze einzunehmen. Wir eilten zu dem Podest, und Daddy Jimmy war immer noch knallrot vor Wut, als er mit Fern auftauchte. Ich hatte es so eingerichtet, daß Gavin rechts und Mommy links von mir saßen.

Das Personal begann, das Abendessen zu servieren. Während wir beim Essen saßen, spielte die Kapelle, und die Gäste konnten zwischen den einzelnen Gängen tanzen. Ich rechnete damit, daß Daddy Jimmy mich zum Tanzen auffordern würde, doch Onkel Philip überraschte mich.

»Darf ich der erste sein?« fragte er mit strahlenden Augen. Er warf einen Blick auf Mommy, die nicht besonders froh darüber zu sein schien. Einen Moment lang wußte ich nicht, was ich tun sollte. »Es sei denn, du hast diese Ehre schon jemandem versprochen, der dir besonders wichtig ist«, fügte Onkel Philip hinzu und warf einen Blick auf Gavin. Gavin wurde sofort knallrot. Ich handelte schnell, um ihm jede Peinlichkeit zu ersparen.

»Oh, nein, Onkel Philip. Es wäre mir eine Freude, den ersten Tanz mit dir zu tanzen«, sagte ich. Er führte mich auf die Tanzfläche, und wir tanzten. Als er mich immer enger an sich preßte, schaute ich mich zum Podest um und sah, wie Mommy uns mit einem tieftraurigen und sogar unsicheren Gesichtsausdruck beobachtete. Als Onkel Philip mich im Kreis herumwirbelte, fiel mein Blick auf Melanie, die an Jeffersons Tisch saß. Trotz der dicken Brillengläser wirkten ihre Augen klein und ihr Gesicht verkrampft, weniger von Neid als von Wut erfüllt. Sie tat mir leid. Keiner der Jungen, die in ihrem Alter oder etwas älter waren, würde sie zum Tanzen auffordern. Ich war sicher, daß sie wünschte, ihr Vater hätte es getan, aber Onkel Philip hatte noch nie allzu großes Interesse an Melanie gehabt. Er brachte nicht viel Zeit mit seinen Kindern zu, nicht in der Art, in der Daddy Jimmy und Mommy ihre Zeit mit Jefferson und mir verbrachten, aber wenn er doch Zeit mit seinen Kindern zubrachte, dann im allgemeinen mit Richard.

»Du bist wirklich eine ganz besonders schöne junge Dame«, flüsterte mir Onkel Philip ins Ohr. »Wie sehr ich doch wünschte, ich wäre noch einmal achtzehn, damit ich Jagd auf dich machen könnte.«

»Aber selbst, wenn du achtzehn wärst, wärst du immer noch mein Onkel, stimmt's, Onkel Philip?« fragte ich und war überrascht darüber, wie ernsthaft seine Worte klangen.

»Oh, eine solche Kleinigkeit könnte mir doch nicht im Weg stehen«, sagte er. »In Wirklichkeit bin ich nur ein Halbonkel«, fügte er hinzu.

Als er mich jetzt in seinen Armen hielt, war sein Gesicht so nah an meinem, daß seine Lippen mein Haar streiften. Ich glaubte, alle müßten uns ansehen und sich fragen, warum ein Mann in Onkel Philips Alter so eng umschlungen mit seiner Nichte tanzte. Ich war erleichtert, als das Stück endete und ich wieder an den Tisch zurückkehren konnte. Er hielt meine Hand, als ich mich abwandte.

»Danke«, sagte er leise. Ich nickte und eilte wieder auf das Podest. Der Hauptgang wurde gerade serviert.

Dann forderte mich Daddy Jimmy zum Tanzen auf. Wie anders das doch war! Er war locker und lustig. Während wir tanzten, sah ich, wie Pauline auf Gavin zuging und ihn dazu brachte, mit ihr zu tanzen. Es machte den Eindruck, als fühlte er sich schrecklich unbehaglich. Ich entschloß mich, mit ihm zu tanzen, sobald mein Tanz mit Daddy Jimmy zu Ende war. Ab und zu warf er einen Blick auf Tante Fern, die sich jetzt mit den Kellnern herumtrieb und rauchte und lachte.

»Sie führt nichts Gutes im Schilde«, murmelte Daddy Jimmy, als er besorgt in Ferns Richtung schaute. »Ich weiß es ganz genau.«

»Sie wird schon nichts anrichten, Daddy«, sagte ich, aber er wirkte nicht glücklich.

Ehe ich mit Gavin tanzen konnte, kündigte der Kapellmeister an, Mommy würde jetzt singen. Alle kehrten auf ihre Plätze zurück, als Mommy ans Mikrofon trat. Sie bedankte sich bei allen Anwesenden für ihr Erscheinen und wünschte, es gefiele ihnen bei uns. Dann nickte sie dem Kapellmeister zu, und sie spielten »High Hopes«. Der Applaus war ohrenbetäubend. Statt auf das Podest zurückzukehren, forderte sie mich jedoch auf, zu ihr zu kommen und ihr nächstes Lied auf dem Klavier zu begleiten. Ich war überrascht und wußte nicht, was ich tun sollte. Die Gäste jubelten mir zu, bis ich aufstand und zum Klavier ging.

»Mommy, das ist ein hinterhältiger Trick von dir«, sagte ich.

»Es war Tante Trishas Idee. Sie trifft die Schuld. Laß uns ›Somewhere Over the Rainbow‹ spielen. Das haben wir schon öfter getan.«

Ich fing an zu spielen, und Mommy sang, wie sie nie zuvor gesungen hatte. Sobald wir das Stück beendet hatten, waren wir von Gästen umringt, die uns gratulierten. Die Kapelle fing wieder an zu spielen, und ehe ich wußte, wie mir geschah, wurde ich auf die Tanzfläche gezogen und tanzte erst mit einigen Pagen und dann mit ein paar Jungen aus meiner Klasse. Sowie mich einer von ihnen zum Tanzen aufgefordert hatte, klopfte ihm auch schon ein anderer auf die Schulter. Ich wurde so oft im Kreis herumgewirbelt, daß mir schwindlig wurde, und schließlich bat ich darum, mich ausruhen zu dürfen.

Während ich lachte und Bowle trank, schaute ich mich nach

Gavin um, aber ich sah ihn weder auf dem Podest, noch irgendwo auf der Tanzfläche. Pauline dagegen entdeckte ich, als sie gerade aus dem Innenhof kam. Ich winkte ihr zu, und sie kam zu mir.

»Hast du Gavin gesehen?« fragte ich sie.

»Ja. Er ist rausgegangen. Ich bin ihm gefolgt, aber er wollte allein sein«, fügte sie hinzu.

»Er ist draußen?« Ich bedankte mich bei ihr und eilte hin, um zu sehen, was mit ihm los war. Er stand in einer dunklen Ecke, und fast hätte ich ihn nicht gesehen. Er stand ganz still da und schaute auf das Meer hinaus. Der Himmel war jetzt klar, und die Sterne funkelten, manche so nah am Horizont, daß sie aussahen, als trieben sie auf dem Wasser.

»Gavin?«

Er drehte sich abrupt um.

»Ich wollte dich nicht erschrecken«, sagte ich.

»Ich bin nicht erschrocken«, erwiderte er schnell. Ich ging zu ihm.

»Ist alles in Ordnung mit dir?«

»Ja, klar. Ich wollte nur etwas frische Luft schnappen. Fern verräuchert den Ballsaal ganz allein«, fügte er geringschätzig hinzu.

»Ist das alles, was dir nicht gefällt?« drang ich weiter in ihn. Mir gefiel es nicht, wie er meinen Blicken auswich.

»Ja, sicher«, sagte er schnell, zu schnell.

»Es tut mir leid, daß ich bis jetzt noch nicht dazu gekommen bin, mit dir zu tanzen. Ich wollte gerade...«

»Das ist schon in Ordnung«, sagte er. »Es ist deine Party. Du stehst im Mittelpunkt der Aufmerksamkeit. Und überhaupt kann ich all diesen Kerlen nicht vorwerfen, daß sie gern mit dir tanzen möchten.« Endlich sah er mich doch an. »Du hast wunderbar gespielt. Du wirst eines Tages eine berühmte Pianistin sein und auf Welttourneen gehen. Du wirst eine Menge reiche und berühmte Menschen kennenlernen und wahrscheinlich sogar für Königinnen und Könige spielen. Du wirst dich dann gar nicht mehr an mich erinnern!« All das warf er mir an den Kopf, während er seine schönen Augen zusammenkniff.

»Gavin! Wie kannst du nur so etwas Furchtbares sagen? Hältst du denn so wenig von mir?« fragte ich und stemmte die Arme in die Hüften.

»Was?«

Ich setzte zu einer Strafpredigt an; mein Gesicht rötete sich, und ich kam mir vor, als rollte ich Hals über Kopf einen steilen Hang hinunter und könnte nicht mehr bremsen.

»Du glaubst, ich könnte so egoistisch und selbstsüchtig werden, daß ich die Menschen vergesse, die mir am wichtigsten sind? Wann habe ich dich je so behandelt? Wie kommst du dazu, derart abscheuliche Vorhersagen zu äußern? Ich würde mir keinen Erfolg wünschen, wenn ich davon zu einem solchen Ungeheuer würde, und gleichgültig was du glaubst, aber dich würde ich nicht einen einzigen Tag lang vergessen. Schließlich denke ich ständig an dich, fast immer«, fügte ich hinzu, ehe ich die Worte zurückhalten konnte.

»Wirklich?« sagte er. Ich schluckte und nickte. »Wie kommt das?«

»Es ist einfach so«, sagte ich. »Nicht ein einziger Tag vergeht, an dem ich nicht an dich denke, mir Gedanken über dich oder über etwas mache, was ich dir schreiben werde.«

»Das sagst du doch nicht einfach nur, um mir einen Gefallen zu tun, oder?« fragte er argwöhnisch.

»O Gavin, wie typisch männlich es doch ist, so etwas zu glauben. Männer fürchten sich immer davor, an jemanden zu glauben. Sie rauben damit oft Herzen, weil ihnen graut, ihr Herz ernstlich an jemanden zu hängen.«

»Ich fürchte mich nicht davor«, widersprach er. »Jedenfalls nicht, wenn es um dich geht«, fügte er hinzu.

»Dann ... dann hab doch etwas mehr Vertrauen zu mir«, sagte ich.

»Ja, klar.«

Wir starrten einander an.

»Du hast mir noch keinen Kuß gegeben, um mir zum Geburtstag zu gratulieren«, sagte ich, und mein Herz schlug heftig.

»Alles Gute zum Geburtstag«, flüsterte er und beugte sich zu mir vor, und seine Augen schlossen sich. Ich schloß ebenfalls die Augen und spürte, wie sich seine Lippen zart auf meine legten, als streichelte eine sanfte Brise mein Gesicht. Gegen meinen Willen war ich enttäuscht. Er mußte es augenblicklich bemerkt haben, denn als ich gerade die Augen aufmachen wollte, legten sich seine Lippen wieder auf meinen Mund, aber diesmal fester, und gleichzeitig legten sich seine Hände auf meine Schultern, damit er mich an sich ziehen konnte. Es war der erste echte Kuß meines Lebens, viel besser als all die Küsse, die ich bei Kinderspielen bekommen hatte.

Wir lösten uns voneinander, und einen Moment lang brachte keiner von uns beiden ein Wort heraus. Und dann hörten wir das Geschrei. Dieser vollkommene Abend sollte mir doch noch zerstört werden.

3

Zwei verflochtene Herzen

Gavin und ich liefen ans Ende der Terrasse, weil wir sehen wollten, wer hier schrie. Daddy Jimmy hatte Tante Fern unsanft durch die Flügeltür aus dem Ballsaal gezerrt, und sie standen jetzt auf einer anderen Terrasse hinter dem Haus.

»Jimmy, mein Handgelenk, du tust mir weh!« rief sie und riß sich aus seiner Umklammerung los, und dabei hätte sie fast das Gleichgewicht verloren und wäre gefallen. Nachdem sie sich aufgerichtet hatte, stand sie da, rieb sich das Handgelenk und schaute ihn wütend an, aber selbst aus der Entfernung, aus der wir zusahen, machte es den Eindruck, als wankte Tante Fern.

»Wie konntest du das nur tun?« fragte Daddy Jimmy erzürnt. »Wie konntest du versuchen, dieses wunderbare Fest zu sabotieren? Hast du denn keinen Funken Anstand im Leib?«

»Ich war es nicht«, beharrte Tante Fern.

»Du warst es nicht? Du stinkst doch danach«, sagte er und fuchtelte wild mit der Hand.

»Ich habe etwas getrunken, aber ich habe den Whisky nicht in die Bowleschale geschüttet«, behauptete sie. Gavin und ich schauten einander an. Kleine Kinder tranken auch von dieser Bowle, und sie war für all meine Schulkameraden da. Ihre Eltern würden wütend und verärgert reagieren. Wie gräßlich.

»Einer der Pagen hat dich dabei beobachtet, Fern, und ich glaube ihm. Er ist ein sehr zuverlässiger junger Mann«, sagte Daddy Jimmy. Tante Fern wich weiter vor ihm zurück, mußte sich aber am Geländer festhalten, damit sie aufrecht stehenblieb.

»Klar, du glaubst eher einem deiner bezahlten Angestellten als deiner eigenen Schwester«, stöhnte sie. Sie kehrte Daddy Jimmy den Rücken zu.

»Er steht nicht in dem Ruf zu lügen; meine Schwester dagegen steht leider in diesem Ruf. Und außerdem«, betonte Daddy Jimmy, »ist es nicht das erste Mal, daß du so etwas tust, Fern.«

»Er lügt!« klagte sie in die Nacht hinaus. »Ich wollte nicht mit ihm tanzen, und jetzt will er es mir heimzahlen.«

»Schluß damit, Fern. Das ist noch nicht alles, was wir an diesem Wochenende über dich gehört haben. Ich wollte das Thema nicht vor morgen ansprechen, weil ich vermeiden wollte, daß der Abend von dunklen oder unerfreulichen Schatten getrübt wird, aber Dawn hat einen Anruf von der Leiterin des Studentenwohnheims bekommen, in dem sie sich darüber beklagt hat, du hättest Whisky in dein Zimmer mitgebracht«, teilte Daddy Jimmy ihr mit. Fern drehte sich um und wandte ihm den Rücken zu.

»Noch mehr Lügen. Sie haßt mich, weil sie mich einmal dabei ertappt hat, daß ich mich über sie lustig gemacht habe. Ich war nicht diejenige, die den Whisky in das Wohnheim mitgenommen hat. Es war...«

»Du warst es. Streite es nicht ab. Versuch es gar nicht erst«, sagte Daddy Jimmy. »Nach deinen Angaben hatte jeder, der je zu uns gekommen ist, um sich über dich zu beschweren, in Wirklichkeit andere Gründe für seine Klagen. Du bist immer diejenige, auf der herumgehackt wird.«

»Das bin ich auch!« heulte sie auf. »Dawn kann es kaum erwarten, schlechte Nachrichten über mich zu hören und damit zu dir zu laufen. Sie ist darauf versessen!«

»Das ist einfach lachhaft. Dawn hat sich bemüht, dir eine Mutter und eine Schwester zu sein, aber du zahlst ihr jede großzügige und liebevolle Geste mit Undankbarkeit heim, und jetzt hast du uns alle in Verlegenheit gebracht«, sagte Daddy Jimmy, der ihr theatralisches Getue ignorierte, »nicht nur Dawn und mich, sondern auch Daddy und...«

»Daddy in Verlegenheit gebracht?« Sie warf den Kopf zurück und lachte schallend, als hätte er etwas unglaublich Komisches gesagt.

»Hör auf damit«, befahl ihr Daddy Jimmy.

»Daddy in Verlegenheit gebracht«, sagte sie, und ihre Stimme klang jetzt hämisch. »Wie könnte ich einen ehemaligen Sträfling in Verlegenheit bringen?« gab sie zurück und warf ihm die Worte an den Kopf, als schüttete sie ihm ein Glas von der Bowle ins Gesicht, in die sie den Whisky gegossen hatte.

Gavin atmete an meiner Seite hörbar ein und hielt den Atem an.

»Ich hasse sie«, murmelte er mit den Lippen dicht an meinem Ohr. »Wie sehr ich sie hasse!«

Ich legte eine Hand auf seinen Arm. Als er mich anschaute, sah ich Tränen der Wut in seinen Augen. Dann wandten wir uns beide schnell wieder Daddy Jimmy und Tante Fern zu. Daddy Jimmy hatte die Hand gehoben, denn er beabsichtigte, Fern zu ohrfeigen. Sie schrie auf und duckte sich. Ich hatte nie zuvor erlebt, daß Daddy Jimmy sie oder irgend jemanden sonst geschlagen hatte. Im allgemeinen genügten ein vorwurfsvoller Blick oder ein paar scharfe Worte, sogar bei Jefferson. Doch auch jetzt tat er es nicht; langsam ließ er den Arm sinken und gewann die Fassung wieder.

»Sag so etwas nie mehr. Du weißt ganz genau, warum Daddy ins Gefängnis gesperrt worden ist und daß es nicht seine Schuld war. Großmutter Cutler hat ihn und Momma dazu gebracht, Dawn zu entführen, und sie hat die beiden belogen, was ihre Gründe anging.«

»Trotzdem ist er im Gefängnis gewesen, und das weiß jeder. Ich bringe ihn nicht in Verlegenheit«, beharrte sie. »Er bringt mich in Verlegenheit. Im College erzähle ich allen, daß nicht nur meine Mutter tot ist, sondern auch mein Vater«, sagte sie. »Ich will ihn nicht als meinen Vater haben.« Ihre Worte trafen wie eiskalte Regentropfen auf meine und Gavins Ohren.

Einen Moment lang sagte niemand etwas. Daddy Jimmy starrte sie nur einfach an. Tante Fern verschränkte die Arme unter ihrem Busen und schaute zu Boden.

»Wie kannst du nur etwas derart Abscheuliches sagen, Fern«, setzte Daddy Jimmy langsam an. »Wenn du Daddy nicht als deinen Vater akzeptieren kannst, dann kannst du in mir auch nicht deinen Bruder sehen.«

Tante Fern hob langsam den Kopf. Im Schein der Außenbeleuchtung konnte ich sehen, wie sich ihr Mund verzog.

»Das ist mir egal«, fauchte sie. »Du bist nicht mein Bruder. Du bist Dawns Sklave, du glaubst ihr alles, was sie über mich erzählt, und du tust alles, was sie will. Sie braucht doch nur mit den Fingern zu schnippen, und du zuckst wie eine Marionette.«

»JETZT REICHT ES!« brüllte Daddy Jimmy. »Du gehst jetzt sofort in dein Zimmer und schläfst deinen Rausch aus. Geh schon!« befahl er mit ausgestrecktem Arm.

»Ich gehe ja schon«, sagte sie. »Vielleicht gehe ich sogar noch weiter. Vielleicht laufe ich weg.« Sie wankte, und dann wandte sie sich ab und taumelte davon. Daddy Jimmy blieb noch einen Moment lang stehen und schaute ihr nach.

»Ich hoffe, sie tut es. Ich hoffe, sie läuft weit weg«, sagte Gavin. »Er hätte sie ohrfeigen sollen. All diese Scheußlichkeiten, die sie über Daddy und Dawn gesagt hat.«

»Sie ist betrunken, Gavin.«

»Das ändert nichts. Sie hätte diese Dinge auch gesagt, wenn sie nicht betrunken gewesen wäre«, erwiderte er.

Ehe wir noch ein weiteres Wort sagen konnten, hörten wir von drinnen einen Trommelwirbel.

»WO IST DAS GEBURTSTAGSKIND?« rief der Kapellmeister in das Mikrofon.

Ich war nicht in der richtigen Stimmung, mich gleich wieder unter die Partygäste zu mischen, aber mir blieb nichts anderes übrig. Daddy Jimmy eilte zurück in den Saal.

»Du solltest lieber reingehen«, sagte Gavin.

»Kommst du mit? Ich gehe nur dann wieder rein, wenn du auch mitkommst«, drohte ich.

»Meinetwegen.« Endlich lächelte er, als er die Entschlossenheit in meinem Gesicht bemerkte.

Als wir den Saal betraten, kündigte der Kapellmeister an, es sei jetzt an der Zeit, die Geburtstagstorte zu servieren. Er bat alle, sich wieder auf ihre Plätze zu setzen. Erneut setzte ein Trommelwirbel ein, und dann fuhr Leon den Kuchen durch den Mittelgang. Er und Mr. Nußbaum hatten einen riesigen weißen Kuchen gebacken, der wie ein Klavier geformt war. Sämtliche Tasten waren rosafarben, und sechzehn Kerzen standen darauf. Die Gäste applaudierten beim Anblick der Torte.

Mommy stellte sich stolz neben den Kuchen und lächelte mich an.

Dann verstummten die anwesenden Gäste, als Leon ihr dabei half, die Kerzen anzuzünden.

»Christie«, rief sie. Ich ging auf den Kuchen zu. Der Trommler spielte einen langen Wirbel. Mommy strahlte mich an und nickte, und dann pustete ich mit aller Kraft und blies sämtliche sechzehn Kerzen mit einem Atemzug aus. Irgendwo hatte ich gelesen, das würde Glück bringen.

Sobald die Kerzen ausgeblasen waren, fing die Kapelle an, »Happy Birthday To You« zu spielen, und als Mommy das Lied anstimmte, sangen sämtliche Gäste und das Personal mit. Tränen rannen über meine Wangen, doch es waren Glückstränen. Alle Anwesenden applaudierten. Die Luftballons wurden losgebunden, und die kleineren Kinder lachten und quietschten, als sie, von Jefferson angeführt, umherrannten und versuchten, die herunterbaumelnden Schnüre zu packen.

»Alles Gute zum Geburtstag, Schätzchen«, sagte Mommy und zog mich an sich und küßte mich.

Ehe ich mich für ihre Glückwünsche bedanken konnte, drückte Daddy Jimmy mich an sich. Dann kamen Tante Trisha, Großpapa Longchamp, Edwina, Tante Bet und schließlich Onkel Philip, der mich am längsten festhielt und mich zweimal küßte. Ich sah mich nach Gavin um, doch er hielt sich im Hintergrund, stand da und lächelte. Ich nickte ihm zu und warf ihm einen Blick zu, der besagte: »Damit kommst du mir nicht davon, Gavin Longchamp.« Er verstand es und lachte.

Pauline und meine anderen Schulfreundinnen kamen auf mich zu, um mir zu gratulieren, und dann begannen die Kellner, den Kuchen zu servieren. Die Geschäftigkeit der Party ließ nach, als die Gäste den Nachtisch aßen. Kurz danach fingen einige unserer Gäste an, nach Hause zu gehen, und alle kamen zu dem Podium, um sich persönlich zu verabschieden und mir noch einmal alles Gute zum Geburtstag zu wünschen. Außer Gavin und mir hatte niemand die scheußliche Szene zwischen Daddy Jimmy und Tante Fern mitangesehen, und somit war es in den Augen aller anderen ein absolut gelungener Abend gewesen.

Sogar Großmutter Laura hatte ihre helle Freude daran gehabt und war länger geblieben, als ich es erwartet hatte. Als Bronson am früheren Abend mit mir getanzt hatte, hatte ich zu ihr hinübergeschaut, und Großmutter Laura hatte so süß gelächelt, daß ich verstehen konnte, warum sie als eine der hübschesten Frauen in Cutler's Cove gegolten hatte. Dicht unter der Oberfläche ihres stark geschminkten, alternden Gesichts lag das Lächeln einer Frau, die sich noch einmal für ein junges Mädchen hielt. Ihre Augen funkelten, und ihre Lippen lächelten sanft und liebevoll.

»Sie sieht gut aus«, hatte Bronson gesagt, als er mich dabei ertappt hatte, daß ich sie musterte. »Sie erlebt ihren eigenen sechzehnten Geburtstag noch einmal«, fügte er mit einem Anflug von Melancholie hinzu.

Jetzt schob er ihren Rollstuhl, als sie gemeinsam mit den anderen Gästen gingen, nachdem Mommy und ich ihr einen Gutenachtkuß gegeben hatten. Mommy und ich blieben nebeneinander stehen und schauten ihnen nach. Sie drückte meine Hand, und ich sah, daß Tränen in ihre Augen stiegen. Ehe eine von uns jedoch dazu kam, einen traurigen Gedanken zu äußern, wurden wir von einer jubelnden Menge eingekreist, vor der wir uns nicht retten konnten, darunter auch Tante Bet, Richard und Melanie. Jefferson hatte sich doch noch einigermaßen gut benommen, und Richard mußte uns das berichten. Natürlich rechnete er es sich als seinen eigenen Verdienst an.

»Er wußte, daß er sich an meinem Tisch wie ein Gentleman benehmen muß«, prahlte Richard. Mit seinem steifen Auftreten, seinen hochgezogenen Schultern und seinem gewohnheitsmäßig ernsten Gesichtsausdruck wirkte er mehr wie ein kleiner alter Mann als ein zwölfjähriger Junge. Melanie unterschied sich nicht allzusehr von ihm. Sie gab mir einen Gutenachtkuß, doch als sie zurücktrat, sah ich, daß sich ihr Blick eilig ihrem Vater zuwandte. Onkel Philip jedoch sah nicht sie, sondern mich gebannt an.

»Gute Nacht, und ein letztes Mal alles Gute zum Geburtstag. Das wünsche ich der neuen Prinzessin von Cutler's Cove«, sagte er, während er vortrat, um mich zu umarmen und auf die Wange zu küssen.

»Ich bin keine Prinzessin, Onkel Philip«, sagte ich. Ein paar meiner Schulfreundinnen, die noch geblieben waren, würden mich bestimmt wieder aufziehen, nachdem sie gehört hatten, daß er mich mit diesem Titel angesprochen hatte.

»Gewiß bist du das«, sagte er. »Wer sonst käme dafür in Frage?« fügte er hinzu. Ich sah, wie Melanies Augen sich verfinsterten.

»Was wird jetzt aus all den Geschenken?« fragte Jefferson. Er hatte den Berg von Geschenken auf dem Tisch schon den ganzen Abend über immer wieder umrundet, da er es kaum abwarten konnte, das Einwickelpapier herunterzureißen und nachzuschauen, ob sich nicht doch das ersehnte Spielzeug darunter verbarg, auf das er sich schon so lange freute.

»Sie werden später ins Haus gebracht«, erklärte Mommy. »Hol jetzt deine Jacke.«

Enttäuscht eilte er fort. Ich schaute mich forschend in der Menge um, die schon beträchtlich kleiner geworden war, und sah Gavin in der Nähe der Tür stehen. Er unterhielt sich mit Ricky Smith und Warren Steine.

»Es dauert nur noch ein Weilchen, bis ich auch nach Hause komme, Mommy«, sagte ich.

Sie warf einen versonnenen Blick auf Gavin.

»Komm nicht zu spät nach Hause, Schätzchen. Du bist viel müder, als du glaubst«, warnte sie mich.

»Ich werde nicht spät kommen.« Ich drückte sie fest an mich. »Ich danke dir für diese wunderbare Party.«

»Gern geschehen, Schätzchen«, sagte sie.

Gavin sah mir fest in die Augen, als ich auf ihn zuging. Er entschuldigte sich und kam mir entgegen.

»Ich bin noch viel zu aufgeregt, um schlafen zu gehen«, sagte ich. »Hast du Lust, einen kleinen Spaziergang zu machen?«

»Klar.«

Wir schlichen uns davon, und ich führte Gavin durch das Foyer zum Hinterausgang des Hotels und von dort aus ins Freie. Der Himmel war jetzt nahezu wolkenlos, und die Sterne sahen aus wie die flackernden Dochte von zahllosen Kerzen auf einem

Geburtstagskuchen. Ich nahm Gavin an der Hand und bog auf den Fußweg zur Laube ein, doch ein schrilles Gelächter, das aus den Umkleidekabinen am Pool drang, zog unsere Aufmerksamkeit an. Wir blieben stehen und schauten hin. Ein zweites schrilles Lachen bestätigte unseren Verdacht.

»Das ist Fern«, flüsterte Gavin. Wir hörten eine männliche Stimme. Von der Stimme und vom Aussehen her handelte es sich um einen unserer neuen Pagen. Da es uns einfach nicht möglich war, unsere Neugier zu zügeln, gingen wir auf den Pool zu und sahen Tante Fern auf einem Liegestuhl, und der Page lag neben ihr. Ihr Oberteil, das ohnehin schon mehr enthüllte als verbarg, war jetzt unter ihren Busen gezogen. Ihre nackten Schultern schimmerten. Gavin und ich blieben stehen, und wir hielten beide fast den Atem an. Der Page küßte ihre Schultern und ließ sein Gesicht auf ihre Brüste gleiten. Aber plötzlich hob Tante Fern eine kleine Flasche hoch und führte sie an die Lippen.

»Du hast genug getrunken«, sagte der Page.

»Ich kann nie genug kriegen«, entgegnete sie und lachte wieder, doch diesmal ging ihr Lachen in ein Husten über, das Husten in ein ersticktes Würgen.

»He«, rief ihr Liebhaber aus, als sie der Brechreiz übermannte. Er sprang gerade noch rechtzeitig zur Seite. Tante Fern fing an, sich heftig und lautstark zu übergeben, und das groteske Geräusch hallte durch die Nacht. Als es vorbei war, ächzte sie und preßte sich die Hände auf den Bauch.

»Oh, ich fühle mich, als müßte ich sterben«, jammerte sie. »Und ich habe mich von Kopf bis Fuß vollgekotzt.«

»Du solltest besser ins Bad gehen«, erklärte ihr Liebhaber. Zur Antwort konnte sie nur stöhnen. Er half ihr auf die Füße und führte sie fort, und dabei hielt er sie auf Armeslänge von sich, als sie auf dem Gehweg zum Hotel wankten. Gavin und ich blieben stehen, bis sie verschwunden waren.

»Das freut mich«, sagte Gavin erbost. »Sie hat bekommen, was sie verdient hat.«

»Es ist nicht das erste Mal, daß ich sie hier draußen mit jemandem ertappe«, sagte ich. »Als ich sie das erste Mal hier gesehen habe, bin ich über das, was sie getan hat, derart erschrocken, daß ich den ganzen Weg nach Hause gerannt und sofort in mein Zimmer gelaufen bin.«

»Und beim nächsten Mal?« fragte Gavin.

»Da habe ich ihnen eine Zeitlang zugeschaut«, gestand ich.

»Davon hast du mir in deinen Briefen nie etwas berichtet.«

»Ich habe mich zu sehr geschämt«, sagte ich. Wir machten uns wieder auf den Weg zur Laube.

»Du hattest eine ganz tolle Party. Das konnte selbst sie nicht verhindern«, meinte Gavin, als wir uns hinsetzten.

»Ich weiß. Ich kann Mommy und Daddy Jimmy gar nicht genügend dafür danken.« Eine kühle Brise vom Meer her ließ mich erschauern.

»Du frierst«, sagte Gavin.

»Nein, es ist schon gut«, erwiderte ich, denn ich fürchtete, er würde sagen, wir sollten wieder ins Haus gehen; aber er hatte sein Jackett schon ausgezogen und hängte es mir schnell über die Schultern.

»Jetzt wirst du frieren«, sagte ich.

»Ganz bestimmt nicht«, erwiderte er tapfer. »Du hast heute abend mit vielen Männern getanzt«, meinte er und bemühte sich, seine Worte beiläufig klingen zu lassen.

»Aber nicht mit dir, und das habe ich mir so sehr gewünscht, Gavin«, sagte ich. Er nickte traurig. Dann lächelte er.

»Tja, noch ist es nicht zu spät«, entschied er plötzlich. Die Musik, die vom Hotel her zu hören war, war zwar etwas gedämpft, doch wir konnten sie noch vernehmen. Gavin stand auf und reichte mir die Hand. »Darf ich um diesen Tanz bitten,

Madame? Oder haben Sie schon alle Tänze anderen versprochen?«

»Nein, einen Tanz habe ich noch frei«, sagte ich lachend und stand auf. Er legte mir einen Arm um die Taille und zog mich langsam an sich. Anfangs kicherten wir, doch als wir in der Laube tanzten und einander dabei fest in die Augen sahen, rückten wir näher und immer näher, bis meine Wange seine berührte. Ich war sicher, daß er spüren konnte, wie mein Herz an seiner Brust schlug.

Als hätten wir das Verlangen beide gleichzeitig wahrgenommen, hob ich den Kopf, und unsere Lippen trafen sich zu einem Kuß, der sanft und zögernd begann, doch als die Wärme und die Spannung zunahmen, küßten wir uns heftiger. Ich lehnte meinen Kopf an seine Schulter, und wir tanzten weiter, denn wir hatten beide Angst davor, etwas zu sagen.

»Ich wünschte, ich müßte nicht morgen gleich wieder nach Hause fahren«, sagte er schließlich. »Aber Daddy muß wieder arbeiten.«

»Ich weiß. Ich wünschte auch, du könntest länger bleiben. Hast du mit deinem Vater und deiner Mutter darüber geredet, daß du im Sommer gern hier arbeiten würdest?«

»Ja. Ihnen ist es recht.«

»O Gavin, auch wenn es bis dahin nur noch ein paar Wochen sind, kann ich es einfach nicht erwarten. Es wird so schön werden. Wir werden mit dem Boot rausfahren und schwimmen gehen und...«

»He, von mir wird hier erwartet, daß ich arbeite und nicht, daß ich mich vergnüge«, schalt er mich sanft aus.

»Jeder hat Freizeit, und ich habe einen guten Draht zum Boß«, sagte ich, doch Gavin lächelte nicht.

»Ich möchte keinen Job annehmen und meine Arbeit dann nicht ordentlich machen«, sagte er entschieden.

»Mach dir keine Sorgen, dazu kommt es schon nicht.« Er war genau wie Daddy Jimmy, voller Stolz und jederzeit bereit, die Flagge seiner Selbstachtung von einem Moment zum anderen zu hissen; aber genau wie Daddy Jimmy konnte auch Gavin zart und sanftmütig sein, liebevoll und einfühlsam.

Von dort aus, wo wir standen, konnte ich Mommy, Jefferson, Mrs. Boston, Tante Trisha und Daddy Jimmy sehen, die sich auf dem Rückweg zum Haus befanden.

»Ich mache mich jetzt besser auf den Heimweg«, sagte ich. »Es ist schon spät.«

»Ich begleite dich.«

Er hielt mich an der Hand und überließ mir seine Jacke, bis wir das Haus erreicht hatten.

»Nett, daß du mir deine Jacke geliehen hast. Danke«, sagte ich, als ich sie von den Schultern nahm.

»Hast du denn keinen Gegenstand in der Tasche bemerkt?« fragte er, als ich ihm die Jacke zurückgab.

»In der Tasche?« Er grinste schüchtern. »Gavin Steven Longchamp, was ist da drin?« fragte ich. Er lachte und zog ein kleines Päckchen heraus, das in Geschenkpapier verpackt war.

»Daddy und Momma haben dir ein Geschenk von uns allen überreicht, aber das hier ist von mir allein. Ich wollte es dir unter vier Augen geben«, sagte er und reichte mir das Päckchen. »Alles Gute zum Geburtstag, Christie.«

»Gavin!«

Mein Herz schlug vor Vorfreude schneller, als ich das Geschenk auspackte und die Schachtel öffnete. Auf Seidenpapier gebettet lag ein wunderschönes goldenes Armband mit meinem Namen. Über und unter meinem Namen waren zwei Herzen eingraviert, die miteinander verschlungen waren.

»Dreh es um«, sagte er leise, und als ich das tat, las ich: »In ewiger Liebe, Gavin.« Es verschlug mir den Atem.

»O Gavin, es ist ja so schön. Es ist mein schönstes Geschenk«, flüsterte ich. »Aber es muß furchtbar teuer gewesen sein.«

»Es gibt niemanden, für den ich mein Geld lieber ausgäbe. Das heißt, wenn ich überhaupt welches habe«, sagte er lachend. »Komm, laß dir beim Anziehen helfen.«

Ich streckte mein Handgelenk aus, und er legte mir das Armband behutsam an und ließ sorgsam das Schloß zuschnappen. Während er das tat, schaute ich ihm ins Gesicht und sah, wie zart und liebevoll der Blick in seinen Augen war, als seine Finger meine hielten. Als er fertig war, schaute er mich auf seine eigene Art an, die immer wieder dazu führte, daß ich oft an ihn dachte.

»Danke.« Ich gab ihm einen Kuß auf die Lippen, er starrte mich an und wirkte plötzlich wesentlich älter.

»Du solltest lieber ins Haus gehen«, sagte er, »ehe dir wieder kühl wird.«

»Ich werde heute nacht keine Minute schlafen!« rief ich. »Wir sehen uns dann gutgelaunt morgen zum Frühstück.«

»Ich werde früh da sein, aber gutgelaunt werde ich nicht sein«, lachte er, während ich die Stufen hinaufeilte. Er blieb stehen und schaute mir nach und lächelte, als ich die Tür öffnete und nur langsam das Haus betrat, da es mir widerstrebte, dem wunderbarsten Abend meines Lebens ein Ende zu setzen.

Es war mir nahezu unmöglich einzuschlafen, aber als ich es schaffte, träumte ich von meiner Party. Doch in meinem Traum gab es noch einen weiteren Gast, einen Überraschungsgast, der im allerletzten Moment erst auftauchte. Mommy sang gerade »Happy Birthday«, und die Partygäste fielen im Chor ein, als plötzlich ein großer, dunkelhaariger, gutaussehender Mann erschien. Er lief langsam durch den Gang, der vom Hauptportal durch den Saal führte, und im Näherkommen lächelte er. Mommy hörte auf zu singen.

»Hallo, Christie«, sagte er. »Alles Gute zum Geburtstag«, sagte er. Er hatte unglaublich weiße Zähne, Zähne, die fast so weiß wie Klaviertasten waren, und seine ebenholzschwarzen Augen schimmerten sanft.

»Wer sind Sie?« fragte ich, während die Leute noch »Happy Birthday« sangen.

»Ich bin dein richtiger Vater«, antwortete er und beugte sich zu mir vor, um mir einen Kuß zu geben, doch als er näher kam, wurde sein Gesicht zu Onkel Philips Gesicht, zu einem lüstern lächelnden Gesicht mit feuchten Lippen. Ich versuchte zurückzuweichen, doch er packte mich an den Schultern und zog mich an sich, zog mich immer enger an sich, bis...

Ich fuhr im Bett hoch, schwitzte und atmete schwer. Einen Moment lang wußte ich nicht, wo ich war oder was passiert war. Mein Herz schlug heftig in meiner Brust. Ich holte tief Atem und schlang mir die Arme schützend um die Schultern. Dann spürte ich das Armband, das Gavin mir geschenkt hatte, an meinem Handgelenk. Es tröstete mich; ich konnte nahezu hören, wie Gavin sagte: »Hab keine Angst.« Ich lag eine Weile wach und wunderte mich über meinen Traum. Schließlich wurden meine Lider schwer, und ich schlief wieder ein.

Es war zwar ein strahlender sonniger Morgen, doch ich erwachte nicht vor Jefferson, der sicherlich in der Nacht davon geträumt hatte, wie er das Papier meiner Geschenke aufriß; jedenfalls konnte ich mir das gut vorstellen. Er platzte schreiend in mein Zimmer, und ich stöhnte.

»Darf ich jetzt anfangen, sie auszupacken? Darf ich? Darf ich?« krähte er.

»Jefferson!« Er klatschte mir fest auf das Bein. »Okay, fang schon an«, rief ich.

»Uiih!« brüllte er und schoß aus meinem Zimmer, um durch den Korridor zur Treppe nach unten zu rennen.

Ich stöhnte wieder und setzte mich auf. Als ich sah, wie spät es war, sprang ich eilig aus dem Bett. Ich wußte, daß Großpapa Longchamp wie üblich früh zum Flughafen würde aufbrechen wollen, und ich hatte Angst, Gavin zu verpassen. Mommy klopfte an meine Tür und kam herein. Sie war bereits angekleidet.

»Ich habe verschlafen, Mommy«, sagte ich.

»Das ist schon in Ordnung, Schätzchen. Daddy ist schon drüben im Hotel. Wir treffen uns im Restaurant. Mrs. Boston wird Jefferson hier ein Frühstück zubereiten. Er ist ohnehin nicht aus dem Haus zu locken, solange er deine Geschenke nicht bis auf das allerletzte inspiziert hat«, sagte sie.

»Sag allen, daß ich gleich komme«, rief ich und eilte ins Bad, um zu duschen. Als ich im Hotel ankam und das Restaurant betrat, saßen alle schon an dem großen Tisch. Tante Trisha wirkte in ihrem farbenfroh bedruckten Rock mit der passenden Bluse frisch und glücklich. Sie erzählte Geschichten, mit denen sie alle zum Lachen brachte. In dem Moment, als ich das Restaurant betrat, blickte Gavin von seinem Teller auf und strahlte. Er hatte den Platz neben sich für mich freigehalten. Ich lief eilig hin.

»Da ist sie, einen Tag älter und einen Tag gescheiter«, bemerkte Tante Trisha. Alle sagten guten Morgen, und ich entschuldigte mich für mein spätes Erscheinen.

»Das ist dein Recht, Schätzchen. Gestern war für dich ein ganz großer Abend. Es war eine wunderbare Party, die beste, die ich je besucht habe«, meinte Edwina. Alle stimmten ihr zu.

»Wann brecht ihr auf?« fragte ich Gavin.

»Sowie wir mit dem Frühstück fertig sind. Du kennst doch meinen Vater. Er hätte Bahnhofsvorstand werden sollen. Wir werden zu früh am Flughafen ankommen, und das Flugzeug wird Verspätung haben, und er wird jedem in den Ohren liegen, der ihm freiwillig zuhört, und sich beklagen«, sagte Gavin und schaute Großpapa Longchamp an. Er beschwerte sich über ihn, aber ich zweifelte keinen Moment lang daran, daß Gavin seinen Vater sehr, sehr liebte.

Wenige Momente später kam Tante Fern angeschlendert. Sie wirkte bleich und müde, ihr kurzes Haar war zerzaust, und sie trug eine dunkle Sonnenbrille. Ich hatte nicht den Eindruck, daß sie auch nur versucht hatte, sich wenigstens flüchtig das Haar zu bürsten. Sie trug ein ausgebleichtes T-Shirt mit dem Namen ihres College, eine knallenge Jeans, schmutzige Schlappen und keine Socken. Sie warf einen wütenden Blick auf Daddy Jimmy, dessen Gesicht in dem Moment aschfahl geworden war, in dem sie so zerzaust und ungepflegt aufgetaucht war. Mommy schnitt eine Grimasse, und alle starrten Tante Fern an, als sie sich auf einen Stuhl plumpsen ließ.

»Kaffee, sonst nichts«, ächzte sie, als der Kellner kam.

»Wann machst du dich auf den Rückweg zum College, Fern?« erkundigte sich Tante Trisha.

»Sobald ich mich wieder hingekriegt habe«, erwiderte sie. Sie trank ihren Kaffee, ließ sich auf dem Stuhl zurücksinken, hörte nicht zu und redete mit niemandem.

Nach dem Frühstück blieb Gavin mit mir noch ein Weilchen im Foyer, während seine Eltern nach oben gingen, um die letzten Sachen einzupacken. Tante Trisha brach als erste auf. Daddy Jimmy, Mommy und ich umarmten sie, und Mommy versprach ihr, wir würden alle nach New York kommen, um sie in ihrer neuen Show zu sehen. Sie umarmte und küßte mich noch einmal, ehe sie in das Taxi stieg.

»Es war eine wunderschöne Party, Schätzchen. Es hat mich sehr gefreut, daß ich hier war.« Sie warf einen Blick auf Gavin, der dicht hinter mir stand. »Du wirst sehr schnell erwachsen, und du hast dich zu einer großen Schönheit entwickelt.«

»Danke, Tante Trish.«

Wir schauten ihr zu, als sie einstieg und losfuhr, und dann kehrten wir wieder ins Foyer zurück. Ich haßte Abschiede, vor allem, wenn ich mich von Menschen verabschieden mußte, die ich wirklich ins Herz geschlossen hatte. Das Gefühl der Leere hinterher begann immer in meinem Magen, schlich sich aber schnell in alle Muskeln und Knochen, bis ich mich wie ein Schatten meiner selbst fühlte. Ein Teil von mir geht mit dem Menschen, den ich liebe. Und dann habe ich immer dieses gräßliche Gefühl, es könnte ein Abschied für immer gewesen sein, obwohl ich mir darüber nicht klar war.

Mir graute davor, mich von Gavin zu verabschieden, aber schließlich kam der Zeitpunkt, als es sein mußte. Daddy Jimmy hatte Julius mit der Hotellimousine vorfahren lassen. Wir umarmten und küßten einander und versprachen uns gegenseitig, einander anzurufen und uns zu schreiben. Gavin wartete bis zum letzten Moment mit dem Einsteigen. Wir musterten einander, und keiner von uns beiden wagte einen Kuß.

»Ich rufe dich heute abend an«, flüsterte Gavin mir ins Ohr.

»Versprichst du es mir? Gleichgültig, wie spät es wird?« fragte ich und fühlte mich von dem Gedanken getröstet.

»Ich verspreche es dir.« Er wandte sich an Mommy und Daddy Jimmy. »Auf Wiedersehen, Dawn.« Sie umarmte ihn. »Nun, großer Bruder«, sagte er zu Daddy Jimmy. Sie drückten einander wie Männer die Hände, und dann lächelte Daddy Jimmy und umarmte Gavin.

»Bring dich nicht in Schwierigkeiten, kleiner Bruder«, sagte er und fuhr mit der Hand durch Gavins schönes dichtes, dunkles Haar. »Hüte dich vor den wilden Texanerinnen.«

Gavin warf einen Blick auf mich und errötete.

»Für so was hat er keine Zeit«, brüllte Großpapa Longchamp.

»Wie du meinst, Daddy«, erwiderte Jimmy lächelnd. Er, Mommy und ich blieben auf der Treppe stehen und winkten, als die Limousine abfuhr. Als sie um die Kurve bog und verschwand, wurde ich so traurig, daß ich fast in Tränen ausgebrochen wäre. Mommy bemerkte meinen Gesichtsausdruck und umarmte mich schnell, während wir uns abwandten, um wieder ins Hotel zu gehen.

»Nach einem so großen Fest stürzt man immer erst einmal ab, Schätzchen. Aber es wird noch mehr schöne Zeiten geben, schöne Zeiten und viele große Feste.«

»Ich weiß, Mommy.«

Es war Sonntag, und Sonntage brachten es immer mit sich, daß viele Hotelgäste abreisten. Statt herumzusitzen und zu grübeln, machte ich mich lieber an der Rezeption nützlich. Mrs. Bradley und die anderen redeten unentwegt über die Party. Sie machten mir große Komplimente zu meinem Klavierspiel und lobten natürlich überschwenglich Mommys Gesang. Irgendwann am frühen Nachmittag tauchte Tante Fern mit ihrem Koffer im Foyer auf. Sie trug immer noch die dunkle Brille. Sie blieb an der Rezeption stehen und zündete sich eine Zigarette an.

»Warum rauchst du soviel, Tante Fern?« fragte ich sie.

»Es beruhigt meine Nerven, und genau das brauche ich, wenn ich hier bin«, erwiderte sie. Dann zog sie ihre Brille vor auf den Nasenrücken und schaute mich über das Brillengestell hinweg an. »Hast du gestern abend schon einen Blick in ›Lady Chatterley‹ geworfen?«

»Nein«, sagte ich. »Und überhaupt gefällt es mir nicht, Geheimnisse vor Mommy zu haben.«

»Mann... so ein Quatsch«, stöhnte sie. »Du bist sechzehn. Was glaubst du wohl, was sie getan hat, als sie in deinem Alter war?«

»Sie hat nichts Böses getan«, gab ich zurück.

»Oh, nein.« Sie starrte mich einen Moment lang an und lehnte sich dann an den Empfangstisch. »Ich wette, du weißt nicht, was sich in der Privatschule zwischen ihr und Philip abgespielt hat, oder?« fragte sie.

Es war, als hätte jemand eine glühendheiße Hand auf mein Herz gepreßt. Ich spürte, wie die Hitze in meinen Nacken stieg.

»Ich weiß nicht, wovon du sprichst«, sagte ich schnell.

»Das dachte ich mir schon«, erwiderte sie nickend. »Merk dir nur eines, Prinzessin: Hier sind nicht alle so blütenweiß und rein, wie sie sich geben. Du solltest deine Mutter einmal fragen und dir von ihr erzählen lassen, was passiert ist, als sie und Jimmy die Emerson Peabody-Schule besucht haben, eine todschicke Privatschule in Richmond.«

»Ich weiß, daß sie dort gewesen sind. Großpapa Longchamp hat dort als Monteur gearbeitet und...«

»Ja, ja, ich rede nicht über das Wie oder das Warum.« Sie beugte sich näher zu mir. »Dein Onkel Philip hat die Schule auch besucht, verstehst du. Dort haben er und deine Mutter sich ursprünglich kennengelernt.« Sie lächelte verschlagen. »Du bist jetzt alt genug, um all die schmutzigen Einzelheiten zu erfahren«, fügte sie hinzu.

Julius tauchte an der Tür auf.

»Gott sei Dank, daß ich endlich verschwinden kann«, sagte Tante Fern. Sie machte sich auf den Weg, doch dann blieb sie noch einmal stehen und drehte sich zu mir um. »Kapitel zehn«, sagte sie lächelnd. »Das ist ein besonders gutes. Dort steht mein Koffer«, rief sie Julius zu und deutete darauf. Er hob ihn hoch und eilte vor ihr zur Tür hinaus. Im nächsten Moment war sie verschwunden, aber sie hatte es fertiggebracht, daß ich mit klopfendem Herzen dastand und ihr nachschaute. Was meinte sie bloß mit diesem hinterhältigen Lächeln und ihren Anspielungen auf Mommy und Onkel Philip? Warum sagte sie, es seien nicht alle so blütenweiß, wie ich es glaubte? Versuchte sie nur, uns weh zu tun? Oder spielte sie auf eine dieser dunklen Verästelungen in unserer Familiengeschichte an, die immer noch geheimgehalten wurden?

Meine Gedanken überschlugen sich, als ich mich von der Rezeption entfernte und durch den Korridor zu Mommys Büro eilte. Sie hatte gerade eine Besprechung mit Mr. Dorfman beendet, als ich anklopfte und eintrat.

»Es war eine wunderbare Party«, sagte er zu mir, als er ging. Ich bedankte mich bei ihm und setzte mich.

»Mrs. Boston hat angerufen, um mir zu sagen, daß dein Bruder in der Mülltonne einen Brand entfacht hat. Er hat dazu den Spiegel benutzt, den die Hammersteins dir geschenkt haben, und das Vergrößerungsglas, das du von den Malamuds bekommen hast«, sagte sie kopfschüttelnd.

»Was? Wie?«

»Er hat mit dem Vergrößerungsglas ein Loch in ein Blatt Geschenkpapier gebrannt. Ich glaube, ich sollte Mrs. Boston besser eine Gehaltserhöhung geben«, fügte sie hinzu und seufzte.

»Tante Fern ist gerade abgereist«, sagte ich.

»Oh. Das ist gut so, wenn ich auch glaube, daß ihre Tage im College – oder zumindest in diesem College – gezählt sind«, sagte Mommy.

»Ich weiß einfach nicht, warum sie so gemein und so unglücklich ist, Mommy. Du und Daddy, ihr seid immer so nett zu ihr, und ihr habt so viel für sie getan.«

Mommy lehnte sich einen Moment lang zurück und dachte nach. Dann blitzte ein Lächeln in ihren Augen auf.

»Momma Longchamp hat früher immer gesagt, manche Kühe würden einfach von Geburt an saure Milch geben, gleichgültig, wie süß das Gras auch ist, mit dem man sie füttert.«

»Es muß seltsam für dich gewesen sein, Mommy, zwei eigene Mamas gehabt zu haben«, sagte ich. Sie nickte. »Mommy, du hast Onkel Philip kennengelernt, als ihr die Emerson Peabody-

Schule besucht habt, Daddy und du, stimmt's?« fragte ich. Ihre Augen wurden klein.

»Ja«, sagte sie. »Und Clara.«

»Und du hast lange Zeit nicht gewußt, daß er in Wirklichkeit dein Bruder ist?«

Sie starrte mich einen Moment lang an.

»Ja, Christie. Warum fragst du? Hat Fern etwas Abscheuliches gesagt?« fragte sie schnell.

Ich nickte. Ich konnte einfach keine Geheimnisse vor Mommy haben.

»Das sieht ihr ähnlich.« Sie unterbrach sich, und nachdem sie tief Atem geholt hatte, sagte sie: »Es ist wahr, ich habe Philip dort kennengelernt, und eine kurze Zeitlang waren wir miteinander befreundet, aber es ist nichts passiert, gleichgültig was Fern auch gesagt haben mag«, fügte sie rasch hinzu.

»Sie hat mir eigentlich gar nichts erzählt. Sie hat es nur so hingestellt, als ob...«

»Fern haßt sich selbst so sehr, daß sie allen anderen das Leben auch zur Qual machen will«, sagte Mommy.

»Ich würde ihr ohnehin nichts glauben, was sie sagt, Mommy«, sagte ich. Sie lächelte und nickte.

»Du wirst wirklich schnell erwachsen, Schätzchen, und du solltest alles über die Familie erfahren. Ich möchte, daß du eines weißt, Christie«, sagte sie und starrte mich so eindringlich an, daß mein Herz sich überschlug. »Onkel Philip... nun ja, Onkel Philip ist nie ganz über alles hinweggekommen, was sich damals abgespielt hat, und schon gar nicht über die Entdeckung, wie er und ich in Wirklichkeit zueinander stehen. Verstehst du, was ich dir zu sagen versuche, Schätzchen?«

Ich schluckte um den Kloß herum, der in meiner Kehle saß. Das, was sie mir zu sagen versuchte, hatte ich selbst so oft gespürt und beobachtet, doch als das kleine Mädchen, das ich früher gewesen war, hatte ich es nicht verstehen können. Die Zeit spulte sich zurück, und Erinnerungen an die eindringlichen Blicke, mit denen Onkel Philip Mommy ansah, kehrten zurück. Blicke, die manchmal hypnotisierend gewirkt hatten. Ich dachte wieder daran, wie er sich schon immer in ihrer Nähe herumzutreiben schien und sich auf jede Gelegenheit stürzte, sie zu berühren oder zu küssen.

»Aber er liebt Tante Bet doch, oder nicht?« fragte ich. Ich konnte nichts dagegen tun, daß diese Enthüllungen mich mit Furcht erfüllten.

»Ja«, sagte Mommy beschwichtigend.

»Aber nicht so, wie ihr einander liebt, du und Daddy Jimmy«, bemerkte ich.

»Nein.« Mommy lächelte. »Aber so lieben sich die wenigsten Menschen.« Sie stand auf und kam um den Schreibtisch herum. »Laß uns nicht in diesen traurigen und beunruhigenden Gedanken schwelgen, Schätzchen. Es war brutal von Tante Fern, diese Geschichte anzusprechen. Was früher einmal passiert ist, das ist passiert und vorbei. Wir sind alle glücklich und mit neuen und schönen Dingen beschäftigt.« Sie umarmte mich, und wir gingen gemeinsam zur Tür. »Du wirst die High School abschließen und eine ganz ausgezeichnete Pianistin werden. Und dein Bruder wird sich auch noch bändigen lassen«, fügte sie mit weitaufgerissenen, hoffnungsvollen Augen hinzu. Wir lachten.

»Ich habe dich lieb, Mommy, und ich würde nie etwas Schlechtes über dich glauben, egal was Tante Fern oder irgend jemand sonst sagt.«

Mommys Gesicht wurde ernst, und ihre Augen wurden kleiner und dunkler.

»Ich bin nicht vollkommen. Christie. Das ist niemand, aber ich werde dich niemals belügen oder betrügen, nicht so, wie die Menschen, die mich eigentlich hätten lieben sollen, mich belogen und betrogen haben. Das verspreche ich dir.« Sie gab mir einen Kuß auf die Wange. »Und jetzt tu mir den Gefallen und schau mal nach dem kleinen Ungeheuer, und dann freu dich über den schönen sonnigen Tag.«

»Mir graut jetzt schon davor, mir morgen Jeffersons Zeugnis anzusehen«, fügte sie hinzu. »Am meisten vor seinen Noten in Betragen und Fleiß.«

»Vielleicht werden wir morgen alle eine erfreuliche Überraschung erleben, Mommy«, sagte ich.

»Mag sein, aber das bezweifle ich«, sagte sie, aber weder Mommy noch ich hätten je ahnen können, wie prophetisch ihre Äußerung war.

Ich brauchte fast den ganzen restlichen Nachmittag und einen großen Teil des Abends, um den Stapel an Geschenken abzutragen, die ich bekommen hatte. Ich wollte meine Dankesschreiben sobald wie möglich abschicken. Jefferson war süß; er saß im Wohnzimmer neben mir auf dem Fußboden und erklärte mir genau, was ich geschenkt bekommen hatte und von wem. Ich hatte wunderschöne Geschenke bekommen, darunter auch einige äußerst kostspielige wie Kleidung, Schmuck, Parfüm und andere Toilettenartikel und auch Dinge für mein Zimmer.

Als Mommy darauf bestand, daß Jefferson sich zum Schlafengehen fertigmachte, legte ich eine Pause ein und versprach ihm, ich würde nicht weiter auspacken, ehe er mir morgen nach der Schule wieder helfen konnte. Ich war auch müde und zog mich in mein Zimmer zurück, vor allem jedoch, um auf Gavins Anruf zu warten, den er mir versprochen hatte. Mein Blick fiel auf Tante Ferns eingewickeltes Geschenk. Es gehörte zu den Dingen, die ich nicht vor Jefferson auspacken wollte und auch nicht vor den Blicken anderer, am allerwenigsten in Gegenwart von Daddy Jimmy. Aber dennoch war ich gegen meinen Willen neugierig.

Langsam packte ich das Buch aus und drehte dann beiläufig die Seiten um. Warum war Tante Fern so sehr darauf versessen, daß ich diese Geschichte las, fragte ich mich, und mir fiel wieder ihre letzte Bemerkung zum zehnten Kapitel ein. Ich überflog die Seiten und entdeckte den Grund. Natürlich hatte ich manches gelesen und gesehen, was mehr aussagte, aber irgendwie schien es, vielleicht, weil ich das Buch von Tante Fern bekommen hatte, die ich selbst dabei beobachtet hatte, wie sie sexuelle Dinge getan hatte, als sei das hier alles viel verbotener und als sei für alle Zeiten wahr, was man über die verbotene Frucht behauptete. Ich konnte meine Augen nicht von den Worten losreißen, mit denen die Liebe beschrieben wurde. Als ich weiterlas, fing ich an, mir Gavin und mich vorzustellen. Ich war derart in das Kapitel vertieft, daß ich das Telefon beim ersten Läuten gar nicht hörte. Als es ein zweites Mal läutete, hob ich schnell den Hörer ab und schlug das Buch fest zu.

»Hallo«, sagte Gavin. Als ich seine Stimme hörte, nachdem ich mir uns beide vorgestellt hatte, errötete ich schuldbewußt.

»Hallo. Wie war die Reise?« fragte ich rasch.

»Genausoweit wie die Hinreise. Nein, sie war noch länger, weil ich von Cutler's Cove abgereist bin.«

»Nur von Cutler's Cove?«

»Und von dir«, sagte er. »Hat sich die Lage beruhigt?«

»Ja. Jefferson und ich haben angefangen, uns gemeinsam die Geschenke anzuschauen. Ich habe so viele hübsche Dinge geschenkt bekommen.«

»Darauf würde ich wetten.«

»Morgen ist unser letzter Schultag. Mommy fürchtet sich schon davor, wie Jeffersons Zeugnis aussehen wird.«

»Meines war in seinem Alter auch nicht besonders gut«, sagte Gavin. »Jedenfalls wollte ich dir sagen, daß mir deine Party viel Spaß gemacht hat. Besonders unser letzter Tanz.«

»Mir auch«, sagte ich. »Und noch mal danke für das wunderschöne Geschenk.«

Wir schwiegen beide einen Moment lang.

»Diese Woche werde ich dir täglich schreiben«, versprach ich. Er lachte. »Doch, wirklich.«

»Prima. Tja, jetzt lege ich besser auf. Ich kann es kaum erwarten, dich wiederzusehen«, sagte er. »Schlaf gut, und laß dich nicht von den Wanzen beißen.«

»Gute Nacht, Gavin.« Ich hielt das Telefon noch lange in der Hand, nachdem er den Hörer bereits aufgelegt hatte. Es war, als käme seine Stimme immer noch durch den Hörer und verspräche mir die Wärme, in die sie mich gehüllt hatte. »Gute Nacht«, flüsterte ich noch einmal ins Telefon, und dann legte ich auf.

Ich schaute auf das Exemplar von »Lady Chatterley« und machte mir Gedanken über Tante Fern, die es mir geschenkt hatte. Sie hatte es nicht getan, weil sie wollte, daß ich etwas über die Liebe lernte und mir ein Bild davon machen konnte, wie warm und wunderbar sie war; sie wollte mich damit verspotten. Wahrscheinlich hoffte sie, ich würde so wie sie werden.

Tja, so wie sie würde ich nie werden, gelobte ich mir. Ich nahm ihr Geschenk und verstaute es ganz hinten in meinem Kleiderschrank. Eines Tages würde ich das Buch vielleicht lesen, überlegte ich mir, aber nicht als verbotene Frucht, nicht als etwas Verruchtes, was von Tante Fern kam.

Ich kroch ins Bett und schloß die Augen, und als ich einschlief, träumte ich von dem bevorstehenden Sommer und von Gavins Rückkehr.

Jefferson hatte es am nächsten Morgen nicht eilig mit dem Aufstehen, denn er wußte, daß wir zur Schule gehen und uns die Jahresabschlußzeugnisse abholen würden. Mommy mußte ihn rütteln und aus dem Bett zerren, und er versuchte, ewig am Frühstückstisch sitzen zu bleiben. Aus seinem Gesichtsausdruck schloß ich, daß sein Lehrer bereits einiges angedeutet hatte, was in seinem Zeugnis stehen würde.

Normalerweise fuhr Julius uns alle in der Hotellimousine zur Schule, wenn nicht die Ankunft oder Abreise von Gästen dazwischenkam. Er holte uns immer ab und brachte uns nach Hause.

Richard zog sich für die Schule immer ein Jackett und eine Krawatte an, und Melanie trug immer ein Kleid, das meistens farblich zu Richards Jackett oder zu seiner Krawatte paßte. Er war praktisch der einzige Schüler der siebten Klasse, der eine staatliche Schule in derart formeller Kleidung besuchte, aber ich konnte mir nicht vorstellen, daß er etwas anderes hätte anziehen können. Heute, am letzten Tag des Schuljahrs, sah er noch ordentlicher und gepflegter aus; sein Haar war gebürstet, der Knoten seiner Krawatte saß noch fester als sonst, seine Schuhe waren auf Hochglanz poliert, und das Taschentuch in seiner Jakkentasche war so exakt gefaltet, daß es aussah, als könnte man es als Messer benutzen.

Im Gegensatz dazu sah Jefferson, der immer ordentlich und sauber angezogen war, so aus, als hätte er eine Stunde auf dem Spielplatz herumgetollt, ehe er in die Limousine stieg. Egal wie sorgfältig Mommy oder Mrs. Boston ihm das Haar bürsteten oder seine Kleidung glattstrichen, Strähnen standen ab, und sein Hemd steckte nur noch zur Hälfte in der Hose, wenn er die Treppe heruntersprang und zur Haustür herauskam.

Aber heute wirkte Jefferson ungewöhnlich bedrückt, als er endlich mit mir auf den Rücksitz kletterte und sich Richard und Melanie gegenübersetzte.

»Hättest du nicht wenigstens am letzten Schultag rechtzeitig fertig sein können?« fragte Richard trocken.

»Wir sind noch nie zu spät zur Schule gekommen, Richard«, erwiderte ich ebenso trocken.

»Nur, weil Julius schneller fährt. Die Kinder, die mit dem Schulbus fahren, kommen immer vor uns an«, fügte er hinzu, als sei das etwas ganz Furchtbares.

»Und ich habe nie genug Zeit, mit meinen Freundinnen zu reden, ehe wir ins Klassenzimmer gehen«, fügte Melanie hinzu, um Richards Klage zu unterstützen.

»Also, heute ist der letzte Tag des Schuljahrs, und demnach brauchst du all das bis zum Herbst nicht mehr mitzumachen«, sagte ich zu ihr.

»Jefferson wird wahrscheinlich dieselbe Klasse noch einmal besuchen!« meinte Richard mit einem sarkastischen Lächeln.

Jefferson blickte abrupt auf.

»Nein, werde ich nicht«, fauchte er.

Melanie lächelte strahlender.

Jefferson zog die Stirn in Falten und schaute zu mir auf. Ich schloß die Augen und öffnete sie wieder, um ihm zu bedeuten, er sollte nicht darauf eingehen, und er lehnte sich zurück und schmollte für den Rest der Fahrt.

In der Schule redeten alle nur über meine Party. Meine Klassenkameradinnen hatten wirklich Freude gehabt. Pauline konnte es nicht erwarten, mich nach Gavin zu fragen und mir zu berichten, daß sie und die meisten anderen Mädchen fanden, er sähe sehr gut aus.

Wir hatten nur einen kurzen Schultag, der dazu dienen sollte, die üblichen Tätigkeiten zum Ende des Schuljahrs zu erledigen: Bücher zurückzugeben und Garderobenschlüssel auszuhändigen, unsere Tische aufzuräumen und die Schubladen und Spinde zu leeren, überfällige Bücher in die Bücherei zurückzubringen und eventuell ausstehende Beträge zu begleichen, aber auch Informationen über den Beginn des nächsten Schuljahrs einzuholen.

Natürlich lag große Spannung in der Luft, als alle über den

bevorstehenden Sommer redeten, über die Orte, an die manche Schüler reisen würden, die Dinge, die sie unternehmen würden. Gelächter und Stimmengewirr hallten durch die Schulkorridore, und selbst die Lehrer waren guter Laune und achteten weniger streng auf die Einhaltung der Vorschriften.

Endlich läutete es zum letzten Mal, und wir stürmten alle in den warmen Sonnenschein des späten Frühlingstags hinaus. Jubel und Geschrei brachen aus, und Abschiedsworte wurden ausgetauscht, da Freunde, die einander für ein paar Monate nicht sehen würden, auseinandergingen. Ich entdeckte Jefferson, wie er mit gesenktem Kopf langsam aus der Grundschule kam. Er hatte sich das Zeugnis unter den Arm geklemmt.

»Wie schlimm ist es denn?« fragte ich, als er mich erreicht hatte. Ich hielt den Atem an und fürchtete mich vor der Antwort. Er schaute einfach nur zu mir auf und ging auf die Limousine zu, in der Richard und Melanie bereits warteten. »Laß es mich ansehen, Jefferson«, verlangte ich. Er blieb stehen und reichte mir widerstrebend den Umschlag. Ich holte sein Zeugnis heraus.

Es war nicht nur so, daß er in Betragen, Fleiß, Aufmerksamkeit und Ordnung schlechte Noten bekommen hatte; er hatte auch in zwei Fächern mangelhafte Noten. Es war tatsächlich sein bislang schlechtestes Zeugnis.

»O Jefferson«, rief ich. »Mommy und Daddy werden sehr böse auf dich sein.«

»Ich weiß«, erwiderte er und fing schon bei der Vorstellung an zu heulen.

»Steig in den Wagen«, sagte ich streng.

»Und, was ist?« fragte Richard, auf dessen Gesicht bereits ein spöttisches selbstzufriedenes Lächeln lag. »Wie schlimm ist es?«

»Ich will nicht darüber reden, Richard. Das ist gar nicht komisch«, sagte ich mit scharfer Stimme. Jefferson sank auf seinen Sitz zurück und fing an zu weinen. Unter diesen Umständen konnte ich nicht anders, ich mußte ihn einfach trösten, obwohl ich wußte, daß er es nicht verdient hatte.

»Vergossener Milch kann man nicht mehr nachweinen«, sagte Melanie. »Du wirst deine Sache eben nächstes Mal besser machen müssen.«

Jefferson wischte sich die Augen und drehte sich um.

»In dem Punkt hat Melanie recht, Jefferson«, sagte ich. »Du wirst tausend Versprechen abgeben müssen«, riet ich ihm, »und diesen Sommer darfst du nichts anstellen, noch nicht einmal das klitzekleinste bißchen«, sagte ich. Er nickte.

»Ich werde brav sein«, gelobte er. »Ich werde mein Zimmer aufräumen und meine Kleider vom Fußboden aufheben und nie mehr die Haustür offenlassen.«

»Wer das glaubt, kann ebenso gut auch an den Weihnachtsmann glauben«, sagte Richard.

»Es gibt einen Weihnachtsmann«, warf ihm Jefferson daraufhin an den Kopf. »Er hat mir schon oft Geschenke gebracht.«

»Ich habe dir doch bereits gesagt«, erwiderte Richard kopfschüttelnd, »daß deine Mutter oder dein Vater dir heimlich die Geschenke hingelegt haben.«

»Vielleicht haben sie auch Mrs. Boston beauftragt, es zu tun«, schlug Melanie vor.

»Nein, ganz bestimmt nicht!«

»Hört auf, ihn zu ärgern«, rief ich. Die Zwillinge sahen einander an und schauten dann aus dem Fenster.

»He!« sagte Richard plötzlich. »Was ist denn da los?«

Wir beugten uns alle vor, und in dem Augenblick sahen wir sie, die häßliche schwarze Rauchsäule, die aus dem Dach des Hauptgebäudes unseres Hotels aufstieg.

4

Der Fluch der Flammen

»Julius, was hat das zu bedeuten?« rief ich aufgeregt. Angst ergriff mich.

»Ich weiß es nicht, Christie«, erwiderte er, doch er fuhr schneller. Da alle anderen auch eilig zum Ort des Geschehens strömten, brauchten wir noch fast zehn Minuten für den restlichen Weg, und als wir ankamen, hatten Polizisten und Feuerwehrmänner bereits die Straße gesperrt, damit die Autos nicht zu nah an das Hotel heranfuhren. Menschen waren aus ihren Wagen ausgestiegen und standen in kleinen Grüppchen am Straßenrand zusammen, um die Flammen zu beobachten, die aus dem Dach und den Fenstern des oberen Stockwerks des grandiosen Ferienhotels von Cutler's Cove züngelten. Ihre Augen waren weitaufgerissen, und der Widerschein des Feuers und die Aufregung ließen ihre Gesichter glänzen. Ich sah Gäste und Hotelangestellte dicht zusammengedrängt auf dem Rasen vor dem Hotel stehen, hinter den Seilen, die gespannt worden waren, um die Leute fernzuhalten, damit sie die Feuerwehr nicht bei der Arbeit störten.

»Da ist Mutter«, sagte Melanie und deutete auf Tante Bet, die mit ein paar Leuten dastand, aber ich sah weder Mommy noch Daddy Jimmy, und auch Onkel Philip war nicht zu sehen. Ich stellte mir vor, daß sie wohl beim Feuerwehrhauptmann waren. Mir brach fast das Herz, als ich begriff, wie furchtbar ihnen zumute sein mußte. Es war entsetzlich, daß so etwas direkt vor der Sommersaison passieren mußte.

»Irre!« flüsterte Jefferson, und Ehrfurcht und Angst vermischten sich auf seinem Gesicht.

»Was ist passiert?« fragte Julius den Polizisten, der den Verkehr umleitete.

»Im Keller ist ein Heizkessel explodiert, und das Feuer hat sich schnell ausgebreitet. Dieser Teil des Hotels ist ziemlich alt und hatte keine Sprinkleranlage«, fügte er mit einem blöden Grinsen hinzu. »Als die Feuerwehr gekommen ist, war das Feuer kaum noch aufzuhalten.«

»Wo sind Mommy und Daddy?« überlegte ich und fragte dann. Wohin ich auch schaute, ich sah sie nirgends. »Julius, bringen Sie uns näher zum Hotel.«

»Ja«, ordnete Richard an, und seine Stimme klang Jahre älter, als er war. »Und zwar schnell.«

»Ich bin mit den Kindern der Besitzerin unterwegs«, erklärte Julius dem Streifenpolizisten.

»Sie können nicht näher ranfahren. Sie werden hier parken müssen«, befahl der Polizist. »Und bleiben Sie hinter den Absperrungen.«

Julius fuhr an den Straßenrand, doch noch ehe er ganz angehalten hatte, nahm ich Jefferson an der Hand und riß die Tür auf. Ich zog meinen kleinen Bruder hinter mir her und rannte über die Straße.

»Christie, warte!« rief Julius, aber ich konnte einfach nicht auf ihn hören und hätte auch auf keinen anderen gehört. Mir war bewußt, daß Jefferson meine Hand fest umklammerte, aber ansonsten konnte ich an nichts anderes denken als an das Feuer, und ich nahm auch nichts anderes wahr.

Ich fand Mrs. Bradley mit einigen Hotelangestellten etwas abseits stehen, aber meine Eltern waren nicht dabei. Sie hatte die Arme vor der Brust gekreuzt und schluchzte, ihr Gesicht war von Tränen und Ruß verschmiert. Ich schaute mich aufgeregt um und entdeckte immer noch keine Spur von Mommy oder Daddy Jimmy. Wo waren sie bloß? Mein Herz fing an, heftiger und schneller zu schlagen, und mein Magen kam mir vor, als flatterten dort Dutzende von Schmetterlingen.

»WO IST MEINE MUTTER?« schrie ich. »WO IST MEIN DADDY?«

Manche Menschen hörten mich, aber niemand sagte ein Wort. Mrs. Bradley fing nur noch lauter an zu schluchzen.

»He! Halt!« rief ein Feuerwehrmann, als wir uns duckten und unter den äußersten Seilen der Absperrung durchtauchten, um über den Rasen zu rennen. Asche tanzte in der Luft, und die Flammen waren so stark, daß wir die Hitze spüren konnten. Feuerwehrleute schrien einander Befehle zu und zogen Schläuche in die eine und die andere Richtung, doch das Wasser, das aus den Schläuchen strömte, schien keinerlei Wirkung zu haben. Trotzig und arrogant stiegen die Flammen auf, breiteten sich aus und fraßen sich gierig durch Gardinen und Möbelstücke. Ich konnte regelrecht sehen, wie sie durch die Korridore rasten und in jeden Winkel vordrangen, alles packten und ihre Zähne in alles gruben, ein feuerspeiendes Höllentier, das wütete und alles verschlang, was einmal schön und antik gewesen war, Bilder zerstörte, Wände einriß, Kronleuchter auf die Fußböden warf, auf denen sie zerbrachen. Nichts konnte sich diesem Feuer in den Weg stellen oder seiner Attacke Einhalt gebieten.

Ungeduldig zog ich Jefferson hinter mir her und rannte mit ihm um das Haus. Hinter dem Hotel sah ich endlich Onkel Philip stehen. Er stand allein da. Onkel Philips Haar, das normalerweise so sorgsam frisiert war, war vollkommen zerzaust. Er hatte sein Jackett und die Krawatte abgelegt, und seine Augen loderten derart, als sei das Feuer auch in seinen Körper vorgedrungen. Er murmelte etwas vor sich hin; entweder sprach er mit sich selbst, oder er bildete sich ein, es stünde jemand neben ihm.

»ONKEL PHILIP!« rief ich und rannte auf ihn zu.

Er schaute mich an, sagte aber kein Wort. Er schien mich nicht zu erkennen. Sein Mund bewegte sich und zuckte ständig, doch er sagte nichts. Er schaute wieder zu dem Feuer auf und sah dann mich an und schüttelte den Kopf.

»Wo ist Mommy, Onkel Philip? Wo ist Daddy Jimmy?« fragte ich ihn verzweifelt.

»Wo ist meine Mommy?« fiel Jefferson jetzt ein, und seine Tränen strömten ungehindert. Er schmiegte sich enger an mich und blickte zu Onkel Philip.

»ONKEL PHILIP!« schrie ich, als er einfach stehenblieb und weiterhin das Feuer anstarrte, von den Flammen und dem Geschehen wie hypnotisiert. Diesmal drehte er sich langsam um und schaute mich lange an. Dann lächelte er.

»Dawn«, sagte er, »dir ist nichts passiert. Gott sei Dank.«

»Onkel Philip, ich bin es, Christie. Ich bin nicht meine Mutter«, erwiderte ich verblüfft. Er blinzelte schnell, und dann löste sich sein Lächeln wie Rauch auf.

»Oh«, bemerkte er und legte sich eine Hand auf die Wange. Er schaute wieder zum Feuer. »Oh.«

»Wo sind sie, Onkel Philip?« fragte ich, und meine Verzweiflung steigerte sich immer mehr. Tränen strömten über meine Wangen, und der beißende Rauch ließ meine Kehle schmerzen. Der gräßliche Gestank des brennenden Hotels führte dazu, daß sich mir der Magen umdrehte, und die Hitze der riesigen Flammen legte sich so stark auf uns, daß es fast war, als sei urplötzlich der heißeste Sommertag aller Zeiten angebrochen.

»Wo sind sie?« wiederholte er. Ich nickte. Er schüttelte den Kopf und wirkte bestürzt.

»WO?« schrie ich und zerrte heftig an seinem Arm. Das riß ihn aus seiner Benommenheit.

»Jimmy... war im Keller, als der Heizkessel explodiert ist«, sagte er. »Das Feuer ist durch das Treppenhaus und durch die Heizungsrohre und Luftschächte nach oben gekommen. Es ist aus allen Lüftungsgittern gesprungen, und im Kartenzimmer ist der Fußboden eingestürzt«, antwortete er mechanisch.

»Wo ist Mommy?« fragte ich flüsternd.

»Ich bin rumgerannt und habe alle rausgeholt, die Leute angeschrien, sie fortgezerrt und den älteren Menschen geholfen. Ich glaube, es sind alle heil rausgekommen.«

»Dann ist Mommy und Daddy Jimmy nichts passiert?« fragte ich und lächelte voller Hoffnung durch meine Tränen.

»Was?« Er schaute wieder zum Hotel, doch er sagte nichts. Er war erneut in seinen Trancezustand versunken.

»Wo ist Mommy?« heulte Jefferson. »Christie, wo ist Mommy?« Er preßte sich die kleinen Fäuste auf die Augen und klammerte sich an mich.

»Onkel Philip?« Ich zog wieder an seinem Arm. »Wo ist meine Mutter?«

Er schüttelte einfach nur den Kopf.

»Christie?« stöhnte Jefferson. »Ich will zu Mommy.«

»Ich weiß, ich weiß. Komm, Jefferson, laß uns mit jemand anderem reden«, sagte ich, da ich sah, daß es zwecklos war, mit Onkel Philip sprechen zu wollen. Er war so durcheinander, daß er sich nicht klar äußern konnte. Ich hob Jefferson hoch und trug ihn zu ein paar Feuerwehrmännern, die abseits standen und den anderen Befehle erteilten. Einer trug einen Helm, der ihn als den Feuerwehrhauptmann auswies.

»Entschuldigen Sie, bitte«, sagte ich.

»He, ihr solltet euch nicht hier rumtreiben, meine Süßen. Billy, bring diese Kinder hinter die Absperrung«, rief er einem jungen Feuerwehrmann zu, der weiter links stand.

»Warten Sie. Ich bin Christie Longchamp. Meine Eltern sind die Hotelbesitzer. Ich muß herausfinden, was passiert ist.«

»Was? Oh«, sagte er. »Schau mal, Kleines, ich weiß bis jetzt noch keine Einzelheiten. Anscheinend ist ein Heizkessel explodiert und hat das Feuer ausgelöst.«

»Aber wo ist meine Mutter? Wo ist mein Vater? Haben Sie die beiden gesehen?« fragte ich eilig.

»Ich habe keine Zeit, mich mit dir zu unterhalten, Fräulein. Und jetzt solltest du deinen kleinen Bruder mitnehmen und von hier verschwinden. Diese Mauern sehen ganz so aus, als könnten sie jeden Augenblick einstürzen, und sie könnten in diese Richtung fallen. Und jetzt geht«, befahl er. »Billy, bring sie fort«, wiederholte er, und der junge Feuerwehrmann nahm mich am Ellbogen, um mich fortzuziehen.

»Aber ... meine Mutter ...«

»Du solltest lieber auf den Boß hören. Er hat jetzt keine Zeit für euch«, sagte der junge Feuerwehrmann.

Jefferson fing an, lauter und heftiger zu weinen, er begrub sein Gesicht an meiner Schulter.

»Das darf alles nicht wahr sein«, sagte ich. »Es darf einfach nicht wahr sein.« Ich ließ es zu, daß der Feuerwehrmann uns zu der Absperrung führte. Etwas weiter rechts sah ich Tante Bet mit Richard und Melanie stehen, und ich lief eilig zu ihnen.

»O Christie, mein Schätzchen«, sagte Tante Bet und breitete die Arme aus. »Und Jefferson. Es ist ja so furchtbar, einfach furchtbar.«

»Wo ist meine Mutter, Tante Bet? Und wo ist Daddy Jimmy? Onkel Philip bringt kein vernünftiges Wort heraus. Ich habe ihn schon gefragt.«

Sie schüttelte den Kopf.

»Sie sind noch drinnen, meine Liebe«, sagte sie. »Sie sind nie aus dem Hotel rausgekommen. Wir haben alle hier gestanden und gewartet und gehofft.«

»Sie sind nie rausgekommen?«

Ich drehte mich um und schaute das Hotel an. Flammen schossen aus dem Haupteingang. Aus fast jedem Fenster quoll der Rauch.

»Vielleicht sind sie durch den Hinterausgang rausgekommen«, sagte ich. »Aber vielleicht sind sie auch im Keller und haben sich dort in Sicherheit gebracht, ehe die Flammen sie erreicht hatten. Ja, so muß es sein«, sagte ich und nickte.

»O Christie, arme Christie«, murmelte Tante Bet.

»Es fehlt ihnen nichts, Tante Bet.« Ich lächelte sie durch meine Tränen an und hielt Jeffersons Hand fester. »Bestimmt nicht. Ihnen ist nichts zugestoßen. Du wirst es ja sehen. Wahrscheinlich stehen sie irgendwo hinter dem Hotel«, fügte ich hinzu und setzte mich in Bewegung.

»Christie!« rief Tante Bet.

»Ich muß zu ihnen gehen. Wahrscheinlich machen sie sich schon Sorgen um Jefferson und mich«, sagte ich und lief an den Seilen entlang, an den Feuerwehrmännern und an allen Leuten vorbei, bis wir hinter das Hotel gelangt waren. Obwohl Jefferson reichlich schwer war, merkte ich gar nicht, daß ich ihn die ganze Zeit getragen hatte.

Auch hier standen Feuerwehrmänner, die diesen Teil des Dachs und die Mauern mit Wasser zu löschen versuchten, das sie aus dem Pool holten. Ich sah mich nach Mommy und Daddy Jimmy um, sah aber keine Spur von ihnen, sondern nur ein paar Hotelangestellte und Feuerwehrmänner.

»Wo sind Mommy und Daddy?« fragte Jefferson mit weitaufgerissenen hoffnungsvollen Augen. »Ich will zu Mommy.«

»Ich suche die beiden gerade, Jefferson.« Ich stellte ihn hin, nahm ihn an der Hand und ging auf den Feuerwehrmann zu, der mir am nächsten stand.

»He«, sagte er, als er uns sah, »ihr Kinder solltet lieber verschwinden.«

»Wir suchen meine Eltern«, sagte ich. »Sind sie durch den Hinterausgang rausgekommen?«

»Hier hinten ist niemand rausgekommen. Und jetzt nimm den kleinen Jungen und geh wieder weg«, befahl er streng.

Mit klopfendem Herzen machte ich mich langsam mit Jefferson auf den Rückweg. Wir gingen zur Laube und setzten uns auf die Stufen und beobachteten die Feuerwehrleute bei der Arbeit. Jeffersons Augen waren vom Weinen angeschwollen, meine ebenso. Schließlich saßen wir stumm und mit trockenen Augen da und schauten nur noch vor uns hin. Jefferson lehnte seinen Kopf an meine Schulter, und ich schlang die Arme fest um ihn. Die Flammen wurden kleiner und der Rauch dunkler und dichter. Er trieb als rußige Wolke davon, und die Brise, die vom Meer her kam, trug ihn in die Ferne. Ich weiß nicht, wie lange wir dort saßen, betäubt und voller Furcht, aber schließlich hörte ich Richard schreien: »DA SIND SIE!«

Ich drehte mich voller Hoffnung in die Richtung um, aus der seine Stimme kam. Mommy und Daddy waren sicher aufgetaucht und suchten jetzt uns, dachte ich, aber ich konnte niemand anderen als Richard, Melanie, Mrs. Boston, Julius und Tante Bet sehen. Sie eilten auf uns zu. Jefferson richtete sich auf, und seine Augen wurden größer, denn der Anblick von Mrs. Boston war für ihn beruhigend.

»Wo ist Mommy?« fragte er.

»Oh, mein Süßer, mein kleiner Liebling«, sagte Mrs. Boston.

»Meine Mutter?« fragte ich sie. »Daddy Jimmy?«

Sie schüttelte den Kopf.

Jefferson fing wieder an zu heulen, diesmal lauthals, und seine schrillen Schreie und sein heftiges Schluchzen wurden von derselben Brise fortgetragen, die den häßlichen Rauch wegtrieb. Mrs. Boston nahm ihn in die Arme, hob ihn hoch und bedeckte sein Gesicht mit tröstenden Küssen.

Als ich aufstand, hatte ich weiche Knie, und meine Beine kamen mir wie Gummi vor, aber mein Kopf war so leicht, daß ich dachte, er sei wie ein Luftballon und könnte einfach abreißen und mit dem Rauch und mit Jeffersons Schreien fortgetragen werden.

»Christie«, sagte Tante Bet.

»Wo sind sie?« fragte ich und hielt den Atem an. »Sind sie nicht rausgekommen?«

Sie schüttelte den Kopf.

»WO SIND SIE?« fragte ich.

»Man hat sie zusammen gefunden ... im Keller«, sagte sie und biß sich auf die Unterlippe. Ihre Augen waren rot und vom Weinen angeschwollen. »O Christie«, fügte sie hinzu und fing an zu schluchzen.

Dann lösten sich meine Füße auf und dann meine Beine und mein Bauch und meine Brust und mein Hals, bis mein Kopf von nichts mehr getragen wurde.

Ich knickte ein und sank sanft zu Boden, genau wie die Luftballons an meinem Geburtstag, schwebte tiefer und immer tiefer nach unten. Die Welt um mich herum, die einst so farbenfroh und verzaubert und wunderbar wie eine Seifenblase gewesen war, platzte, und alles wurde dunkel.

»Sie wird wieder gesund«, hörte ich jemanden sagen. Ich glaubte, ich hätte die Augen aufgeschlagen, aber es war alles pechschwarz. »Flößen Sie ihr nur ein wenig dünnen, gesüßten Tee ein und geben Sie ihr eine Scheibe Toast. Ein emotionales Trauma wie dieses kann sich auf den Körper ebenso verheerend auswirken wie physische Krankheiten. Aber sie ist jung; sie ist kräftig. Sie wird wieder gesund werden.«

»Mommy?«

»Sie erwacht gerade«, hörte ich Tante Bet sagen.

»Ja. Lassen Sie die kalte Kompresse noch eine Weile auf ihrer Stirn liegen.«

»Mommy?« Das Dunkel begann zu weichen. Es zog sich wie die Flut zurück, und an seiner Stelle sah ich die Decke meines Zimmers und dann die Wände, als meine Augen langsam und voller Hoffnung tiefer glitten und erwarteten, Mommys besorgtes und liebevolles Gesicht in meiner Nähe zu sehen. Aber alles, was ich sah, waren Tante Bet und Doktor Stanley, unser Hausarzt. Er lächelte und nickte. Strähnen seines hellbraunen Haars waren ihm in die Stirn gefallen und hingen ihm fast vor die Augen. Wie üblich hätte er dringend einen Haarschnitt gebrauchen können. Ich hatte einmal zu Mommy gesagt, daß Doktor Stanley mich an einen Pudel erinnerte. Sie hatte gelacht und mir gestanden, sie sei auch dieser Meinung.

»Er ist ein sehr guter Arzt und ein sehr netter Mann, aber er verwendet nicht viel Sorgfalt auf seine äußere Erscheinung«, räumte sie ein. Ich konnte ihre Stimme in der Erinnerung so deutlich hören, daß ich sicher war, sie hielte sich irgendwo im Zimmer auf.

»Wo ist Mommy?« fragte ich und drehte mich um, um überall nachzusehen. Ich brachte kaum ein Wort heraus, weil meine Kehle sehr schmerzte; und meine Brust fühlte sich an, als hätte stundenlang ein sehr schwerer Gegenstand darauf gelegen. Als ich sie nicht sah, hob ich den Kopf vom Kissen, und augenblicklich drehte sich das Zimmer. Ich stöhnte und schloß die Augen.

»Du mußt es leichter nehmen, Christie«, riet Doktor Stanley. »Du hast einen emotionalen Schock erlitten, und dein Gleichgewicht ist aus den Fugen geraten.«

»Ich fühle mich so müde«, sagte ich, oder zumindest glaubte ich, ich hätte es gesagt. Ich konnte nicht sicher sein, ob jemand meine Worte gehört hatte. Aber ich spürte, wie Tante Bet meine linke Hand in ihre nahm, und als ich die Augen öffnete, sah ich, daß sie sich neben mich gesetzt hatte. Sie lächelte matt, und ihre Augen waren vom Weinen verquollen. Sie kam mir viel dünner vor als sonst, ihre Nase spitzer, die Wangenknochen und das Kinn kantiger denn je. Ihr sonst so gefügiges Haar war aufsässig, und Strähnen fielen ihr auf die Schultern.

»Tante Bet«, sagte ich. Sie biß sich auf die Unterlippe, und ihre Augen füllten sich mit Tränen. »Meine Mutter und mein Vater... sie sind nie rausgekommen?« Sie schüttelte den Kopf. Ich fühlte mich, als hätte mir jemand einen Hieb in die Magengrube versetzt. Mein Körper wurde von neuerlichem Schluchzen geschüttelt.

»Aber, aber, Christie«, sagte Doktor Stanley. »Du mußt dich beherrschen, meine Liebe. Du willst doch nicht so krank werden, daß du deinem kleinen Bruder keine Hilfe sein kannst, oder?«

»Wo ist er?« fragte ich. »Wo ist Jefferson?«

»Er ist in seinem Zimmer, mein Liebes«, sagte Tante Bet. »Er schläft.«

»Aber bald wird er wach werden, und dann wird er dich brauchen«, sagte Doktor Stanley. »Dann wird er seine große Schwester brauchen. Und jetzt ruh du dich aus und versuche, ein wenig gesüßten Tee und etwas Toast mit Marmelade zu essen. Dir stehen sehr schwierige und aufreibende Tage bevor, Christie. Auf deine jungen Schultern ist eine große Last gefallen. Hast du das verstanden?« fragte Doktor Stanley. Ich nickte. »Gut. Es tut mir furchtbar leid, daß du solchen Kummer hast und daß sich diese Tragödie ereignet hat, und ich werde hier sein und dir helfen, wenn du mich brauchst«, fügte er noch hinzu.

Ich schaute ihn wieder an. Mommy hatte ihn gemocht und hatte so sehr an ihn geglaubt, daß sie ihm die Gesundheit der ganzen Familie anvertraut hatte. Mommy würde sich wünschen, daß ich auf ihn hörte, dachte ich.

»Ich danke Ihnen«, sagte ich. Er lächelte und ging.

»Erzähl mir, was passiert ist, Tante Bet«, sagte ich, als wir miteinander allein waren.

»Wir wissen es noch nicht bis in alle Einzelheiten«, sagte sie. »Im Keller ist etwas explodiert, als Jimmy unten gewesen war. Daraufhin ist sofort ein Brand ausgebrochen. Der Rauch ist in das übrige Hotel aufgestiegen und hat Feueralarm ausgelöst. Die Gäste sind aus dem Haus gebracht worden. Philip war überall gleichzeitig; er ist durch Korridore gerast, hat an Türen geklopft, geschrien und den Leuten geholfen. Deine Mutter und ich haben geholfen, das Foyer zu räumen, und dann haben wir gemeinsam das Haus verlassen, als wir das sichere Gefühl hatten, alle seien evakuiert worden. Das Feuer hat sich so schnell ausgebreitet, daß wir die Flammen schon am hinteren Ende des Foyers sehen konnten.«

»Als wir draußen waren, hat Dawn nach Jimmy gerufen und festgestellt, daß er nicht aus dem Haus gekommen war. Sie war außer sich. Die Feuerwehr war noch nicht eingetroffen, aber die Polizei war schon da. Ein Polizist hat versucht, sie davon abzuhalten, daß sie wieder ins Haus läuft, aber sie hat sich aus seiner Umklammerung losgerissen und ist durch den Haupteingang in das Hotel gestürzt, und dabei hat sie geschrien, sie müßte Jimmy rausholen. Das war das letzte, was ich von ihr gesehen habe«, fügte sie hinzu und fing an, stumm zu schluchzen.

»Und dann?« fragte ich, denn ich war entschlossen, alles in Erfahrung zu bringen.

»Dann, als sie den Keller wieder betreten konnten, haben die Feuerwehrmänner die beiden zusammen aufgefunden. Deine Mutter war zu Jimmy gekommen, aber sie saßen in einem Lagerraum fest. Sie haben einander in den Armen gehalten, als sie gestorben sind«, schloß sie und holte tief Atem.

»Philip ist am Boden zerstört«, fuhr sie fort und sprach jetzt wie in Trance. »Er läuft ungläubig zwischen den Trümmern herum. Er ist so wütend, daß niemand es wagt, in seine Nähe zu kommen.«

Ich schloß die Augen. Wenn ich sie ganz fest zudrückte, die Lider zusammenpreßte und mich selbst kniff, bis es schmerzte, konnte ich diesen Alptraum vielleicht vertreiben. Im nächsten Moment würde ich die Augen aufmachen, und dann würde es Morgen sein, ein strahlender sonniger Frühjahrsmorgen. Jefferson wird jeden Moment zur Tür hereinstürzen, dachte ich, und Mommy wird nach ihm in mein Zimmer kommen und ihm sagen, daß er mich in Ruhe lassen und sich anziehen soll. Ja ... ja.

»Wie geht es ihr?« fragte Mrs. Boston, die an der Tür stand, und mit meinem Gebet war es vorbei.

»Der Arzt hat gesagt, sie soll gesüßten Tee trinken und Toast mit Marmelade essen«, sagte Tante Bet mit scharfer Stimme. »Holen Sie ihr das auf der Stelle.« Sie war nie so nett zu den Angestellten gewesen wie Mommy, mit Dienstboten sprach sie immer streng. Mommy sagte, es läge daran, wie Tante Bet aufgewachsen war. Ihre Eltern waren so reich, daß sie immer wie eine Königsfamilie gelebt hatten.

»Ja, Ma'am«, erwiderte Mrs. Boston.

»Ich will nichts«, sagte ich trotzig.

»Jetzt komm schon, Christie. Du hast doch gehört, was der Arzt gesagt hat. Du wirst alle Kraft brauchen«, riet Tante Bet. Ich nickte widerstrebend. Sie hatten recht; ich konnte mich nicht in Illusionen vergraben und mich weigern, der Wahrheit ins Gesicht zu sehen. Jefferson brauchte mich wirklich.

»Wissen Großpapa Longchamp und Gavin schon, was passiert ist?« fragte ich. »Und Tante Fern?«

Tante Bet nickte. »Ich habe Mr. Dorfman die Anrufe bei allen machen lassen, die informiert werden sollten«, sagte sie.

»Und Bronson und Großmutter Laura?«

»Ja. Bronson ist außer sich. Ich habe das Gefühl, deine Großmutter ist so sehr verwirrt, daß sie nicht versteht, was vorgefallen ist.«

»Ich sollte am besten nach Jefferson sehen«, sagte ich und setzte mich wieder auf, aber diesmal langsamer. Mein Körper tat so weh, als sei ich endlose Stunden lang gerannt.

»Er schläft noch, Christie«, sagte Tante Bet. »Ich verspreche dir, daß ich dir Bescheid sage, sobald er wach wird. Bleib einfach liegen, und ruh dich aus«, ordnete sie an. »Ich werde jetzt nach Richard und Melanie sehen. Meine armen Kleinen; sie sind außer sich.« Sie seufzte tief, tätschelte meine Hand und stand auf. »Ruh dich aus«, sagte sie und schüttelte den Kopf. Ihre Augen schimmerten hell, weil unvergossene Tränen darin standen. Dann wandte sie sich ab und ließ mich allein.

Ich schloß die Augen und versuchte, gegen den Drang anzukämpfen, einfach nur zu schluchzen, endlos und ewig zu schluchzen. Kurz darauf hörte ich, wie jemand mein Zimmer betrat, und als ich die Augen öffnete, sah ich Onkel Philip, der ein Tablett mit einer Tasse Tee und Toast brachte. Sein Gesicht war vor Kummer und Trauer aschfahl, doch er hatte sich das Haar gebürstet, seine Kleidung glattgestrichen, sein Hemd zugeknöpft und sich die Krawatte wieder gebunden, und der Knoten saß so perfekt wie sonst auch. Er stellte das Tablett auf meinem Nachttisch ab und lächelte. Der Schleier der Verwirrung war von seinen Augen gewichen.

»Wie geht es meiner armen kleinen Prinzessin?« fragte er.

»Ich kann einfach nicht glauben, daß meine Eltern nicht mehr am Leben sind, Onkel Philip. Ich will es einfach nicht glauben«, sagte ich kopfschüttelnd.

Er sah mich starr an. Seine Augen wurden klein und dunkel. Seine Lippen zitterten, und dann wandte er sich wieder dem Tablett zu. »Sieh zu, daß du etwas Heißes zu dir nimmst, das brauchst du jetzt.«

»Wo ist Mrs. Boston?«

»Ich habe sie gebeten, mich deinen Krankenpfleger spielen zu lassen«, sagte er. »Versuch, dich aufzusetzen und einen Schluck von dem Tee zu trinken, und vielleicht kannst du auch einen oder zwei Bissen essen.«

»Ich möchte tun, was der Arzt sagt, aber ich glaube nicht, daß ich jetzt schon schlucken kann, Onkel Philip.«

»Ich weiß«, sagte er und nickte mitfühlend, »aber du mußt bei Kräften bleiben.«

Ich setzte mich auf, und er stellte das Tablett auf meinen Schoß und setzte sich auf das Bett.

»O Christie, Christie«, stöhnte er und nahm meine Hand in seine. »Etwas ganz, ganz Furchtbares ist passiert«, setzte er an. Seine Finger glitten über meine, während er das sagte. »Und wir alle leiden darunter, aber ich habe mir gelobt und deiner Mutter versprochen, daß ich mich um dich kümmern werde.«

»Du hast es ihr versprochen? Wann?«

»Als sie ins Hotel zurückgerannt ist«, erwiderte er. »Sie hat mir zugerufen, wenn ihr etwas zustößt, soll ich mich um ihre Christie kümmern.«

»Das hat Mommy gesagt?« Er nickte. »Und was ist mit Jefferson?«

»Um Jefferson natürlich auch. Natürlich werde ich das tun. Von jetzt an«, sagte er, und das Blau seiner Augen wurde heller, »werde ich dich als eines meiner eigenen Kinder ansehen. Ich werde dich ebensosehr lieben und verwöhnen wie meine Kinder«, fügte er hinzu, und seine Finger glitten über meinen Handrücken und mein Handgelenk.

»Es wird schon alles wieder gut werden«, fuhr er fort, und seine Finger glitten über meinen Unterarm, als suchte er dort nach einer unsichtbaren Linie. »Wir sind immer noch eine Familie, und wir werden das Hotel schnell wieder aufbauen.«

Er blickte auf, und seine Augen waren klein und entschlossen. »Wir sind versichert, und wir werden gleich mit den Arbeiten beginnen. Ja, diesen Sommer werden wir es natürlich noch nicht eröffnen können, aber wir werden es genauso wieder aufbauen, wie es war, ehe diese schreckliche Geschichte passiert ist. Natürlich werden wir modernisieren, damit so etwas nie mehr vorkommen kann.«

Ich schaute zur Tür, weil ich von dort Lärm hörte. Auch Richard und Melanie redeten laut miteinander. Sie schienen aufgeregt zu sein, nicht wie Menschen, die trauern.

»Was geht hier vor?« fragte ich.

»Ein Teil des Personals hilft uns dabei, mit unseren Sachen hier einzuziehen«, sagte Onkel Philip.

»Einziehen?« Ich hatte nicht daran gedacht, daß das als nächstes geschehen würde.

»Wir ziehen mit allem ein, was wir noch haben«, sagte er. »Der größte Teil unserer Sachen ist von dem Feuer vernichtet worden. Die Rauchentwicklung war sehr stark. Ich wollte die anderen Sachen so schnell wie möglich rausholen.« Er lächelte. »Jetzt sind wir deine Familie«, sagte er. »Ich würde alles dafür geben, wenn das nicht passiert wäre, doch es ist geschehen, und jetzt müssen wir alles richtig machen. Schließlich bin ich ein Cutler; ich habe das Rückgrat meiner Großmutter geerbt«, fügte er hinzu und richtete sich auf, als wollte er es mir buchstäblich demonstrieren. »Sie hat die Kraft besessen, mit jedem Mißgeschick fertig zu werden.«

»Mißgeschick? Das ist ja wohl mehr als ein Mißgeschick, Onkel Philip«, fauchte ich. Gleichgültig, für wie großartig Großmutter Cutler gehalten wurde, und gleichgültig, was sie alles erreicht hatte – in meiner Vorstellung würde sie immer die böse Hexe bleiben, weil sie Mommy so schlecht behandelt hatte.

»Natürlich. Du hast recht. Ich wollte das Unglück damit nicht herunterspielen. Du sollst nur wissen, daß ich immer für dich dasein werde und daß wir das Hotel wieder aufbauen und wieder die große Familie sein werden, die wir vorher waren.«

»Nicht ohne Mommy«, stöhnte ich und schüttelte den Kopf. »Nicht ohne Daddy Jimmy. Wir werden nie mehr das werden, was wir früher waren.«

»Natürlich nicht, aber wir müssen uns anstrengen. Deine Mutter hätte sich gewünscht, daß wir uns anstrengen, oder etwa nicht? Sie war kein Mensch von der Art, die aufgibt und unter das Bett kriecht. Dazu war sie zu stark, und ich bin sicher, daß auch du stark sein wirst. Habe ich recht?« Er strich mir das Haar genauso aus der Stirn, wie Mommy es oft getan hatte.

»Ja«, sagte ich und senkte den Blick. »Ich vermute, du hast recht.«

»Gut. Du hast sehr starke Gene geerbt, Christie. Denk doch nur an die gräßlichen Dinge, die deine Mutter durchgemacht hat, und dann schau dir an, wie schön und erfolgreich sie war. Und sie hatte noch nicht einmal eine Familie als Rückhalt, wie du es haben wirst«, fügte er hinzu. »Ich werde immer an deiner Seite bleiben und nicht von dir weichen. Jede Krise, die du durchmachst, wird auch meine Krise sein; jedes Hindernis, das sich dir in den Weg stellt, wird auch mir ein Hindernis sein.« Er lächelte. »Ich hoffe, du wirst meine Hilfe annehmen. Ich werde immer für dich dasein, ebenso wie Tante Betty und deine Cousins.«

»Wo werdet ihr alle schlafen?« fragte ich und blickte auf.

»Fürs erste werden Richard und Melanie gemeinsam das Gästezimmer bewohnen, das Fern sonst benutzt, wenn sie kommt. Dort stehen zwei Betten. Wenn Fern kommt, kann sie auf dem Sofa im Wohnzimmer schlafen – oder in einem der Gästebungalows, die vom Feuer verschont geblieben sind.«

»Und du und Tante Bet?« Ich konnte mir die Antwort schon denken, und mir war elend dabei zumute.

»Wir werden natürlich das Zimmer deiner Eltern bewohnen müssen. In ein bis zwei Tagen oder wann immer du dich dazu aufgelegt fühlst, kannst du mit Tante Bet gemeinsam alles anschauen und ihr sagen, welche Sachen deiner Mutter du behalten willst und was wir verpacken und auf den Dachboden räumen sollen. Natürlich wäre es mir nicht lieb, wenn alles verpackt und verstaut wird. Deine Mutter hatte einige sehr hübsche Sachen, von denen manche Betty gefallen könnten.«

Die Tränen strömten mir über die Wangen.

»Aber, aber, Christie, wir wollen doch jetzt nicht über all diese Einzelheiten reden. Es ist noch viel zu früh dafür. Schau dir nur an, was das anrichtet«, sagte er und beugte sich vor, um mir die Tränen von den Wangen zu küssen. Doch ich wich zurück.

»Ich bin schon in Ordnung«, sagte ich. »Ich muß jetzt nach Jefferson sehen«, fügte ich hinzu.

»Natürlich. Ich bin dabei, die Vorbereitungen für das Begräbnis zu treffen«, sagte er und stand auf. Ich schaute eilig zu ihm auf.

»Wann wird es stattfinden?«

»In zwei Tagen. Bis dahin werden alle da sein, die herkommen wollen und herkommen sollten. Wir werden sie natürlich im Familiengrab auf dem Friedhof beerdigen.«

»Meiner Mutter wäre es bestimmt nicht recht, allzu nah bei deiner Großmutter zu liegen«, warf ich ihm mit glühendem Gesicht an den Kopf. Er starrte mich einen Moment lang an und lächelte dann kalt.

»Mach dir keine Sorgen. Zu nah kann sie ihr nicht kommen. Der Platz, der ihr am nächsten ist, ist mir vorbehalten. Weiter hinten ist noch jede Menge Platz. All das tut mir leid, furchtbar leid. Ich würde dir nichts davon aufbürden, aber ich glaube, du bist alt genug, um Verantwortungen zu übernehmen und einiges von dem zu verstehen, was die Erwachsenen verstehen.«

»Ich will alles wissen«, gab ich zurück. »Ich will bis in alle Einzelheiten wissen, was geschieht und was getan werden muß.«

Er nickte.

»Das ist die Einstellung, von der ich wußte, daß du sie hast, die Einstellung, die sie auch hatte. Du hast von ihr mehr als nur ihre Schönheit geerbt«, fügte er hinzu, und in seinen Augen stand ein Ausdruck tiefer Zufriedenheit. »Du wirst genauso wie sie werden... du bist genauso, wie sie in der Emerson-Peabody-Schule war«, fügte er hinzu, »als ich das Glück hatte, sie kennenzulernen.«

»Eines Tages, wenn unser Kummer nicht mehr ganz so groß ist, werde ich mich mit dir hinsetzen und dir von diesen Zeiten erzählen.« Er seufzte. »Tja, jetzt kümmere ich mich besser um den Umzug. Ruf mich, wenn du etwas brauchst. Ich werde immer und ewig für dich dasein, Christie.« Er schüttelte den Kopf. »Meine kleine Prinzessin«, fügte er hinzu und verzog die Lippen zu einem kleinen Lächeln, ehe er sich abwandte und mich zitternd in meinem Bett zurückließ.

Das Telefon fing an zu läuten und hörte für den Rest des Tages und der Nacht nicht mehr auf. Ehe ich nach Jefferson sehen konnte, wachte er auf und kam zu mir. Er stand in der Tür meines Zimmers und preßte sich die kleinen Fäuste auf die Augen.

»Ich will zu Mommy«, stöhnte er, und ich blickte auf.

»O Jefferson.« Ich streckte die Arme aus, und er kam angerannt. Jetzt war ich diejenige, die ihn tröstete, wie eine Mutter es getan hätte. Plötzlich steckte ich in beiden Rollen: für immer Schwester und Mutter.

»Wo sind Mommy und Daddy?« fragte er. »Warum sind sie nicht aus dem Hotel gekommen?«

»Sie haben es nicht geschafft, Jefferson. Das Feuer hat überall um sie herum gebrannt, und der Rauch war zu dicht.«

»Aber warum hat Daddy es nicht probiert? Warum?« fragte Jefferson, dessen Kummer jetzt anfing, sich in Zorn zu verwandeln.

»Ich bin ganz sicher, daß er es versucht hat, aber du hast ja selbst gesehen, wie gewaltig das Feuer war.«

»Ich will sie suchen gehen«, entschied er. »Jetzt sofort. Komm mit, Christie.« Er sprang vom Bett und zog an meiner Hand. »Komm schon.«

»Die Feuerwehrmänner haben sie gefunden, Jefferson.«

»Ach, wirklich? Und wo sind sie jetzt?« fragte er und zog die kleinen Schultern hoch.

Ich wußte, daß Jefferson sich darüber im klaren war, was der Tod bedeutete. Wir hatten eine Katze gehabt, Fluffy, die im letzten Jahr von einem Auto überfahren worden war. Jefferson war völlig zerstört gewesen. Daddy Jimmy hatte die Katze hinter dem Haus begraben, und wir hatten eine kleine Zeremonie veranstaltet. Dort stand immer noch ein Grabstein. Jefferson wußte, was Mommy und Daddy zugestoßen war. Er wollte es nur einfach nicht glauben.

»Sie sind nicht mehr da, Jefferson. Sie sind gemeinsam in den Himmel gegangen.«

»Warum? Warum haben sie uns allein gelassen?«

»Sie mußten es tun«, sagte ich. »Sie wollten es nicht, aber es ist ihnen nichts anderes übrig geblieben.«

»Warum?« fragte er.

»O Jefferson.« Ich fing an zu weinen. Ich wußte, daß ich das nicht hätte tun dürfen; ich wußte, daß er im selben Moment auch anfangen würde zu weinen, wenn ich es tat. Mein Heulen erschreckte ihn. Ich holte rasch Luft und biß mir auf die Unterlippe. »Du mußt jetzt ein großer Junge sein. Wir müssen einander helfen. Du wirst viele von den Dingen tun müssen, die Daddy früher getan hat«, sagte ich zu ihm. Bei dieser Vorstellung versiegten seine Tränen, er umarmte mich und begrub sein Gesicht an meinem Busen. Ich lag da und schaukelte ihn in meinen Armen, bis Mrs. Boston auftauchte.

»Oh, hier ist er. Ich wollte gerade nach ihm sehen. Wie geht es ihm?«

»Er wird es schon schaffen«, sagte ich mit ruhiger Stimme; meine Stimme war nichtssagend und leblos, meine Augen, die starr blickten, ohne jeden Ausdruck. Ich ähnelte einer Schaufensterpuppe, einem Skelett meiner selbst. Mrs. Boston nickte. Auch ihre Augen waren vom stundenlangen Weinen blutunterlaufen.

»Gavin hat gesagt, ich soll dir ausrichten, daß er und seine Eltern schon auf dem Weg sind«, sagte Mrs. Boston.

»Gavin hat angerufen? Wann? Warum hat mir niemand etwas davon gesagt?« fragte ich. Mrs. Boston verzog das Gesicht und schüttelte den Kopf.

»Miss Betty geht immer ans Telefon, wenn es läutet. Sie hat ihm gesagt, er könnte jetzt nicht mit dir reden, aber sie hat mir gesagt, ich soll es dir ausrichten«, erwiderte Mrs. Boston.

»Mit Gavin hätte ich gern geredet«, stöhnte ich. »Sie hat nicht das Recht...«

»Morgen wird er ohnehin hier sein, Schätzchen. Es ist zwecklos, noch mehr Ärger zu machen«, riet sie mir. Sie kam auf mich zu und legte einen Arm um Jefferson. Er drehte sich um und begrub sein Gesicht an ihrem Hals. Sie zwinkerte mir zu und hob ihn hoch.

»Jefferson braucht etwas zu essen und zu trinken«, sagte sie. »Vielleicht eine heiße Schokolade, einverstanden?« Jefferson nickte, doch sein Gesicht blieb an ihren Hals gepreßt.

Ich setzte mich zurück und lächelte Mrs. Boston an. Gott sei Dank, daß wir sie hatten, dachte ich.

Am nächsten Tag kamen bis in den späten Abend ständig

Menschen, um ihr Beileid zu bekunden. Tante Bet machte sich zurecht, zog sich anständig an und riß alles an sich; sie begrüßte die Leute und traf alle Vorkehrungen. Sie achtete sorgsam darauf, daß Richard und Melanie ordentlich gekleidet waren: Richard trug einen dunkelblauen Anzug und eine Krawatte, und Melanie trug ein dunkelblaues Kleid mit passenden Schuhen. Beide hatten das Haar gebürstet und frisiert, und nicht eine Strähne verrutschte. Sie saßen so still wie Statuen auf dem Sofa.

Tante Bet kam in mein Zimmer, um auszusuchen, was ich anziehen sollte, und dann ging sie zu Jefferson. Ich folgte ihr, weil ich sicher war, daß es ihm gar nicht gefallen würde, wenn sie ihm vorschrieb, was er anzuziehen hatte. Wie erwartet, schaute er sie trotzig an, als sie sich vor seinen Kleiderschrank stellte und anfing, die Sachen für ihn rauszulegen.

»Meine Mommy sagt, das darf ich nur zu besonderen Gelegenheiten tragen«, fauchte er sie an.

»Das ist eine besondere Gelegenheit, Jefferson. Du kannst doch nicht die Leute begrüßen und dabei wie ein kleiner Rüpel aussehen, oder? Du möchtest doch hübsch aussehen.«

»Mir ist das ganz egal«, gab Jefferson zurück. Sein Gesicht lief flammend rot an.

»Natürlich ist dir das nicht egal, Jefferson. Also, du wirst das hier anziehen, und dann, sehen wir doch mal...«

»Ich suche ihm aus, was er anziehen soll, Tante Bet«, sagte ich und trat eilig ein.

»Oh.« Sie starrte mich einen Moment lang an und lächelte dann. »Natürlich. Ich bin sicher, daß du das Richtige für ihn aussuchen wirst. Ruf mich, wenn du etwas brauchst, mein Liebes«, sagte sie und wandte sich ab, um zu gehen.

»Ich ziehe das nicht an, was sie will«, wiederholte Jefferson, und seine Wangen waren immer noch rot vor Wut.

»Das brauchst du auch nicht zu tun«, sagte ich. »Du kannst

statt dessen das hier anziehen«, schlug ich vor. »Wenn du magst«, fügte ich hinzu. Er schaute mich einen Moment lang finster an und ließ sich dann überreden.

»Einverstanden«, sagte er. »Aber ein Bad nehme ich nicht.«

»Tu, was dir paßt«, sagte ich achselzuckend.

»Nimmst du ein Bad?«

»Ich werde duschen müssen, ehe ich mich anziehe«, sagte ich. »Mommy wollte immer, daß du sauber bist«, fügte ich hinzu. Er dachte einen Moment lang darüber nach und nickte dann.

»Ich dusche auch.«

»Brauchst du bei irgend etwas Hilfe?«

»Das kann ich allein«, sagte er mit scharfer Stimme. Ich sah ihm dabei zu, wie er anfing, seine Kleider zusammenzusuchen. Er hatte Ähnlichkeit mit einem kleinen alten Mann. Tragödien und großer Kummer, dachte ich, lassen uns sehr schnell altern.

Gavin, Edwina und Großpapa Longchamp kamen am späten Nachmittag an. Onkel Philip hatte sie in einem der Gästehäuser untergebracht, die wir benutzten, wenn das Hotel ausgebucht war. Ein Blick in Großpapa Longchamps Gesicht genügte, um mir zu sagen, wie sehr ihn die Tragödie vernichtet hatte. Mit einem Schlag hatte er seinen Sohn und die junge Frau verloren, die er immer wie eine Tochter behandelt hatte. Er sah um Jahre gealtert aus, die Furchen in seinem Gesicht waren tiefer, seine Augen dunkler, seine Haut bleicher. Er bewegte sich langsam und sprach nur sehr wenig. Edwina und ich umarmten einander und weinten, und dann bot sich Gavin und mir die Möglichkeit, miteinander allein zu sein.

»Wo ist Fern?« fragte Gavin.

»Das weiß anscheinend niemand«, sagte ich.

»Sie hätte als erste kommen und dir mit Jefferson helfen müssen«, sagte Gavin verärgert.

»Vielleicht ist es besser, daß sie nicht da ist. Sie ist noch nie jemandem eine große Hilfe gewesen, außer sich selbst«, sagte ich. »Vielleicht fühlt sie sich jetzt elend, weil sie und Daddy Jimmy einen schrecklichen Streit miteinander gehabt hatten, als sie ihn das letzte Mal gesehen hat.«

»Nicht Fern«, bemerkte Gavin. Wir starrten einander an. Wir hatten uns ganz selbstverständlich von den anderen entfernt und standen jetzt in der Bibliothek. Mommy und Daddy Jimmy hatten sie oft als zweites Büro benutzt. Dort standen ein großer Schreibtisch aus Kirschbaum und ein weinrotes Ledersofa, Bücherregale an den Wänden und eine große Standuhr. Gavin schaute sich die Familienfotos auf dem Schreibtisch und in den Regalen an und betrachtete die gerahmten Empfehlungsschreiben, die Mommy für ihre Auftritte in der Sarah-Bernhardt-Schule bekommen hatte.

»Sie war so stolz darauf«, sagte ich. Er nickte.

»Ich kann es nicht glauben«, sagte er, ohne sich zu mir umzudrehen. »Ich denke immer wieder, daß ich bald wach werde.«

»So geht es mir auch.«

»Sie war für mich mehr als eine Schwägerin. Sie war eine Schwester«, sagte er. »Und ich wollte immer so sein wie Jimmy.«

»So wirst du auch werden, Gavin. Er war sehr stolz auf dich und hat nie aufgehört, mit dir und damit anzugeben, wie gut du dich in der Schule gemacht hast.«

»Warum ist das passiert? Warum nur?« fragte er. Tränen strömten in meine Augen, und meine Lippen fingen an zu zittern. »Oh, es tut mir so leid«, sagte er und kam eilig zu mir. »Ich sollte lieber daran denken, was du durchmachst, und mich weniger meinetwegen beklagen.« Er umarmte mich, und ich preßte mein Gesicht an seine Brust.

»Was habt ihr hier zu suchen?« fragte Tante Bet. Sie stand in der Tür, und ihre Augen waren vor Erstaunen weit aufgerissen. Ich hob den Kopf und wischte mir die Augen trocken.

»Nichts«, sagte ich.

»Ihr solltet nicht allein hier rumstehen, wenn alle anderen sich im Wohnzimmer versammelt haben«, sagte sie und schaute von Gavin zu mir und dann wieder zu Gavin. »Das... das gehört sich nicht«, fügte sie hinzu. »Und außerdem benimmt sich Jefferson schlecht. Du solltest mit ihm reden, Christie«, sagte sie.

»Was tut er denn?«

»Er will nicht stillsitzen.«

»Er ist erst neun Jahre alt, Tante Bet, und er hat gerade Mutter und Vater verloren. Wir können wahrhaftig nicht von ihm erwarten, daß er sich so vollkommen benimmt wie Richard«, gab ich zurück. Ihr Gesicht wurde flammend rot.

»Nun, ich... ich bemühe mich ja nur.«

»Ich werde nach ihm sehen«, sagte ich schnell und nahm Gavin an der Hand. »Tut mir leid«, sagte ich, nachdem wir an ihr vorbeigelaufen waren. »Ich hätte sie nicht so barsch behandeln sollen, aber sie hat alles an sich gerissen und macht jedem nur noch Vorschriften. Ich habe einfach nicht genug Geduld mit ihr.«

»Das verstehe ich«, sagte Gavin. »Ich werde dir mit Jefferson helfen. Suchen wir ihn doch«, bot er sich an. Gavin ging wunderbar mit ihm um, brachte ihn in sein Zimmer und sorgte dafür, daß er sich mit seinen Spielsachen beschäftigte.

Tante Fern kam erst am Morgen, an dem die Beerdigung stattfand. Sie tauchte mit einem ihrer Freunde aus dem College auf, einem großen dunkelhaarigen jungen Mann. Sie stellte ihn nur als Buzz vor. Ich konnte einfach nicht glauben, daß sie sich entschlossen hatte, zur Beerdigung ihres Bruders und ihrer Schwägerin einen Freund mitzubringen. Sie benahm sich, als handelte es sich um eine Familienfeier. Solange sie sich im Haus aufhielt, bevor wir zur Kirche fuhren, hielten sie und Buzz sich von den übrigen Trauergästen fern. Einige Male ertappte ich sie dabei, daß die beiden in einer Ecke miteinander kicherten. Sie rauchten beide eine Zigarette nach der anderen. Ich erinnerte sie daran, daß Mommy es haßte, wenn Leute im Haus rauchten.

»Sieh mal, Buzz und ich bleiben nicht lange hier, Prinzessin. Verschon mich also mit all diesen Vorschriften, ja? Der Apfel fällt nicht weit vom Stamm«, sagte sie zu Buzz, der lächelte und mir zunickte.

»Und wohin geht ihr?« fragte ich.

»Zurück zur Schule, wenigstens noch eine Weile. Ich weiß es nicht. Der Stundenplan und die Hausaufgaben gehen mir schon ziemlich auf die Nerven«, sagte sie. Buzz lachte.

»Daddy Jimmy wollte, daß du das College abschließt«, sagte ich.

»Mein Bruder wollte mein ganzes Leben für mich leben«, sagte sie trocken. »Erinnere mich bloß nicht daran. Tja, jetzt gibt es ihn nicht mehr, und ich kann mir auch nicht ewig Gedanken darüber machen, was andere Leute von mir wollen. Ich muß das tun, was ich tun will.«

»Aber was wirst du tun?« fragte ich.

»Mach dir darüber keine Sorgen«, lachte sie. »Ich werde nicht oft herkommen, und schon gar nicht, nachdem Philip und seine Brut alles an sich gerissen haben«, sagte sie.

»Sie haben nicht alles an sich gerissen«, beharrte ich.

»Ach, nein? Und wie würdest du es bezeichnen, als eine Übergangslösung?« Sie lachte.

»Ja«, sagte ich.

»Schau der Wahrheit ins Gesicht, Prinzessin. Du bist noch zu jung, um auf dich selbst gestellt zu sein. Philip und Betty werden die Vormundschaft zugesprochen bekommen. Ich persönlich habe jedenfalls nicht die Absicht, mich von ihnen bevormunden zu lassen. Laß den Kopf nicht hängen«, fügte sie hinzu. »In ein paar Jahren kannst du auch von hier verschwinden.«

»Ich werde meinen Bruder nicht allein lassen. Niemals.«

»Welch hehre Worte, stimmt's, Buzz?« Er nickte und lächelte, als zöge sie an Fäden und er sei nur eine Marionette in ihrer Hand.

»Ganz bestimmt nicht«, beharrte ich. Tante Fern konnte einen derart wütend machen. Jetzt war Daddy Jimmy nicht mehr da, und es würde niemanden mehr geben, der auf sie aufpaßte und sie aus den Schwierigkeiten rettete, in die sie sich immer wieder Hals über Kopf stürzte, dachte ich. Sie weiß es noch nicht, aber sie wird ihn noch mehr vermissen, als sie es sich je hatte träumen lassen. Ich ließ die beiden allein, sowie ich erfuhr, daß Tante Trisha eingetroffen war.

Tante Trishas Broadway-Show war angelaufen, und trotz ihres großen Kummers mußte sie auftreten. Ich warf es ihr nicht vor; ich wußte, daß sie weitermachen mußte. Mommy sprach immer von den Opfern, die die Leute brachten, wenn sie zur Bühne gingen und Profis wurden. Aber Tante Trisha und ich fanden die Zeit, miteinander zu weinen und uns gegenseitig zu trösten. Jefferson war auch froh, sie zu sehen, er stürzte sich in ihre Arme. Sie blieb solange an unserer Seite, bis sie nach New York zurückfliegen mußte.

Die Limousine fuhr auf dem Weg zur Kirche allen anderen voran. Der graue Himmel mit der dichten Wolkendecke war angemessen. Ich konnte regelrecht hören, wie Daddy Jimmy sagte: »Oh, nein, das Wetter wird sie noch trauriger machen.« Als wir ankamen, war der Leichenwagen am Straßenrand geparkt. Die Kirche war mit Trauergästen gefüllt. Bronson hatte Großmutter Laura ganz vorn hingesetzt. Sie trug ihr schwarzes Kleid und einen schwarzen Hut mit Schleier. Ich sah, daß sie kiloweise Make-up aufgetragen und besonders beim Lippenstift übertrieben hatte. Sie schien benommen und verwirrt zu sein, doch sie lächelte jeden an und nickte uns zu, als wir vorbeikamen, um unsere Plätze einzunehmen. Jefferson umklammerte fest meine Hand und setzte sich so nah neben mich, daß er mir fast auf dem Schoß saß.

Sobald der Geistliche die Kanzel betrat, hörte die Orgel auf zu spielen. Der Geistliche betete mit den Trauergästen und las aus der Bibel vor. Dann sprach er liebevoll und bewundernd von Mommy und Daddy und bezeichnete sie als die beiden hellsten Lichter der Gemeinde, die uns anderen immer Wärme und Hoffnung und Glück gegeben hatten. Er war sicher, daß sie für alle Seelen im Himmel dasselbe tun würden.

Jefferson lauschte mit weitaufgerissenen Augen, aber keiner von uns beiden konnte den Blick allzulange von den zwei Särgen losreißen. Es erschien uns immer noch unwirklich und völlig ausgeschlossen, daß Mommy und Daddy darin lagen. Als ich mich nach dem Gottesdienst umdrehte, um zu gehen, sah ich, daß die meisten Menschen geweint hatten und einige sogar sehr heftig.

Der Leichenzug begab sich direkt zum Friedhof. An der Grabstätte hielt Gavin meine Hand, und Tante Trisha hielt Jefferson an der Hand. Wir standen wie Statuen da, und die kalte Brise zerzauste mein Haar und gab mir das Gefühl, die Tränen auf meinen Wangen seien Eistropfen. Im letzten Moment, ehe die Särge in die Gräber hinabgelassen wurden, trat ich vor, um beide Särge zu küssen.

»Auf Wiedersehen, Daddy Jimmy«, flüsterte ich. »Ich danke dir dafür, daß du mich mehr geliebt hast, als es mein eigener Vater je getan hat. In meinem Herzen wirst du immer mein wirklicher Vater sein.

Auf Wiedersehen, Mommy. Du bist fortgegangen, aber du wirst nie weit von mir sein.«

Ich blickte zu Onkel Philip auf, der sich neben mich gestellt hatte. Er starrte auf Mommys Sarg, und die Tränen strömten ihm ungehindert über das Gesicht und tropften von seinem Kinn. Er legte zart die Hand auf den Sarg und schloß die Augen, und dann trat er mit mir wieder zurück. Die Särge wurden hinabgelassen.

Ich hörte das Schluchzen. Ich hätte Jefferson gern getröstet, aber ich konnte die eigenen Tränen nicht zurückhalten. Gavin umarmte mich. Großpapa Longchamp hatte den Kopf gesenkt, und Edwina stand neben ihm und hatte einen Arm um seine Taille gelegt. Fern lachte nicht mehr, aber sie weinte auch nicht. Sie machte den Eindruck, als sei sie müde und fühlte sich unbehaglich, und ihr Freund schien verwirrt zu sein und fragte sich wahrscheinlich, was er hier eigentlich zu suchen hatte. Bronson war es gelungen, Großmutter Laura in ihren Rollstuhl zu setzen und sie ans Grab zu fahren. Ich konnte sehen, daß er ihr etwas erklärte und sie den Kopf schüttelte, und vielleicht begriff sie gerade erst, was eigentlich passiert war.

»Kommt alle mit«, sagte Tante Bet und scheuchte Richard und Melanie vor sich her. »Laßt uns nach Hause gehen.«

Nach Hause? dachte ich. Wie kann es je wieder ein Zuhause sein, wenn Mommy und Daddy Jimmy nicht dort sind? Es ist nur eine leere Hülle, eine Erinnerung, ein Haus voller Schatten und alter Echos, ein Ort, an dem wir unsere Kleider aufhängen und unsere Köpfe auf Kissen betten, ein Ort, an dem wir tausend Mahlzeiten stummer als je zuvor zu uns nehmen werden, denn Daddy Jimmys Lachen, wenn er Mommy gerade geneckt hatte, würde nicht mehr zu hören sein; auch ihr Gesicht und ihr warmes Lächeln würden uns fehlen, ebenso wie uns ihre Küsse und zarten Umarmungen fehlen würden, mit denen sie die Kobolde und Geister unserer schlechten Träume verscheuchte.

Der Himmel wurde dunkler, die Welt war wütend. Wir verließen wankend das Grab, kamen an den anderen Familienmitgliedern vorbei, die verstorben waren, an dem großen Grabstein, der für Großmutter Cutler aufgestellt worden war. Ich war sicher, daß Mommy ihr nicht noch einmal gegenübertreten mußte, denn sie konnte niemals in den Himmel gekommen sein.

»Denkt daran, Kinder«, sagte Tante Bet, als wir wieder in die Limousine stiegen. »Putzt euch die Schuhe ab, ehe ihr das Haus betretet.«

Ich sah scharf zu ihr hin und begriff, daß die Alpträume in Wirklichkeit gerade erst begonnen hatten.

5
Kompromisse

Da Onkel Philip vor Kummer außer sich war, hatte Tante Bet es übernommen, sich nach der Beerdigung um den Empfang in unserem Haus zu kümmern. So ziemlich alle Hotelangestellten waren nur zu gern bereit, alles zu tun, was Tante Bet wollte. Mr. Nußbaum und Leon kochten und backten das, was sie für angemessen hielt. Sie arbeiteten unter ihrer Aufsicht im Haus. Tante Bet bat Buster Morris und andere Männer vom Wartungspersonal, Tische und Bänke herüberzubringen und sie auf dem Rasen vor dem Haus aufzustellen. Wir wußten, daß Menschenscharen erscheinen würden, um den Toten die letzte Ehre zu erweisen und der Familie ihr Beileid zu bekunden. Weder Jefferson noch ich waren dazu aufgelegt, Leute zu empfangen, noch nicht einmal die Menschen, die aufrichtig ihre Zuneigung und ihr Mitgefühl ausdrücken wollten; aber ich wußte, daß wir es tun mußten, und Tante Bet wies uns ohnehin unsere Rollen und Plätze zu.

»Ihr beide werdet dort sitzen, du und Jefferson, meine Liebe«, sagte sie und deutete auf das Sofa im Wohnzimmer. »Melanie und Richard werden natürlich bei euch sitzen, und ich werde die Leute zu euch führen, die euch sprechen wollen.«

»Ich will niemanden sehen«, fauchte Jefferson.

»Natürlich hast du keine Lust darauf, mein Lieber«, sagte Tante Bet lächelnd, »aber das mußt du für deine Mutter und deinen Vater tun«, fügte sie hinzu.

»Warum?«

»Mit seinen Fragen bringt er jeden um den Verstand«,

bemerkte Richard dazu und verzog die Mundwinkel. Seine Lippen waren so dünn wie Gummiringe, und wenn er sie verzog, glaubte ich manchmal, sie würden zerreißen.

»Er hat ein Recht, Fragen zu stellen, Richard«, sagte ich mit scharfer Stimme.

»Natürlich ist das sein Recht«, sagte Tante Bet. Sie streckte die Hand aus, um Jefferson über das Haar zu streichen. »Du darfst alles fragen, was du willst, mein Lieber. Versuch nur bitte, damit zu warten, bis die Trauergäste gegangen sind. Wir werden in der nächsten Zeit alle Hände voll zu tun haben, verstehst du?«

Jefferson preßte die Lippen zusammen, und seine Augen wurden klein und haßerfüllt, aber Tante Bet tätschelte ihm noch einmal den Kopf und ließ uns dann allein. Ehe wir auch nur dazu kamen, über irgend etwas miteinander zu reden, trafen Scharen von Menschen ein. Sogar Jefferson war beeindruckt und überwältigt. Es sah ganz so aus, als seien alle erschienen, die in Cutler's Cove und den umliegenden Ortschaften lebten, und einige unserer anhänglichsten Hotelgäste hatten die Reise angetreten, als sie von der Tragödie erfahren hatten.

Tante Bet huschte umher wie ein Kanarienvogel, dessen Käfig das Wohnzimmer und die Eingangshalle waren. Sie begrüßte die Ankommenden und wies sie in unsere Richtung. Es wurde sehr schnell anstrengend, aber ich konnte nicht unfreundlich sein. Die Menschen, die Jefferson und mich küßten und umarmten, waren wahrhaft bekümmert. Mir war nie bewußt gewesen, mit wie vielen Menschen Mommy und Daddy in ihrer kurzen Zeit als Besitzer von Cutler's Cove in Berührung gekommen waren und wie sehr sie von diesen Menschen bewundert wurden.

Tante Trisha kümmerte sich rührend um uns und sorgte dafür, daß Jefferson etwas zu sich nahm und daß auch ich aß und trank. Sie blieb, solange sie bleiben konnte, und dann nahm sie uns zur Seite, um sich von uns zu verabschieden.

»Ich muß unbedingt diesen Flug nach New York bekommen«, sagte sie. »Es bricht mir das Herz, euch allein zu lassen.«

»Ich kann das gut verstehen, Tante Trisha«, sagte ich lächelnd und dachte wieder daran, wie Daddy Jimmy sie immer aufgezogen hatte. »Schließlich bist du beim Theater«, fügte ich in seinem Tonfall hinzu. Sie lächelte.

»Ich werde die beiden so sehr vermissen.« Sie sah Jefferson an. Er schüttelte bestürzt den Kopf, und seine Tränen flossen erneut. »Oh, mein kleiner Dreikäsehoch«, sagte sie und drückte ihn fest an sich. »Sei ein braver Junge, und hör auf deine Tante und deinen Onkel, abgemacht?« Jefferson nickte widerwillig. »Ich werde dich bald anrufen, Christie, und vielleicht kannst du schon in ein paar Wochen zu mir zu Besuch kommen und jeden Abend mit mir ins Theater gehen. Wäre das nicht schön?«

»Oh, doch, sehr schön sogar, Tante Trish.«

Sie stand auf, biß sich auf die Unterlippe und nickte. Dann machte sie auf dem Absatz kehrt, als würde sie von Geistern gejagt, und sie floh vor uns. Wenige Minuten später kam Gavin, um mir zu sagen, daß es Großpapa Longchamp mit dem Aufbruch eilig hatte.

»Es zerreißt ihn in Stücke, wenn er dasitzen und sich ansehen muß, wie all diese Trauernden vorüberziehen«, erklärte Gavin. »Da ist es ihm sogar lieber, in der Flughafenhalle zu sitzen und zu warten.«

»Das verstehe ich«, sagte ich, obwohl mir das Herz schwer wurde, als ich hörte, daß Gavin abreisen würde.

»Er hat gesagt, ich könnte bald wieder herkommen und dich besuchen«, sagte Gavin.

»O Gavin, du wolltest im Sommer hier arbeiten. Wir hatten es uns so schön vorgestellt, gemeinsam einiges zu unternehmen«, rief ich ihm ins Gedächtnis zurück. Seine Blicke sagten mir, daß es nicht notwendig war, ihn daran zu erinnern.

»Mutter will, daß ihr beide wiederkommt und euch auf das Sofa setzt«, sagte Richard und schob sich zwischen uns. »Sie sagt, es sei noch eine ganze Reihe von bedeutenden Gästen zu begrüßen.«

»He«, sagte Gavin und drehte sich abrupt zu ihm um. »Verzieh dich, Kleiner.«

»Was?«

»Jetzt mach schon die Flatter, kapiert?«

Richards Mund verzog sich einen Moment lang vor Verwirrung. Dann hatte er begriffen.

»Ich tue doch nur, was Mutter gesagt hat«, jammerte er zu seiner Verteidigung.

»Dann wirst du eben jetzt tun, was ich dir sage.« Gavins wütendes Gesicht bewirkte, daß er sich eilig umdrehte und fortrannte.

Ich lachte; es war so wohltuend, wieder einmal zu lachen.

»Tu mir einen Gefallen, Jefferson«, sagte Gavin, »knote ihm jeden Morgen die Socken zusammen, tust du das?«

»Ja«, sagte Jefferson und strahlte.

»Wag es nicht, Jefferson. Gavin, er braucht weiß Gott keine neuen Ideen.«

»Wenn er dich ärgert, dann sag ihm, daß ich wiederkomme«, sagte Gavin zu Jefferson.

»Daddy möchte gehen, mein Liebling«, sagte Edwina leise und stellte sich zu uns. »Es geht ihm nicht gut«, fügte sie an mich gewandt zu seiner Entschuldigung hinzu. »Philip läßt die Limousine für uns vorfahren.«

»Ich begleite euch hinaus«, sagte ich.

»Ich auch«, echote Jefferson. Er war nicht bereit, auch nur für einen Moment von meiner Seite zu weichen.

Als wir aus dem Haus traten, sahen wir Tante Fern und ihren Freund an einem der Tische sitzen; sie lachten und scherzten mit ein paar Kellnern und Pagen. Tante Fern schien keine Spur von Trauer zu empfinden; sie hätte ebensogut eine Fremde sein können, die versehentlich auf das Hotelgelände geraten war. Edwina ging auf sie zu, um ihr mitzuteilen, daß sie abreisten, doch das interessierte sie nicht allzusehr.

»Ja, klar, tschüß«, sagte sie und winkte Gavin und Daddy Longchamp flüchtig zu.

»Sie benimmt sich nicht, als sei sie mein Kind«, murmelte er, »und schon gar nicht Sally Jeans Kind. Ich schätze, sie schlägt einfach einer der üblen Gestalten in meiner Familie nach. Davon hat es wahrhaft mehr als genug gegeben«, fügte er hinzu. Ich war fasziniert und fragte mich, ob Gavin etwas über seine eigene Vergangenheit wußte.

»Du mußt jetzt gut auf dich aufpassen, Christie«, sagte Großpapa Longchamp und wandte mir seine großen traurigen Augen zu. »Und sorg so für deinen Bruder, wie deine Mommy und dein Papa es sich von dir wünschen würden. Und falls wir irgend etwas für euch Kinder tun können, dann ruft ihr uns an, verstanden?«

»Ja, Großpapa. Danke«, sagte ich. Er warf noch einen letzten Blick auf das Haus und beugte sich dann vor, um in die Limousine einzusteigen. Edwina folgte ihm.

»Ich werde so oft wie möglich anrufen und schreiben«, sagte Gavin. »Ich finde es scheußlich, euch in dieser Situation allein lassen zu müssen«, fügte er hinzu, und in seinen liebevollen Augen stand Mitgefühl. Ich nickte niedergeschlagen. Er fuhr Jefferson mit der Hand durch das Haar, und dann beugte er sich blitzschnell vor, fast so schnell, daß ich es kaum spüren konnte und daß niemand es gesehen haben konnte, und küßte mich auf die Wange. Als ich die Augen aufschlug, sprang er gerade in die Limousine und setzte sich hinter seine Eltern.

Jefferson und ich standen Hand in Hand da und schauten zu,

wie die Limousine verschwand. Plötzlich fröstelte ich. Das Zwielicht hatte sich so schnell wie eine Jalousie herabgesenkt, und um uns herum wurden die Schatten tiefer.

»Da seid ihr ja, Kinder«, rief Tante Bet von der Haustür aus. »Ihr beide müßt unbedingt wieder reinkommen und eure Posten beziehen«, bekundete sie.

»Wir sind beide müde, Tante Bet«, sagte ich, ohne Jeffersons Hand loszulassen, als ich mit ihm an ihr vorbeikam. »Wir gehen jetzt nach oben.«

»Aber, nein, meine Liebe, was ist denn mit all den neuen Leuten, die eben erst gekommen sind?« rief sie verzagt. Sie schnitt eine Grimasse, als sei das eine gewaltige Tragödie.

»Ich bin sicher, daß die Leute das verstehen werden«, sagte ich. »Und du solltest auch Verständnis dafür haben.«

»Aber...«

Wir liefen mit gesenkten Köpfen weiter, eilig durch das Treppenhaus nach oben, als hätten wir hier eigentlich nichts zu suchen, Waisenkinder in unserem eigenen Zuhause.

Ich nahm Jefferson mit in mein Zimmer, da ich wußte, daß er bestimmt nicht gern allein sein wollte. Der Lärm und der Trubel im unteren Stockwerk zogen sich noch über Stunden hin. Nicht lange, nachdem wir uns nach oben zurückgezogen hatten, kam Bronson Alcott zu uns. Er klopfte an die Tür und streckte den Kopf herein, als ich fragte, wer da sei. Jefferson war neben mir auf dem Bett eingeschlafen, aber ich konnte nur mit offenen Augen daliegen und die Decke anstarren.

»Oh, ich wollte euch nicht wecken«, sagte er und machte kehrt.

»Schon gut, Bronson. Bitte, komm rein«, erwiderte ich, während ich mich aufsetzte und mir schnell das Haar zurückbürstete. Er trat in mein Zimmer und schaute Jefferson lächelnd an.

»Der arme kleine Knirps«, sagte er kopfschüttelnd. »Es ist für niemanden leicht, aber für ihn ist es am allerschwersten. Ich kann mich noch erinnern, wie hart es für mich war, meine Mutter zu verlieren, und ich war ein ganzes Stück älter als er.«

»Woran ist sie gestorben?«

»Sie hatte Blutkrebs«, sagte er betrübt.

»Und dann mußtest du dich um deine behinderte Schwester kümmern?« Ich erinnerte mich noch an manche der Einzelheiten, die Mommy mir einmal erzählt hatte. Er nickte. Und jetzt sorgt er für die arme Großmutter Laura, dachte ich bedrückt.

»Wie geht es Großmutter?« fragte ich.

»Ihr geht es gut. Ich habe sie mit ihrer Pflegerin allein gelassen«, sagte er, »damit ich herkommen und euch beide sehen kann.«

»Begreift sie, was passiert ist?«

Er nickte.

»Es wechselt ständig; mal erinnert sie sich, und dann vergißt sie es wieder... vielleicht ist es so besser für sie. Vielleicht versucht ihre Seele auf diese Art, sich vor allzuviel Kummer zu schützen.«

»Du hast wahrhaftig einiges am Hals«, sagte ich.

»Genau das hat deine Mutter auch immer gesagt«, erwiderte er lächelnd. »Laura Sue war nicht immer so, verstehst du. Sie war früher einmal eine lebhafte, energiegeladene, intelligente Frau, die ständig für Aufregung und Gelächter gesorgt und jeden Mann in ihrer Umgebung gemartert hat.«

»Mommy hat es mir erzählt, Bronson«, sagte ich nach einem Moment, »du weißt soviel über diese Familie. Glaubst du, daß wirklich ein Fluch auf ihr lastet?« fragte ich.

»Ein Fluch? Oh, nein, kein Fluch, trotz allem nicht. So etwas darfst du nicht denken. Ich bin sicher, daß du die Erwartungen deiner Eltern erfüllen und wunderbare Dinge tun wirst«, sagte er tröstend. Ich schüttelte wie betäubt den Kopf.

»Ich will keine wunderbaren Dinge mehr unternehmen. Ohne Mommy...«

»So ein Unsinn, Christie. Du mußt jetzt mehr denn je danach streben, in der Musik die Ziele zu erreichen, die du dir gesteckt hast«, wies er mich streng an. »Du mußt es nicht nur um deinetwillen tun, sondern ebenso sehr um ihretwillen.«

»Aber ich komme einfach nicht gegen das Gefühl an, daß es mir vorbestimmt ist, zu scheitern, daß diese dunklen Wolken...«

Er zog die Augenbrauen zusammen.

»Christie, das Schicksal kann manchmal grausam sein, aber gleichzeitig hat das Schicksal dir auch dein Talent verliehen. Denk daran. Das Schicksal weist uns einen Pfad, manchmal einen guten, manchmal einen schlechten, aber wenn es uns einen guten Weg weist und wir diese Aufforderung mißachten oder zurückweisen, dann lastet unser eigener Fluch auf uns, und wir haben es uns selbst zuzuschreiben. Sei alles, was dir zu sein gegeben ist. Jetzt ist es deine Verpflichtung, das zu tun«, warnte er mich.

Ich nickte. Er war so entschlossen, so stark. Kein Wunder, daß Mommy ihn liebte und bewunderte, dachte ich. Und dann keimte eine neue und ganz wunderbare Idee in mir auf.

»Ich will nicht bei Onkel Philip und Tante Bet leben«, sagte ich, »und Jefferson will es auch nicht.«

»Das verstehe ich, aber sie können als erste die Vormundschaft für euch beanspruchen, und da sie jetzt auch noch hier einziehen müssen, ist dies naheliegend. Es wird nicht einfach werden, nicht in der nächsten Zeit, vielleicht sogar nie, aber zumindest seid ihr mit Menschen zusammen, die euch lieb haben und gern für euch sorgen. Ich bin sicher, daß Philip dir und Jefferson ein ebensoguter Vater wie seinen eigenen Kindern sein wird«, sagte er. Er sah die Enttäuschung, die auf meinem Gesicht geschrieben stand.

»Ich wünschte... ich wünschte, ich könnte euch beide zu uns nehmen, aber ich fürchte, mein Haus ist im Moment nicht gerade die passende Umgebung für zwei junge Menschen. Laura Sue ist die meiste Zeit krank, auch wenn sie euch liebt, sowie sie klar denken kann, um euch zu erkennen, dann wäre sie für euch doch nur eine Belastung.«

»Diese Belastung würde ich jederzeit hinnehmen«, sagte ich schnell. Er lächelte.

»Hier wird schon alles gutgehen. Mach dir keine Sorgen«, tröstete er mich. »Und ich werde rüberkommen, so oft es möglich ist, um nachzusehen, ob es dir und Jefferson gutgeht.«

Ich senkte den Kopf, damit er die Tränen nicht sehen konnte, die in meine Augen getreten waren.

»Aber, aber. Es wird schon alles gut werden, Christie«, sagte er, und seine Stimme war voller Liebe und Verständnis. Er beugte sich vor, um mich auf die Wange zu küssen. Dann schaute er liebevoll auf Jefferson hinunter. »Sobald ich es für angemessen halte, werde ich dich und Jefferson zu einem Abendessen zu mir einladen«, sagte er. »Laura Sue wird das auch guttun.« Er ging auf die Tür zu.

»Bronson?«

»Ja, mein Liebes?«

»Ehe all das passiert ist, hat Mommy mir einiges über die Vergangenheit erzählt, Ereignisse, die immer sorgsam verschwiegen worden sind, aber es gibt vieles, was sie mir noch erzählen wollte, und sie ist nicht mehr dazu gekommen, vieles, was mir immer noch Rätsel aufgibt. Wirst du mir alles erzählen?«

»Soweit ich darüber Bescheid weiß, ja«, gelobte er. »Wenn sich alles ein wenig beruhigt hat, werden wir beide, du und ich, einen Nachmittag miteinander verbringen und nur über die Vergangenheit und über deine Familie reden, einverstanden?«

Ich nickte.

»Danke, Bronson.«

»Ich mochte deine Mutter sehr, sehr gern, Christie. Sie hat eine Weisheit besessen, die weit über ihre Jahre hinausging, vielleicht aufgrund der Schwierigkeiten, über die du bereits informiert bist und die du noch erfahren wirst, aber sie besaß soviel Geduld, Verständnis und Einfühlungsvermögen. Ich bin sicher, daß du das von ihr geerbt hast und daß es sich bei dir auch noch herausbilden wird«, sagte er und ging dann.

Danach kam niemand mehr zu uns nach oben. Als sich der Leichenschmaus in den Abend zog, wurde die Stimmung beschwingter. Ich hörte Gelächter, Wagen, die ankamen und abfuhren, Türen, die zugeschlagen wurden, Menschen, die einander riefen. Jefferson wachte auf und weinte nach unserer Mutter. Ich tröstete ihn, und er schlief wieder ein. Während er schlief, setzte ich mich vor meinen Schrank auf den Fußboden und blätterte alte Fotoalben durch und lächelte und weinte abwechselnd, als ich mir Bilder von Mommy und Daddy Jimmy betrachtete.

Sie war so schön gewesen, dachte ich, so wunderschön.

Ich schlang mir die Arme um die Knie und stützte den Kopf darauf, und ich bemühte mich, meinen Kummer und die Tränen in Schach zu halten, die meinen Körper zu zerstören drohten. Als ich noch auf dem Fußboden vor dem Schrank saß, wurde die Tür zu meinem Zimmer aufgerissen.

»Ach, hier steckt er also«, sagte Richard.

»Was willst du? Kannst du nicht vorher anklopfen?« fragte ich erbost. Er verzog hämisch das Gesicht.

»Mutter hat mich geschickt, damit ich ihn suche. Er wird ein paar von seinen Sachen ausquartieren müssen, oder ich tue es selbst«, fügte er hinzu.

»Wovon sprichst du? Er braucht überhaupt nichts aufzuräumen«, sagte ich und stand auf. »Und schon gar nicht heute abend.«

»Mutter sagt, es ist nicht richtig, daß Melanie und ich im selben Zimmer schlafen. Dafür sind wir zu alt. Sie sagt, Jungen sollten in einem Zimmer miteinander schlafen. Sie wird mein Bett von ein paar Männern in Jeffersons Zimmer tragen lassen. Ich will, daß er mir in den Kleiderschränken und Kommodenschubladen Platz für meine Sachen macht. Wenn er es nicht tut, dann tue ich es selbst«, drohte er.

Ich erschauerte bei dieser Vorstellung. Jefferson würde es verhaßt sein, Richard Tag und Nacht um sich zu haben, und Richard war anders als jeder andere zwölfjährige Junge, den ich kannte. Er war so ordentlich und ging pedantisch mit seinen Sachen um. Es würde bestimmt schreckliche Streitigkeiten zwischen ihm und Jefferson geben, weil Jefferson unordentlich war und seine Sachen überall rumliegen ließ.

»Wage es nicht, seine Sachen anzurühren«, rief ich.

»Was... was ist denn los, Christie?« fragte Jefferson, der sich aufsetzte und sich die Augen rieb.

»Nichts. Schlaf wieder ein. Ich muß nach unten gehen und mit Tante Bet reden«, sagte ich und stolzierte aus dem Zimmer, und dabei stieß ich Richard grob zur Seite, da er mir den Weg versperrte.

Es waren immer noch viele Leute im Haus, die Kaffee tranken und Kuchen aßen. Ein paar Nachzügler waren gekommen und labten sich an den Resten des Essens, das Mr. Nußbaum und Leon in Unmengen zubereitet hatten. Ich sah mich nach Tante Bet oder Onkel Philip um. Leute lächelten mich an, und manche hielten mich auf, um mir ihr Beileid zu bekunden, doch ich lief eilig von einem Zimmer ins andere, bis ich Tante Bet fand, die sich gerade auf der Veranda vor dem Haus von ein paar Gästen verabschiedete. Ich wußte nicht, wo Onkel Philip war; ich hatte ihn im ganzen Haus nirgends gesehen.

»O Christie, meine Liebe«, sagte sie, als ich auftauchte. »Du bist wieder nach unten gekommen. Wie schön. Hast du Hunger, meine Liebe?«

»Nein, Tante Bet, ich habe keinen Hunger«, fauchte ich. Sie lächelte mich weiterhin an. »Ich bin außer mir. Warum läßt du ausgerechnet heute abend Richards Sachen in Jeffersons Zimmer bringen?«

»Oh, ich dachte mir nur, je eher sie sich daran gewöhnen, desto besser wird es wohl für beide sein. Ich dachte mir, bei Richard ist er doch in guter Gesellschaft, und Richard kann ihn trösten. Und außerdem, meine Liebe«, sagte sie und trat näher zu mir, »willst du doch wohl nicht wirklich, daß ich Richard und Melanie länger als nötig in einem Zimmer miteinander schlafen lasse. Melanie wird eine junge Dame, und alle jungen Damen brauchen ihren eigenen Bereich und ihre Intimsphäre, oder etwa nicht?« meinte sie. »Du brauchst das doch schließlich auch«, fügte sie streng hinzu.

»Ich sage ja nicht nein dazu, Tante Bet, aber Jefferson kommt gerade vom Begräbnis seiner Eltern. Es ist doch wohl völlig überflüssig, ihn heute nacht noch mehr durcheinanderzubringen. Wer wo schläft, das können wir in aller Ruhe diskutieren, das hat doch Zeit«, erwiderte ich. »Ich finde, wir sollten dabei auch ein Wörtchen mitzureden haben. Das hier ist unser Haus«, fügte ich hinzu und zog die Flagge meines Stolzes auf.

Tante Bet lächelte immer noch.

»Wo ist Onkel Philip?« fragte ich.

»Mal da, mal dort, meine Liebe, aber er ist derart außer sich, daß er im Moment wirklich niemandem eine Hilfe ist. Ich bemühe mich doch nur, für alles das Beste zu tun«, sagte sie.

»Es ist sicher nicht gut, Richard heute nacht in Jeffersons Zimmer einzuquartieren. Es wird ihm ohnehin schwer genug fallen einzuschlafen, und er ist viel zu müde, um jetzt anzufangen, seine Schränke und Kommoden umzuräumen.«

»Also gut, meine Liebe«, sagte Tante Bet. »Dann warten wir eben bis morgen früh damit, wenn es dich glücklich macht.« Sie lächelte, aber irgendwie schien es ein falsches Lächeln zu sein. Es war ein merkwürdiges, bedrohliches Lächeln.

»Mich würde es viel glücklicher machen, wenn es gar nicht erst dazu käme«, sagte ich.

»Im Moment müssen wir alle Kompromisse schließen, Christie«, erwiderte sie auffallend streng. »Euer Verlust ist groß, aber wir haben einfach zuviel verloren. Wir haben unser Zuhause verloren, das Hotel und...«

»All das läßt sich wieder ersetzen, Tante Bet«, sagte ich, und es schockierte mich, daß sie auch nur auf den Gedanken kam, diese Dinge miteinander zu vergleichen. Blut strömte in mein Gesicht. »Kannst du mir meine Mommy und Daddy Jimmy wiedergeben? Kannst du das?« rief ich aus, und die heißen Tränen liefen über meine Wangen.

»Schon gut, meine Liebe«, sagte sie und wich zurück. »Es tut mir leid, daß ich dich aufgeregt habe.« Sie bedachte ein paar Leute, die gerade gingen, mit einem Lächeln. »Wir werden morgen darüber reden. Sag Richard bitte, er soll runterkommen. Schick ihn zu mir«, sagte sie und ließ mich stehen, um sich von einigen Hotelangestellten zu verabschieden.

Ich machte kehrt und rannte schnell die Treppe wieder hinauf. Richard war bereits in Jeffersons Zimmer dabei, die Sachen in Jeffersons Kleiderschrank umzuräumen.

»LASS DIE FINGER VON SEINEN SACHEN!« schrie ich. Richard unterbrach sich in seiner Beschäftigung und schaute mich finster an. »Tante Bet will dich augenblicklich sprechen. Du wirst deine Sachen heute abend nicht hier unterbringen«, sagte ich streng. »Und jetzt verschwinde.« Ich trat zurück, blieb wie angewurzelt auf der Stelle stehen und wies mit dem Finger zur Tür hinaus.

»Das Zimmer hier ist nicht halb so schön wie das Zimmer, das ich vorher hatte«, murrte er.

»Dann spar dir die Mühe, es jemals wieder zu betreten«, rief ich ihm nach und rannte hinter ihm her. Er lief durch den Korridor und sprang die Treppe hinunter. Jefferson stand an der Tür zu meinem Zimmer, und sein Gesicht war tränenüberströmt, seine Augen so matt, daß die Lider herunterhingen, und sein Gesichtsausdruck war verwirrt.

»Komm, Jefferson«, sagte ich. »Jetzt machen wir uns fertig zum Schlafengehen. Ich helfe dir dabei.«

»Wo geht denn Richard hin?« fragte er.

»Von mir aus kann er zur Hölle fahren«, sagte ich und half meinem kleinen Bruder, als er sich wusch und sich umzog, um eine weitere Nacht ohne seine Eltern zu verbringen.

Als ich in mein Zimmer zurückkam, stellte ich zu meinem Erstaunen fest, daß Tante Fern die Sachen anschaute, die in meinem Kleiderschrank hingen.

»Tante Fern«, rief ich. Ich drehte mich um und sah nirgends ihren Freund. »Was tust du da?«

»Hallo, Prinzessin.« Sie lächelte mich affektiert an. Ich brauchte ihr nicht allzunah zu kommen, um den Whisky in ihrem Atem zu riechen. »Ich habe mir nur gerade ein paar von deinen Pullovern angesehen. Du hast wirklich hübsche Sachen. Diese Armbanduhr hier gefällt mir ganz besonders gut«, sagte sie und hielt ihr linkes Handgelenk hoch. »Darf ich sie mir für ein Weilchen borgen?« Es war mein Geburtstagsgeschenk von Mommy und Daddy Jimmy.

»Zieh sie sofort aus!« rief ich. »Das ist das letzte Geschenk, das ich von Mommy und Daddy Jimmy bekommen habe.«

»Oh.« Sie wankte.

»Du kannst alles andere haben«, sagte ich. »Bitte.«

»Jetzt hab dich nicht so«, erwiderte sie und mühte sich damit ab, die Uhr von ihrem Handgelenk zu ziehen; dabei hätte sie fast das Band zerrissen. Sie warf die Uhr lieblos aufs Bett. Ich hob sie eilig auf und gelobte mir, die Uhr nie mehr auszuziehen. »Du könntest ruhig etwas netter zu mir sein«, stöhnte Tante Fern. »Ich reise ab, und wer weiß, wann du mich je wiedersehen wirst.«

»Bleibst du denn nicht über Nacht?«

»Ein paar Studentenverbände veranstalten Partys zum Abschluß des Schuljahrs, und ich wollte hingehen«, sagte sie. Sie trat vor meine Frisierkommode und sah sich meine Parfüms an.

»Du wirst also wirklich keine Sommerkurse belegen, wie du es Daddy Jimmy versprochen hattest?« fragte ich.

»Nein«, sagte sie. »Ich werde den Sommer mit ein paar von meinen verzogenen reichen Freunden auf Long Island verbringen. Ich habe es Philip schon erzählt und ihm auch gesagt, wohin er mir mein Geld schicken soll. Aber ich glaube nicht, daß er mir zugehört und allzuviel mitgekriegt hat; zur Sicherheit werde ich Dorfman noch einmal anrufen.«

»Aber ich dachte, du müßtest die Kurse nachholen, in denen du dieses Jahr durchgefallen bist«, sagte ich.

Sie wirbelte herum.

»Weißt du, was? Du bist wie ein altes Weib ... das immer nur keift und nörgelt. Als ich sechzehn war, hatte ich meine Unschuld längst verloren.« Sie lachte über meinen Gesichtsausdruck. »Du hast das Kapitel gelesen, stimmt's? Es stimmt doch?« sagte sie vorwurfsvoll. »Schon gut, behalte deine kleinen Geheimnisse ruhig für dich«, sagte sie bitter, »wie es alle anderen in dieser Familie auch tun. Deine Mutter hat es auch getan.«

»Sag bloß nichts Schlechtes über meine Mutter«, fauchte ich sie an. Sie wankte wieder und schüttelte den Kopf.

»Es ist an der Zeit, daß du aufhörst, wie Alice im Wunderland zu leben, Christie, Püppchen. Deine Mutter und Daddy Jimmy sind miteinander aufgewachsen und haben gemeinsam in einem Zimmer gelebt, auf engem Raum, bis sie sechzehn war, und dann hat sie sich in Philip verliebt, ohne zu wissen, daß er ihr Bruder war. Was glaubst du wohl, was die beiden miteinander getan haben, wenn sie zusammen ausgegangen sind – Kinderspiele gespielt? Natürlich haben sie all das geheimgehalten, aber ich habe mir nie von einem von ihnen vorschreiben lassen, was ich tun soll. Keiner von denen ist besser als ich.«

»Das ist nicht wahr; das mit meiner Mutter und Onkel Philip ist nicht wahr«, sagte ich. Sie zuckte die Achseln.

»Frag ihn doch danach«, sagte sie. »Und wenn du schon dabei bist, dann frag ihn auch gleich nach all den Malen, die er reingekommen ist, wenn ich mich gerade angezogen habe, und jedesmal hat er behauptet, er suchte Jimmy oder Dawn.

Schau dir doch nur seine Frau an, Christie, Püppchen, und dann verstehst du, warum er sich anderswo umschaut.«

»Das ist ja furchtbar, Tante Fern. Ich weiß, daß du wieder betrunken bist und nur deshalb diese abscheulichen Dinge sagst. Ich will kein Wort mehr davon hören«, rief ich empört.

Sie lachte.

»Ach, nein?« Sie kam auf mich zu, und ihr Gesicht verzerrte sich zu einem anzüglichen Grinsen. »Du willst nicht hören, daß Dawn und Jimmy geglaubt haben, sie seien Geschwister, und daß sie trotzdem in ihrer Unterwäsche nebeneinander auf ausziehbaren Sofas geschlafen haben?«

»Hör auf!« sagte ich und preßte mir die Hände auf die Ohren.

»Du willst nicht hören, daß deine Mutter und Onkel Philip Zungenküsse getauscht haben und wie verzückt sie war, als der bestaussehende Junge in der ganzen High School sie auf den Hals geküßt hat?«

»HÖR AUF!« Ich rannte ins Bad und schlug die Tür hinter mir

zu. Dann schlang ich mir die Arme um die Schultern und kauerte mich schluchzend auf den Fußboden. Ich hörte sie lachen, und dann hörte ich, wie sie an die Tür kam.

»Also gut, Prinzessin Christie, ich lasse dich in deinem Wunderland. Du tust mir leid. Sie haben dich immer verhätschelt und bevorzugt. Alles hat sich nur um Christie hier und Christie da gedreht. Du warst das absolut wunderbare und äußerst begabte kleine Mädchen, und ich war ihnen nur eine Last und habe ihnen jede Menge Schwierigkeiten gemacht. Tja, jetzt bist du auf dich selbst gestellt, wie ich es in Wirklichkeit immer gewesen war. Sieh, wie dir das gefällt«, keifte sie. Ich hörte ihre Schritte, als sie aus meinem Zimmer stapfte.

Eine Zeitlang lag ich einfach nur da und weinte. Wie hassenswert und abscheulich sie doch sein konnte, dachte ich. Daddy Jimmy wollte sie nur glücklich machen, und Mommy hatte sie gerecht behandelt. Ich war froh darüber, daß sie abreiste, und ich hoffte, sie würde nie mehr zurückkommen.

Langsam stand ich auf und wusch mir das Gesicht. Ich glaubte, es würde Stunden über Stunden dauern, bis ich endlich einschlafen konnte, doch sobald ich meinen Kopf auf mein Kissen gelegt hatte, erfaßte mich eine große emotionale Erschöpfung, und ich schlug die Augen erst wieder auf, als durch meine Vorhänge das trostlose graue Licht des frühen Morgens sickerte, eines Morgens mit zornig aufgequollenen Wolken, die wie eine Karawane von versengten Kamelen über den Himmel zogen. Ich starrte vor mich hin. Mein schwarzes Kleid, das über einem Stuhl hing, erinnerte mich schmerzlich an das, was passiert war; und was wir gestern getan hatten, waren nicht etwa Geschehnisse in einem gräßlichen Alptraum, sondern Geschehnisse in einer gräßlichen Realität.

Doch ehe meine Tränen anfangen konnten, wieder zu fließen, hörte ich ein leises Seufzen, und als ich mich umdrehte, entdeckte ich zu meinem Entsetzen Onkel Philip. Er hatte sich einen Stuhl an mein Bett gezogen und saß da und schaute mich versonnen an. Sein Haar war zerzaust, und sein Hemd stand offen. Er trug weder eine Krawatte noch ein Jackett. Ich fand, er sah sehr blaß und sehr müde aus.

»Onkel Philip!« rief ich und hielt mit beiden Händen meine Decke fest. Ein paar der abscheulichen Dinge, die Tante Fern gesagt hatte, hatten sich wie ein Schimmel an den Wänden meiner Erinnerung abgesetzt. »Was tust du denn hier?« Ich hatte keine Ahnung, wie lange er schon dagesessen und mich angestarrt hatte, während ich geschlafen hatte.

Er seufzte wieder, diesmal lauter und länger.

»Ich konnte nicht schlafen«, sagte er, »und ich habe mir Sorgen um dich gemacht, und deshalb bin ich hergekommen, um nach dir zu sehen, und ich vermute, ich bin dann selbst auf diesem Stuhl eingeschlafen. Ich bin direkt vor dir wachgeworden«, schloß er, aber ich fand, er sah aus wie jemand, der die ganze Nacht über wach gewesen war.

»Mir fehlt nichts, Onkel Philip«, sagte ich, und sein Gesichtsausdruck und sein merkwürdiges Verhalten verwirrten mich.

»Nein, nein. Ich kenne dich zu gut. Ich weiß, wie fragil und sensibel du bist und wie sehr du leidest«, sagte er und beugte sich vor. Seine Augen wurden zärtlicher, als er mir in die Augen sah und den Blick nicht wieder abwandte. »Du brauchst besonders viel zärtliche und liebevolle Zuneigung, und ich habe vor, dir diese Zuwendung zu geben, so gut ich kann.« Er lächelte sanft, und seine Augen waren Teiche der Zärtlichkeit, und dann küßte er mich auf die Stirn. »Arme, arme Christie«, sagte er und streichelte mein Haar.

»Es ist schon gut, Onkel Philip. Sieh jetzt lieber zu, daß du eine Weile schläfst. Mir fehlt nichts«, sagte ich, aber er schien mich nicht zu hören oder meinen Worten auch nur die geringste

Beachtung zu schenken. Er lächelte weiterhin und strich mir liebevoll über das Haar.

»Meine liebe, liebe Christie. Meine bezaubernde Christie, Dawns Christie. Ich erinnere mich noch an den Tag, an dem sie mit dir ins Hotel zurückgekommen ist. Ich habe ihr gesagt, sie bräuchte sich keine Sorgen zu machen, weil dich dein richtiger Vater im Stich gelassen hat. Ich würde dir auch immer ein Vater sein. Und das werde ich auch. Ich werde es sein«, versprach er.

»Einverstanden, Onkel Philip. Ich danke dir«, sagte ich. Ich setzte mich eilig auf und wich vor ihm zurück. Er machte mich hochgradig nervös. »Mir fehlt wirklich nichts. Ich werde jetzt aufstehen und duschen und mich anziehen und Jefferson wekken. Normalerweise ist er um diese Uhrzeit schon in meinem Zimmer«, fügte ich hinzu. Onkel Philip nickte. Dann lehnte er sich zurück und holte mit geschlossenen Augen tief Atem. Er stemmte die Hände auf die Knie und stand auf. Mit hängenden Schultern ging er auf die Tür zu. Vor der Tür blieb er stehen.

»Ich werde jetzt auch duschen und mich anziehen«, sagte er. »Damit wir alle zusammen frühstücken können... wie eine Familie.«

Sobald er gegangen war, stand ich aus dem Bett auf und ging ins Bad. Ich blieb so lange wie möglich unter der Dusche stehen. Es war, als schrubbte ich mir den Kummer vom Leib und spülte gleichzeitig auch die Ermattung von mir ab. Ich zog mich so schnell wie möglich an und ging zu Jefferson, um nachzusehen, ob er bereits wach war. Mrs. Boston war schon vor mir dagewesen und half ihm beim Aufstehen und Anziehen. Er stand im Bad und bürstete sich das Haar. Sobald er mich eintreten hörte, hörte er auf und sah mich an.

»Oh, guten Morgen, Mrs. Boston«, sagte ich.

»Guten Morgen, Schätzchen. Ich wollte nach deinem Brüderchen sehen«, sagte sie zu mir, »aber er war schon wach und wollte gerade aufstehen und sich anziehen. Er ist wirklich schon ein großer Junge«, fügte sie um seinetwillen hinzu.

»Ja, das stimmt. Aber das hätten Sie doch nicht tun müssen, wenn Sie ohnehin für alle das Frühstück zubereiten, Mrs. Boston«, sagte ich. Sie gehörte nicht zur Familie, aber der Tod meiner Eltern hätte sie nicht schwerer treffen können, wenn sie zur Familie gehört hätte.

»Das ist schon in Ordnung, Schätzchen. Deine Tante Betty war heute morgen schon ganz früh auf und bester Laune, und sie hat mir genaue Anweisungen gegeben, was ich zum Frühstück servieren soll. Ich habe alles vorbereitet, und daher dachte ich mir, ich schaue mal schnell nach Jefferson«, erklärte sie.

»Was will sie denn zum Frühstück serviert haben?« fragte ich neugierig.

»Es scheint, als äße sie pochierte Eier, und Richard ißt ein weichgekochtes Ei, das nur genau eine Minute gekocht werden darf, ebenso wie Melanies. Mr. Cutler nimmt nur Kaffee und Toast zu sich. Mit dem Toast ist sie sehr genau. Sie will ihn nur leicht angeröstet haben, und die Kinder wollen Erdbeermarmelade. Zum Glück hatten wir noch welche in der Speisekammer«, fügte sie hinzu. »Andernfalls hätte ich noch früher aufstehen müssen, um sie zu besorgen.«

»Mommy war nie so heikel«, bemerkte ich. Mrs. Boston nickte.

»Ich gehe jetzt besser wieder nach unten. Sie hat mir gesagt, heute kämen sie alle um punkt acht Uhr zum Frühstück«, sagte sie und machte sich auf den Weg.

Jefferson kam aus dem Bad und sah mich an. Keiner von uns wollte nach unten gehen und sich der Realität dieses ersten Morgens ohne meine Eltern stellen, aber uns blieb nichts anderes übrig. Ich hielt ihm meine Hand hin, und er nahm sie mit gesenktem Kopf. Dann gingen wir nach unten.

Alle saßen schon am Tisch. Onkel Philip saß da, wo früher Daddy Jimmy gesessen hatte, und Tante Bet saß dort, wo Mommy gesessen hätte. Das versetzte Jefferson augenblicklich in Wut, aber auch der Umstand, daß Richard auf seinem früheren Platz und Melanie auf meinem saß.

»Guten Morgen, Kinder«, sagte Tante Bet mit einem zuckersüßen Lächeln. »Wie adrett und sauber ihr beide wirkt.«

Jefferson schaute sie finster an und wandte sich dann an Richard.

»Da sitze ich«, sagte Jefferson.

»Ach, es ist doch gar nicht wichtig, wo wir sitzen«, erwiderte Tante Bet eilig und lächelte weiter. »Solange wir nur ordentlich dasitzen und unsere Mahlzeiten anständig einnehmen. Wir sollten immer daran denken, daß noch andere Menschen mit uns am Tisch sitzen und daß sie sich daran stören könnten, wenn wir keine guten Manieren zeigen.«

Ich sah Onkel Philip an. Auf seinem Gesicht stand zwar ein gepreßtes Lächeln, doch seine Augen wirkten glasig. Er sah aus wie ein Mann, der noch ganz benommen ist. Er sagte nichts; er wartete nur, die Ellenbogen auf den Tisch gestützt, das Gesicht in den Händen. Richard lehnte sich zurück, und auf seinem Gesicht lag ein selbstzufriedenes Lächeln. Melanie wirkte gelangweilt und verdrossen.

»Wir können nicht anfangen, solange ihr euch nicht gesetzt habt, Kinder«, sagte Tante Bet.

»Vielleicht sollte sich Christie hierher setzen, neben mich«, sagte Onkel Philip und wies auf den Stuhl, auf dem Richard saß. »Schließlich ist sie das älteste Kind.«

»Ich werde mich zu meinem Bruder setzen«, erwiderte ich. Ich zog Jefferson an den Tisch und setzte mich neben Melanie. Jefferson bedeutete ich mit einem Nicken, sich mir gegenüber hinzusetzen, und er tat es widerstrebend.

»So, dann sind wir ja vollständig«, bemerkte Tante Bet. »Mrs. Boston, Sie können das Frühstück servieren«, ordnete sie an.

»Ja, Ma'am«, sagte Mrs. Boston aus der Küche und kam mit dem Saftkrug. Normalerweise stellte sie ihn auf den Tisch, und wir bedienten uns selbst. Mrs. Boston half Mommy bei den Vorbereitungen für die Mahlzeiten und im Haushalt, aber wir hatten sie nie zur Kellnerin gemacht. Weder Tante Bet noch Onkel Philip griffen nach dem Krug, um den Saft einzuschenken. Sie lehnten sich zurück und erwarteten, daß Mrs. Boston es tun würde. Sie zwinkerte mir zu und fing an, allen Saft einzuschenken.

»Also dann«, setzte Tante Bet an und faltete die Hände vor sich auf dem Tisch, »es wird wohl im Interesse aller sein, wenn wir die Grundregeln gleich festlegen, meint ihr nicht auch? Ihr Lächeln wurde kälter und schärfer. »Philip wird mit dem Wiederaufbau des Hotels beschäftigt sein«, begann sie, »was heißt, daß mir in diesem Sommer die Hauptlast der Verantwortung für euch Kinder zufällt. Ich will natürlich, daß alle miteinander auskommen. In unser aller Leben gibt es einen drastischen Einschnitt, der Veränderungen nach sich zieht. Alle... aber auch alle«, wiederholte sie und richtete ihren Blick auf mich, »müssen Kompromisse schließen, aber ich wüßte nicht«, fügte sie hinzu und lächelte strahlend, »warum wir nicht alle zusammen eine glückliche Familie werden könnten.«

Sie wandte sich an Onkel Philip, der, wie ich glaubte, gebannt meine Reaktionen erwartete.

»Philip wollte schon immer eine größere Familie haben. Jetzt hat er sie. Aber«, sagte sie seufzend, »all diese Verantwortung ist wie eine Lawine auf seine Schultern gerollt. Richard und Melanie sind sich darüber im klaren, wie wichtig es ist, hilfsbereit zu sein.« Bei der Nennung ihrer Namen rissen die Zwillinge gleichzeitig die Augen weiter auf und schauten uns an. »Wir müssen einander wirklich helfen wollen«, schloß sie.

Mrs. Boston brachte jetzt die Eier und fing an zu servieren. Richard steckte seinen Löffel in das weichgekochte Ei und verzog das Gesicht.

»Es ist zu hart«, meckerte er.

»Ich habe es eine Minute gekocht«, sagte Mrs. Boston.

»Laß mal sehen«, sagte Tante Bet, und Richard reichte ihr seinen Eierbecher. Sie stieß ihren Löffel in das Ei und schüttelte den Kopf. »Vielleicht war das Feuer zu heiß oder so etwas, aber das Ei ist wirklich etwas zu hart für Richard.«

Mrs. Boston wurde ärgerlich.

»Ich glaube, ich habe in meinem Leben schon genug Eier gekocht, um zu wissen, ob das Feuer zu heiß ist oder nicht«, sagte sie.

»Diesmal muß es aber so gewesen sein«, beharrte Tante Bet. »Oder vielleicht haben Sie sich mit der Uhrzeit getäuscht.«

»Ich dachte, wir würden alle gewisse Kompromisse schließen«, sagte ich eilig. »Ob ein Ei ein paar Sekunden kürzer oder länger gekocht ist, scheint mir kein allzugroßer Kompromiß zu sein.«

Tante Bets Augen wurden einen Moment lang glasig. Dann lächelte sie.

»Christie hat völlig recht, Richard. So schlimm ist das nun auch wieder nicht, und ich bin sicher, daß Mrs. Boston es mit der Zeit lernen wird, die Eier so zuzubereiten, wie du sie möchtest«, sagte sie und reichte ihm seinen Eierbecher. Richard schnitt eine Grimasse.

»Ich esse soviel ich kann«, erbot er sich.

»Das ist sehr nett von dir, Richard«, sagte sie. Fast hätte ich darüber gelacht, wie Mrs. Boston die Augenbrauen hochzog und ihren Blick auf mich richtete. Sie servierte die übrigen Eier. Jefferson spielte nur mit seinem Löffel, statt sein Ei zu essen. Auch von seinem Saft hatte er nur einen winzigen Schluck getrunken.

»Jefferson«, sagte Tante Bet. »Du wirst doch etwas essen, nicht wahr? Wir wollen doch keine Lebensmittel verschwenden.«

Widerwillig schob sich Jefferson eine Gabel Rührei in den Mund.

»Christie, meine Liebe. Hat Jefferson denn nie gelernt, daß man sich die Serviette auf den Schoß legt?« fragte Tante Bet.

»Doch«, sagte ich. »Aber ich glaube, das ist im Moment nicht seine größte Sorge.«

»Ordentlichkeit und Reinlichkeit sind die Zwillingsschwestern eines gesunden und glücklichen Lebens«, zitierte Tante Bet. »An diese Dinge müssen wir in jeder Lage denken.

Ich weiß«, fuhr sie fort, »daß eure Eltern soviel mit dem Hotel im Kopf hatten. Deshalb ist dieses Haus auch...« Sie schüttelte den Kopf.

»Was ist mit dem Haus?« fragte ich schnell.

»Wahrscheinlich ist es ihnen zuviel geworden, sich um das Haus und das Hotel gleichzeitig zu kümmern. Aber für mich wird das kein Problem sein«, sagte sie; dabei beugte sie sich lächelnd vor.

»Ich verstehe das nicht. Was ist gegen unser Haus einzuwenden?«

»Es könnte viel sauberer und ordentlicher sein, meine Liebe«, meinte sie und nickte.

»Dieses Haus ist immer sehr sauber. Mrs. Boston arbeitet hart, und Mommy hat nie geklagt«, erwiderte ich.

»Genau das meine ich ja, meine Liebe. Deine Mutter hatte nicht die Zeit, sich zu beklagen oder in Sorge zu sein. Sie hatte im Hotel so viel Verantwortung zu tragen. Aber mach dir deshalb keine Sorgen. Ich habe beschlossen, diesem Problem absoluten Vorrang einzuräumen und dieses Haus in einen anständigen Zustand zu bringen, und das ist auch einer der Gründe, aus denen ich die Aufteilung der Schlafzimmer schnell klären wollte«, fügte sie hinzu.

»Nach dem Frühstück werden Richard und Jefferson absprechen, wie sie sich einigen und was in ihrem Zimmer wohin kommt«, bemerkte sie mit strenger Stimme.

»Das ist mein Zimmer!« gab Jefferson zurück. »Und ich will ihn nicht in meinem Zimmer haben!«

Tante Bets Gesicht wurde bleich, und dann röteten sich ihre Wangen, und ihre Augen kniffen sich in den Augenwinkeln zusammen. Sie warf einen Blick auf Onkel Philip, der wie ein Mann unter Hypnose Kaffee getrunken und starr vor sich hingeschaut hatte. Er erhob gegen nichts, was sie sagte, Einwände, und es schien ihn auch alles nicht im geringsten zu interessieren.

»Es gehört sich nicht, am Eßtisch die Stimme zu erheben, Jefferson«, belehrte ihn Tante Bet bedächtig. »Wenn du etwas zu sagen hast, dann sag es leise. Und übrigens«, fuhr sie fort, »weiß ich, daß es dein Zimmer ist, aber du wirst es eine Zeitlang mit deinem Cousin teilen müssen, bis wir andere Lösungen gefunden haben. Ihr seid doch beide kleine Jungen. Du solltest dich darüber freuen, einen Kameraden wie Richard zu haben. Sieh mal, das ist doch so, als hättest du plötzlich einen größeren Bruder. Freut dich das denn nicht?«

»Nein«, erwiderte Jefferson, und dann warf er seine Gabel auf den Tisch und verschränkte die Arme vor der Brust.

»Das ist kein gehöriges Benehmen«, sagte Tante Bet streng. »Wenn du dich von heute an nicht anständig benimmst, wirst du nicht mit dem Rest der Familie an einem Tisch essen dürfen.«

»Das ist mir egal«, sagte Jefferson trotzig.

»Genauso ist er in der Schule auch«, jammerte Melanie. »Er gibt seinen Lehrern immer Widerworte.«

»Ich wette, du hast dein schlechtes Zeugnis weggeworfen, stimmt's?« fügte Richard an.

»HÖRT AUF!« schrie ich und stand auf. »Ihr hört jetzt alle auf, auf ihm herumzuhacken. Habt ihr denn gar kein Mitgefühl mit ihm?« sagte ich und lief um den Tisch herum zu ihm.

»Christie«, sagte Tante Bet, »es besteht keine Notwendigkeit, daß du dich so aufregst und uns unser erstes gemeinsames Frühstück verdirbst.«

»Oh, doch, die Notwendigkeit besteht«, sagte ich. »Man muß ja schließlich schreien und toben, wenn Menschen so gemein sind, und vor allem, wenn es sich dabei um Leute handelt, mit denen man verwandt ist und erwarten könnte, daß sie sich nicht derart lieblos verhalten. Komm, Jefferson.« Ich nahm ihn an der Hand, und wir gingen.

»Wohin geht ihr?« rief Onkel Philip. »Ihr habt euer Frühstück noch nicht aufgegessen. Und ihr solltet immer um Erlaubnis bitten, wenn ihr nach dem Essen aufstehen und fortgehen wollt.«

»Christie!« rief Onkel Philip, als sei ihm eben gerade aufgefallen, daß hier etwas passiert war.

Ich erwiderte nichts und drehte mich auch nicht zu ihm um. Ich führte Jefferson aus dem Eßzimmer und aus dem Haus. Ich wußte nicht, wohin ich ging. Ich lief nur einfach los. Tränen strömten über mein Gesicht, doch ich schluchzte nicht. Jefferson mußte fast rennen, um mit mir mitzuhalten, als ich die Treppe hinuntereilte und ihn über den Bürgersteig zog. Niemand folgte uns.

Vor uns standen die verkohlten Überreste des Hotels. Beim Anblick der geschwärzten Trümmer, der zerbrochenen Fenster, der eingestürzten Hauswände, der freiliegenden Leitungen und der kaputten Einrichtungsgegenstände, die wüst herumlagen, packte mich die Trauer nur noch mehr.

Ich führte Jefferson hinter das Hotel, und wir setzten uns in die Laube und sahen zu, wie die Männer mit Planierraupen die Überreste der Mauern einrissen. Keiner von uns beiden sagte ein

Wort. Jefferson lehnte den Kopf an mich, und wir bemühten uns beide, trotz des bedeckten grauen Himmels, der die Brise vom Meer her noch kühler werden ließ, nicht zu frösteln. Ob wir wohl jemals trauriger sein würden als in diesem Augenblick, fragte ich mich.

6

Schmutzig

Durch den Tod unserer Eltern und den darauffolgenden Aufruhr in unserem Leben lag unser Leben im Schatten von Alpträumen, und über allem hing ein Grauschleier, sogar über einem enorm blauen Meer und einem strahlenden Himmel. Ich konnte den Schmerz in den Augen meines kleinen Bruders Jefferson sehen und spüren. Oft schaute er sich wütend in der Welt um. Ich konnte seinen Zorn verstehen. Jemand hätte ihn warnen sollen, daß die Menschen sterben und für immer fortgehen können, und auch diejenigen, die man so dringend braucht.

Wer würde sich jetzt, von mir einmal abgesehen, seine Klagen anhören und Mitgefühl für ihn aufbringen? Niemand konnte ihm jemals wieder das Lächeln und die Liebe geben, die Mommy und Daddy Jimmy ihm entgegengebracht hatten. Langsam begann er, sich zu verschließen, wie eine Blume, die keinen Sonnenschein bekommt. Anfangs schlief er nur immer länger und wachte immer später auf, und wenn er wach war, lag er oft teilnahmslos da und hatte kein Interesse an seinen Spielsachen. Er sagte nie etwas, wenn es nicht sein mußte, nur wenn man ihm Fragen stellte.

Zwei Tage nach unserem gräßlichen ersten Frühstück mit Onkel Philip, Tante Bet, Richard und Melanie hielt Tante Bet ihr Wort. Sie ließ eines der Betten aus Ferns früherem Zimmer in Jeffersons Zimmer bringen. Richard wollte näher am Fenster schlafen, und daher wurde Jeffersons Bett nach rechts geschoben, und die Kommoden wurden umgestellt. Als Jefferson sich weigerte, mitzuhelfen und seine Sachen wegzuräumen, half Tante Bet Richard dabei, das Zimmer umzuorganisieren.

Richard schrieb seinen Namen in großen Druckbuchstaben auf weiße Etiketten. Dann klebte er sie auf die Schubladen, die ihm gehören würden. Da sie bei dem Brand so viel verloren hatten, ging Tante Bet mit den Zwillingen einkaufen und kehrte mit Tüten und Schachteln voller neuer Kleidung, Unterwäsche und Socken zurück. Daraufhin nahm Richard eine Bestandsaufnahme seiner Sachen vor und faltete sie ordentlich zusammen, ehe er sie in seine Schubladen packte. Als er darüber klagte, er hätte nicht genug Platz, legte Tante Bet Jeffersons Kleider noch enger zusammen, um Richard zwei weitere Schubladen und mehr Raum im Kleiderschrank zur Verfügung zu stellen. Dann wies sie Mrs. Boston an, den Teppich mehrfach gründlich zu reinigen, denn sie beharrte darauf, er sei so schmutzig, daß es ihr nicht lieb wäre, wenn Richard auch nur die Socken auszöge und barfuß darauftreten würde.

»Ich putze dieses Zimmer täglich, Miss Betty«, protestierte Mrs. Boston. »Der Teppich wird so oft gesaugt, daß er gar nicht schmutzig werden kann.«

»Ihre Vorstellung davon, was sauber ist, ist meilenweit von meiner Vorstellung von Sauberkeit entfernt«, bemerkte Tante Bet. »Bitte, saugen Sie den Teppich noch einmal«, sagte sie. Dann lief sie durch das Haus und inspizierte Regale und die hintersten Winkel und ließ die Finger über Armaturen und die Unterseiten von Tischplatten gleiten und fand überall Staub und Schmutz. Melanie folgte ihr mit Block und Bleistift und machte Notizen. Als die Inspektion beendet war, gab Tante Bet Mrs. Boston die Blätter, die mit ihren Beschwerden vollgeschrieben waren, und forderte sie auf, die entsprechenden Dinge augenblicklich zu säubern.

Da ich nicht viel Zeit in ihrer Wohnung im Hotel zugebracht

hatte, war mir nie klargewesen, wie fanatisch Tante Bet in puncto Sauberkeit war. Beim Anblick eines Spinnennetzes hob sie zu Tiraden an, und wenn Melanie ihre Hand unter einem Sofa herauszog und Staub auf der Handfläche hatte, fiel Tante Bet nahezu in Ohnmacht.

»Wir sind die meiste Zeit hier eingepfercht«, erklärte sie Mrs. Boston, »und wir atmen diesen Schmutz ein. Staub und Dreck gerät in unsere Lungen, sogar im Schlaf!«

»Über meine Arbeit hat sich bisher noch nie jemand beklagt, Miss Betty«, sagte Mrs. Boston entrüstet, »und ich habe für die strengste Frau diesseits des Mississippi gearbeitet, für Großmutter Cutler.«

»Sie war ebensosehr abgelenkt und zerstreut, wie es meine arme tote Schwägerin war«, erwiderte Tante Bet. »Ich bin die erste Herrin von Cutler's Cove, die nicht so sehr von den Geschäften in Anspruch genommen wird, daß sie in ihrem eigenen Haus den Staub nicht mehr in der Luft sieht. Putzen Sie doch einfach. Putzen Sie, putzen Sie.«

Tante Bet übernahm es persönlich, den Hausputz zu überwachen und das Umräumen des Schlafzimmers meiner Eltern in die Hand zu nehmen. Sie ließ von ein paar Männern alle Einrichtungsgegenstände raustragen und dann die Teppiche mit Heißluft reinigen, als seien meine Eltern durch und durch verseucht gewesen. Jefferson und ich standen abseits und beobachteten sie dabei, wie sie die Arbeiten überwachte. Alles, was Mommy und Daddy Jimmy gehört hatte, wurde vor der Tür gestapelt. Die Kleiderschränke wurden innen neu tapeziert, die Schubladen der Kommoden wurden mit Papier ausgelegt, die Spiegel und die Möbel wurden gesäubert und poliert.

»Ich werde all das ordentlich verpacken und auf den Dachboden bringen lassen«, sagte sie zu mir und wies dabei auf Daddy Jimmys Kleider und Schuhe und auf Mommys Kleider und

Schuhe, »abgesehen von den Dingen, die ich gebrauchen kann, und von den Sachen, die du brauchst. Sieh alles durch, und nimm dir, was du willst«, befahl sie.

Es brach mir das Herz, es zu tun, aber es gab viele Dinge, die Mommy gehört hatten und von denen ich nicht wollte, daß sie in den dunklen, feuchten Winkeln des Dachbodens verstaut wurden. Ich zog schnell das Kleid heraus, das sie zu meinem sechzehnten Geburtstag getragen hatte. Es gab Pullover und Röcke und Blusen, an denen ich hing, weil ich immer noch lebhaft vor mir sehen konnte, wie Mommy sie trug. Wenn ich die Sachen in den Händen hielt und sie an mein Gesicht preßte, konnte ich noch den Duft ihres Parfüms riechen, und einen Moment lang war es so, als sei sie noch da, stünde noch neben mir und streichelte mir lächelnd und liebevoll das Haar.

Tante Bet nahm schnell Mommys gesamten Schmuck an sich, und als ich Einwände dagegen erhob, sagte sie, sie würde diese Dinge nur an sich nehmen, bis ich alt genug sei, um sie würdigen zu können.

»Ich werde eine genaue Aufstellung davon machen, was ihr gehört hat und was mir gehört«, versprach sie und bedachte mich mit einem dünnen Lächeln.

Sie ließ das Bettzeug und die Decken wechseln und brachte buchstäblich über Nacht neue Gardinen und Jalousien an. Dann stürzte sie sich auf das Bad und entschied, sie wolle die Tapeten wechseln lassen.

»Eigentlich«, meinte sie eines Abends beim Abendessen, nachdem all dies bereits begonnen hatte, »sollten wir ins Auge fassen, ob wir nicht sämtliche Wände in diesem Haus neu tapezieren lassen. Die Muster haben mir nie besonders gut gefallen.«

»Du hast kein Recht, all diese Veränderungen vorzunehmen«, gab ich zurück. »Dieses Haus gehört immer noch meinen Eltern und uns.«

»Natürlich gehört es euch, meine Liebe«, sagte sie, und ihre dünnen Lippen zogen sich an den Mundwinkeln nach oben. »Aber solange du noch minderjährig bist, sind dein Onkel Philip und ich deine Erziehungsberechtigten und tragen die enorme Verantwortung dafür, wesentliche Entscheidungen zu treffen, Entscheidungen, die sich auf euer Leben auswirken.«

»Es wird sich nicht auf unser Leben auswirken, wenn die Tapeten gewechselt und die Wände frisch gestrichen werden!« gab ich zurück.

»O doch, natürlich«, erwiderte sie mit einem dünnen Lachen. »Eure Umgebung, in der ihr lebt, übt einen entscheidenden Einfluß auf euer psychologisches Wohlergehen aus.«

»Uns gefällt es so, wie es ist!« rief ich.

Sie schüttelte den Kopf.

»Du weißt noch nicht, was dir gefällt, Christie, meine Liebe. Du bist noch viel zu jung, um etwas von diesen Dingen zu verstehen, und Jefferson...«

Sie sah ihn an, und er hob den Kopf, um sie finster anzusehen.

»Der arme Jefferson ist kaum in der Lage, seine grundlegenden Bedürfnisse selbst zu erfüllen. Vertrau mir, meine Liebe. Ich bin in einer Umgebung aufgewachsen, in der alles nur vom Feinsten war. Meine Eltern haben die bekanntesten und teuersten Innenausstatter engagiert. Deine Eltern waren zwar sehr nette Menschen, doch ihnen hat die meiste Zeit ihres Lebens vieles gefehlt. Sie sind ganz plötzlich und unerwartet zu Reichtum und gesellschaftlichem Rang gelangt, und sie hatten nicht die richtige Erziehung, um zu wissen, was sie hätten tun müssen und wofür sie ihr Geld hätten ausgeben sollen.«

»Das ist nicht wahr!« rief ich aus. »Mommy war wunderschön. Mommy hat schöne Dinge geliebt. Alle haben ihr Komplimente zu den Veränderungen gemacht, die sie in dem Hotel vorgenommen hat. Sie...«

»Es ist genauso, wie du sagst, meine Liebe: im Hotel, aber nicht in ihrem eigenen Haus. Das war...« Sie sah sich um, als hätten wir in einer Bruchbude gehaust, »nichts weiter als ein Schlupfwinkel, ein Zufluchtsort, an den sie sich für ein paar Stunden zurückziehen konnten. Sie haben alle Empfänge im Hotel abgehalten. Nur selten hatten sie hier, bei sich im Haus, bedeutende Gäste zum Essen eingeladen, stimmt's?« gurrte sie. Sie beugte sich zu mir vor. »Deshalb ist Mrs. Boston, wenn sie auch eine ganz reizende Person ist, nicht wirklich darin geschult, ordentlich zu servieren. Sie mußte es nicht oft tun, wenn überhaupt.

Aber all das wird sich jetzt ändern müssen, vor allem angesichts der Tatsache, daß das Hotel abgebrannt ist und wieder aufgebaut werden muß. Solange das geschieht, werden Philip und ich unsere wichtigen Gäste zum Abendessen und zu Partys hierher einladen müssen, und du kannst nicht von uns erwarten, daß wir die führenden Gemeindemitglieder in ein Haus einladen, das in diesem Zustand ist.

Aber bitte«, schloß sie, »mach dir deshalb bloß keine Gedanken. Die Sorge kannst du mir überlassen. Ich habe meine Verantwortung und die Last auf meinen Schultern bereitwillig übernommen. Von dir und den anderen Kindern erwarte ich nichts weiter als eure Hilfsbereitschaft. Okay?«

Ich schluckte meine Tränen und sah Onkel Philip an, doch wie gewöhnlich war er still und wirkte abgelenkt. Wie sehr sich unsere Mahlzeiten doch von den früheren unterschieden! Heute fehlten der Humor, die Musik und das Gelächter. Kein Wunder, daß Richard und Melanie so waren, wie sie waren, dachte ich mir. Sämtliche Gespräche am Eßtisch wurden von Tante Bet begonnen, und Onkel Philip hatte kaum etwas zu sagen.

»Eure Mithilfe könnte schon einmal darin bestehen«, fuhr Tante Bet fort, »daß ihr darauf achtet, immer die Schuhe auszuziehen, wenn ihr ins Haus kommt. Zieht sie vor der Tür aus und tragt sie nach oben, bitte.«

Sie unterbrach sich und kniff die Lippen zusammen, und ihre Augen wurden schmaler, als sie Jefferson über den Tisch hinweg ansah.

»Jefferson, mein Guter, hat dir denn nie jemand gezeigt, wie man eine Gabel ordentlich in der Hand hält?«

»Er hält sie wie einen Schraubenzieher«, bemerkte Richard und grinste hämisch.

»Sieh dir an, wie dein Cousin und deine Cousine ihr Besteck halten, Jefferson, und versuch, die beiden nachzuahmen«, sagte sie.

Jefferson schaute mich an und dann sie, und dann machte er den Mund auf und ließ den Bissen, auf dem er gerade herumkaute, wieder auf seinen Teller fallen, mitten auf das Fleisch und das Gemüse.

»Igitt!« rief Melanie.

»Das ist ja ekelerregend!« schrie Richard.

»Jefferson!« Tante Bet stand auf. »Philip, hast du das gesehen?«

Onkel Philip nickte und verzog das Gesicht.

»Du wirst jetzt sofort aufstehen«, sagte Tante Bet, »und auf der Stelle in dein Zimmer gehen. Solange du dich nicht entschuldigt hast, bekommst du kein Abendessen«, sagte sie und wies zur Tür. »Geh schon.«

Jefferson sah mich besorgt an. Obwohl ich verstand, warum er es getan hatte, war der Anblick dieses Klumpens gekauten Essens doch abstoßend. Mein Magen drehte sich vor Ekel um, aber auch von der Spannung und der Wut, die ich innerlich verspürte.

»Ich gehe nicht in mein Zimmer«, gab er trotzig zurück. Er stand auf und rannte aus dem Eßzimmer und zur Haustür.

»JEFFERSON LONGCHAMP, DU HAST NICHT DIE ERLAUBNIS, DAS HAUS ZU VERLASSEN!« rief ihm Tante Bet nach, doch Jefferson öffnete die Haustür und stürzte trotzdem ins Freie. Tante Bet setzte sich, und ihr Gesicht und ihr langer dünner Hals waren violett angelaufen. »Meine Güte, dieses Kind ist so unbändig. Jetzt hat uns der Junge schon wieder einmal eine Mahlzeit verdorben«, klagte sie. »Christie...«

»Ich gehe schon und hole ihn«, sagte ich. »Aber du mußt aufhören, ihn ständig zu kritisieren«, fügte ich hinzu.

»Ich versuche doch nur, ihm gutes Benehmen beizubringen«, behauptete sie. »Wir müssen jetzt alle lernen, wie wir zurechtkommen. Wir müssen uns eben umstellen.«

»Und wann wirst du dich umstellen, Tante Bet?« fragte ich, während ich mich von meinem Platz erhob. »Wann wirst du auch nur die geringste Kompromißbereitschaft zeigen?«

Sie lehnte sich zurück, und ihr Mund sprang vor Erstaunen auf. Ich glaubte, ein kleines Lächeln auf Onkel Philips Lippen zu entdecken.

»Hol deinen Bruder und bring ihn ins Haus zurück«, sagte er. »Wir werden dann später noch darüber reden.«

»Philip...«

»Laß es für den Moment gut sein, Betty Ann«, fügte er energisch hinzu. Sie warf einen wütenden Blick auf mich und nahm dann eine aufrechte Haltung ein. Ich ließ sie alle stumm sitzen und hatte das Gefühl, sie schwiegen ohnehin öfter, als daß sie miteinander redeten.

Ich fand Jefferson auf der Schaukel in unserem Garten. Er schaukelte ganz langsam mit gesenktem Kopf und ließ die Füße auf dem Boden schleifen. Ich setzte mich neben ihn. Über uns rissen lange, dünne Wolkenfetzen stellenweise auf und gaben den Blick auf die Sterne frei. Seit dem furchtbaren Tod von Mommy und Daddy Jimmy schien nichts mehr so strahlend und schön zu sein, wie es früher einmal gewesen war, noch nicht einmal die Sterne. Ich dachte wieder daran, wie ich einmal an einem Sommerabend mit Mommy im Freien gesessen und zum Himmel aufgeblickt hatte. Wir redeten über die Pracht und den Zauber der Sterne, und unsere Phantasie ging mit uns durch, und wir malten uns die Möglichkeiten anderer Welten und anderer Menschen aus. Wir träumten von einer Welt ohne Krankheit und Leid, einer Welt, in der Worte wie unglücklich und traurig nicht existierten. Die Menschen lebten dort in vollkommener Harmonie miteinander und dachten ebensosehr an die anderen wie an sich selbst.

»Such dir einen Stern aus«, sagte Mommy, »und das wird dann die Welt sein, die wir uns gerade vorgestellt haben. Und dann werden wir ihn jedesmal suchen, wenn wir nachts hier draußen sitzen.«

Heute abend konnte ich den Stern nicht finden.

»Was du heute bei Tisch getan hast, hättest du nicht tun sollen, Jefferson«, sagte ich zu ihm, nachdem ich mich auf die Schaukel neben ihn gesetzt hatte. Er antwortete nicht. »Du solltest sie einfach ignorieren«, fügte ich hinzu.

»Ich hasse sie!« rief er. »Sie ist... sie ist ein häßlicher Wurm«, sagte er in seinem Bemühen, einen treffenden Vergleich zu finden.

»Beleidige die Würmer nicht«, sagte ich, doch das verstand er nicht.

»Ich will meine Mommy«, stöhnte er. »Und meinen Daddy.«

»Ich weiß, Jefferson. Ich will sie auch.«

»Ich will, daß sie von hier verschwinden, und ich will nicht, daß Richard in meinem Zimmer schläft«, fügte er seiner Liste von Forderungen hinzu. Ich nickte.

»Ich will sie auch nicht hier im Haus haben, Jefferson, aber im Moment bleibt uns gar nichts anderes übrig. Wenn wir nicht mit ihnen zusammenleben würden, würde man uns fortschicken, irgendwohin«, sagte ich.

»Wohin denn?« Diese Vorstellung faszinierte und ängstigte ihn.

»An einen Ort für Kinder ohne Eltern, und vielleicht wären wir noch nicht einmal zusammen«, sagte ich. Das nahm ihm jeden Willen, eine Alternative zu riskieren.

»Also, entschuldigen werde ich mich jedenfalls nicht«, meinte er trotzig. »Mir ist es egal, was sie sagt.«

»Wenn du dich nicht entschuldigst, wird sie dir nicht mehr erlauben, mit uns gemeinsam zu essen, und du willst doch nicht ganz allein essen, oder?«

»Ich werde mit Mrs. Boston in der Küche essen«, entschied er. Ich mußte unwillkürlich lächeln. Jefferson hatte die aufbrausende Art und die Sturheit von Daddy Jimmy geerbt, soviel stand fest. Wenn Tante Bet glaubte, sie könnte ihn mit ihren Strategien zum Nachgeben zwingen, dann stand ihr noch eine unangenehme Überraschung bevor.

»Also gut, Jefferson. Wir werden es ja sehen«, sagte ich. »Hast du noch Hunger?«

»Ich will ein Stück Apfelkuchen«, gestand er.

»Dann laß uns jetzt durch die Küchentür wieder ins Haus gehen. Mrs. Boston wird dir ein Stück Kuchen geben«, sagte ich, um ihn zu überreden. Er nahm mich an der Hand und folgte mir. Mrs. Boston lächelte froh, als sie uns sah. Ich setzte Jefferson an den Küchentisch, und sie schnitt ihm ein Stück von dem Kuchen ab, den sie im Eßzimmer gerade serviert hatte. Ich hatte keinen Hunger; ich sah ihm einfach beim Essen zu. Als sie uns miteinander reden hörte, kam Tante Bet in die Küche. Sie blieb in der Tür stehen und schaute uns wütend an.

»Dieser junge Mann sollte reinkommen und sich bei allen am Tisch entschuldigen«, schnitt sie das Thema noch einmal an.

»Laß ihn doch einfach in Ruhe, Tante Bet«, sagte ich entschieden. Als sie mir in die Augen schaute, begriff sie meine Entschlossenheit.

»Dann wird er seine Mahlzeiten eben hier einnehmen, solange er sich nicht entschuldigt«, drohte sie.

»Dann werden wir beide unsere Mahlzeiten hier einnehmen«, sagte ich trotzig. Sie zog den Kopf zurück, als hätte ich ihr ins Gesicht gespuckt.

»Du bist ihm keine gute Schwester, wenn du sein schlechtes Benehmen entschuldigst und auch noch unterstützt, Christie. Du enttäuschst mich sehr.«

»Tante Bet, du kannst dir gar nicht vorstellen, wie sehr ich von dir enttäuscht bin«, erwiderte ich darauf.

Sie kniff die Lippen zusammen, zog die Schultern hoch und machte auf dem Absatz kehrt, um wieder ins Eßzimmer zu gehen und Onkel Philip zu berichten, was ich gesagt hatte. Ich benahm mich nicht gern so unverschämt gegenüber Erwachsenen, aber ich hatte das Gefühl, sie hätte es verdient. Mrs. Boston sagte kein Wort; das war auch nicht nötig. Ich sah den Ausdruck der Zufriedenheit in ihren Augen, als sie ihrer Arbeit nachging.

Ich erwartete, daß Richard Jefferson kritisieren würde. Er beklagte sich von dem Moment an über Jeffersons Gewohnheiten, als er in dessen Zimmer eingezogen war. Deshalb kam Jefferson und bettelte, ich sollte ihn bei mir schlafen lassen. Ich mußte daran denken, daß Mommy und Daddy Jimmy als Kinder gezwungen gewesen waren, auf einem ausziehbaren Sofa zu schlafen. Warum sollte mir und Jefferson etwas Derartiges zustoßen? Wir hatten so viel Platz und so schöne Möbel. Aber ich konnte nicht anders, und daher ließ ich ihn in jener ersten Nacht zu mir ins Bett kriechen. Jetzt wollte er jede Nacht bei mir schlafen, und wegen des Ärgers, den es am Eßtisch gegeben hatte, wollte er es heute dringender denn je.

»Du mußt in deinem eigenen Zimmer bleiben, Jefferson«, sagte ich zu ihm, als er mich später fragte. »Laß dich nicht von Richard terrorisieren. Er kann dich nicht dazu zwingen, aus deinem Zimmer auszuziehen. Es ist schließlich dein Zimmer und nicht seines.«

Widerwillig machte er kehrt und versuchte, das zu tun, was ich ihm geraten hatte: Richard zu ignorieren. Aber am nächsten Morgen kam er heulend in mein Zimmer. Im ersten Moment glaubte ich, Richard hätte ihn geschlagen, aber Richard war kein gewalttätiger Junge. Ich konnte mir vorstellen, daß der Gedanke, jemanden zu schlagen und von ihm geschlagen zu werden, ihn erschreckte.

»Was ist denn jetzt schon wieder los, Jefferson?« fragte ich, während ich mir den Schlaf aus den Augen rieb und mich aufsetzte.

»Er hat meine Kleider versteckt«, stöhnte er. »Und er will mir nicht sagen, wo meine Schuhe sind.«

»Was?« Ich stieg aus dem Bett und zog meinen Morgenmantel an. »Sehen wir doch mal, was da los ist«, sagte ich und nahm ihn an der Hand. Ich führte ihn wieder in sein Zimmer, doch Richard war nicht da.

»Siehst du«, sagte Jefferson, »meine Schuhe sind weg.«

»Hast du schon in deinem Kleiderschrank nachgesehen?« fragte ich. Er nickte. Ich schaute trotzdem noch einmal nach und stellte fest, daß seine Lieblingsschuhe nicht dort waren. Ich schaute auch unter dem Bett nach. »Das ist ja lachhaft«, schimpfte ich. »Wo steckt er?«

»Er geht morgens immer in Melanies Zimmer«, offenbarte mir Jefferson.

»Er geht zu ihr? Warum?« Jefferson zuckte die Achseln. Ich verließ das Zimmer und ging zu Melanies Tür. Als ich anklopfte, sagte sie: »Herein.« Ich öffnete die Tür und sah Melanie vor der

Frisierkommode sitzen. Sie war noch im Schlafanzug. Richard, der ebenfalls noch im Schlafanzug war, stand hinter ihr. Er bürstete ihr das Haar. Sie drehten sich beide um und schauten mich mit einem Gesichtsausdruck an, der fast identisch war. Im ersten Augenblick war es erschreckend. Beide schienen wütend über die Störung zu sein – ihre Augen waren weitaufgerissen und glühten, und ihre Mundwinkel waren heruntergezogen.

»Was tut ihr da?« fragte ich, in erster Linie aus Erstaunen und Neugier.

»Ich bürste Melanie das Haar. Das tue ich jeden Morgen«, sagte Richard.

»Warum?« Ich lächelte verwirrt.

»Ich tue es eben. Was willst du?« fragte er und zeigte mir deutlich seinen Unwillen.

»Wo sind Jeffersons Sachen – seine Schuhe und seine Kleider?«

»Ich habe ihm gesagt, wenn er sie schlampig herumliegen läßt, verstecke ich sie und gebe sie ihm nicht wieder, und genau das habe ich getan«, erwiderte er und fing wieder an, Melanie das Haar zu bürsten.

Erst war ich vor Wut sprachlos, doch dann explodierte der Zorn in meiner Brust, und ich stürzte mich auf ihn. Er schaute erstaunt auf, als ich ihm die Bürste aus der Hand riß und sie bedrohlich hochhob. Er wich zurück, und Melanie schrie laut.

»WAS GLAUBST DU, WER DU BIST? WELCHES RECHT HAST DU, IN UNSEREM HAUS SOLCHE DINGE ZU TUN?« schrie ich.

»Was geht denn hier vor? Was ist los?« rief Tante Bet, die an der Tür stand. Sie war aus dem Zimmer gekommen, in dem jetzt sie und Onkel Philip schliefen. Sie trug noch ihr Nachthemd, hatte ihr Haar unter einer Schlafmütze verborgen und eine weiße Creme im Gesicht. Dadurch wirkten ihre Lippen so bleich wie tote Würmer und ihre kleinen Augen wie zwei stumpfe braune Murmeln.

»Richard hat Jeffersons Schuhe und Kleider versteckt«, sagte ich. »Und er will nicht sagen, wo er die Sachen versteckt hat.«

»Er hat schon wieder alles auf dem Fußboden rumliegen lassen, und die Schuhe hat er mitten ins Zimmer gestellt«, rief Richard zu seiner Verteidigung. Tante Bet nickte.

»Du hast deine Sache richtig gemacht, Richard. Jefferson muß lernen, besser auf seine Dinge aufzupassen. Richard wird nicht sein Kammerdiener sein. Jefferson ist alt genug, um zu wissen, was er zu tun hat«, sagte sie zu mir.

»Wenn er mir nicht augenblicklich sagt, wo er Jeffersons Sachen versteckt hat, dann schleiche ich mich mitten in der Nacht, wenn er schläft, in das Zimmer und mache ein Feuer unter seinem Bett«, drohte ich. Ich weiß nicht, woher ich die Kraft nahm, so etwas zu sagen, und ich weiß auch nicht, wie ich auf den Gedanken kam, aber Tante Bet war so erstaunt und entsetzt, als hätte ich ihr ein Messer in die Brust gestoßen. Sie schnappte nach Luft und hob die Hände an den Hals.

»Das ist ja... einfach abscheulich... wie kannst du nur so etwas Gräßliches sagen? Was ist bloß in dich gefahren, Christie?« stammelte sie.

»Ich lasse nicht zu, daß mein Bruder schikaniert wird«, sagte ich mit fester Stimme. Dann wandte ich mich an Richard. »Wo sind seine Sachen?«

»Sag es ihr, Richard«, sagte Tante Bet. »Ich möchte, daß dieser abscheuliche Vorfall augenblicklich aus der Welt geräumt wird. Dein Onkel ist zum Hotel gegangen, um die Arbeiten zu überwachen«, fügte sie hinzu, »denn sonst würde ich ihn augenblicklich holen, damit er sich das selbst anhört.«

»Mir ist es gleichgültig, ob du es ihm erzählst oder nicht«, sagte ich. »Nun? Was ist?« fragte ich Richard.

»Ich habe seine Sachen aus dem Fenster geworfen«, gestand er.

»Was? Wann?« Nach dem Abendessen hatte es angefangen zu regnen und die ganze Nacht durchgeregnet.

»Gestern abend, ehe ich schlafengegangen bin«, sagte er.

»Dann ist wahrscheinlich alles rettungslos kaputt. Bist du jetzt zufrieden?« fragte ich Tante Bet.

»Richard«, sagte sie, »das hättest du nicht tun dürfen. Du hättest vorher zu mir kommen sollen«, schalt sie ihn sanft aus.

»Ich habe es einfach satt, in einem Schweinestall zu leben«, erwiderte er kalt.

»Das kann ich gut verstehen«, sagte sie. »Vielleicht wird Jefferson von jetzt an besser auf seine Sachen aufpassen«, fügte sie, an mich gewandt, hinzu.

»Wenn er noch einmal etwas anrührt, was meinem Bruder gehört, dann wird es ihm sehr leid tun«, drohte ich. Ich drückte ihm die Bürste unsanft in die Hand. Er zuckte zusammen und wich vor mir zurück. Dann nahm ich Jefferson an der Hand, und wir stolzierten aus dem Zimmer. Nachdem ich mich angezogen hatte, gingen wir aus dem Haus und fanden seine Schuhe, seine Hose, sein Hemd und seine Unterwäsche unterhalb des Fensters. Die Schuhe waren aufgeweicht, und ich war sicher, daß sie nicht mehr zu reparieren waren. Mrs. Boston sagte, wenn sie trocken sind, werden sie wahrscheinlich aus der Form geraten, und das Leder wird so hart sein, daß es unangenehm zu tragen ist.

Ich war immer noch wütend, als ich sie in eine Papiertüte packte und mich auf den Weg zum Hotel machte, um Onkel Philip zu suchen. Der größte Teil des Hotelgebäudes war zerstört worden. Jetzt waren die Arbeiter dabei, die Trümmer wegzuräumen. Onkel Philip besprach sich mit dem Architekten und den Ingenieuren; sie planten den Wiederaufbau des Hotels und die Veränderungen, die vorgenommen werden sollten. Er schaute von seinen Blaupausen auf, als ich kam. Es war unmöglich, den Ärger zu übersehen, der mir ins Gesicht geschrieben stand. Meine Wangen waren knallrot, meine Augen glühten, und meine Lippen zitterten vor Wut.

»Entschuldigen Sie mich, bitte«, sagte Philip rasch und ließ die anderen Männer stehen. »Was ist passiert, Christie?«

»Sieh dir das an«, sagte ich und drückte ihm die Tüte mit den aufgeweichten Schuhen in die Hand. Er nahm sie und warf einen Blick hinein. Dann betastete er sie.

»Was ist passiert?« fragte er mit einem besorgten Gesichtsausdruck.

»Richard hat gestern abend Jeffersons Schuhe und seine Kleider aus dem Fenster geworfen, weil ihm nicht gepaßt hat, wie Jefferson mit seinen Sachen umgeht. Es hat ihn nicht gestört, daß es in Strömen geregnet hat und daß die Schuhe hinterher nicht mehr brauchbar sind.«

Onkel Philip nickte.

»Ich werde mit ihm reden«, sagte er.

»Tante Bet findet, er hätte seine Sache richtig gemacht«, bemerkte ich. Wieder nickte Onkel Philip.

»Ich weiß, daß es für dich besonders schlimm gewesen ist, für alle. So viele verschiedene Persönlichkeiten, die abrupt zusammengezwungen werden. Manchmal ist es einfach zuviel«, sagte er und schüttelte mitfühlend den Kopf.

»Nicht für Tante Bet und Richard und Melanie«, erwiderte ich.

»Doch, gewiß«, sagte er. »Aber damit läßt sich so etwas nicht entschuldigen. Ich werde das heute abend in Ordnung bringen«, versprach er mir und lächelte. »Ich möchte, daß du so glücklich wie möglich wirst, Christie«, sagte er und legte seine Hand auf meine Wange. »Du bist viel zu hübsch, als daß du dich aufregen solltest, und viel zu fragil, das ist mir klar.«

»Ich bin nicht fragil, Onkel Philip. Und derjenige, der hier terrorisiert wird, ist mein Bruder, nicht ich. Ich kann für mich selbst sorgen, aber er ist erst neun und...«

»Natürlich. Beruhige dich. Ich verspreche dir, daß ich alles in Ordnung bringen werde. Ich werde es wieder gutmachen«, sagte er. »Bis dahin sag Julius, er soll dich und Jefferson in den Ort fahren, damit ihr ihm ein neues Paar Schuhe kaufen könnt, okay?«

»Es geht nicht nur um die Schuhe«, beharrte ich.

»Ich weiß, aber es ist zwecklos, daraus jetzt einen Dritten Weltkrieg machen zu wollen, stimmt's? Unser aller Kummer über diese Tragödie ist noch viel zu frisch. Tu, was du kannst, alles, was du willst, damit die Dinge sich beruhigen, Christie. Du bist gescheiter und älter als Richard und Melanie«, sagte er. Ich dachte, er würde Tante Bet auch noch hinzufügen. »Ich weiß, daß ich mich auf dich verlassen kann.«

Mein Zorn legte sich. Die Männer warteten auf ihn, und es gab ohnehin nicht mehr viel, was er noch für mich hätte tun können. Hauptsache, er verstand mich und versprach mir, etwas zu unternehmen, dachte ich.

»Also gut.«

»So ein braves Mädchen«, sagte er und zog mich an sich, um mich zu umarmen und mir einen Kuß auf die Wange zu geben, und als er den Kopf zurückzog, berührten seine Lippen meinen Mund. Ich starrte ihn einen Moment lang an, ehe ich mich umdrehte und den ganzen Weg zum Haus zurückrannte, um Jefferson zu holen und mit ihm neue Schuhe zu kaufen.

Trotz der Versprechen, die mir Onkel Philip gegeben hatte, endete jede Auseinandersetzung nur damit, daß sofort darauf die nächste folgte. Jefferson und Richard stritten sich darüber, wer wann das Bad benutzen konnte, sie stritten um Spielsachen und darüber, welches Fernsehprogramm sie sehen wollten. Man konnte leicht sehen, daß sie wie zwei verfeindete Kater waren, die man in denselben Käfig gesperrt hatte und die dort ihre Kämpfe miteinander austrugen. Von einem Moment zum nächsten konnte der Frieden gebrochen werden.

Zum Glück wollte Richard die meiste Zeit mit Melanie verbringen. Anfangs war ich froh darüber, doch als ich die beiden beobachtete, wenn sie zusammen waren, wurde ich erst neugierig, und dann stieß mich das ab, was ich sah. Sie verbrachten fast jede wache Minute Seite an Seite. Sie bürsteten einander nicht nur das Haar, sondern sie schnitten sich auch gegenseitig die Zehennägel, und sie sprachen sich miteinander ab, damit jeder wußte, was der andere gern tragen wollte, ehe sie sich auch anzogen. Sie schienen nie miteinander zu streiten wie andere Geschwister in ihrem Alter, und mir fiel auf, daß Richard Melanie nie neckte. Tatsächlich sagte sogar keiner von beiden je etwas Negatives oder kritisierte den anderen.

Wenn Jefferson und ich im selben Zimmer mit ihnen waren, flüsterten sie nur noch miteinander.

»Eure Mutter ist so versessen darauf, daß immer alle höflich sind und sich an die Anstandsformen halten«, fauchte ich sie an. »Ihr solltet doch wissen, daß Flüstern unhöflich ist.«

Sie verzogen beide die Gesichter. Wenn einer von beiden ausgescholten oder kritisiert wurde, dann reagierte der andere immer so, als sei es ihm oder ihr zugestoßen.

»Ihr habt doch auch Geheimnisse, du und Jefferson«, jammerte Melanie. »Warum dürfen wir keine Geheimnisse miteinander haben?«

»Wir haben keine Geheimnisse.«

»Natürlich habt ihr Geheimnisse«, sagte Richard. »Jede Familie hat ihre Geheimnisse. Du hast einen anderen Vater, deinen richtigen Vater, aber du hältst alles über ihn geheim, oder etwa nicht?« warf er mir vor.

»Das tue ich nicht. Ich weiß nicht allzuviel über ihn«, erklärte ich.

»Mutter sagt, er hat Dawn vergewaltigt, und so bist du geboren worden«, offenbarte mir Melanie.

»Das ist nicht wahr! Das ist eine abscheuliche Lüge!«

»Meine Mutter lügt nicht«, sagte Richard kalt. »Das hat sie nicht nötig.«

»Sie hat nichts zu verbergen«, schloß Melanie sich an.

Mein Herz pochte heftig. Ich wäre am liebsten durch das Zimmer gelaufen und hätte sie geohrfeigt, um den Ausdruck der Selbstzufriedenheit von den beiden Gesichtern zu vertreiben.

»Mein richtiger Vater, war ein berühmter Opern- und Operettenstar. Er ist sogar in Broadway-Musicals aufgetreten, und er arbeitete als Lehrer an der Sarah-Bernhardt-Schule in New York«, sagte ich bedächtig. »Dort hat ihn meine Mutter kennengelernt und sich in ihn verliebt. Er hat sie nicht vergewaltigt.«

»Warum ist er dann weggelaufen?« fragte Richard.

»Er wollte nicht verheiratet sein und sich um Kinder kümmern, aber er hat sie nicht vergewaltigt«, sagte ich.

»Das ist trotzdem furchtbar«, sagte Melanie. Richard nickte und wandte sich wieder dem Damespiel zu, und ich kochte vor Wut.

Da ich vorher nicht viel Zeit mit ihnen verbringen mußte, war mir nie klar gewesen, wie unangenehm und egozentrisch die Zwillinge waren. Kein Wunder, daß sie keine echten Schulfreunde hatten, dachte ich. Wer hätte schon mit ihnen befreundet sein wollen? Sie standen einander so nah, daß niemand sich zwischen sie stellen konnte, denn das hätten sie nicht zugelassen.

Eines Morgens, als sie die Badtür offenließen und beide im Bad waren, sah ich, wie Richard Melanies Zahnbürste nahm, nachdem sie sie gerade benutzt hatte, und sie sich in den eigenen Mund steckte.

»Igitt«, rief ich, und sie drehten sich abrupt zu mir um. »Du hast doch eine eigene Zahnbürste, Richard. Warum tust du so etwas?«

»Hör auf, uns nachzuspionieren!« rief er und machte die Tür zu.

Aber Jefferson war es, der eines Abends zu mir kam und mir das Erstaunlichste überhaupt über die beiden erzählte. Ich schrieb einen endlos langen Brief an Gavin, in dem ich ihm all die unerfreulichen Dinge schilderte, die jetzt im Haus passierten, als Jefferson an meiner Tür auftauchte und verwirrt und bedrückt wirkte.

»Was ist los, Jefferson?« fragte ich.

»Melanie ist doch alt genug, um allein ein Bad zu nehmen«, sagte er, »oder nicht?«

»Natürlich ist sie alt genug. Sie ist fast dreizehn, Jefferson. Du badest doch auch allein. Manchmal helfe ich dir zwar, oder Mrs. Boston hilft dir, und du magst es gern, wenn ich dir so, wie Mommy es immer getan hat, den Rücken schrubbe, aber... warum fragst du mich das eigentlich?« fragte ich plötzlich.

»Richard hilft Melanie«, verkündete er.

»Beim Baden?« Er nickte. »Das glaube ich nicht, Jefferson. Woher weißt du das?«

»Sie hat ihn darum gebeten. Sie ist reingekommen und hat gesagt: Ich nehme jetzt ein Bad, und er hat gesagt: Ich komme gleich. Dann hat er sich ausgezogen und seinen Morgenmantel angezogen und ist ins Bad gegangen.«

»Sie nehmen doch nicht etwa gemeinsam ein Bad, nicht in ihrem Alter?« sagte ich. Jefferson verzog die Mundwinkel und zuckte wieder die Achseln. Ich stand langsam auf und trat an meine Zimmertür, um durch den Gang auf die Badtür zu sehen. Sie war geschlossen. »Du hast sie beide reingehen sehen?« fragte ich Jefferson. Er schaute auf und nickte.

Jetzt war ich so neugierig, daß ich leise zur Badtür ging und lauschte. Ich hörte gedämpft die beiden Stimmen und hielt mein Ohr an die Tür. Ich konnte deutlich vernehmen, daß Wasser gegen Körper und gegen die Innenseite der Wanne schwappte. Das ist ja ekelerregend, dachte ich. Bestimmt wußten Tante Bet und Philip nichts davon. Ich legte die Hand auf den Türgriff. Die Tür war nicht abgesperrt. Jefferson riß vor Erstaunen und Aufregung die Augen weit auf, als ich die Tür einen Spalt weit öffnete. Ich legte mir einen Finger auf die Lippen, um ihm Schweigen zu bedeuten, und er biß sich eilig auf die Unterlippe. Dann drückte ich die Tür so weit auf, daß ich meinen Kopf hineinstecken und ins Bad schauen konnte.

Sie saßen gemeinsam in der Badewanne, einander gegenüber. Richard wusch Melanie das Haar. Ihre knospenden Brüste waren vollständig entblößt. Plötzlich spürte Richard meine Anwesenheit und drehte sich zu mir um. Er hielt in der Bewegung inne. Melanie hob den Kopf.

»Mach diese Tür zu, und verschwinde von hier!« schrie er mich an.

»Raus!« fügte Melanie noch hinzu.

»Was tut ihr da? Das ist ja ekelhaft«, sagte ich. »Ihr seid zu alt, um noch miteinander zu baden.«

»Was wir tun, geht dich nichts an. Mach die Tür zu«, verlangte er noch einmal.

Ich knallte sie zu.

»Geh jetzt wieder in dein Zimmer, Jefferson«, sagte ich.

»Wohin gehst du?«

»Ich werde es Tante Bet erzählen. Sie kann unmöglich etwas davon wissen. Das ist ja obszön«, sagte ich.

»Was heißt obszön?«

»Geh du jetzt einfach in dein Zimmer, und warte auf mich«, sagte ich. Ich eilte nach unten und fand Tante Bet am Telefon vor. Onkel Philip war weggegangen, um sich mit einigen Bauunternehmern zu treffen. Sie sah mich dastehen und hielt die Hand über die Sprechmuschel.

»Christie, was ist?« fragte sie. »Ich telefoniere gerade.«

»Ich muß dir sofort etwas erzählen. Du mußt nach oben kommen«, sagte ich.

»Meine Güte, was ist denn jetzt schon wieder los? Einen Moment. Louise, hier ist es zu einer kleinen Krise gekommen. Ja, schon wieder einmal. Ich rufe dich dann gleich zurück. Danke.« Sie legte den Hörer auf und preßte die Lippen zusammen, um ihren Verdruß zu zeigen. »Ja?«

»Es geht um Melanie und Richard. Sie nehmen ein Bad.«

»Na und?«

»Gemeinsam. Sie sitzen zusammen in der Badewanne. Jetzt, in diesem Augenblick«, fügte ich zur Betonung noch hinzu.

»So. Sie haben schon immer einiges gemeinsam getan; sie sind einzigartig; sie sind Zwillinge«, sagte sie.

»Aber sie sind zwölf Jahre alt, fast dreizehn, und...«

»Ach so, ich verstehe. Du glaubst, es sei etwas Perverses und Schmutziges daran.« Sie nickte, als bestätigte sie sich selbst einen Verdacht. »Tja, die Zwillinge sind etwas ganz Besonderes. Sie sind sehr intelligent und lieben einander hingebungsvoll. Keiner von beiden täte je etwas, was den anderen verletzen oder in Verlegenheit bringen könnte. Das ist ganz natürlich so; sie sind in meinem Leib gemeinsam entstanden und haben neun Monate Seite an Seite gelebt. Sieh mal, schließlich habe ich sie sogar gleichzeitig gestillt, einen an jeder Brust. Ich finde, das hat schon etwas Spirituelles.«

»Aber du hast doch gesagt, du wolltest, daß Richard in Jeffersons Zimmer zieht, damit Melanie die Intimsphäre hat, die sie braucht«, rief ich ihr ins Gedächtnis zurück. Es schien sie zu ärgern, daß ich sie auf diesen Widerspruch hingewiesen hatte.

»Ich meinte, sie soll so viel Platz haben, wie sie braucht, aber auch ein gewisses Maß an Intimsphäre«, sagte sie wütend.

»Aber...«

»Nichts aber. Ich rechne nicht damit, daß sie noch lange alles gemeinsam unternehmen werden. Wenn sie älter werden, werden sie sich so weit voneinander entfernen, wie es eben notwendig ist, aber bis dahin ist doch nichts gegen ihre Liebe und ihre hingebungsvolle Zuneigung zueinander einzuwenden. Sie sind im Grunde genommen eine Inspiration. Ja«, sagte sie, und die Worte, die sie zur Verteidigung der Zwillinge gefunden hatte, gefielen ihr, »eine Inspiration.« Ihr Lächeln verflog schnell, und sie wurde zu einer Hexe: die Augen klein und rund und glänzend, die Lippen dünn und die Wangen eingefallen, was ihre Nase nur noch länger und spitzer erscheinen ließ.

»Es überrascht mich nicht, daß du mit deiner beklagenswerten Herkunft und mit Fern im Haus, die mit dir aufgewachsen ist, etwas Verderbtes in dem siehst, was sie tun«, sagte sie.

»Was soll das heißen, meine beklagenswerte Herkunft?« fragte ich grob.

»Bitte, Christie. Laß uns nicht wieder anfangen zu streiten, das ist doch scheußlich. Ich danke dir dafür, daß du gekommen bist, um mir von den Zwillingen zu berichten. Mach dir deshalb keine Sorgen. Richard hat sich tatsächlich schon mehrfach bei mir darüber beklagt, daß du ihnen nachspionierst.«

»Ihnen nachspionieren? Das ist nicht wahr.«

»Jedem steht es zu, manchmal seine Ruhe zu haben. Du hast doch auch gern deine Ruhe, oder nicht?« fügte sie hinzu. »Behalte doch einfach deinen kleinen Bruder etwas besser im Auge, meine Liebe. Mir scheint, damit wärst du voll und ganz beschäftigt. Damit hätte jeder alle Hände voll zu tun«, fügte sie leise hinzu. »Und jetzt muß ich meine Freundin Louise zurückrufen. Wir waren gerade mitten in einem wichtigen Gespräch.«

Sie wandte sich wieder dem Telefon zu, und ich war so schokkiert, daß ich stotterte. Ich drehte mich um und ging wieder nach oben.

»Was ist passiert?« fragte Jefferson, der an seiner Tür auftauchte.

»Nichts, Jefferson. Vergiß es. Vergiß die Zwillinge. Sie sind abnorm«, sagte ich so laut, daß sie es hören konnten. Ich ging wieder in mein Schlafzimmer und schrieb an dem weiter, woraus bereits ein kleines Buch wurde, obwohl es eigentlich nur ein Brief an Gavin hätte werden sollen. Er war der einzige lebende Mensch, dem ich mich anvertrauen wollte.

Gavin, der Umstand, daß wir mit Tante Bet und Onkel Philip zusammenleben, führt dazu, daß ich Mommy und Daddy Jimmy nur um so mehr vermisse. Onkel Philips Familie ist eine Familie, in der keine Liebe existiert. Onkel Philip sieht seine Familie nur beim Frühstück und beim Abendessen. Tante Bet benimmt sich so, als seien ihre Kinder in einem Labor entstanden und nicht in ihrem Bauch, und infolgedessen sind sie vollkommene kleine Geschöpfe, die absolut nichts falschmachen können. Aber bisher habe ich noch nicht erlebt, daß sie ihnen einen Gutenachtkuß gibt oder ihnen morgens, wenn sie zum Frühstück kommen, einen Kuß gibt, und auch nicht, daß Onkel Philip sie küßt, wenn er fortgeht, wie Daddy Jimmy und Mommy Jefferson und mich geküßt haben. Ich habe nie vier andere Menschen gesehen, die derart förmlich miteinander umgehen.

Aber gleichgültig, was Tante Bet auch über die Zwillinge sagt, für mich sind sie nichts anderes als ein Ungeheuer mit zwei Köpfen. Sie sind so seltsam, Gavin. Sie wären es zufrieden, wenn es außer ihnen keinen Menschen sonst auf Erden gäbe, noch nicht einmal ihre Eltern. Sie lachen oder lächeln nur dann, wenn sie einander Dinge zuflüstern. Ich weiß ganz genau, daß sie über mich und Jefferson flüstern. Ich glaube wahrhaftig, daß Onkel Philip seine eigenen Kinder abstoßend findet, und deshalb ist es ihm auch verhaßt, seine Zeit mit ihnen zuzubringen oder sie um sich zu haben, wenn er sich im Hotel aufhält.

Ich frage mich, warum Onkel Philip Tante Bet geheiratet hat. Er ist ein gutaussehender Mann, viel zu gutaussehend für eine Frau, die so hausbacken wie sie ist. Fern hat mir diesmal vor ihrer Abreise ein paar Abscheulichkeiten erzählt. Sie will mir einreden, daß Onkel Philip und Mommy früher einmal wirklich etwas miteinander hatten, ehe Mommy herausgefunden hat, daß er ihr Halbbruder ist, aber kurz vor der Tragödie hat Mommy mir gesagt, zwischen ihnen sei nichts von Bedeutung gewesen. Trotzdem habe ich jetzt immer ein ganz komisches Gefühl, wenn ich Onkel Philip ansehe oder ihn dabei ertappe, wie er mich anstarrt.

Ich würde mit niemand anderem als mit dir über diese Dinge reden, Gavin. Freundinnen wie Pauline interessieren sich dafür und sind taktvoll und rücksichtsvoll, aber es ist mir zu peinlich, mit ihnen über diese familiären Schwierigkeiten zu reden. Ich kann es nicht erwarten, dich wiederzusehen, und ich zähle die Tage bis zu deiner Rückkehr.

Grüß Großpapa Longchamp und Edwina ganz lieb von mir.

Ich überlegte mir lange, wie ich unterschreiben sollte, und schließlich schrieb ich:

In Liebe
Christie

Es war sehr spät, als ich den umfangreichen Brief an Gavin endlich beendet hatte. Ich steckte ihn in einen Umschlag und verschloß ihn, ehe ich ihn auf meinen Nachttisch legte, damit ich auch daran dachte, ihn am kommenden Morgen als erstes abzuschicken. Aber dann traf ich keine Vorbereitungen, um ins Bett zu gehen und zu schlafen. Statt dessen zog ich meine Jacke an und lugte durch den Türspalt, um mich zu vergewissern, daß im ganzen Haus Ruhe herrschte, und dann schlich ich mich leise die Treppe hinunter.

Wie üblich war eine Lampe in der Eingangshalle eingeschaltet, und auch im Wohnzimmer brannte Licht. Ich hörte Mrs. Boston nicht und stellte mir vor, daß sie sich bereits für die Nacht zurückgezogen hatte. Heimlich lief ich zur Haustür und öffnete sie so leise wie möglich. Dann trat ich ins Freie und schloß sie behutsam hinter mir. Der Dreiviertelmond strahlte wie ein Scheinwerfer die Fassade des Hauses an. Die Dielen der Veranda quietschten, als ich zu den Stufen lief.

Im Grunde genommen, dachte ich, hatten Richard und Melanie recht, wenn sie mir vorwarfen, ich hätte Geheimnisse. Ich hatte tatsächlich ein Geheimnis, das ich selbst Jefferson nicht verriet. Gleich nach der Beerdigung meiner Eltern hatte ich eine Möglichkeit gefunden, mich nach Einbruch der Dunkelheit aus dem Haus zu schleichen und ihre Gräber aufzusuchen, um dort zu weinen und zu trauern. Heute sehnte ich mich mehr denn je danach, hinzugehen und mich ihnen nahe zu fühlen, aber ich war nicht auf die Überraschung vorbereitet, die mich dort erwartete.

7
Geheimnisse

Im Mondschein waren die großen Grabmäler und Mausoleen so weiß wie Knochen, und die Luft schien stillzustehen, so daß die Blätter wirkten, als seien sie auf die Äste gemalt. Hinter mir konnte ich das rhythmische Rauschen des Meeres hören, über das der Mond einen matten gelben Schein warf. Der Duft frischer Erde von einem kürzlich erst ausgehobenen Grab schlug mir entgegen, als ich unter dem Granitbogen durchlief, der den Eingang des Friedhofs bildete.

Normalerweise hätte ich mich davor gefürchtet, nachts über einen Friedhof zu schlendern, und ganz besonders, da es sich um den Friedhof handelte, auf dem Großmutter Cutler beerdigt worden war. Als Kind hatte man mich nur selten hierher mitgenommen, doch jedesmal, wenn ich auf dem Friedhof war, starrte ich furchtsam den Grabstein an, der über ihrem Grab aufragte und auf dem ihr Name und der Geburts- und Todestag angegeben waren. Ich erinnere mich noch daran, daß ich einmal einen Alptraum hatte, in dem dieser Grabstein vorkam. In diesem Traum hatte ich mich auf dem Friedhof verirrt. Ich bog im Dunkeln um die Ecke und stieß auf ihr Grab, doch statt der Worte und des Kreuzes, das in ihren Grabstein gemeißelt war, entdeckte ich ihre kalten grauen Augen, die mich böse anschauten, dieselben kalten grauen Augen, die mich von ihrem Porträt im Hotel anstarrten.

Doch allein das Wissen, daß Mommy und Daddy Jimmy jetzt hier begraben lagen, führte dazu, daß der Friedhof weniger ein

Ort der Furcht und der Alpträume war, sondern sich eher zu einem Ort der Wärme und der Liebe verwandelt hatte. Sie würden mich beschützen, wie sie mich immer beschützt hatten, und noch nicht einmal Großmutter Cutlers Geist oder ihre Boshaftigkeit konnten sich gegen die Güte von Mommy und Daddy Jimmy durchsetzen. Ihr Stein war zwar größer und mächtiger als die meisten anderen auf dem Friedhof, doch er war nichts weiter als ein Grabstein unter vielen. Dennoch blieb ich nicht lange in seiner Nähe, ich lief schnell daran vorbei und ging auf die nebeneinanderliegenden Gräber meiner Eltern zu. Dort kniete ich hin und vergoß meine Tränen, während ich mit ihnen sprach.

»Mommy, ich vermisse dich und Daddy Jimmy so sehr«, sagte ich. »Und Jefferson ist so hilflos und verloren, es hat ihm das Herz gebrochen. Es ist uns verhaßt, mit Onkel Philip und Tante Bet zu leben. In dieser Familie existiert keine Liebe.« Dann erzählte ich ihnen von Richard und Melanie und davon, wie seltsam sie waren und wie gemein sie uns behandelten.

»Aber ich verspreche euch, daß ich mich immer um Jefferson kümmern und für ihn tun werde, was ich kann, um ihm dabei zu helfen, daß er mit seinem Kummer fertig wird«, flüsterte ich. Die Tränen strömten ungehindert über meine Wangen und tropften von meinem Kinn. Ich versuchte nicht, sie zurückzuhalten; ich ließ sie auf die Gräber meiner Eltern fallen.

»O Mommy, es ist so schwer, in einer Welt zu leben, in der es dich nicht mehr gibt«, stöhnte ich. »Nichts ist mehr so wie früher: Kein Morgen ist so warm und hell, keine sternenklare Nacht ist so prachtvoll, nichts, was ich früher gern gegessen habe, schmeckt auch nur noch halb so gut, und nichts, was ich früher gern angezogen habe, scheint mir heute noch hübsch zu sein. Ich fühle mich innerlich leer. Bestimmt werden meine Finger unbeseelt über die Klaviertasten gleiten. Die Melodie ist verklungen.

Ich weiß, daß es dir verhaßt ist, wenn ich diese Dinge sage. Jeder sagt mir, daß ich mich von meinem Kummer erholen und genesen und mich noch mehr anstrengen muß denn je, das zu werden, was du dir für mich erträumt hast, doch ohne dich an meiner Seite erscheint mir dieser Weg soviel länger und soviel schwerer zu beschreiten. Und wenn auch alle anderen das Gegenteil behaupten, kann ich doch nicht gegen meinen Glauben an, daß ein grauenhafter Fluch auf uns lastet.«

Ich seufzte tief und nickte, als hätte ich tatsächlich Mommys Antwort vernommen.

»Aber ich weiß, daß ich mich anstrengen und es schaffen muß und daß meine Verantwortung nur um so größer geworden ist. Ich muß leben und arbeiten und mir dabei vorstellen, wie stolz du auf mich gewesen wärst. Ich werde es versuchen, Mommy. Das verspreche ich dir«, sagte ich. Ich stand langsam auf. Ich war so müde, erschöpft und ausgelaugt. Es war an der Zeit, nach Hause zu gehen und mich schlafen zu legen.

Aber als ich gerade gehen wollte, hörte ich Schritte. Jemand kam von hinten über den Weg auf mich zu. Ich drehte mich um und schaute über den mondhellen Friedhof und entdeckte Onkel Philip. Er blieb vor Großmutter Cutlers Grab stehen. Als er dort verharrte, zog ich mich in den Schatten hinter einem anderen großen Grabstein zurück. Ich wollte nicht, daß er von meinen heimlichen nächtlichen Besuchen hier etwas erfuhr. Ich wartete und rechnete damit, daß er wieder gehen würde, nachdem er das Grab seiner Großmutter aufgesucht hatte, doch er ging nach einigen Momenten weiter und kam auf die Gräber meiner Eltern zu. Er blieb vor Mommys Grab stehen und kniete nieder, um seine Handflächen auf die kalte Erde zu pressen. Während seine Hände so auf dem Boden lagen, hob er den Kopf und sprach mit einer Stimme, die gerade noch so laut war, daß ich sie hören konnte.

»Es tut mir leid, Dawn. Es tut mir leid. Ich weiß, daß ich es dir nie oft genug gesagt habe. Tausend Entschuldigungen würden nicht ausreichen und könnten niemals auslöschen, was ich dir angetan habe. Das Schicksal hatte kein Recht, dich mir so früh zu nehmen, noch bevor ich erreicht habe, daß du mir ganz und gar verzeihst.«

Was hatte er bloß getan, fragte ich mich. Was konnte so furchtbar sein, daß selbst tausend Entschuldigungen nicht ausreichten?

»Ich habe das Gefühl, daß die Hälfte von mir mit dir gestorben ist. Du weißt, was ich für dich empfunden habe, und ich konnte nie etwas gegen diese Gefühle tun. Nichts hat mich davon abgehalten, dich zu lieben. Ich habe Betty Ann geheiratet, aber sie ist ein erbärmlicher Ersatz. Ich habe von dem Tag geträumt, nur auf den Tag gehofft, an dem wir beide, du und ich, einander unsere wahren Gefühle bekunden würden.

Oh, ich weiß, du hast dich geweigert, es dir einzugestehen, aber früher einmal haben wir einander eine reine und leidenschaftliche Liebe entgegengebracht, und wenn wir es damals gekonnt haben, dann hatte ich doch gehofft, wir würden es noch ein weiteres Mal können. Vielleicht war es dumm von mir, diesen Traum zu pflegen, aber ich konnte nichts dagegen tun.

Und jetzt«, sagte er mit gesenktem Kopf, »denke ich jedesmal an dich, wenn ich Christie anschaue. Ich sehe in ihr unser beider Kind oder zumindest das Kind, das wir beide miteinander hätten haben können.«

Seine Worte fielen wie kalter Regen auf mich. Das war also der Grund, weshalb er mich manchmal so intensiv anstarrte, dachte ich; aber es machte mich keineswegs froh, zu hören, daß er mir so starke Gefühle entgegenbrachte, sondern es ließ mich nur erschauern.

»Nie, nicht einmal in meinen kühnsten Träumen«, fuhr er fort und hob erneut den Kopf, und jetzt war seine Stimme eindringlich, »hätte ich mir ausmalen können, daß du vor mir sterben würdest. Natürlich waren selbst die Engel auf meine Liebe zu dir neidisch und haben sich angestrengt, sie zu zerstören. Nun, sie haben mir dich genommen, haben dich aus dieser Welt gerissen, aber aus meinem Herzen können sie dich niemals reißen.

Ich gelobe dir, daß ich liebevoll für Christie sorgen und alles dafür tun werde, daß sie glücklich wird und sich geborgen fühlt. Ich werde dieses Hotel als ein Denkmal für dich wieder aufbauen, noch größer und prachtvoller und wunderbarer, als es je war, und sobald der Wiederaufbau abgeschlossen ist, werde ich im Foyer ein riesiges Porträt von dir an die Wand hängen lassen.

Du singst immer noch, meine Geliebte, und in meinem Herzen wird dein Gesang nie verstummen.« Er senkte wieder den Kopf. »Aber verzeih mir, verzeih mir«, bat er. Dann stand er langsam auf und ging mit gesenktem Kopf fort.

Ich sah ihm nach, bis er auf dem Pfad zum Friedhofstor verschwand, und mein Herz pochte heftig. Welches tiefe dunkle Geheimnis bewahrte er in seinem Herzen, ein Geheimnis, das so schmerzlich war, daß er an einem Grab um Vergebung bitten mußte? War es nur, daß er Mommy heftiger und leidenschaftlicher geliebt hatte, als er seine Halbschwester hätte lieben dürfen, oder war es etwas noch viel Sündigeres? Tante Ferns abscheuliche Worte, die sie mir an den Kopf geworfen hatte, ehe sie abgereist war, kamen mir wieder in Erinnerung: »Was glaubst du denn, was sie miteinander getan haben, wenn sie ausgegangen sind – etwa Kinderspiele gespielt?« Es machte mir angst, darüber nachzudenken. Als ich das sichere Gefühl hatte, daß Onkel Philip fortgegangen war, tauchte ich aus dem Schatten des Grabsteins auf und eilte dann auf demselben Weg nach Hause, den er vor mir eingeschlagen hatte.

Das Licht über der Eingangstür brannte noch. Ich schlich mich auf Zehenspitzen über die Veranda und bemühte mich verzweifelt, so aufzutreten, daß der Boden nicht knarrte, und dann öffnete ich die Tür und schlich mich schnell ins Haus. Dort blieb ich stehen und lauschte. Alles war still. Vielleicht war Onkel Philip schon zu Bett gegangen, dachte ich und lief durch den Korridor zur Treppe. Als ich jedoch an der Wohnzimmertür vorbeikam, sah ich, daß noch eine kleine Lampe brannte, und Onkel Philip saß mit zurückgelehntem Kopf und geschlossenen Augen da. In der Hand hielt er ein Whiskyglas.

Ich eilte an der Tür vorbei zur Treppe, doch die erste Stufe verriet mich mit einem lauten Quietschen.

»Wer ist da?« rief Onkel Philip. Ich blieb vollkommen still stehen. »Ist dort jemand?« Ich entschloß mich, nicht zu antworten, doch mein Herz klopfte so laut, daß ich sicher war, er könnte die Schläge in meiner Brust hören. Er rief kein zweites Mal und kam auch nicht zur Tür. Ich lief schnell die Treppe hinauf und begab mich direkt in mein Zimmer. Ich zog mich aus, schlüpfte in mein Nachthemd und legte mich ins Bett. Wie üblich schaltete ich bis auf mein kleines Nachtlicht alle Lampen aus. Und dann, wenige Momente, nachdem ich mich im Bett umgedreht und die Augen geschlossen hatte, hörte ich, wie sich die Tür zu meinem Zimmer öffnete.

Mein Herz schlug schneller, als ich weder Jeffersons Weinen noch seine Schritte hörte. Ich rührte mich nicht; ich drehte mich nicht um, um nachzusehen, wer dort war; das war überflüssig. Innerhalb von Sekunden konnte ich den Whisky riechen. Ich hielt den Atem an. Es war Onkel Philip. Wollte er nur nachsehen, ob ich in meinem Bett lag? Warum blieb er so lange da? Endlich hörte ich, wie die Tür geschlossen wurde, und ich atmete erleichtert auf, doch ehe ich mich umdrehen konnte, hörte ich seine Schritte und begriff, daß er neben meinem Bett stand.

Ich hielt die Augen geschlossen, bewegte mich nicht und stellte mich schlafend. Er stand da und starrte mich an, doch ich öffnete die Augen nicht und ließ mir nicht anmerken, daß ich wach war. Meine Angst war zu groß. Ich hörte, wie er tief seufzte, und dann hörte ich ihn endlich wieder fortgehen. Als ich hörte, wie die Tür sich erneut öffnete und schloß, drehte ich den Kopf und sah, daß er gegangen war.

Was für eine seltsame und merkwürdige Nacht das doch war, dachte ich. Geheimnisse hingen wie dichte Nebelschwaden in der Luft. Ich lag da und fragte mich, was eigentlich los war, bis sich schließlich der Schlaf wie ein Kokon um mich schloß.

Ich erwachte von einem gewaltigen Lärm, und im nächsten Moment kam Jefferson in mein Schlafzimmer gestürzt. Ich konnte hören, wie Tante Bet im Korridor nach Onkel Philip rief, damit er einen Arzt holte. Wenn es auch draußen schon recht hell war, stellte ich mit einem Blick auf die Uhr fest, daß es erst kurz vor fünf am Morgen war. Jefferson wirkte äußerst verängstigt.

»Was ist passiert?«

»Es geht um Richard«, sagte er mit weitaufgerissenen Augen. »Er hat schlimme Bauchschmerzen, so schlimm, daß er weint.«

»Ach, wirklich?« sagte ich trocken. »Vielleicht hat er von seinen eigenen sauren Gurken gegessen.«

»Melanie hat sie auch gegessen«, fügte Jefferson hinzu.

»Melanie auch? Was soll das heißen?«

»Sie hat auch Bauchweh, und Tante Bet ist wütend darüber. Darf ich bei dir schlafen? Sie machen so viel Lärm«, sagte er.

»Komm in mein Bett«, sagte ich, aber ich selbst stand auf und griff nach meinem Morgenmantel. »Ich werde mal nachsehen, was los ist.«

Onkel Philip, der noch im Schlafanzug war, stand im Gang, und sein Haar war zerzaust. Er wirkte verwirrt und verschlafen, und er gähnte lautstark. Er rieb sich mit den Handflächen das Gesicht und ging auf die Tür von Melanies Schlafzimmer zu.

»Was ist passiert? Was hat all dieser Lärm zu bedeuten?« fragte er.

»Sie ist so weiß wie ein Gespenst, und dasselbe gilt für Richard. Schau ihn dir an«, rief Tante Bet aus dem Zimmer. »Sie sind vergiftet worden!« fügte sie hinzu.

»Was? Das ist ja lachhaft«, sagte Onkel Philip. Er drehte sich um und sah mich dastehen. »O Christie.« Er lächelte. »Es tut mir leid, daß du aufgewacht bist.«

»Was ist denn los, Onkel Philip?« fragte ich.

»Ich weiß es nicht. So ist es immer«, sagte er. »Wenn einer der Zwillinge krank wird, dann wird der andere zwangsläufig auch krank. Es ist, als läge hinter jeder Bakterie, die es auf sie abgesehen hat, eine Zwillingsbakterie auf der Lauer«, fügte er hinzu und lächelte immer noch. Dann ging er in das Zimmer, in dem Jefferson und Richard schliefen. Ich trat vor die Tür von Melanies Zimmer und schaute hinein.

Tante Bet saß auf dem Bett und drückte Melanie einen kalten Waschlappen auf die Stirn. Melanie lag stöhnend da und hatte sich beide Hände auf den Bauch gepreßt.

»Es ist schon wieder soweit«, rief sie.

»Ach, du meine Güte, du meine Güte«, sagte Tante Bet, die aufstand, um ihr Platz zu machen. Melanie sprang aus dem Bett und preßte sich weiterhin die Hände auf den Bauch, während sie gebeugt zur Tür lief, um ins Bad zu rennen. Ich machte ihr den Weg frei.

»Was ist passiert?« fragte ich, als sie an mir vorbeikam und zum Bad raste und die Tür zuknallte.

»Was passiert ist? Sie haben sich ganz bestimmt eine Lebensmittelvergiftung zugezogen, ich bin sicher. Sie müssen etwas zu essen bekommen haben, was zu alt war«, sagte Tante Bet. »Dieser... dieser unfähige Koch und diese Haushälterin...«

»Mrs. Boston? Du glaubst doch nicht im Ernst, daß Mrs.

Boston etwas falsch gemacht hat. Mrs. Boston ist eine wunderbare Köchin.«

»Pah«, sagte sie und zog ihre schmalen knochigen Schultern hoch. Sie lief an mir vorbei und ging zu Richard. Ich konnte ihn stöhnen hören. Onkel Philip kam mit einem angewiderten und gelangweilten Gesichtsausdruck aus dem Zimmer.

»Wir haben alle dasselbe gegessen, Onkel Philip«, sagte ich. »Von uns übrigen ist keiner krank. Die Zwillinge müssen zwischen den Mahlzeiten noch etwas anderes gegessen haben«, fügte ich hinzu.

»Ich weiß es nicht. Ich weiß es nicht«, sagte er teilnahmslos und machte sich auf den Weg, um den Arzt anzurufen. Ich ging wieder in mein Schlafzimmer und kroch neben Jefferson, der schon wieder eingeschlafen war, in mein Bett. Weniger als eine Stunde später kam der Arzt. Nachdem er die Zwillinge untersucht hatte, hörte ich ihn mit Tante Bet in den Gang treten; er verschrieb ihnen Medizin und riet zu Bettruhe, ehe er wieder ging. Kurz darauf kam Tante Bet an meine Schlafzimmertür.

»Christie«, sagte sie, »sorg bitte dafür, daß Jefferson in den nächsten Tagen in Melanies Zimmer schläft. Ich will nicht, daß er sich ansteckt, und für mich ist es leichter, wenn die Zwillinge im selben Zimmer liegen.«

»Was fehlt ihnen denn?«

»Es könnte eine Art Lebensmittelvergiftung oder eine Darmgrippe sein«, erklärte sie und verzog angewidert den Mund.

»Es muß ein Virus sein. Mir ist nicht übel, und Jefferson fehlt auch nichts.«

»Selbst wenn es ein Virus wäre, haben sie ihn sich nur zugezogen, weil hier nicht genug Sauberkeit herrscht, und schon gar nicht in der Küche. Ihr beide habt eben einfach Glück gehabt«, erwiderte sie. »Irgendwie«, fügte sie hinzu und ging.

Am späteren Morgen, als Jefferson und ich nach unten gingen, um zu frühstücken, fanden wir am Tisch nur Onkel Philip vor, der die Zeitung las. Er lächelte und begrüßte uns, als sei es ein ganz gewöhnlicher Tag.

»Wo ist Tante Bet?« fragte ich.

»Sie hat den Zwillingen gesüßten Tee und Toast nach oben gebracht. Sie wird sie ganz allein im Handumdrehen wieder gesundpflegen. Das tut sie immer. Jedenfalls freut es mich, daß euch beiden nichts fehlt«, fügte er hinzu.

»Weshalb sollte uns etwas fehlen? Dazu besteht kein Anlaß«, sagte ich mit scharfer Stimme. Er nickte und wandte sich wieder seiner Zeitung zu.

Mrs. Boston tauchte mit den Eiern auf. Sie machte einen sehr unglücklichen und zornigen Eindruck. Ich hatte noch nie gesehen, daß sie die Lippen derart zusammenkniff.

»Und was machen eure Bäuche heute morgen?« fragte sie Jefferson und mich.

»Uns geht es bestens, Mrs. Boston«, erwiderte ich.

»Das dachte ich mir«, sagte sie voller Zufriedenheit und zog die Schultern hoch, doch Onkel Philip las weiter, als hätte er kein Wort gehört. Mrs. Boston ging wieder in die Küche und kam nicht mehr zurück. Ich hatte Jefferson versprochen, ich würde nach dem Frühstück mit ihm einen Spaziergang am Strand machen und Muscheln suchen, und daher gingen wir nach oben, um ihm eine Jacke zu holen. Ich klopfte an seine Schlafzimmertür und steckte dann den Kopf ins Zimmer, weil ich sehen wollte, ob es in Ordnung war, wenn ich eintrat, um die Jacke aus seinem Schrank zu holen.

Tante Bet hatte sich einen Stuhl zwischen die beiden Betten gestellt. Sie saß da und hielt in der rechten Hand Richards Hand und in der linken Melanies. Die Zwillinge waren bis zum Kinn zugedeckt und hatten die Augen geschlossen.

»Psst«, sagte Tante Bet. »Sie sind endlich eingeschlafen.«

»Ich wollte nur Jeffersons Jacke holen«, flüsterte ich und schlich mich auf Zehenspitzen an den Kleiderschrank. Obwohl ich weniger Lärm machte als eine winzige Maus, schlug Richard die Augen auf.

»Was... was ist los?« schrie er.

Melanie schlug augenblicklich auch die Augen auf.

»Wer ist da?« fragte sie.

»Da siehst du, was du angerichtet hast«, fauchte Tante Bet. »Und sie haben ihre Ruhe so dringend nötig.«

»Eine Fliege hätte nicht weniger Lärm machen können, Tante Bet«, sagte ich. »Offensichtlich haben sie nicht wirklich geschlafen.« Ich nahm Jeffersons Jacke vom Kleiderbügel.

»Wohin geht ihr?«

»Wir machen einen Spaziergang am Strand«, erwiderte ich. »Es ist ein wunderschöner Tag. Zu schade, daß die Zwillinge nicht mitkommen können«, fügte ich hinzu und verließ schnell das Zimmer. Ich warf meinen Brief an Gavin in den Briefkasten, damit er vom Postboten abgeholt würde, und dann machte ich mich mit Jefferson auf den Weg zum Meer.

Jefferson genoß unsere Suche nach interessanten Muscheln, doch zwischendurch blieb er immer wieder stehen und schaute aufs Meer hinaus und stellte Fragen über Mommy und Daddy. Ob ich glaubte, daß sie im Himmel zusammen waren? Würden sie dort oben neue Kinder haben? Würden sie jemals zurückkommen, und wenn es auch nur für einen Moment war? Keine meiner Antworten stellte ihn zufrieden. Seine dunklen Augen schimmerten vor Tränen. Er wollte nur eine einzige Antwort hören – eines Tages würden wir alle wieder zusammen sein.

Als wir später über die Auffahrt liefen, stellten wir zu unserem Erstaunen fest, daß die Hotellimousine bereitstand. Plötzlich tauchte Julius aus dem Haus auf und trug in jeder Hand einen Koffer. Er verstaute sie im Kofferraum der Limousine.

»Wer fährt denn weg?« fragte mich Jefferson. »Ich hoffe, es ist Tante Bet«, murmelte er, aber so war es nicht. Mrs. Boston kam aus dem Haus und trug selbst einen kleinen Koffer in der Hand und war in ihrem Sonntagskleid herausgeputzt, das sie gewöhnlich zum Kirchgang trug. Als wir sie sahen, fingen wir an zu rennen.

»MRS. BOSTON!« rief ich. »WOHIN FAHREN SIE?« Sie blickte auf und lächelte.

»Oh, ich bin ja so froh, daß ihr beide noch zurückgekommen seid, ehe ich aufbreche«, sagte sie. »Ich wollte mich von euch verabschieden.«

»Aber wohin fahren Sie denn, Mrs. Boston? Ich wußte gar nicht, daß Sie abreisen wollen.«

»Das wußte ich auch nicht«, sagte sie erbost. »Ihr wißt ja, daß eure Tante heute morgen runtergekommen ist und mir vorgeworfen hat, ich hätte verdorbene Lebensmittel auf den Tisch gestellt. Nach dem Frühstück ist sie dann noch einmal nach unten gekommen, um mir zu sagen, ich wüßte nicht, wie man eine Küche ordentlich sauberhält, und ich wüßte nicht, wie man vornehme Leute ordentlich bedient, und sie hätte keine Zeit, es mir beizubringen. Sie hat gesagt, es sei für alle Beteiligten das beste, wenn ich einfach ginge. Dann hat sie mich ausbezahlt und mich aufgefordert, sofort das Haus zu verlassen.

Ich habe ihr gesagt, daß ich froh bin, sie los zu sein«, fügte sie hinzu.

»Oh, nein, Mrs. Boston, sie kann Sie nicht rauswerfen. Sie arbeiten nicht für sie; Sie arbeiten für uns«, sagte ich verzweifelt. Wie sollte das Leben in unserem Haus ohne Mrs. Boston aussehen, fragte ich mich.

»Mein armes, armes Kind«, sagte sie und legte ihre Hand, die in einem Handschuh steckte, auf meine Wange. Dann lächelte sie Jefferson an, der traurig zu ihr aufsah. »Ich habe für euch gearbeitet, aber es dauert noch eine Weile, bis du über das Geld verfügen kannst, mein Schätzchen. Das hat mir Miss Bet deutlich zu verstehen gegeben.

Ich nehme an, so ist es am besten. Nach einer Weile würden wir einander doch nur an die Kehle gehen. Diese Frau...« Sie schüttelte den Kopf. »Es tut mir leid, Kinder. Ich habe für euch beide gesorgt und euch beide mit großgezogen, und es bricht mir das Herz, daß ich fortgehen muß, aber ich kann jetzt nicht mehr bleiben.«

»Wohin werden Sie gehen, Mrs. Boston?« stöhnte ich, und meine Tränen begannen zu fließen.

»Ich werde eine Weile nach Georgia gehen, zu meiner Schwester Lou Ann. Es ist ohnehin an der Zeit, daß ich sie endlich einmal besuche. Wir werden beide auch immer älter, verstehst du«, fügte sie lächelnd hinzu.

»Wir werden Sie nie wiedersehen«, jammerte ich.

»Oh, ich komme schon wieder zurück, wenn es an der Zeit ist. Paß du auf deinen kleinen Bruder auf«, sagte sie. »Und, Jefferson, du wirst dich jetzt gut um deine Schwester kümmern, hast du gehört?«

Ich schaute Jefferson an. Seine Traurigkeit hatte sich schnell in Wut verwandelt. Er biß sich auf die Unterlippe, riß sich dann von meiner Hand los und lief um das Haus herum.

»JEFFERSON!«

»Lauf schon, und schau nach ihm«, sagte Mrs. Boston. Sie küßte mich auf die Wange, und wir umarmten einander liebevoll. »Ich werde dich vermissen, Kind.«

»Ich werde Sie vermissen, Mrs. Boston. Sie werden mir furchtbar fehlen«, fügte ich noch hinzu. Sie wischte sich eine Träne von der Wange und nickte.

»Schnell«, sagte sie zu Julius, »ehe ich auf der Stelle zerfließe.« Sie stieg in die Limousine, und Julius schloß die Tür und ging um das Fahrzeug herum, um selbst einzusteigen. Das letzte, was ich sah, war die Feder von Mrs. Bostons Sonntagshut im Rückspiegel, ehe die Sonne auf das Heck der Limousine fiel und das Rückfenster zu einem Spiegel aus Licht verwandelte. Ich war schokkiert und spürte einen Schrei in meiner Kehle aufsteigen, der dort steckenblieb. Meine Beine und mein Herz waren bleischwer geworden.

Langsam, stückchenweise, entglitt uns alles, was ein Teil unserer wunderbaren Welt gewesen war. Ich hatte mich nie einsamer gefühlt und mich nie mehr vor dem gefürchtet, was noch bevorstand.

Jefferson war durch eine Öffnung im Gitter unter der Veranda hinter dem Haus gekrochen. Ich hatte den Verdacht, daß er sich dort unten aufhielt. Es war eines seiner Verstecke, ein Ort, an dem er spielen und sich vormachen konnte, alles sei wie früher. Er saß zusammengekauert in einer Ecke und ließ teilnahmslos einen Stock über die harte Erde gleiten.

»Komm raus, Jefferson. Du machst dich da unten nur schmutzig, und es hat keinen Zweck, sich zu verstecken«, redete ich ihm gut zu.

»Ich will nicht rauskommen«, sagte er. »Ich will nicht, daß Mrs. Boston weggeht«, fügte er hinzu.

»Ich auch nicht, aber sie ist fortgegangen. Ich werde jetzt sofort mit Tante Bet darüber reden«, sagte ich. Er schaute voller Hoffnung zu mir auf.

»Wird Mrs. Boston zurückkommen?«

»Vielleicht«, sagte ich. »Komm schon, Jefferson.« Ich streckte eine Hand durch das Gitter, und er kroch heraus, aber er hatte sich die Knie seiner Hose, den Hosenboden und die Ellbogen schmutzig gemacht. Ich klopfte ihn ab, so gut ich konnte, und dann gingen wir ins Haus. Tante Bet stand in der Küche und klapperte mit Töpfen und Pfannen, als sie alles aus den Schränken und Regalen herauszog. Ich trat an die Tür und schaute sie an. Sie trug Plastikhandschuhe und eine Schürze über ihrem Kleid. Das Haar hatte sie sich unter einem dicken Kopftuch hochgebunden.

»Tante Bet«, sagte ich, und sie unterbrach sich und drehte sich um.

»Was ist?«

»Wie konntest du bloß Mrs. Boston feuern?« fragte ich. »Welches Recht hattest du, das zu tun?« Meine Stimme war so scharf wie eine Rasierklinge.

»Wie ich das tun konnte... welches Recht ich dazu hatte?« stotterte sie. Ihre Augen wurden so hart und kalt wie Kristall. »Bist du blind? Sieh dich doch nur hier um. Du kannst dir gar nicht vorstellen, wieviel Dreck und Fett und Staub und Schmutz ich in diesen Schränken und auf diesen Regalen gefunden habe. Alles muß mit Desinfektionsmitteln geputzt werden. Ich glaube nicht, daß hier je etwas desinfiziert worden ist. Ich werde jeden Schrank und jedes Regal neu auskleiden und das gesamte Geschirr und Besteck sterilisieren.«

»Das ist nicht wahr! Mrs. Boston war immer sehr reinlich. Wir mögen Mrs. Boston sehr. Sie ist... ewig bei uns gewesen. Du mußt ihr jemanden nachschicken und dafür sorgen, daß sie zurückkommt«, beharrte ich.

»Sie soll zurückkommen?« Sie lachte ihr dünnes Lachen, als hätte ich etwas unglaublich Albernes vorgeschlagen. »Bitte.« Dann fiel ihr Blick auf Jefferson, und ihr Gesicht verzog sich angewidert. Sie stand eilig auf und kam wütend durch die Küche auf uns zu.

»Was hat er getan? Wie konnte er sich nur so schmutzig machen? Warum hast du ihn so ins Haus gebracht? Schau dir nur seine Füße an. Ich habe euch beiden doch gesagt, ihr sollt immer die Schuhe ausziehen, ehe ihr ins Haus kommt. Wißt ihr denn nicht, daß Bakterien an unseren Schuhsohlen haften? Ist euch denn nicht klar, daß die Zwillinge krank im Bett liegen und daß ihre Widerstandskräfte geschwächt sind? Jetzt aber schnell«, sagte sie und packte Jefferson am rechten Ellbogen. »Zieh diese schmutzigen Sachen aus, und wirf sie dort in die Ecke.« Sie deutete in eine Ecke.

Jefferson heulte auf und wollte sich aus ihrem Griff losreißen, aber in ihrer Wut besaß sie viel Kraft für eine so kleine Frau. Ihre knochigen Finger schlossen sich wie ein eiserner Schraubstock um seinen kleinen Arm. Jefferson ließ sich auf den Boden fallen, trat um sich und heulte.

»Laß ihn in Ruhe!« schrie ich.

»Dann bring ihn hier unten ins Bad, und mach ihn sauber«, befahl sie mit lodernden Augen und verzerrtem Mund. »Wag es nicht, ihn so nach oben zu lassen. Ich kann einfach nicht glauben, wieviel zusätzliche Arbeit ihr mir gemacht habt. Jetzt muß ich doch tatsächlich die Eingangshalle noch einmal säubern und die Böden putzen.« Sie bückte sich und riß Jefferson rasch die Schuhe von den Füßen. »Geht schon«, ordnete sie an.

»Komm, Jefferson«, sagte ich. »Sie ist verrückt geworden.« Ich zog ihn an mich, hob ihn hoch und eilte mit ihm im Arm aus der Küche.

»Bring ihn direkt ins Bad!« rief sie hinter uns her, doch ich hörte nicht auf sie. Ich lief die Treppe hinauf, nahm ihn in mein Zimmer mit und knallte die Tür hinter mir zu. Dort blieb ich stehen und schnappte nach Luft. Jefferson keuchte und schluchzte. »Es ist alles gut, Jefferson«, sagte ich. »Sie wird dir nichts tun. Ich lasse dir ein warmes Bad ein. Und dann werde ich mit Onkel Philip reden«, versprach ich ihm.

Er preßte sich die Fäuste auf die Augen und trocknete seine Tränen. Sein Gesicht war schmutzverschmiert, und er erhob keine Einwände dagegen, ein Bad zu nehmen. Der Kummer, die Traurigkeit und die Angst waren eine Verbindung eingegangen, die ihn überwältigte, und er war wieder zu einem Kleinkind geworden. Wie sehr er sich doch von dem kleinen Jungen unterschied, der es morgens nicht abwarten konnte, in mein Zimmer zu stürzen, dem kleinen Jungen, der selten deprimiert und unglücklich war! Als ich ihn jetzt so sah, wurde ich noch wütender. Ich hatte keine Zeit mehr für Selbstmitleid. Ich war entschlossen, dafür zu sorgen, daß er nicht noch mehr Qualen erlitt. Ich sagte ihm, er sollte sich hinlegen und ein Weilchen schlafen, und dann machte ich mich auf die Suche nach Onkel Philip.

Tante Bet hatte die Eingangshalle geschrubbt, und danach hatte sie den Boden mit Zeitungspapier bedeckt. Ich lief darüber und eilte aus dem Haus. Als ich gerade die Stufen vor dem Haus hinunterrannte, fuhr Onkel Philip vor dem Haus vor.

»Tante Bet hat Mrs. Boston rausgeschmissen!« rief ich, als er aus seinem Wagen stieg. »Und sie ist furchtbar gemein zu Jefferson und zu mir gewesen.«

»Was soll das heißen? Gemein zu dir?« fragte er und kam um den Wagen herum. »Oh, nein, Christie. Sie würde doch nicht gemein zu dir sein«, sagte er. Er legte einen Arm um meine Schultern. »Sie ist einfach nur nervös und besorgt, weil die Zwillinge krank sind. So ist sie immer, wenn ihnen etwas fehlt.«

»Sie hat Mrs. Boston rausgeschmissen«, jammerte ich. »Und Mrs. Boston ist abgereist.«

»Tja, vielleicht ist das im Moment das Beste. Tante Betty ist die Hausherrin, und die Dienstboten müssen mit ihr auskommen. Mrs. Boston war nach all den Jahren in ihren Vorstellungen festgefahren. Sie hätte sich ohnehin vor Jahren zur Ruhe setzen sollen«, erwiderte er.

»Mrs. Boston ist nicht alt, und sie ist nicht festgefahren. Sie hat zur Familie gehört«, beharrte ich.

»Es tut mir leid«, sagte er. »Aber wenn Tante Betty nicht zufrieden ist, und wenn Mrs. Boston nicht zufrieden ist, wozu sollte es dann gut sein, so weiterzumachen? Glaub mir, so ist es das beste«, wiederholte er lächelnd.

»Nein, ganz bestimmt nicht«, sagte ich und riß mich von ihm los. »Sie macht alles nur noch schwerer, als es ohnehin schon ist!« rief ich. »Jefferson und ich kommen nicht mehr aus meinem Zimmer heraus, solange sie sich nicht dafür entschuldigt, daß sie ihn angeschrien und ihn zu Tode erschreckt hat.«

Ich rannte vor ihm wieder ins Haus und in mein Schlafzimmer. Jefferson war vor Erschöpfung bereits eingeschlafen. Ich saß da und starrte ihn an, schaute in sein kleines Gesicht, das sogar im Schlaf angespannt war. Zwischendurch stöhnte er immer wieder. Wahrscheinlich hatte er einen bösen Traum von Tante Bet, dachte ich erbost. Eine gute Stunde später wurde leise an meine Tür geklopft.

»Herein«, sagte ich, und Onkel Philip öffnete die Tür. Er hatte ein Tablett mit zwei Suppenschalen, zwei belegten Broten und zwei Gläsern Milch mitgebracht.

»Das läßt euch Tante Betty raufschicken«, sagte er und wies mit einer Kopfbewegung auf Jefferson, der immer noch schlief. »Wie geht es ihm?«

»Er ist erschöpft von allem, was passiert ist«, erwiderte ich kühl.

»Betty Ann tut es sehr leid«, sagte er und stellte das Tablett auf meinen Schreibtisch. »Sie wollte nicht alle verärgern. Es ist genauso, wie ich dachte – sie ist nervös wegen der Zwillinge. Es wird alles wieder gut werden. Du wirst es ja sehen«, versprach er.

»Wohl kaum«, sagte ich trocken. »Es war nicht ihr Recht, Mrs. Boston rauszuwerfen«, fügte ich hinzu.

»Laß die Dinge eine Zeitlang ruhen«, bat er mich. »Wenn sich alles wieder beruhigt hat, werden wir wie Erwachsene in einer vernünftigen Form alles besprechen, einverstanden?« Sein Blick lag auf mir. »Ich bin sicher, daß wir es schaffen werden, all unsere Probleme zu lösen, wenn die Zwillinge erst wieder gesund und munter sind. Nichts von alldem ist einfach, Christie. Wir müssen alle lernen, friedlich miteinander zu leben. Ich weiß, daß es für euch beide am schwersten ist«, fügte er mitfühlend hinzu.

Ich schaute fest in seine liebevollen blauen Augen. Jetzt klang er ganz so, wie man es von einem besorgten Onkel erwartet hätte. Ich hätte gern zu ihm gesagt: Ja, für uns ist es schwerer. Wir haben unsere Eltern verloren, und Tante Bet ist ein erbärmlicher Ersatz für Mommy. Sie würde uns niemals eine Mutter sein können, es war einfach unvorstellbar.

»Die grundlegenden Arbeiten beim Wiederaufbau des Hotels haben den größten Teil meiner Zeit und Aufmerksamkeit in Anspruch genommen, aber ich verspreche dir, daß ich mich dir bald mehr widmen und nicht mehr die gesamte Verantwortung Betty Ann überlassen werde. Ganz unter uns«, fügte er mit gesenkter Stimme hinzu, die fast ein Flüstern war, »ich glaube, ihr ist es zuviel. Sie ist überlastet, und jetzt sind auch noch die Zwillinge krank und all das ... nun ja, sie ist keine so starke Frau, wie Dawn es war. Du bist alt genug. Ich kann mit dir reden und mich darauf verlassen, daß du verstehst, was ich meine«, sagte er.

Seit wann brachte er mir dieses Vertrauen entgegen und war offen zu mir und behandelte mich wie eine Erwachsene, hätte ich ihm am liebsten an den Kopf geworfen, und ich wollte ihn fragen, für was er am Grab meiner Mutter um Vergebung gebeten hatte, aber ich hatte Angst, ihm zu offenbaren, daß ich dort gewesen war und seine geheimsten Gedanken gehört hatte.

Er trat vor mich hin und kniete sich auf den Boden, um meine Hand zu nehmen. Dann schaute er mich mit seinem strahlenden

Lächeln an, das sehr charmant war, und seine Augen leuchteten vor Freude.

»Können wir beide einen Pakt miteinander schließen?«

»Was für einen Pakt?« fragte ich argwöhnisch.

»Wir wollen uns geloben, daß wir einander von heute an vertrauen und uns aufeinander verlassen; daß wir einander die Dinge erzählen werden, die wir niemandem sonst erzählen würden; daß wir hart daran arbeiten werden, allen Glück und Geborgenheit zu geben. Von heute an«, gelobte er, »wird mich alles traurig machen, was dich traurig macht, und was dich glücklich macht, das wird mich glücklich machen. Können wir diesen Pakt schließen?« wiederholte er.

Wie seltsam das doch klang, dachte ich. Es war, als machte er mir einen Heiratsantrag. Ich zuckte die Achseln. Ich wußte nicht, wie ich darauf reagieren sollte, und ich wußte auch nicht, was ich sagen sollte. Er war so eindringlich, und seine Augen waren so entschlossen, sein Blick so fest auf meine Augen gerichtet.

»Ich denke schon«, sagte ich.

»Gut. Wir wollen diesen Pakt mit einem Kuß besiegeln«, sagte er und beugte sich vor, um mir einen Kuß auf die Wange zu drükken, doch seine Lippen berührten auch meinen Mundwinkel. Einen Moment lang hielt er die Augen geschlossen, und dann lächelte er wieder. »Es wird alles gut werden«, sagte er.

Gut? Wie konnte je wieder etwas gut werden? Die wunderbare Welt voller Glück und Sonnenschein, die ich gekannt hatte, war für alle Zeiten untergegangen. Weder der blaueste Himmel noch der wärmste Tag, nichts würde diese zarten, liebevollen Gefühle wiederbringen.

Er stand auf. »Weck Jefferson lieber auf, und sorg dafür, daß er seine Suppe ißt. Ich hätte euch beiden gesagt, ihr solltet zum Essen runterkommen, aber Betty Ann hat gerade auf Händen und Knien den Küchenfußboden geschrubbt.

Sie ist immer regelrecht besessen, wenn die Zwillinge krank sind«, sagte er und lächelte. »Anders kann sie mit ihrer Nervosität nicht umgehen. Solange sie beschäftigt ist, kommt sie zurecht. Ich muß jetzt wieder zum Hotel gehen, aber ich werde früh nach Hause kommen, und dann werden wir alle zusammen schön zu Abend essen.

Ach so, noch etwas«, fügte er an der Tür noch hinzu. »Wir werden so tun müssen, als schmeckte es uns sehr gut, gleichgültig, was sie kocht. Sie ist keine allzugute Köchin, aber bis der Ersatz für Mrs. Boston eintrifft...« Er lächelte. »Ich bin sicher, daß du alt genug bist, um das zu verstehen«, fügte er hinzu und ging.

Ich war nicht alt genug, um es zu verstehen. Warum ließ er es zu, daß sie Mrs. Boston rauswarf? Warum nahm er die Dinge nicht selbst in die Hand? Warum duldete er all diese Unerfreulichkeiten, und warum ließ er zu, daß diese Dinge passierten? Daddy Jimmy hätte das nicht zugelassen, dachte ich bekümmert. Mommy hatte mir einmal erzählt, wie schwach Randolph, Onkel Philips Vater, gewesen war, wie er Großmutter Lauras Launen und Affektiertheiten hingenommen hatte. Anscheinend unterschied sich Onkel Philip nicht allzusehr von ihm, wenn es um seine Frau ging.

Wie sehr ich doch wünschte, die Zeit würde schnell vorbeigehen und ich würde endlich alt genug sein, um mein Leben und auch das von Jefferson selbst in die Hand zu nehmen. Gleichgültig, wie viele Versprechen und Gelübde wir auch ablegten, und wenn wir uns auch alle noch so sehr anstrengten, es würde doch immer schwierig sein, mit Onkel Philip und Tante Bet zusammenzuleben, dachte ich.

Jefferson wachte auf, und wir aßen zusammen in meinem Zimmer das Mittagessen. Seine Tränen waren versiegt, aber der gequälte Ausdruck wich nicht aus seinen Augen, und so spielte ich später, um ihn abzulenken, eines seiner Lieblingsspiele mit ihm. Richard und Melanie waren für den Rest des Tages bettlägerig und konnten zum Abendessen nicht nach unten kommen. Meiner Meinung nach waren sie besser dran als wir. Tante Bet hatte versucht, ein Hühnchen zu braten, doch sie hatte es zu lange im Ofen gelassen, und es war trocken und zäh. Die Kartoffeln waren nicht gar und hatten eher die Konsistenz von Äpfeln.

Onkel Philip bemühte sich, das Abendessen erfreulich zu gestalten, indem er über den Wiederaufbau des Hotels redete. Er versprach Jefferson, ihn am nächsten Morgen nach dem Frühstück mitzunehmen, damit er sich ansehen konnte, wie die Planierraupen und Abbruchmaschinen die letzten Reste des ausgebrannten Gerippes beseitigten. Zum ersten Mal seit dem Tod von Mommy und Daddy Jimmy zeigte Jefferson an irgend etwas ein geringes Interesse.

Während der Mahlzeit rannte Tante Bet die meiste Zeit die Treppe rauf und runter, um nachzusehen, wie es den Zwillingen ging. Sie konnten nach ihren Angaben erstmals feste Nahrung bei sich behalten. Sie redete unermüdlich über die beiden, wie sie aussahen, wie sie ihr Essen kauten und wie sie genau dieselbe Menge aßen. Onkel Philip schaute mich mit einem verschwörerischen Blick an und lächelte, als wollte er sagen: »Siehst du, was ich meine? Aber wir verstehen das.«

Sie rückte keinen Moment lang wirklich mit der Sprache heraus und sagte, es täte ihr leid, daß sie Jefferson angeschrien und mißhandelt hätte, aber sie sagte, sie hoffte, es würde zwischen uns nie mehr zu derart unerfreulichen Vorfällen kommen. Um es wieder gutzumachen, servierte sie einen luxuriösen Schokoladenkuchen, den Onkel Philip auf ihren Wunsch in der Stadt gekauft hatte. Sie gab Jefferson ein so großes Stück, daß ihm die Augen aus dem Kopf traten, und er aß es fast ganz auf.

Später sahen er und ich eine Weile zusammen fern, bis er

schläfrig wurde. Ich brachte ihn nach oben und legte ihn in das Bett in dem Zimmer, das Melanie bezogen hatte. Dann ging ich in mein Zimmer, um zu lesen und wieder einmal einen Brief an Gavin zu schreiben. Ich berichtete ihm alles, was sich am Vorabend auf dem Friedhof abgespielt hatte, und dann schilderte ich ihm die Ereignisse des Tages. Ich bat ihn, Großpapa Longchamp nichts von alldem zu erzählen, denn es hätte ihn nur aufgeregt und er hätte wenig dagegen tun können. Zum Schluß teilte ich Gavin noch einmal mit, wie sehr ich mich darauf freute, ihn zu sehen. Diesmal malte ich unter meinen Namen vier Kreuze, was vier Küsse bedeutete. Hinter meinen geschlossenen Augen sah ich sein Gesicht, und daher küßte ich den Brief, ehe ich den Umschlag zuklebte.

Da ich mittlerweile von diesem äußerst anstrengenden Tag selbst erschöpft war, ließ ich heißes Wasser in meine Badewanne ein und schüttete Mommys duftendes Öl hinein. Als ich mich ins Wasser gleiten ließ, den Kopf zurücklehnte und die Augen schloß, spürte ich, wie ich mich entspannte und mich meinen Erinnerungen an Mommy hingab, an ihre zarte, liebevolle Art, wenn sie mir das Haar bürstete und mir von all den wunderbaren Dingen erzählte, die wir am nächsten Tag im Hotel tun würden. Ich war derart in meine Tagträume versunken, daß ich nicht hörte, wie meine Schlafzimmertür geöffnet und geschlossen wurde, und ich hörte auch nicht Onkel Philips Schritte, bis ich die Augen aufschlug und ihn im Bad stehen sah. Ich hatte keine Ahnung, wie lange er schon dagestanden und mich angestarrt hatte.

Ich schnappte nach Luft, bedeckte meine Brüste mit meinen Armen und glitt so tief wie möglich unter den Schaum. Er lachte. Er hielt ein Päckchen in der Hand.

»Tut mir leid, wenn ich dich störe«, sagte er, »aber das wollte ich dir noch geben, ehe du heute abend schlafen gehst. Als ich in der Stadt war, um den Kuchen zum Nachtisch zu kaufen, habe ich es im Schaufenster des Kaufhauses gesehen und konnte nicht widerstehen. Ich mußte es dir kaufen.«

»Was ist das?« fragte ich.

»Es ist ein Geschenk, eine Überraschung, um dich für einen Teil der Ungelegenheiten zu entschädigen, die du heute durchmachen mußtest«, sagte er und blieb weiterhin stehen. »Soll ich es auspacken und dir zeigen?«

Ich nickte. Ich dachte mir, je schneller er das tat, desto eher würde er gehen.

Er stellte die Schachtel auf das Waschbecken und öffnete den Deckel, um mit der Hand hineinzugreifen und das durchsichtigste weiße Spitzennachthemd herauszuziehen, das ich je gesehen hatte. Er hielt es hoch.

»Ist es nicht hübsch?« fragte er. Er drückte es gegen seine Wange. »Es ist so weich und weiblich, daß ich unwillkürlich an dich denken mußte, als ich es angepaßt habe. Zieh es heute nacht an, jetzt nach deinem Bad. Du wirst dich darin wohl fühlen«, sagte er.

»Danke, Onkel Philip.«

»Wirst du es heute nacht tragen?« fragte er. Ich konnte nicht verstehen, warum ihm das so wichtig war, aber ich stellte mir vor, er wollte nur die Gewißheit haben, daß sein Geschenk mich für die Scheußlichkeiten entschädigte, die sich zwischen Tante Bet und uns zugetragen hatten.

»Ja«, sagte ich.

»Gut. Ich bin sehr geschickt, wenn es darum geht, Rücken zu schrubben«, sagte er, nachdem er das Nachthemd wieder eingepackt hatte. Wie konnte er mir so etwas bloß vorschlagen? Ich war doch kein Kind mehr. Der Ausdruck in seinen Augen machte mir angst. Einen Moment lang brachte ich kein Wort heraus.

»Ich bin schon fertig«, sagte ich, denn ich fürchtete, er könnte noch näher herkommen. »Ich will gleich aus der Wanne steigen.«

»Bist du ganz sicher?« Er kam noch einen Schritt auf mich zu.

»Ja«, sagte ich rasch, und mein Herz pochte.

»Also gut«, sagte er und war offensichtlich enttäuscht, »aber du läßt dir wirklich etwas entgehen.« Er starrte mich noch einen Moment lang an und ging dann. Ich lauschte auf das Geräusch meiner Schlafzimmertür, die geöffnet und geschlossen wurde, und dann stieg ich aus der Badewanne und trocknete mich ab. Ich betrachtete das Nachthemd. Es war hübsch und sehr zart. Ich zog es mir über den Kopf und schaute mich im Spiegel an. Es war dünn und durchsichtig, daß ich ebenso gut nackt hätte sein können, dachte ich. War das etwa ein angemessenes Geschenk, das ein Onkel seiner Nichte machen sollte? fragte ich mich, doch ich behielt es zum Schlafen an.

Irgendwann spät nachts wachte ich auf, da ich geträumt hatte, Onkel Philip sei wieder in mein Schlafzimmer gekommen und leise an mein Bett getreten. Er zog behutsam meine Decke zurück und schaute ganz lange auf mich herunter, und dann deckte er mich wieder zu und ging so leise, wie er gekommen war. Der Traum war so lebendig, daß meine Augen aufsprangen und mein Herz raste. Ich schaute mich besorgt um, doch es war niemand da. Trotzdem lag ich noch lange Zeit wach, ehe meine Lider wieder schwer wurden und der Schlaf mich übermannte.

Am nächsten Morgen waren die Zwillinge wundersamerweise vollständig genesen. Sowohl Richard als auch Melanie sprühten vor Energie und hatten beim Frühstück grandiosen Appetit. Tante Bet wirkte sehr zufrieden.

»Wir werden noch einen Tag lang die Schlafzimmer so einteilen wie bisher, um sicherzugehen«, kündigte sie an, »und dann kann alles wieder seinen normalen Gang nehmen. Im Laufe des heutigen Tages wird auch unsere neue Haushälterin und Köchin kommen... Sie hat beste Empfehlungen. Sie hat für Freunde meiner Eltern gearbeitet, und wir können daher sicher sein, daß unsere Mahlzeiten gut zubereitet und anständig serviert werden, und alles wird fleckenlos rein gehalten werden.

Ach, mir ist ja gleich soviel wohler zumute, seit ich weiß, daß Richard und Melanie wieder gesund sind und es in Zukunft auch bleiben werden«, sagte sie und schlug die Hände zusammen. Weder Richard noch Melanie sagten ein Wort, doch sie hatten beide einen beifälligen Ausdruck im Gesicht.

Onkel Philip nickte und lächelte und kündigte dann an, er würde sich jetzt auf den Weg zum Hotel machen.

»Jefferson kommt mit mir, um die Arbeiten zu überwachen. Möchtest du auch mitkommen, Christie?«

»Nein, danke, Onkel Philip. Ich werde Großmutter Laura besuchen.«

»Ich möchte gern mitkommen, Vater«, sagte Richard.

»Ich auch«, stimmte Melanie ein.

»O nein«, sagte Tante Bet. »Ihr beide braucht noch einen Tag lang Ruhe. Ihr wißt ja gar nicht, wie krank ihr gewesen seid.«

Beide grinsten affektiert.

»Okay, Jefferson, bist du soweit?« fragte Onkel Philip. Jefferson warf mir einen Blick zu. Ich wußte, wie gern er wollte, daß ich mitkam, und meine Ablehnung hatte ihn zögern lassen, doch es war eine verlockende Vorstellung, all diese Maschinen zu sehen. Er nickte und folgte Onkel Philip aus dem Haus.

»Christie, würdest du mir helfen, das Geschirr zu spülen?« fragte Tante Bet.

»Ja«, sagte ich und fing an, das Geschirr zusammenzuräumen. Ich hatte Mrs. Boston oft geholfen, und bereits die Tätigkeit ließ Erinnerungen an unsere herzlichen und fröhlichen Gespräche in der Küche in mir aufkeimen.

»Ich kann auch helfen«, sagte Melanie.

»O nein, Melanie, du wirst dich ins Wohnzimmer setzen und lesen«, sagte Tante Bet. »Sonst läßt du doch nur etwas fallen.«

»Und warum kann sie es tun?« jammerte sie.

»Sie war nicht krank, oder?« sagte Tante Bet. »Danke, Christie. Bring doch bitte die Gläser«, sagte sie und machte sich mit einem Teil des Geschirrs auf den Weg zur Küche.

»Hier«, sagte Melanie und drückte mir ihr Glas in die Hand, nachdem ich schon vier Gläser vom Tisch genommen hatte. Sie ließ es los, ehe ich die Finger darum schließen konnte, und es fiel auf eine Schale, und sowohl die Schale als auch das Glas zersprangen.

»Was ist passiert?« rief Tante Bet aus der Küchentür.

»Sie ist so ungeschickt«, sagte Melanie anklagend.

»Das ist nicht wahr. Du hast das Glas zu früh losgelassen«, wehrte ich mich.

»Sie wollte zu viele Gläser auf einmal nehmen«, sagte Richard und zog seine Mundwinkel nach unten. »Es war nicht Melanies Schuld.«

»Das ist eine Lüge!«

»Schon gut, Kinder. Schon gut.« Tante Bet schaute mich finster an. »Laßt nur einfach alles stehen, und ich erledige es selbst, ehe noch mehr zerbricht«, sagte sie.

Melanie und Richard machten einen zufriedenen Eindruck, und ihre Mundwinkel wurden auf dieselbe Art weicher. Ich warf noch einen letzten Blick auf Tante Bet, ehe ich aus dem Zimmer und aus dem Haus eilte, und dabei bedrückte mich die Ironie des Schicksals, daß ich mein eigenes Zuhause so schnell wie möglich verlassen wollte.

8

Niemand versteht mich

Natürlich war das gesamte Personal, das nur in der Hochsaison arbeitete, gegangen. Da das Hotel abgebrannt war, gab es für die Leute nichts zu tun. Ein paar von den Arbeitern, die sonst für die Wartung und die Instandhaltung zuständig waren, hatten wir jedoch behalten, damit sie beim Wegschaffen der Trümmer und dem Wiederaufbau halfen. Da die Familie immer jemanden brauchen würde, der sie fuhr, blieb Julius auf der Gehaltsliste und lebte weiterhin in den Personalunterkünften hinter dem Hotel. Ich entdeckte ihn draußen, als er gerade die Limousine wusch.

»Wenn Sie fertig sind, Julius, würden Sie mich dann bitte zu meiner Großmutter bringen«, bat ich ihn.

»Gewiß, Christie. Ich bin so gut wie fertig. Steig ein. Die Kleinigkeiten kann ich erledigen, während du bei deiner Großmutter zu Besuch bist«, sagte er.

Ich stieg in die Limousine und starrte durch das Fenster die Arbeiter an, die zwischen den Trümmern und den Maschinen herumhuschten. Ich konnte Jefferson sehen, der neben Buster Morris stand. Jefferson hatte die Arme genauso in die Hüften gestemmt, wie Daddy Jimmy es oft getan hatte, wenn er Arbeiten im Garten überwachte. Das entlockte mir ein Lächeln und trieb gleichzeitig die Tränen in meine Augen. Wie sehr ich seinen Vater doch vermißte, dachte ich. Wie grausam es war, in einer Welt zu leben, in der einem kleinen Jungen der Daddy entrissen werden konnte.

Jetzt mußte ich an Mommy denken und daran, wie furchtbar es für sie gewesen sein mußte, als sie erfahren hatte, daß der Mann und die Frau, die sie für ihre Eltern gehalten hatte, nicht ihre Eltern waren, und wie schwer und wie erschreckend es für sie war, nach so vielen Jahren zu ihrer richtigen Familie zurückgebracht zu werden. Als die Limousine die Auffahrt hinunterfuhr und den Weg nach Buella Woods einschlug, Bronson Alcotts Anwesen, fragte ich mich unwillkürlich, wie es für Mommy gewesen sein mußte, als sie ihrer leiblichen Mutter das erste Mal gegenübergestanden hatte. Wie sehr ich doch wünschte, meine Großmutter wäre klar genug im Kopf, um mir von diesen Zeiten zu erzählen. Wenn es ihr damals so schlechtgegangen war, dann war es jetzt doch wunderbar um sie bestellt. Sie war mit einem Mann verheiratet, der sie von ganzem Herzen liebte. Man sollte meinen, daß sie sich geborgen und glücklich fühlte.

Buella Woods lag auf einem hohen Hügel mit Blick auf Cutler's Cove. Das Haus war so groß wie ein Schloß. Es hatte graue Steinmauern und dekorative Holzbalken. Zum Haus gehörte ein auffallender runder Turm mit einem hohen, kegelförmigen Dach. In dem Turm war der Haupteingang untergebracht, eine Tür aus dunklem Kiefernholz, die in eine bogenförmige Öffnung eingesetzt war. Unter den Fenstern im ersten Stock lagen kleine dekorative schmiedeeiserne Balkone. Jefferson wollte immer auf diese Balkone hinauskriechen und konnte einfach nicht verstehen, wie jemand sie nur um der Optik willen angebaut haben konnte.

Julius hielt mir die Tür auf, und ich stieg die Stufen hinauf und läutete an der Tür. Die Eingangshalle war so groß, daß das Klingeln wie das Glockenläuten in einer Kathedrale hallte. Mrs. Berme, Großmutters private Krankenpflegerin, überraschte mich damit, daß sie mir die Tür aufmachte. Gewöhnlich öffnete

Bronsons Butler, ein dunkelhaariger, stämmiger Mann, der Humbrick hieß.

»O Christie«, sagte Mrs. Berme. »Deine Großmutter ist gerade im Wohnzimmer eingenickt, aber ich bin sicher, daß sie nicht lange schlafen wird. Komm rein«, sagte sie. »Mr. Alcott ist in seinem Büro.«

»Danke, Mrs. Berme«, erwiderte ich und lief durch den Korridor. Ich schaute nach Großmutter und sah, daß sie auf ihrem Lieblingssessel eingeschlafen und bis zum Hals mit einer Decke zugedeckt war. Sie sah eingefallen und bleich aus, bis auf das Rouge auf ihren Wangen, das sie zu dick aufgetragen hatte. Ich eilte weiter zu Bronsons Büro. Die Tür stand offen, doch ich pochte mit den Fingern an den Türrahmen. Er saß hinter seinem Schreibtisch und las Zeitung.

»Christie«, sagte er und erhob sich augenblicklich. »Es freut mich, daß du gekommen bist.«

»Großmutter schläft«, sagte ich.

»Ich bin sicher, daß sie nicht lange schlafen wird. Sie nickt inzwischen häufig ein, schläft aber immer nur sehr kurz. Komm rein. Setz dich. Erzähl mir, wie ihr zurechtkommt, du und Jefferson«, sagte er und deutete auf das burgunderrote Ledersofa. Ich setzte mich schnell hin.

»Es ist einfach furchtbar«, sagte ich.

»Ach?« Er zog die Augenbrauen hoch, sein Mund wurde schmaler. »Was ist passiert?«

»Es ist einfach alles furchtbar, Bronson. Tante Bet behandelt uns schrecklich schlecht. Und sie hat Mrs. Boston rausgeworfen!«

»Was? Sie hat Mrs. Boston rausgeworfen? Ich kann es nicht glauben«, sagte er und setzte sich.

»Sie hat es getan. Mein Cousin und meine Cousine hatten Magenbeschwerden, und sie hat Mrs. Boston die Schuld daran gegeben und es darauf geschoben, daß sie nicht anständig kocht und nicht ordentlich putzt«, sagte ich.

»Ach, wirklich? Das ist ja ungeheuerlich.«

»Sie hat ihr gesagt, sie sei entlassen, und Onkel Philip war nicht bereit, sich einzumischen. Er sagt, jetzt ist sie die Hausherrin, und die Angestellten müssen mit ihr auskommen«, erzählte ich.

»Nun... ich fürchte, in dem Punkt hat er recht. Aber ich kann mir nicht vorstellen, daß es jemanden gibt, der mit Mrs. Boston nicht auskommt. Schließlich war sie sogar eine der wenigen Angestellten, die von Großmutter Cutler respektiert wurden.« Er schüttelte den Kopf und schaute mich dann an. »Ich werde Philip deshalb ansprechen, aber wenn es so ist, daß in Betty Ann und ihr zwei unvereinbare Persönlichkeiten aufeinanderprallen, dann läßt sich nicht viel machen. Warum meinst du, sie sei abscheulich zu dir und zu Jefferson?«

»Weil sie es ist. Sie schreit Jefferson immer an, weil er ihr zu unordentlich ist. Sie will von uns, daß wir die Schuhe ausziehen, ehe wir das Haus betreten«, sagte ich. In dem Moment, als die Worte über meine Lippen kamen, wurde mir klar, wie albern und banal das alles klang. Ich konnte Bronson ansehen, daß er ebenfalls dieser Meinung war.

»Du weißt doch, daß Jefferson ein kleiner Huckleberry Finn sein kann, Christie«, sagte er lächelnd. »Ich erinnere mich noch daran, wie er in den Holzstapel hinter dem Haus gekrochen ist. Ich bin sicher, daß Betty Ann nur versucht, ihn zu etwas mehr Disziplin zu erziehen. Und jetzt, nachdem Mrs. Boston fort ist...«

»Daran ist nur sie schuld«, stöhnte ich.

»Das mag sein. Aber es ist passiert, und wir werden damit leben müssen«, sagte er.

»Sie hat Richard in Jeffersons Zimmer einquartiert, und die

beiden kommen nicht miteinander aus«, sagte ich, um schnell meine nächste Beschwerde vorzubringen, damit Bronson einsah, wie gerechtfertigt meine Empörung war. Er stützte seinen Kopf auf die Hand und nickte.

»Kleine Jungen sollten miteinander ein Zimmer teilen. Ich bin sicher, daß sie nach einer Weile besser miteinander auskommen werden. Und was wäre Betty Ann denn sonst auch übriggeblieben? Andernfalls hätten sich doch Richard und Melanie ein Zimmer miteinander teilen müssen, stimmt's?«

»Ja«, sagte ich und schnaubte frustriert.

»So schlimm klingt das doch alles gar nicht, Christie.«

»Sie hat die meisten Sachen meiner Mutter auf den Dachboden bringen lassen«, stöhnte ich. »Und Daddy Jimmys Sachen auch.«

»Was hätten sie denn anderes tun können? Sie brauchen schließlich Platz«, sagte er.

»Sie hat einen Teil des Schmucks meiner Mutter genommen, aber ich kenne jedes einzelne Stück…« Bronson lächelte.

»Ich bezweifle, daß es mit dem Schmuck Probleme geben wird, Christie. Betty Ann stammt aus einer sehr wohlhabenden Familie. Sie hat es nicht nötig, anderen Leuten etwas wegzunehmen.«

Ich verschränkte die Arme und lehnte mich zurück. Ich scheiterte offensichtlich damit, ihn zu überzeugen, und dieses Gefühl des Scheiterns blähte sich auf wie ein Luftballon, der jeden Moment platzen kann.

»Ich weiß, daß es nicht einfach für dich ist. Erst verliert ihr eure wunderbaren Eltern, und dann müßt ihr euch auch noch daran gewöhnen, mit einer anderen Familie zusammenzuleben, und das ist schwierig, selbst dann, wenn es sich dabei um euren Onkel und eure Tante handelt«, sagte Bronson freundlich. Ich starrte einen Moment lang in sein gütiges Gesicht.

»Bronson, du hast mir gesagt, du würdest mir alles über meine Familie erzählen, was du weißt«, sagte ich.

»Soweit ich es kann«, erwiderte er und lehnte sich zurück; sein liebevolles Lächeln wich einem ernsten Gesichtsausdruck.

»Als Mommy mit Daddy Jimmy in diese schicke Schule gegangen ist, hat sie dort doch Onkel Philip kennengelernt, und sie war seine Freundin, oder nicht?«

»Sie wußte nicht, daß Philip in Wirklichkeit ihr Halbbruder ist«, sagte er rasch.

»Waren sie... waren sie ineinander verliebt?« fragte ich zögernd.

»Oh«, sagte er und lächelte wieder. »Sie waren jung, Teenager, die ineinander verknallt waren. Es war nichts weiter«, fügte er hinzu und schüttelte den Kopf.

»Onkel Philip sieht das nicht so«, platzte ich heraus, ohne mir etwas dabei zu denken. Ich wollte Bronson nicht erzählen, daß ich abends die Gräber meiner Eltern aufsuchte und dort belauscht hatte, wie Onkel Philip mit meiner toten Mutter geredet hat. Er hätte sonst glauben können, daß ich meinem Onkel nachspionierte.

Bronsons Augen verengten sich. Er beugte sich vor, und auf seinem Gesicht lag die Spur von einem Lächeln.

»Wie kommst du dazu, so etwas zu sagen?«

»Es liegt daran, wie er über sie redet. Und dann hat mir Mommy etwas erzählt, nicht lange vor... vor dem Brand«, erwiderte ich.

»Was hat sie gesagt?«

»Sie hat gesagt, Onkel Philip sei nie über ihre jugendliche Romanze und die Feststellung hinweggekommen, daß sie Bruder und Schwester waren«, sagte ich. Er nickte nachdenklich.

»Nun, das muß zwangsläufig ein ziemlicher Schock gewesen sein. Ich weiß nicht mehr darüber, nur das, was mir berichtet worden ist, Christie, und zwar von deiner Mutter und von Philip. Und natürlich das, was deine Großmutter wußte. Soweit es zu mir vorgedrungen ist, war es nur eine sehr kurze Schülerliebe. Sie hatten einander kaum kennengelernt, als auch schon die Polizei kam, um sie nach Cutler's Cove zurückzubringen. Was sind das denn für Dinge, die Philip sagt?« fragte er mich interessiert.

Ich zögerte und platzte dann damit heraus.

»Er hat immer darüber geredet, wie schön sie war und wie sehr er sie geliebt hat.«

»Tja, sie war wirklich sehr schön«, sagte Bronson. »Und sie war ein Mensch, den man leicht ins Herz schließen konnte. Es ist nichts dagegen einzuwenden, wenn er sagt, er hätte sie geliebt, Christie«, fügte Bronson lächelnd hinzu.

»Er sagt, daß ich ihr immer ähnlicher sehe.«

»Das stimmt«, bestätigte Bronson. »Du machst dir doch nicht etwa deshalb Sorgen, oder?«

»Nein, aber...«

»Aber was, Christie?« Wir starrten einander an. »Nun, was ist?«

»Er ist... seltsam. Er umarmt mich ständig, und er küßt mich und...«

»Er bemüht sich lediglich, dir die Liebe zu geben, von der er glaubt, daß du sie brauchst. Philip hängt sehr an dir und Jefferson«, sagte Bronson. »Ihr könnt froh sein, daß ihr ihn habt.«

»Er hat mir ein Nachthemd gekauft und es mir gestern abend geschenkt«, erzählte ich.

»Ach? Hat er dir einen Grund dafür genannt?«

»Er hat gesagt, es sei eine Überraschung, um mich aufzuheitern, weil ein paar unschöne Dinge vorgefallen waren.«

»Ach? Das ist doch sehr nett von ihm, findest du nicht auch?« fragte Bronson, der weiterhin lächelte.

»Aber ausgerechnet ein Nachthemd?«

Bronson zuckte die Achseln.

»Wahrscheinlich hat er sich gedacht, an so etwas hätte ein junges Mädchen Freude. Das kann ich ihm nicht vorwerfen. Ich bin immer verwirrt und stelle mich dumm an, wenn es darum geht, deiner Großmutter Geschenke zu kaufen.« Er unterbrach sich und musterte mich einen Moment lang. »Warum empört es dich eigentlich?« fragte er. »Was glaubst du denn?«

Alles, was ich sagte, klang so albern. Ich wußte nicht, wie ich meine wahren Gefühle erklären sollte. Bronson würde es selbst sehen müssen, dachte ich, er müßte einmal selbst dabei sein, aber sogar dann würde er es nicht zwangsläufig so empfinden, wie ich es empfand.

»Tante Fern hat mir erzählt, die Romanze zwischen Mommy und Onkel Philip sei eine ernstere Geschichte gewesen«, sagte ich. »Ich war fassungslos.«

»Ach so«, meinte Bronson und lehnte sich wieder zurück. »Ich verstehe. Tja, ich würde nicht darauf hören, was deine Tante Fern sagt, gleichgültig, über wen sie spricht.« Er schüttelte den Kopf. »Mit ihr haben wir ja alle unsere Probleme.«

Ich schlug die Augen nieder. Ich wollte Bronson mehr erzählen – wie ich mitangehört hatte, daß Onkel Philip meine Mutter an ihrem Grab um Vergebung bat, und wie er reingekommen war, als ich ein Bad genommen hatte, und daß er mir angeboten hatte, mir den Rücken zu waschen, aber es war mir zu peinlich, und ich fürchtete, alles, was ich sagte, könnte nur noch lächerlicher klingen als die Dinge, die ich bisher gesagt hatte. Ich seufzte tief.

»Christie, dein Onkel bemüht sich nur, dir jetzt ein Vater zu sein. Er hat das Gefühl, die gesamte Last der Verantwortung zu tragen. Du solltest dich nicht vor ihm fürchten oder etwas in sein Verhalten hineinphantasieren.

Ich habe tatsächlich gerade erst vorgestern mit ihm geredet«, fuhr Bronson fort. Ich schaute abrupt auf.

»Ach?«

»Dein Kummer schmerzt ihn tief. Er hat gelobt, alles zu tun, was in seiner Macht steht, um dir das Leben so angenehm wie möglich zu machen und dir dabei zu helfen, das zu tun, was du tun willst. Du wirst es ja sehen«, fuhr Bronson lächelnd fort und kam um seinen Schreibtisch herum. »Mit der Zeit wird sich alles einspielen... mit Tante Bet, mit den Zwillingen.«

Vielleicht hatte er recht, dachte ich. Vielleicht war alles nur ein Hirngespinst, das meiner Phantasie als Folge all dieser emotionalen Belastungen entsprungen war. Bronson legte mir seinen Arm um die Schultern, als ich aufstand.

»Es tut mir leid, Christie, es tut mir ja so leid, daß diese Tragödie über dich und deinen kleinen Bruder hereingebrochen ist, aber dein Onkel und deine Tante und ich werden immer dasein und für euch tun, was wir können.«

»Danke, Bronson«, sagte ich. Dann kam mir ein neuer Gedanke. »Bronson, hat irgend jemand meinem richtigen Vater etwas davon erzählt?«

»Deinem richtigen Vater? Soweit ich weiß, nicht. Leider ist er nicht der Mensch, der sich dafür interessieren würde. Er hat nur ein einziges Mal Interesse an dir gezeigt, und damals hat er in Wirklichkeit versucht, Geld aus deiner Mutter rauszuholen.«

»Ich weiß. Sie hat es mir erzählt. Ich kann mich noch vage daran erinnern, wie er damals gekommen ist, weil er mich sehen wollte.«

»Wenn er herausfände, was passiert ist, würde er nur versuchen, etwas für sich herauszuschlagen, da bin ich ganz sicher«, sagte Bronson. »Nein, meine Liebe, du bist hier bei den Menschen, die dich am meisten lieben. Arrangiere dich mit ihnen. Gib Philip und Betty Ann eine Chance. Ich weiß, daß sie nicht das sind, was Dawn und Jimmy für euch waren, aber sie bemühen sich, ihr Bestes zu tun. Sie wollen es wirklich«, sagte er.

Ich nickte. Was er sagte, klang einleuchtend.

Wir verließen gemeinsam das Zimmer und schauten nach, ob Großmutter Laura aufgewacht war. Sie war wach, doch sie war verwirrt und sprach mich in einem Atemzug als Dawn und als Clara an. Sie plapperte etwas über eine neue Gesichtscreme vor sich hin, und dann heftete sie plötzlich ihren Blick starr auf mich und sagte: »Aber du hast noch viel Zeit, ehe du dir Sorgen machen mußt, du könntest Falten bekommen.

Falten!« rief sie aus und verdrehte die Augen zur Decke. »Sie sind für eine schöne Frau der langsame Tod.«

Dieser Gedanke und ihr Ausbruch erschöpften sie wieder, und sie schloß die Augen und ließ so schnell den Kopf auf die Brust sinken, daß ich glaubte, ihr Genick sei gebrochen. Ich schaute besorgt zu Mrs. Berme, die nur den Kopf schüttelte. Wir konnten nichts mehr tun; Großmutter war wieder einmal in einen tiefen Schlaf gesunken. Leider war sie kein Mensch, dem ich mich hätte anvertrauen und den ich um Rat und Hilfe hätte bitten können. Meine Eltern lebten nicht mehr; Mrs. Boston hatte uns verlassen; Tante Bet war zu unsensibel, Tante Trisha war zu weit weg und hatte mit ihrer Karriere zuviel zu tun, und Bronson war zwar äußerst liebevoll und besorgt, doch er stand meiner unmittelbaren Welt zu fern, und er hatte mit Großmutter Laura alle Hände voll zu tun.

Als ich das Haus verließ, um wieder in die Limousine zu steigen und nach Hause zurückzufahren, fühlte ich mich so allein und so machtlos wie die kleine Wolke, die hilflos über den hellblauen Himmel trieb, von den größeren und dickeren Wolken im Stich gelassen, die bereits am Horizont angelangt waren und über die Welt zogen.

Die trägen, warmen Frühsommertage, die folgten, erschienen mir trostlos und trübsinnig, egal, wie das Wetter auch sein mochte. Allmählich entwickelte sich eine Art Alltag. Tante Bet verbrachte einen großen Teil des Tages damit, die neue Haushälterin einzuarbeiten, Mrs. Stoddard, eine kleine, stämmige Frau von Anfang Sechzig, die ihr glanzloses zinngraues Haar auf dem Hinterkopf zu einem Knoten aufsteckte, aus dem in alle Richtungen Strähnen wie zerbrochene Drähte heraushingen. Sie hatte kleine braune Altersflecken auf der Stirn und den Wangen, die so dick waren, daß ihre Nase eingefallen wirkte. Ihr Lächeln war ausgesprochen freundlich, und ihre Art war nett, wenn sie mit uns redete, aber für Jefferson und mich konnte niemand Mrs. Boston ersetzen. In den ersten Tagen lief Mrs. Stoddard hinter Tante Bet her, als hätte Tante Bet unserer neuen Haushälterin und Köchin ein Seil um die Mitte gebunden und sich dann selbst am anderen Ende angeseilt.

Die Zwillinge blieben meistens unter sich. Sie teilten sich ihre Tage systematisch ein und hielten sich an den Stundenplan, den sie sich aufgestellt hatten; es gab Phasen der Erholung (die sie vorwiegend damit zubrachten, Schach oder Scrabble und andere Spiele zu spielen, bei denen man viel denken mußte), es gab die Stunden, in denen sie lasen, und es gab die Stunden, in denen sie ihre Lehrkassetten hörten. Sie hatten Kassetten, um ihr Vokabular zu erweitern, und Kassetten für den Geographieunterricht, und sie lernten beide Französisch. Trotz der Melancholie, die nicht von mir abfallen wollte, mußte ich unwillkürlich lachen, wenn ich am Wohnzimmer vorbeikam und sah, wie sie einander gegenüber im Lotossitz auf dem Fußboden saßen und französische Aussprache übten, und jeder ahmte die Lippenhaltung nach, mit der der andere Vokale und Konsonanten bildete.

Obwohl der Sommer gekommen war und die meisten Kinder in ihrem Alter sich in der Sonne und am Strand vergnügten, im Freien Sport trieben und mit Freunden spielten, verbrachten die Zwillinge die meiste Zeit allein miteinander im Haus. Sogar ich, die nur ab und zu Spaziergänge durch unsere einst so schönen Gärten unternahm und manchmal am Strand entlanglief, hatte mehr Farbe im Gesicht als die beiden. Aber daran störten sie sich überhaupt nicht. Alles, was irgend jemand sonst tat, war entweder langweilig oder Zeitvergeudung. Mir war nie klar gewesen, wie arrogant und snobistisch sie eigentlich waren.

Zum Glück fand Jefferson Ablenkung und Zerstreuung, da er sich für die Bauarbeiten interessierte, das Wegräumen der Trümmer des abgebrannten Gebäudes und den Neuaufbau. Buster Morris war jetzt sein Kumpel. Jefferson zog nach dem Frühstück mit Onkel Philip los, aber den Tag verbrachte er an Busters Seite, und manchmal fuhr er auch mit ihm auf einer Planierraupe oder in einem Lastwagen. Oft stand Tante Bet in der Tür und erwartete ihn, wenn er abends zurückkam. Sie sorgte immer dafür, daß er die Schuhe auszog, doch eines Tages bestand sie darauf, er sollte auch seine Hose und sein Hemd ausziehen, weil beides schmutzig war. Jefferson paßte das überhaupt nicht, und er lehnte sie deshalb nur noch mehr ab, doch er nahm es hin und tat, was sie verlangte, weil er fürchtete, sie würde ihm verbieten, seine Tage mit Buster zu verbringen.

Ich las sehr viel und schrieb täglich einen Brief an Gavin. Ein paarmal telefonierten wir auch miteinander. Er hatte einen Job als Lagerist in einem Lebensmittelgeschäft angenommen, um sich genug Geld für das Flugticket nach Virginia zu verdienen. Er hatte vor, Ende August zu Besuch zu kommen. Ich konnte es kaum erwarten, ihn wiederzusehen. Er war jetzt der einzige Mensch, dem ich mich anvertrauen konnte.

Tante Trisha rief so oft sie konnte an, doch als sie das zweite Mal anrief, hatte sie schlechte Nachrichten. Ihre Show hatte sich am Broadway als ein Fehlschlag erwiesen, und sie hatte beschlossen, sich einer Gastspieltruppe anzuschließen. In einer Woche würden sie aufbrechen und quer durch das Land ziehen.

Sie versprach, so oft wie möglich anzurufen, aber ich war sehr enttäuscht. Ich hatte gehofft, ich könnte sie schon bald in New York City besuchen.

Schließlich fing ich wieder an, Klavier zu spielen, wenn auch eher, um mir die Zeit zu vertreiben, als aus dem tiefen Wunsch heraus, mich der Musik zuzuwenden. Mr. Wittleman hatte angerufen, um sich zu erkundigen, wie es mir ginge und wann ich meinen Unterricht wieder aufnehmen wollte. Ich sagte ihm, ich würde ihm Bescheid geben. Ich hielt es für besser, wenn ich eine Zeitlang allein übte, um wenigstens wieder auf das Niveau zu kommen, das ich erreicht hatte, ehe die Tragödie über uns hereingebrochen war.

Anfangs fiel es mir sehr schwer, mich hinzusetzen und meine Finger über die Tasten zu bewegen. Jedesmal, wenn ich eine Seite spielte, sah ich unwillkürlich Mommys stolzes Lächeln. Mir war nie klargewesen, wie ungeheuer groß die Rolle war, die sie bei meiner musikalischen Entwicklung gespielt hatte, und wie wichtig es für mich gewesen war, ihr Freude zu machen. Jetzt, ohne sie, war ich von einer gewaltigen Leere umgeben, und noch größer war die Leere, die ich in meinem Innern fühlte. In meinen Ohren klang meine Musik mechanisch, unbeseelt und hohl, aber anscheinend wirkte sie auf Onkel Philip nicht so.

Eines Nachmittags, als ich mich an eine Klaviersonate von Beethoven machte, hatte ich endlich das Gefühl, daß die Töne die Oberhand gewannen und es mir eine Zeitlang ermöglichten, aus meiner unglücklichen Welt zu entfliehen. Ich war derart in mein Spiel vertieft, daß ich nicht hörte, wie Onkel Philip hereinkam und sich hinsetzte, doch als ich die Sonate beendet hatte, klatschte er. Ich drehte mich abrupt auf dem Klavierhocker um und sah, wie er dasaß und lächelte.

»Ich bin sehr froh, daß du wieder Klavier spielst«, sagte er. »Deine Mutter würde sich auch darüber freuen, Christie.«

»Für mich ist es nicht mehr dasselbe wie früher«, erwiderte ich. »Nichts ist mehr so wie früher.«

»Es wird wieder so werden«, versprach er mir. »Du mußt nur abwarten und üben.«

Anscheinend freute ihn mein Klavierspiel so sehr, daß er es an jenem Abend beim Essen zum Thema Nummer eins machte. Tante Bet lächelte und machte ebenfalls ermutigende Bemerkungen. Nur die Zwillinge wirkten verdrossen. Jefferson blieb wie üblich beim Essen stumm und hielt sich zurück und stand vom Tisch auf, um zu gehen, sobald er die Erlaubnis bekam. Für ihn würde das Abendessen nie mehr das sein, was es früher einmal gewesen war, es würde nie mehr den Zauber der Mahlzeiten haben, bei denen Mommy und Daddy Jimmy und wir beide herumgesessen und geredet und einander liebevoll geneckt hatten. Mrs. Boston kam nicht aus der Küche, um Daddy Jimmy dafür auszuschelten, daß er auf mir oder Jefferson herumhackte. Sie hatte uns schon immer in Schutz genommen, wie Mommy.

Wie dem auch sei – ich übte weiter, und einige Tage später nahm ich meine erste Stunde bei Mr. Wittleman. Er sagte, ich hätte mich auffallend gut gehalten und technisch sogar mein Können vergrößert. An jenem Abend bat Onkel Philip mich beim Essen, der Familie danach etwas vorzuspielen. Ich wollte es ablehnen, doch er bat mich so inständig, daß es irgendwie schon peinlich wurde. Daher willigte ich schließlich ein. Nachdem das Dessert serviert worden war, kamen alle, sogar Jefferson, ins Wohnzimmer und nahmen hinter mir Platz. Ich spielte ein Nocturne von Chopin, das ich mit Mr. Wittleman geübt hatte.

Als ich das Stück beendet hatte, stand Onkel Philip auf und applaudierte. Tante Bet klatschte ebenfalls. Richard und Melanie klatschten zögerlich, und beide wirkten verärgert.

»Das war spektakulär, einfach phantastisch!« rief Onkel Philip. Er wandte sich an den Zwillinge. »Eure Cousine wird eines

Tages eine sehr berühmte Pianistin werden, und ihr werdet noch stolz darauf sein, mit ihr verwandt zu sein«, sagte er zu ihnen. Keiner der beiden Zwillinge schien beeindruckt zu sein.

»Ich kann es kaum erwarten, bis das Hotel wiederaufgebaut ist und eine neue Saison beginnt«, fuhr Onkel Philip fort, »damit Christie für unsere Gäste spielen kann. Wir werden von jedem Küstenstädtchen von Maine bis Florida beneidet werden.«

Er eilte zu mir, um mir einen Kuß zu geben, und aus den Augenwinkeln sah ich, wie Melanie die Lider senkte. Onkel Philips überschwengliche Anerkennung war mir peinlich, aber es gab nichts, was ich hätte sagen oder tun können, um ihn zurückzuhalten. Schließlich fragte Jefferson, ob er fernsehen dürfte, und so konnten wir entkommen. Die Zwillinge schauten selten mit uns zusammen fern. Sie lasen im allgemeinen oder hörten Musik oder spielten eines ihrer Brettspiele.

Aber am späten Nachmittag des nächsten Tages, als ich ins Wohnzimmer ging, um mich auf meine nächste Unterrichtsstunde bei Mr. Wittleman vorzubereiten, berührte ich die Klaviertasten und schrie voller Entsetzen auf. Mrs. Stoddard und Tante Bet kamen beide aus der Küche angerannt. Und die Zwillinge rasten die Treppe hinunter.

»Was ist passiert?« fragte Tante Bet und schnitt eine Grimasse. Ich hielt die Hände hoch, an den Handgelenken abgeknickt, so, daß die Finger nach unten hingen.

»Jemand...« Einen Moment lang brachte ich kein Wort heraus. »Jemand hat Unmengen von Honig über die Klaviertasten geschüttet!« rief ich. »Man hat versucht, mein Klavier kaputt zu machen.«

Richard und Melanie kamen näher und starrten die Tasten an. Melanie berührte eine Taste und roch an ihrer Fingerspitze.

»Igitt«, sagte sie und drehte sich um, um Mrs. Stoddard und Tante Bet ihren Finger zu zeigen.

»Ach, du meine Güte«, sagte Mrs. Stoddard kopfschüttelnd. »Wie grauenhaft.«

Tante Bets Gesicht rötete sich vor Wut.

»Das ist ein ganz abscheulicher Streich«, sagte sie. »Ich muß es sofort Philip sagen.« Sie stolzierte aus dem Haus. Mrs. Stoddard rannte in die Küche, um ein paar nasse Lappen zu holen, doch jeder Versuch, den Schaden zu beheben, war vergeblich, denn der Honig war zwischen die Tasten gelaufen und nach unten getropft, und die Tasten hingen fest.

»Es ist zwecklos, Mrs. Stoddard«, sagte ich. »Wir müssen jemanden kommen lassen, der das Klavier zerlegt.«

»Es tut mir leid, meine Liebe. Da hat dir jemand einen ganz gemeinen und hinterhältigen Streich gespielt.«

Ich nickte und nahm meine Noten, und dann ging ich ans Telefon und rief Mr. Wittleman an, um ihm zu sagen, er solle mir neue Termine geben und jemanden ausfindig machen, der das Klavier reparieren würde. Er war außer sich vor Entrüstung.

»Das ist eine mutwillige Zerstörung, die sich mit nichts entschuldigen läßt«, bemerkte er. »Wer so etwas tut, ist ein Barbar.«

Wenige Minuten, nachdem ich mit Mr. Wittleman gesprochen hatte, kam Tante Bet mit Onkel Philip zurück und führte ihn ins Wohnzimmer, um ihm das Klavier zu zeigen. Er schüttelte den Kopf und verzog das Gesicht.

»Das tut mir leid, Christie«, sagte er. »Wir werden der Sache sofort auf den Grund gehen.«

»Ich habe gerade mit Mr. Wittleman gesprochen. Er besorgt jemanden, der die Tasten reinigt.«

»Sehr gut.«

Wir drehten uns alle gleichzeitig um, als wir hörten, daß Richard und Melanie die Treppe hinunterstürmten. Sie tauchten beide atemlos vor Aufregung in der Wohnzimmertür auf.

»Vater«, sagte Richard, »sieh nur, was ich gefunden habe.«

Er hielt ein kleines Geschirrtuch hoch. Tante Bet nahm es ihm langsam aus der Hand.

»Es ist voller Honig«, sagte sie. »Jemand hat sich daran die Hände abgewischt. Wo hast du das gefunden, Richard?«

»Im Kleiderschrank, bei Jeffersons Sachen«, sagte er selbstgefällig und nickte, als hätte er es von Anfang an gewußt.

»Das kann nicht sein«, sagte ich. »So etwas tut Jefferson nicht.«

»Aber ich habe es dort gefunden«, beharrte Richard.

»Du lügst. So etwas tut mein Bruder nicht.«

Tante Bet wandte sich an Onkel Philip.

»Wo ist er?« fragte sie.

»Bei Buster«, erwiderte er.

»Hol ihn augenblicklich«, ordnete sie an. Onkel Philip warf einen Blick auf mich und nickte dann.

»NEIN«, schrie ich. »Ich werde ihn selbst holen.« Ich sah Richard, der weiterhin selbstgefällig und zuversichtlich wirkte, mit einem haßerfüllten Blick an.

Ich wandte mich ab und rannte aus dem Haus, um meinen kleinen Bruder zu holen. Es stimmte, daß Jefferson immer zu Streichen aufgelegt war, doch seine Streiche waren lustig, niemals gehässig und gemein. Es war ihm verhaßt, wenn er jemanden zum Weinen brachte, und ich wußte, daß er jetzt mehr denn je an mir hing und niemals etwas getan hätte, was mich derart aus der Fassung brachte. Ich fand ihn beim Werkzeugschuppen. Buster hatte ihn dazu abkommandiert, eine neue Tür vorzubehandeln. Er war offensichtlich sehr stolz auf diesen Auftrag und auf seine Arbeit.

»Jefferson, du mußt auf der Stelle mit mir nach Hause kommen«, sagte ich. Er schaute enttäuscht zu mir auf.

»Warum denn?«

»Jemand hat Honig über die Klaviertasten gegossen und das Klavier kaputt gemacht«, sagte ich. Er riß die Augen weit auf. »Richard hat im Kleiderschrank unter deinen Sachen ein Handtuch gefunden, an dem Honig klebt, und er hat Tante Bet und Onkel Philip soweit gebracht, daß sie jetzt glauben, du warst es.«

»Ich war es nicht!«

»Ich weiß, daß du es nicht warst. Ich bin sicher, daß er es war«, sagte ich. »Wir gehen jetzt zum Haus und bringen ihnen die Wahrheit bei.«

»Ich will nicht«, sagte Jefferson. »Ich muß diese Tür fertigstreichen.« Ich konnte die Angst in seinen Augen sehen.

»Es wird nichts passieren, Jefferson. Sie wird dir nichts tun«, versprach ich ihm. »Ich werde es nicht zulassen.«

»Wenn sie es doch tut«, sagte er, »dann laufe ich weg und komme nie wieder.«

»Sie wird dir nichts tun. Das verspreche ich dir.«

Widerwillig legte er den Pinsel hin und wischte sich die Hände an einem Lappen ab.

»Buster wird böse sein«, murmelte er.

»Onkel Philip wird ihm erklären, was passiert ist. Mach dir keine Sorgen.« Ich nahm ihn an der Hand, und wir liefen nach Hause.

Tante Bet führte ihre Verhandlung im Wohnzimmer durch. Wir wurden alle aufgefordert, uns hinzusetzen, sogar Onkel Philip und Mrs. Stoddard. Die Zwillinge setzten sich auf das Sofa und schauten Jefferson mit einem identischen Ausdruck der Entrüstung und des Vorwurfs an. Er saß neben mir auf dem anderen Sofa. Wenn die Luft nicht derart spannungsgeladen gewesen wäre, wäre ich in lautes Gelächter ausgebrochen, denn Tante Bet lief auf und ab und nahm wie Perry Mason in einem Gerichtssaal alle ins Kreuzverhör. Sogar Onkel Philip lehnte sich zurück und starrte sie fasziniert an.

»Diese schrecklich brutale Tat ist irgendwann zwischen gestern abend und heute nachmittag verübt worden«, begann sie und blieb stehen, um sich mit einer Hand auf das Klavier zu stützen. »Mrs. Stoddard und ich haben im Küchenschrank nachgeschaut und ein Glas Honig gefunden, das fast leer ist.« Sie gab Mrs. Stoddard ein Zeichen, die daraufhin das Honigglas hochhob, das sie in den Händen hielt. »Mrs. Stoddard und ich erinnern uns beide daran, daß das Glas fast zu drei Viertel voll war. Das ist doch richtig, nicht wahr, Mrs. Stoddard?«

»O ja, Ma'am.«

Tante Bet lächelte, als sei dieser Beweis ausreichend, um den Fall aufzuklären.

»Da Mrs. Stoddard heute morgen um sechs Uhr fünfzehn in der Küche war, hat derjenige, der die Tat verübt hat, sie vor diesem Zeitpunkt ausgeführt.«

»Es sei denn, jemand hätte das Glas vorher entfernt und erst hinterher wieder zurückgebracht«, sagte ich. Tante Bets selbstzufriedenes Lächeln verblaßte.

»In dem Punkt hat sie recht, Betty Ann«, sagte Onkel Philip und lächelte mich an.

»Diese Tat ist letzte Nacht begangen worden, nachdem wir uns alle in unsere Zimmer zurückgezogen hatten«, beharrte Tante Bet. »Also«, fuhr sie fort und lief durch den Raum, um erst das Handtuch aufzuheben, das neben dem Sofa auf dem Boden lag, und sich dann vor Jefferson und mir aufzubauen, »wie kommt dieses Handtuch in deinen Schrank, Jefferson?«

»Das weiß ich nicht«, sagte Jefferson achselzuckend.

»Bist du nicht letzte Nacht aufgestanden und nach unten gegangen, um das Klavier kaputt zu machen?« fragte sie ihn rundheraus.

Jefferson schüttelte den Kopf.

»Bist du nicht in die Küche gegangen, hast das Honigglas

geholt, den Inhalt über die Klaviertasten geschüttet, das Glas in die Küche zurückgebracht und dir dieses Geschirrtuch geschnappt, um dir die Hände daran abzuwischen, und bist dann wieder nach oben gerannt und hast das Geschirrtuch in deinen Kleiderschrank geworfen, weil du gehofft hast, dort würde es niemand finden?« folgerte sie und ließ ihre Fragen auf ihn niederprasseln, während sie ihn anklagend anschaute. Jefferson schüttelte den Kopf und fing an zu weinen.

»Du weinst, weil du es getan hast, stimmt's?« fragte sie. Jefferson schluchzte immer heftiger. »Stimmt's?« Sie packte ihn an der kleinen Schulter und fing an, ihn zu schütteln. »DU HAST ES GETAN!« schrie sie.

»Laß ihn in Ruhe«, rief ich und riß ihre Hand von seiner Schulter. Jefferson schlang augenblicklich die Arme um mich, und ich drückte ihn an mich und schaute Tante Bet finster an. »Er hat es nicht getan. So etwas täte er nie.«

Sie nahm eine aufrechte Haltung ein, verzog das Gesicht und verschränkte die Arme unter ihrem kleinen Busen. Ich wandte mich an Onkel Philip.

»Er ist noch nie nachts allein durch das Haus gelaufen, Onkel Philip. Er würde sich viel zu sehr fürchten. Er ist doch noch ein kleiner Junge.«

»Nicht zu klein für den Versuch, ein wertvolles Klavier zu zerstören«, fauchte Tante Bet.

»Er war es nicht. Mrs. Stoddard«, sagte ich. »Lassen Sie mich das Honigglas bitte einmal ansehen.« Sie schaute zu Tante Bet auf, die ihr bedeutete, ihr sei es recht. Mrs. Stoddard reichte mir das Glas, und ich schaute es an und warf dann einen flüchtigen Blick auf Richard, der ausdruckslos dasaß. Noch nicht einmal seine Augen verrieten irgendeine Regung.

»War das Glas so sauber, oder haben Sie es abgewischt, Mrs. Stoddard?« fragte ich.

»Genauso haben wir es gefunden«, erwiderte sie.

»Selbst wenn Jefferson so etwas täte«, sagte ich entschieden, »dann würde er seine Sache nie derart ordentlich machen. Kein Tropfen ist außen am Glas heruntergelaufen. Es ist noch nicht einmal klebrig.«

»Das ist ein guter Einwand, Betty Ann«, sagte Onkel Philip.

»Er hat es abgewischt«, erwiderte sie rasch. »Mit diesem Geschirrtuch, das er dann in seinen Kleiderschrank geworfen hat.«

»Honig kann man nicht mit einem trockenen Handtuch abwischen, nicht soweit, daß das Glas nicht mehr klebt«, beharrte ich. »Wer dieses Handtuch in Jeffersons Schrank geworfen hat«, sagte ich und sah Richard wütend an, »hat ganz einfach Honig darübergeschüttet und ihn in dem Tuch verrieben.«

»Das ist ja... das ist ja... lachhaft«, sagte Tante Bet, aber Onkel Philip war nicht ihrer Meinung. Sein Blick fiel auf Richard.

»Hast du das getan, Richard?« fragte er.

»Natürlich nicht, Vater. Glaubst du, ich würde mich wie ein Vandale benehmen?«

»Das hoffe ich nicht. Melanie, ist Richard im Laufe der Nacht irgendwann aufgestanden und nach unten gegangen?« fragte Onkel Philip. Sie schaute erst Richard an und dann Onkel Philip, ehe sie den Kopf schüttelte. »Bist du ganz sicher?« Sie nickte, wenn auch ohne Nachdruck.

Onkel Philip starrte seine Zwillinge einen Moment lang an und schaute dann zu Tante Bet.

»Ich denke, dabei werden wir es belassen müssen«, sagte er.

»Aber, Philip, das Klavier...«

»Es wird repariert werden. Von jetzt an«, sagte er, »will ich nicht mehr sehen, daß jemand anderes als Christie auch nur in die Nähe des Klaviers kommt. Verstanden? Niemand wird es auch nur anrühren.« Er schaute die Zwillinge finster an und wandte sich dann wieder Jefferson und mir zu. Jefferson hatte aufgehört zu schluchzen.

»Ich muß jetzt wieder gehen und Buster helfen«, sagte Jefferson.

»Geh schon«, erwiderte Onkel Philip.

»Man sollte ihn bestrafen«, beharrte Tante Bet. »Man sollte ihn...«

»Er ist es nicht gewesen, Tante Bet«, rief ich und warf einen haßerfüllten Blick auf Richard.

»Aber er...«

»BETTY ANN!« schrie Onkel Philip. »Laß es auf sich beruhen«, sagte er langsam und entschieden. Sie biß sich auf die Unterlippe.

»Also gut«, sagte sie nach einem Moment. »Ich glaube, wir haben deutlich gezeigt, wie betroffen wir sind, und wir haben euch gewarnt, für den Fall, daß so etwas jemals wieder passieren sollte...«

Ihre Worte blieben in der Luft hängen. Jefferson verließ langsam das Wohnzimmer und rieb sich die Augen. Ich reichte Mrs. Stoddard das Honigglas, und die Zwillinge huschten aus dem Zimmer und die Treppe hinauf wie zwei Mäuse, die den Krallen einer Katze durch ein Wunder entkommen waren.

Tante Bet war schrecklich enttäuscht, weil es ihr mißlungen war, den schlüssigen Beweis dafür zu erbringen, daß Jefferson der Übeltäter war, der das Klavier mutwillig zerstört hatte, und sie zeigte ihre Frustration in vielen Arten, insbesondere jedoch in ihrem Tonfall, wenn sie mit meinem kleinen Bruder sprach. Mit den Zwillingen redete sie freundlich, leise und respektvoll, doch Jefferson sprach sie nie an, ohne ihn anzufauchen, und dabei wurden ihre Augen zu zwei kalten Steinen. Sie kritisierte ihn bei jeder Gelegenheit, die sich ihr bot, und sie bemäkelte nach wie vor seine Tischmanieren, die Kleider, die er trug, die fehlende Gründlichkeit, mit der er sich das Gesicht oder die Hände gewaschen hatte. Sie kritisierte sogar seine Haltung und seinen Gang. Wenn sie auf einer Wand einen Fleck oder auf dem Boden Schmutz fand, war immer alles Jeffersons Schuld. Jefferson schleppte Dreck ins Haus; Jefferson faßte mit schmutzigen Händen Dinge an. Tag und Nacht wurde der Frieden des Hauses von Tante Bets schriller Stimme durchbrochen, wenn sie schrie: »JEFFERSON LONGCHAMP!« Auf ihre Schreie folgte jedesmal irgendein Vorwurf.

Als ich mich bei ihr darüber beklagte, daß sie auf ihm herumhackte, bedachte sie mich mit ihrem eisigen, verkniffenen Lächeln und erwiderte: »Es ist nur natürlich, wenn du deinen Bruder in Schutz nimmst, Christie, aber sei nicht blind gegenüber seinen Fehlern, oder er wird sich nie bessern.«

»Er wird sich nicht bessern, wenn du ihn weiterhin ständig anschreist und auf ihm herumhackst«, sagte ich zu ihr.

»Ich hacke nicht auf ihm herum. Ich weise ihn nur auf seine Fehler hin, damit er sein Augenmerk darauf richten und sich seine Unarten abgewöhnen kann. Genauso, wie ich es bei meinen eigenen Kindern auch handhabe.«

»Wohl kaum«, sagte ich. »Wenn man dich hört, könnte man glauben, deine Kinder seien vollkommen.«

»Christie!« sagte sie und zog die Schultern zurück, als hätte ich sie geohrfeigt. »Das ist eine Frechheit.«

»Das ist mir egal«, sagte ich. »Ich bin nicht gern respektlos, aber ich werde nicht untätig dastehen und stumm mit ansehen, wie du meinen kleinen Bruder in Stücke reißt.«

»Ach du meine...«

»Laß mich in Ruhe«, sagte ich. Mir strömten zwar die Tränen in die Augen, doch mein Rücken war so starr wie ein Fahnenmast, und daran wehte die Fahne meines Stolzes. Tante Bet konnte nur noch stammeln und eilig fortlaufen.

»Also... aber... nun...«, sagte sie.

Es war nicht schwer vorauszusagen, daß die Schwierigkeiten zwischen uns so schnell kein Ende finden würden. Ihr Selbstwertgefühl war angeschlagen, und je mehr Onkel Philip mich oder Jefferson verteidigte, desto wütender und gemeiner wurde sie. Ihr Lächeln wurde immer kälter und künstlicher. Oft ertappte ich sie dabei, daß sie mich finster ansah, wenn sie glaubte, ich bemerkte es nicht. Ihre dünnen Lippen preßten sich zu einem Strich zusammen, oder ihre Nasenflügel bebten. Ich wußte, daß sie mir keineswegs wohlgesonnen war, denn ihr schoß jedesmal das Blut ins Gesicht, als hätte ich sie bei einer Grausamkeit auf frischer Tat ertappt.

All das schrieb ich in meine Briefe an Gavin und wartete nur darauf, daß er meine Briefe beantworten oder anrufen würde. Als fast eine Woche vergangen war und keine Briefe von ihm kamen und er nicht anrief, rief ich ihn an, um mich zu erkundigen, ob etwas passiert war.

»Nein, gar nichts ist passiert«, sagte er. »Ich habe dir diese Woche zwei Briefe geschrieben.«

»Dann weiß ich nicht, warum ich sie nicht bekommen habe«, sagte ich.

»Vielleicht ist die Post langsam. Jedenfalls ist die gute Nachricht die, daß ich in drei Wochen zu dir zu Besuch kommen werde«, sagte er.

»In drei Wochen! O Gavin, für mich klingt das, als müßte ich noch drei Jahre warten«, erwiderte ich. Er lachte.

»Es sind aber keine drei Jahre. Die Zeit wird schnell vergehen.«

»Vielleicht für dich«, sagte ich, »aber hier ist das Leben so unerfreulich, daß mir jeder Tag wie eine Woche vorkommt.«

»Das tut mir leid. Ich werde sehen, was ich tun kann, um vielleicht doch früher zu kommen«, versprach er.

Zwei Tage später entdeckte ich zufällig, warum ich seit mehr als einer Woche keinen Brief von Gavin bekommen hatte. Mrs. Stoddard hatte den Fehler begangen, unsere Abfälle schon am Vorabend rauszutragen und nicht erst am frühen Morgen des Tages, an dem sie abgeholt wurden, und ein herrenloser Hund oder vielleicht auch ein Eichhörnchen hatte einen Müllsack aufgerissen und den Inhalt um die Tonne herum verstreut. Ich holte hinter dem Haus einen Rechen und fing an, die Abfälle zusammenzurechen, als mir zufällig ein Briefumschlag auffiel, der an mich adressiert war. Ich hob ihn auf.

Es war ein Brief von Gavin, und er trug das Datum der letzten Woche. Jemand hatte ihn aus dem Briefkasten genommen, ehe ich die Post geholt hatte, hatte ihn aufgerissen, um ihn zu lesen, und hatte ihn dann weggeworfen.

Entrüstet stürzte ich ins Haus.

Die Zwillinge saßen im Wohnzimmer auf dem Fußboden und spielten Scrabble. Tante Bet las eine ihrer Frauenzeitschriften, und Mrs. Stoddard hielt sich in der Küche auf. Onkel Philip und Jefferson waren schon im Hotel.

»WER WAR DAS?« schrie ich und hielt den Brief hoch. »WER HAT MEINE POST GELESEN UND SIE WEGGEWORFEN?«

Ich stand da und keuchte vor Wut, und meine Augen waren weitaufgerissen, mein Gesicht glühte vor Zorn. Tante Bet schaute unbeteiligt von ihrer Zeitschrift auf und sah mich an. Die Zwillinge hielten in ihrem Spiel inne und schauten mich beide verdutzt an.

»Wovon redest du bloß, Christie?« fragte Tante Bet.

»Von meiner Post, meiner Post«, tobte ich. »Jemand hat sie geholt, gelesen und weggeworfen.«

»Ich glaube nicht, daß sich hier irgend jemand für deine Post interessieren würde, meine Liebe. Sie muß versehentlich im Mülleimer gelandet sein. Vielleicht hast du den Brief selbst weggeworfen.«

»Ganz bestimmt nicht!«

»Christie, ich muß darauf bestehen, daß du augenblicklich aufhörst, derart rumzuschreien. In unserem Haus sind wir derartige Ausbrüche nicht gewohnt«, sagte sie.

»Das ist nicht euer Haus! Es ist mein Haus. Wer von euch war es?« fragte ich und drehte mich zu den Zwillingen um. Beide wichen zurück, als ich auf sie zuging.

»Christie, laß sie in Ruhe. Sie spielen so nett miteinander«, warnte mich Tante Bet.

»Du warst es, stimmt's?« beschuldigte ich Richard.

»Ich war es nicht. Nichts interessiert mich weniger als deine doofe Post.«

Mein Blick wanderte von ihm zu Melanie, die schnell die Augen niederschlug.

»Dann warst du es also«, sagte ich. Sie schüttelte den Kopf.

»Wenn sie sagen, daß sie es nicht getan haben, dann haben sie es nicht getan. Und jetzt hörst du sofort damit auf, oder muß ich deinen Onkel holen lassen?« drohte sie mir.

»Von mir aus kannst du den Präsidenten der Vereinigten Staaten holen lassen«, sagte ich zu ihr. »Wenn du je wieder einen Brief anrührst, der an mich gerichtet ist, oder dich an irgend etwas sonst vergreifst, was mir gehört...«, drohte ich Melanie. »Dann werde ich dir die Haare Strähne für Strähne einzeln ausreißen.«

»Christie!«

Mit diesen Worten rannte ich aus dem Wohnzimmer und eilte nach oben, um den Brief zu lesen. An jenem Abend verlief unser sonst schon so trostloses Abendessen noch schlimmer. Ab und zu ertappte ich Onkel Philip dabei, wie er mich anstarrte. Jedesmal, wenn ich ihn dabei erwischte, zuckten seine Lippen und verzogen sich zu dem Anflug eines Lächelns. Später, als ich mich in mein Zimmer zurückgezogen hatte, klopfte er an meine Tür.

»Kann ich dich einen Augenblick sprechen?« fragte er.

»Ja.«

»Betty Ann hat mir berichtet, was heute vorgefallen ist. Es tut mir leid, daß jemand deine Post an sich genommen hat, aber du solltest niemanden anklagen, solange du nicht ganz sicher bist. Das ist genauso schlimm wie das, was Jefferson passiert ist«, fügte er rasch hinzu.

»Melanie hat einen sehr schuldbewußten Eindruck auf mich gemacht«, brachte ich zu meiner Verteidigung vor.

»Das mag sein, aber Jefferson hat auch sehr schuldbewußt gewirkt, und er hat schon eine ganze Menge angestellt, und es ist bekannt, daß er ein ungezogener Junge sein kann. Oh, nichts so Ernstes wie die Sache mit dem Klavier, aber trotzdem…«

»Jemand hat meinen Brief an sich genommen«, stöhnte ich. »Er ist nicht von selbst in die Mülltonne gewandert.«

»Nein, ganz bestimmt nicht. Aber es könnte versehentlich passiert sein.«

»Der Brief ist geöffnet worden; das kann kein Versehen gewesen sein. Und außerdem ist das nicht der einzige Brief, der mich nicht erreicht hat«, sagte ich. Er nickte, sein Gesicht spannte sich an, und seine Augen wurden kleiner.

»Also gut, ich werde sehen, was ich darüber in Erfahrung bringen kann, aber laß uns bitte versuchen, eine Zeitlang in Frieden miteinander zu leben. Einverstanden?« fragte er mich lächelnd. »Beim Wiederaufbau des Hotels läßt sich alles gut an. Die Versicherung deckt einen weit größeren Teil der Unkosten, als ich erwartet habe. Wir werden es schaffen und wieder eine der bedeutenden Familien von Cutler's Cove werden.«

Am liebsten hätte ich ihm gesagt, daß mir all das nicht wichtig war. Mir war vollkommen gleichgültig, ob ich dieses Hotel je wieder betreten würde. Das Hotel hatte meine Eltern getötet, sie in gewisser Weise verraten. Ich hatte das Hotel nie besonders gern gemocht, aber jetzt war es für mich etwas Böses, etwas Bedrohliches. Aber ich sagte kein Wort. Ich wußte, daß er es nicht verstehen würde, und vielleicht wäre er auch geblieben und hätte versucht, mich vom Gegenteil zu überzeugen.

Statt dessen tat ich das, worum er mich gebeten hatte. Ich ging Streitigkeiten aus dem Weg, übte Klavier und unternahm lange Spaziergänge am Strand. Am Abend las ich, schrieb meine Briefe, telefonierte mit meinen Freundinnen und sah manchmal fern. Ich hatte einen Kalender an der Wand hängen und strich die Tage bis zu Gavins Ankunft einzeln durch. Das und meine Musik waren die einzigen Gründe für mich, morgens überhaupt aus dem Bett aufzustehen.

Die Situation entspannte sich tatsächlich, und ich verstand mich besser mit Mrs. Stoddard. Schließlich, sagte ich mir, war es nicht ihre Schuld, daß Tante Bet Mrs. Boston aus dem Haus getrieben und sie als Ersatz geholt hatte. Jefferson mochte sie auch immer mehr, und ich konnte sehen, daß sie ihn bevorzugte. Das entging auch den Zwillingen nicht, und es dauerte nicht lange, bis sie sich über Mrs. Stoddard beklagten und Tante Bet etwas an ihrem Putzen und an ihrem Kochen auszusetzen hatte.

Niemand konnte für diese Menschen arbeiten, dachte ich. Sie waren einfach widerwärtig.

Ich stattete den Gräbern weiterhin meine nächtlichen Besuche ab und weinte mich bei Mommy und bei Daddy Jimmy aus und beklagte mich bei ihnen. Im allgemeinen war mir danach wohler zumute. Ich ertappte Onkel Philip kein einziges Mal mehr bei einem nächtlichen Friedhofsbesuch, doch eines Abends, als ich gerade vom Friedhof zurückgekehrt und so leise wie immer ins

Haus geschlichen war und auf Zehenspitzen die Treppe hinaufstieg, fand der einstweilige häusliche Frieden ein abruptes und explosives Ende.

In dem Moment, in dem ich den zweiten Treppenabsatz erreichte, kam Tante Bet aus meinem Zimmer gestürzt.

»Wo warst du?« fragte sie. Sie hatte die Hände hinter dem Rücken, als hielte sie dort etwas, was ich nicht sehen sollte.

»Ich habe einen Spaziergang gemacht«, sagte ich. »Was hattest du in meinem Zimmer zu suchen?«

»Was für einen Spaziergang? Wohin? Mit wem hast du dich getroffen? Du hast dich doch mit jemandem getroffen, oder nicht?« warf sie mir an den Kopf.

»Was?«

»Ich habe es dir doch gesagt«, sagte sie zu Onkel Philip, der an der Schlafzimmertür stand. Er starrte mich an, und auf seinem Gesicht stand keineswegs ein wütender Ausdruck, sondern viel eher ein Ausdruck tiefen und echten Erstaunens. »Du hast heimlich einen Freund, stimmt's? Du triffst dich irgendwo mit ihm.« Sie schüttelte angewidert den Kopf. »Du bist genauso wie Fern.«

»Tante Bet, ich weiß nicht, wovon du redest, aber ich wüßte gern, warum du in meinem Zimmer warst. Was hältst du überhaupt hinter deinem Rücken?« fragte ich.

Sie lächelte schadenfroh und zog langsam die Arme hinter ihrem Rücken heraus.

»Ekelhaft«, sagte sie und hielt mein Exemplar von »Lady Chatterly« hoch, und das Buchzeichen, das ich im zehnten Kapitel eingelegt hatte, war noch an dieser Stelle.

9
Ein Verrat zuviel

»Wie kannst du es wagen, in meinen Schränken und Schubladen herumzuschnüffeln!« rief ich. »Du hast kein Recht, in mein Zimmer zu gehen und dich dort umzuschauen. Du bist nicht meine Mutter! Du könntest niemals meine Mutter sein!« wütete ich.

Tante Bet nahm eine aufrechte Haltung an und hob hochmütig den Kopf. Die Zwillinge erschienen gleichzeitig in den Türen ihrer Schlafzimmer und schauten mit verschlafenen, aber neugierigen Augen zu uns her. Nur Jefferson war nicht aufgewacht, ein Umstand, für den ich dankbar war. Er hatte schon oft genug erlebt, was Tante Bet tat, und allzuoft war er ihr Opfer gewesen.

»Ich habe nicht vor, deine Mutter zu sein, Christie, aber dein Onkel und ich haben jetzt die Vormundschaft für dich, und das bringt eine große Verantwortung mit sich. Wir sind dazu da, dafür zu sorgen, daß solche Dinge nicht passieren«, fügte sie hinzu und wedelte mit dem Buch durch die Luft.

»Was für Dinge?«

Ich wandte mich an Onkel Philip, doch er starrte mich weiterhin mit diesem erstaunten Gesichtsausdruck an.

»Dasselbe ungehörige Benehmen, für das deine Tante Fern inzwischen schon berüchtigt ist«, erwiderte sie kühl. »Ich weiß, wie ihr sogenannten modernen Teenager euch benehmt«, sagte sie und nickte. »Ihr seid weitaus promiskuitiver, als es Mädchen in deinem Alter zu meinen Zeiten waren.«

»Das ist nicht wahr... zumindest bei mir trifft es nicht zu«, erwiderte ich.

»Ach, wirklich?« Sie lächelte kalt. »Warum hast du dann in diesem obszönen Buch gerade an dieser speziellen Stelle ein Lesezeichen?« fragte sie und schlug das Buch auf. Ich spürte, wie mein Gesicht knallrot wurde. »Möchtest du vielleicht, daß ich den betreffenden Abschnitt laut vorlese?«

»Nein!«

»Ist das deine Fibel, dein Lehrbuch für sexuelles Verhalten? Hast du dir hier deine Anregungen geholt und dich dann nachts aus dem Haus geschlichen, um mit einem Jungen aus dem Ort das auszuprobieren, was du dir angelesen hast?« fragte sie in einem anklagenden Tonfall.

»Ich habe mich mit niemandem getroffen!« sagte ich, doch sie hörte mir gar nicht mehr zu. Ihre Gedanken hatten längst einen eigenen Weg eingeschlagen und sich verselbständigt, und diesen Weg verfolgte sie jetzt, gleichgültig, was ich oder jemand anderes hätte sagen können.

»Ich habe Philip oft gesagt, daß Dawn und Jimmy Fern nicht im Griff haben. Es ist so schlimm geworden, daß sie nicht mehr über sie bestimmen konnten, und sie hat sich in der Schule immer wieder in ernste Schwierigkeiten gebracht, und das wird sie auch weiterhin tun. Es ist ein Wunder, daß sie noch nicht schwanger ist«, schloß Tante Bet. »Und jetzt trittst du in ihre schmutzigen Fußstapfen.«

»Nein, eben nicht!«

»Aber mit mir kannst du das nicht machen«, sagte sie und ignorierte, daß ich bestritt, was sie mir vorwarf. »Ich werde nicht so schwach und nachsichtig wie Dawn sein. Schließlich sind der Ruf deines Onkels und mein Ruf untrennbar mit deinem Ruf verknüpft. Was du anstellst, ist nicht nur deine persönliche Angelegenheit. Deine Taten fallen auch auf uns zurück.«

»Ich habe nichts Böses getan!« rief ich, und die Tränen strömten jetzt ungehindert über meine Wangen.

»Und das wirst du auch nicht tun. Ich verbiete dir, in meinem Haus diese Art von lüsterner Lektüre zu lesen«, sagte sie.

»In deinem Haus?« murmelte ich. In ihrer Vorstellung hatte sie Jeffersons Leben und mein Leben vollständig an sich gerissen, unser Haus an sich gerissen, unser Eigentum, selbst unsere geheimsten Gedanken.

Und während sie tobte und wütete und mich beschimpfte und mit dem Buch vor meinem Gesicht herumfuchtelte, das Tante Fern mir geschenkt hatte, stand Onkel Philip wie eine Statue seiner selbst daneben, und sein Gesicht war regungslos, abgesehen von dem gelegentlichen Zwinkern und dem Beben seiner Lippen.

»Ich werde dieses Buch an mich nehmen«, sagte sie.

»Wahrscheinlich nimmst du es mir nur weg, weil du es selbst lesen willst«, murmelte ich haßerfüllt.

»Was? Was hast du gesagt?« fragte sie. Ich verschränkte die Arme vor der Brust und schaute auf den Fußboden, und ich konnte beim besten Willen nicht verhindern, daß meine Schultern sich hoben und senkten, als ich schluchzte.

»Du hattest nicht das Recht, in meinem Zimmer herumzuschnüffeln«, beklagte ich mich.

»Ich habe nicht in deinem Zimmer herumgeschnüffelt. Mrs. Stoddard ist beim Putzen zufällig auf dieses Buch gestoßen und hat es mir erzählt. Daraufhin bin ich in dein Zimmer gegangen, um mit dir darüber zu reden, und dabei habe ich entdeckt, daß du dich zu irgendeinem Rendezvous aus dem Haus geschlichen hast. Dann habe ich selbst nachgesehen und gehofft, es sei nicht wahr, was Mrs. Stoddard mir gesagt hat. Leider war es aber doch die Wahrheit.«

Ich glaubte ihr nicht, aber ich war zu müde, um mich noch länger mit ihr zu streiten.

»Von jetzt an will ich nicht mehr, daß du das Haus nach acht Uhr ohne eine ausdrückliche Genehmigung von deinem Onkel oder von mir persönlich verläßt. Und wir müssen wissen, wohin du gehst und mit wem. Ist das klar? Ist das klar?« fragte sie, und ihre Worte waren wie kleine Dolche, doch ich antwortete nicht sofort darauf.

»Ja, ja«, sagte ich dann und eilte an ihr vorbei in mein Zimmer und knallte die Tür hinter mir zu. Ich warf mich aufs Bett und begrub mein Gesicht im Kissen. Ich weinte, bis der Quell meines Kummers versiegt war, und dann seufzte ich und setzte mich langsam auf. Ich ließ meine Fingerspitzen über die goldene Armbanduhr gleiten, die Mommy und Daddy Jimmy mir geschenkt hatten. Mir schmerzte das Herz, weil ich die beiden so sehr vermißte.

Niedergeschlagen und erschöpft stand ich auf und machte mich zum Schlafengehen fertig. Für mich wurde der Schlaf immer mehr zu einer Art Flucht. Mich erschreckte die Feststellung, wie sehr ich mich darauf freute, die Augen zu schließen und mich aus dieser Welt zurückzuziehen, die ich jetzt als finster und trübselig empfand. Am liebsten hätte ich länger und noch viel länger geschlafen, bis ... am liebsten hätte ich bis in alle Ewigkeit geschlafen, dachte ich.

Ich wusch mir das Gesicht und zog mir einen Flanellschlafanzug an, den mir Mommy gekauft hatte. Ich fröstelte bis auf die Knochen, und selbst, nachdem ich schon unter die Decke gekrochen war, zitterte und bebte ich noch so sehr, daß meine Zähne klapperten. In der Hoffnung, ich würde in einen tiefen Schlaf versinken, preßte ich die Augen fest zu, doch wenige Momente darauf hörte ich, wie leise an meine Tür geklopft wurde. Anfangs glaubte ich, ich hätte es mir nur eingebildet, doch dann wurde wieder angeklopft.

»Wer ist da?« rief ich mit matter Stimme. Die Tür ging auf, und Onkel Philip trat ein und schloß die Tür leise hinter sich. Er war im Schlafanzug und trug keinen Morgenmantel darüber. Im

schwachen Schein meines Nachtlichts sah ich, daß er lächelte.
»Was ist denn jetzt schon wieder los, Onkel Philip?« fragte ich.

Er kam direkt auf mein Bett zu und setzte sich neben mich.

»Ich wollte nicht, daß du mit einem unguten Gefühl einschläfst«, sagte er. Er strich mir mit dem Handrücken zart über die Wange. Dann nahm er meine Hand in seine. »Betty Ann kann manchmal etwas grob sein. Sie meint es nicht so; es liegt nur an ihrer nervlichen Verfassung«, erklärte er.

»Sie ist in keiner schlechten nervlichen Verfassung«, fauchte ich und entzog ihm meine Hand. Ich hatte es satt, mir Entschuldigungen für sie anzuhören. »Sie ist einfach nur gemein.«

»Nein, nein, sie fürchtet sich lediglich«, beharrte er.

»Sie fürchtet sich? Wovor denn? Vor mir?« Ich fing an zu lachen. »Sie tut hier ohnehin, was sie will, egal, was ich sage... sie quält Jefferson, sie wirft Mrs. Boston raus, sie stellt ihre eigenen strengen Vorschriften auf, und sie besteht darauf, daß wir größte Rücksicht auf sie nehmen«, rasselte ich herunter.

»Sie fürchtet sich davor, für eine reife junge Dame die Verantwortung zu tragen, die ihr noch dazu am Herzen liegt«, sagte er.

»Wieso? Sie hat doch schließlich Melanie, oder nicht?»

»Ja, aber Melanie ist noch ein Kind. Du bist eine heranreifende Frau, die ganz offensichtlich die Bedürfnisse und Sehnsüchte einer Frau hat«, fügte er leise hinzu, und seine Augen wurden kleiner. Seine Lippen waren so feucht, daß sie in dem Lichtkegel der Lampe schimmerten. »Du kannst mir die Wahrheit sagen. Hast du dich heute abend mit jemandem getroffen?« fragte er freundlich.

»Nein. Ich habe einen Spaziergang gemacht. Beim Laufen kann ich besser nachdenken«, sagte ich. Ich hätte nicht gewagt, ihm zu sagen, daß ich auf den Friedhof gegangen war. Dann hätte er leicht vermuten können, daß ich auch in der Nacht dort gewesen war, in der er das Grab meiner Mutter aufgesucht hatte.

Er lächelte nur noch strahlender.

»Ich glaube dir«, sagte er. Dann wurde er sehr ernst. »Aber diese Gefühle, diese neuerwachten Gelüste, die können einen jungen Menschen derart stark verwirren, daß er oder sie manchmal glaubt, verrückt zu werden.« Er schlug sich die Hände auf die Brust und schloß die Augen. »Diese Gefühle martern und bestürmen einen innerlich und geben einem das Gefühl, man könnte explodieren, wenn man sich keine Linderung verschafft. Man will etwas berühren, etwas spüren, sich an etwas pressen, das einen... das einen beruhigen wird. Habe ich recht? Ist es das, was du empfindest?«

»Nein, Onkel Philip«, sagte ich. Seine Augen waren weitaufgerissen, als er diese Worte sagte, und sie glänzten so sehr, daß es mich erschreckte und fast um den Verstand brachte.

»Ich weiß«, sagte er und lächelte wieder, »daß es dich ein wenig in Verlegenheit bringt, mir diese Dinge zu erzählen. Darüber würdest du sicher lieber mit deiner Mutter reden. Aber so, wie die Dinge stehen«, sagte er kopfschüttelnd, »ist deine Mutter nicht mehr für dich da, und Betty Ann... nun ja, Betty Ann ist keine Frau von der Art, die für solche Gedanken und Gespräche empfänglich wäre. Ich verstehe dein Bedürfnis, dich jemandem anzuvertrauen, der sich sehr viel aus dir macht. Ich bin heute zu dir gekommen, um dir anzubieten, daß du dich in jeder Hinsicht an mich wenden kannst. Ich will dir helfen«, sagte er rasch. »Oh, ja, ich weiß, ich kann dir deine Mutter nicht ersetzen, und ich will noch nicht einmal versuchen, das zu tun, aber du kannst mir vertrauen, Christie. Ich werde deine Geheimnisse tief in meinem Herzen verschlossen halten.«

»Ich habe keine Geheimnisse, Onkel Philip«, sagte ich.

»Ich meine nicht direkt Geheimnisse. Ich meine Gefühle«, sagte er. »Deshalb hast du dich doch auch so eifrig auf das Buch gestürzt, das dir Fern geschenkt hat, stimmt's? Du wolltest etwas über diese Dinge wissen, und das ist nur natürlich in deinem Alter. Warum solltest du unwissend durch die Gegend laufen und keine Ahnung haben, was sich zwischen einem Mann und einer Frau abspielt, nur weil deine Mutter nicht mehr da ist und dir diese Dinge erklären kann?

Tja«, fuhr er fort und lächelte wieder. »Ich bin jedenfalls für dich da. Kann ich dir helfen? Kann ich dir eine Frage beantworten oder dir ein Gefühl erklären?«

Ich schüttelte den Kopf. Ich wußte nicht, was ich sagen sollte. Was für eine Art von Fragen erwartete er eigentlich von mir? Mein Zögern entmutigte ihn nicht.

»Ich stelle fest«, sagte er nickend, »daß du dich nicht dazu durchringen kannst, diese Gefühle in Worte zu fassen. Für mich war es dasselbe wie für deine Mutter.

Als wir uns kennengelernt haben, war sie nicht viel älter, als du es heute bist, und ich war etwa in deinem Alter, verstehst du. Damals haben wir uns einander anvertraut«, sagte er im Flüsterton. »Wir haben unsere geheimsten Gedanken und Gefühle zur Sprache gebracht. Wir hatten Vertrauen zueinander. Wenn sie mir vertraut hat, dann kannst du mir erst recht vertrauen.«

Er preßte seine rechte Handfläche auf mein Zwerchfell und ließ sie langsam und geschmeidig höher bis zu meinen Brüsten gleiten. Bei seiner Berührung zuckte ich zusammen, doch das hielt ihn nicht auf. Er schien sich nicht daran zu stören oder auch nur wahrzunehmen, daß es mir unangenehm war.

»Weißt du, ich war der erste Junge, der erste Mann, der sie hier berührt hat«, sagte er und preßte seine Handfläche auf meine Brust. Mein Herz fing an, so heftig zu pochen, daß ich glaubte, es könnte mit seinem Schlagen seine Hand vertreiben. Ich hielt den Atem an und konnte einfach nicht glauben, was passierte.

»Ich habe ihr geholfen, sich selbst zu erkunden, sich selbst zu verstehen«, sagte er. »Das kann ich für dich auch tun. Du brauchst nicht auf Bücher zurückzugreifen und sie heimlich in deinem Zimmer zu lesen, um diese Dinge zu erfahren. Frag mich nur einfach alles, was du willst... alles«, hauchte er.

Ich konnte mich nicht bewegen; ich brachte kein Wort heraus; ich konnte nicht schlucken. Er schloß die Augen und bewegte seine Hand auf meinem Schlafanzugoberteil langsam von einer Brust zur anderen, und sein Daumen drückte etwas fester zu, bis er meine Brustwarze berührte. Ich zuckte zusammen, und er schlug die Augen auf.

»Onkel Philip!«

»Es ist schon gut; es ist alles in Ordnung. Na, na, jetzt fürchte dich doch nicht. Du willst doch alles verstehen, oder nicht?« fragte er. »Damit du dich nicht in Schwierigkeiten bringst. Natürlich willst du alles verstehen«, fügte er nickend hinzu. »Viele Mädchen in deinem Alter zaudern und fallen in die falschen Hände. Sie bringen sich in ausweglose Situationen. Du willst doch nicht, daß dir das zustößt, oder?«

»Es wird mir nicht passieren, Onkel Philip«, brachte ich mit Mühe heraus und setzte mich im Bett auf, damit seine Hand von meinen Brüsten sank. Dann kreuzte ich schnell die Arme und bedeckte schützend meine Brüste.

»Sei in dem Punkt nur nicht arrogant und zu selbstbewußt«, warnte er mich. »Du verstehst nicht, was in einem Mann vorgeht und wie er die Kontrolle über seine eigenen Gefühle verlieren kann. Du solltest wissen, was du nicht tun darfst«, riet er mir, »mit welchen Dingen du einen Mann dazu treibst, die Selbstbeherrschung zu verlieren. Willst du denn nicht, daß ich dir dabei helfe, diese Dinge zu verstehen?«

Ich schüttelte den Kopf.

»Falls Betty Ann recht hat und du dich mit jemandem triffst...«

»Ich treffe mich mit niemandem«, sagte ich.

Er starrte mich einen Moment lang an, und dann kehrte sein Lächeln zurück und er streckte die Hand aus, um mir über das Haar zu streichen.

»Du bist nun einmal sehr hübsch und in einem begehrenswerten Alter. Es wäre mir verhaßt, wenn ich mitansehen müßte, wie etwas oder jemand dich verdirbt, dich ruiniert, und schon gar nicht irgendein sexbesessener Teenager«, fügte er hinzu, und sein Gesicht nahm einen Ausdruck von Wut und Entrüstung an. »Mir wäre fürchterlich zumute; ich hätte das Gefühl, schuld daran zu sein. Ich hätte das Gefühl, meine Pflicht nicht getan zu haben«, fügte er hinzu.

»Dazu wird es nicht kommen, Onkel Philip.«

»Aber du mußt mir versprechen, daß du zu mir kommen wirst, wenn du irgendwelche Fragen hast, wenn du verwirrt bist und dir Dinge unklar sind. Versprich mir, daß du mir vertrauen und dir von mir helfen lassen wirst«, sagte er.

»Ich verspreche es dir.« Ich hätte ihm in diesem Augenblick alles versprochen, wenn es bloß dazu geführt hätte, daß er endlich fortging, dachte ich.

Er lächelte jetzt wieder und holte tief Atem.

»Ich werde Betty Ann beruhigen und dafür sorgen, daß sie dein Ausgehverbot wieder aufhebt«, versprach er mir. »Können wir... kann ich... von Zeit zu Zeit diese persönlichen Gespräche mit dir führen? Wir werden Betty Ann nichts davon erzählen«, fügte er rasch hinzu. »Sie verstünde das nicht, und sie ist viel zu nervös, um einzusehen, wie wichtig so etwas sein kann. In Ordnung?« beharrte er. Seine Hand lag auf meinem Knie.

»Ja«, sagte ich eilig.

»Gut. Sehr gut.« Er tätschelte meinen Oberschenkel und stand auf. »Schlaf gut, und denk daran, daß ich für dich da bin. Ich werde dir Mutter und Vater sein. Du brauchst mich auch nicht mehr Onkel Philip zu nennen, wenn du nicht willst. Sag doch einfach Philip zu mir. Okay?«

Ich nickte.

»Okay. Gute Nacht, meine Süße«, sagte er und kniete sich hin, um mich auf die Wange zu küssen. Seine Lippen fühlten sich auf meiner Gesichtshaut wie zwei winzige Flammen an, und ich wich schnell vor ihm zurück, doch er bemerkte es nicht. Seine Augen waren geschlossen, und auf seinem Gesicht stand ein Ausdruck tiefer Zufriedenheit. Er blieb noch einen Moment lang neben mir knien, und dann stand er wieder auf. »Gute Nacht, Prinzessin«, sagte er und ließ mich endlich allein.

Selbst nachdem er gegangen war und die Tür hinter sich geschlossen hatte, konnte ich mich nicht bewegen. Es kam mir vor, als sei mein Körper zu einem Eisbrocken erstarrt. Was hier vorgefallen war, kam mir eher wie ein Alptraum vor. War es passiert, oder hatte ich es nur geträumt? Die Erinnerung an seine Finger auf meinen Brüsten war zu stark und stand zu lebhaft vor meinen Augen, als daß sie nicht hätte real sein können, dachte ich.

Tante Bet quälte Jefferson und mich mit ihren gräßlichen Vorschriften und ihrem wahnsinnigen Hang zur Ordnung und zur Reinlichkeit; die Zwillinge waren abscheulich und neidisch und stets bemüht, uns das Leben noch unangenehmer zu machen, und Onkel Philip jagte mir mit seinen seltsamen sexuellen Annäherungen und seinen verschrobenen Vorstellungen Angst ein.

Was führten wir doch für ein jämmerliches Dasein, und aus welchem Grund? Was hatten wir getan, um dieses grausige und nichtswürdige Schicksal zu verdienen? Ich hatte doch recht, wenn ich glaubte, daß ein Fluch auf unserer Familie lastete. Das konnte kein anderer richtig einschätzen oder gar verstehen. Ich spürte, wie sich die vererbte Last der Katastrophe durch unser aller Leben zog, sah die ewig grauen Wolken des Untergangs über unseren Köpfen schweben und verstand, daß der kalte Regen des Kummers und des Leids Ströme von Unheil über unsere Köpfe ergießen würde, wenn wir uns auch noch so sehr bemühten, wenn wir auch noch so schnell rannten oder wenn wir auch noch so viele Gebete sprachen.

Dieser Fluch war uns aufgrund einer abscheulichen Sünde auferlegt worden, die einer unserer Vorfahren begangen hatte. Wer es auch gewesen sein mochte – er oder sie hatte einen Pakt mit dem Teufel geschlossen, und wir büßten heute noch für diese böse Tat. Ich hoffte, ich könnte in irgendeiner Form dahinterkommen, worin diese Sünde bestanden hatte, damit ich Gott um Vergebung bitten könnte. Vielleicht würden wir dann, und auch nur dann, frei und in Sicherheit sein, soweit auf dieser Welt jemand frei und in Sicherheit leben kann.

Ich sprach noch ein kleines Gebet für mich und Jefferson, und dann schlief ich endlich ein.

Am nächsten Tag war Tante Bet wie eine Wechseldusche. Am Morgen beim Frühstück war es, als hätte sich am Vorabend nichts Schreckliches zwischen uns abgespielt. Ich stellte mir vor, daß Onkel Philip getan hatte, was er mir gelobt hatte – daß er sie beruhigt hatte. Sie kam nicht auf »Lady Chatterly« oder auf unsere Auseinandersetzung zu sprechen. Statt dessen plauderte sie am Frühstückstisch über die Veränderungen, die sie an dem Haus vorzunehmen gedachte – welche Vorhänge sie durch neue ersetzen, welche Teppiche sie auswechseln würde, das Gemälde, das sie anfertigen lassen wollte. Dann teilte sie uns mit, sie wollte, daß Julius uns alle zum Einkaufen in das neue Einkaufszentrum brachte, das gerade in Virginia Beach eröffnet hatte.

»Wir werden am Samstag hinfahren«, sagte sie. »Christie braucht ein paar neue Sachen zum Anziehen, vor allem ein neues Kleid für ihren ersten Klavierabend nach… nach dem Brand.«

Sämtliche Schüler von Mr. Wittleman sollten in der ersten Augustwoche bei einem Klavierabend auftreten. Ich war davon nicht begeistert, weigerte mich aber auch nicht, daran teilzunehmen. Tante Bet wußte um die Bedeutung dieser Veranstaltung, zu der die einflußreichsten und wohlhabendsten Bürger von Cutler's Cove und der näheren Umgebung erschienen. Ich wußte, daß sie sich schon darauf freuten, die Veranstaltung zu besuchen und in der ersten Reihe zu sitzen.

»Ich brauche nichts Neues«, sagte ich.

»Natürlich brauchst du etwas Neues, meine Liebe. Du willst doch deine Garderobe sicher auf den neuesten Stand bringen, oder etwa nicht?« fragte sie honigsüß.

»Sie ist auf dem neuesten Stand. Mommy hat mir vor ihrem Tod noch ein paar modische Kleider gekauft«, erwiderte ich.

»Deine Mutter war nie wirklich darüber auf dem laufenden, was schick ist und was nicht, Christie«, sagte sie mit diesem zukkersüßen falschen Lächeln auf den Lippen. »Sie hatte immer zuviel im Hotel zu tun, und sie hatte nicht die richtigen Modezeitschriften abonniert und hat auch die Modeseiten der Tageszeitungen nicht so genau studiert, wie ich es tue.«

»Meine Mutter war nicht einen einzigen Tag ihres Lebens unelegant gekleidet«, sagte ich nachdrücklich.

»Ich habe nie erlebt, daß Dawn unattraktiv ausgesehen hätte«, stimmte mir Onkel Philip zu. »Noch nicht einmal nach einem langen Tag, wenn sie erschöpft war.«

Tante Bet ließ sich auf ihrem Stuhl zurücksinken.

»Ich habe nicht gesagt, sie sei unattraktiv gewesen. Attraktiv auszusehen ist die eine Seite, aber das hat noch nichts mit modischer Kleidung zu tun«, belehrte sie uns. »Du wirst immer attraktiv sein, Christie. Du kannst dich glücklich schätzen, daß du ein hübsches Gesicht hast, aber das heißt doch noch nicht, daß du dich nicht modisch kleiden solltest, oder?«

»Mir ist das egal«, sagte ich, da ich die Auseinandersetzung satt hatte. Sie faßte das als mein Eingeständnis auf, daß sie im Recht war, und sie lächelte und plapperte wieder vor sich hin wie ein glücklicher Kanarienvogel. Jefferson nahm mit gesenktem Kopf sein Frühstück zu sich. Jedesmal, wenn er aufblickte, sah ich der Dunkelheit seiner Saphiraugen an, daß er seinen eigenen Gedanken lauschte. Zum Glück hatte er gelernt, Tante Bet nach Belieben ein- und auszublenden. Die Zwillinge saßen natürlich aufrecht und mit geradem Rücken da und hörten sich alles, was sie sagte, aufmerksam an.

Nach dem Frühstück zog ich mich ins Wohnzimmer zurück und setzte mich ans Klavier, ich brachte den Tag wie eine Schlafwandlerin hinter mich und nahm nur vage wahr, wo ich mich gerade aufhielt oder was ich gerade tat. Beim Mittagessen kaute ich mechanisch und schluckte, ohne wirklich etwas zu schmekken. Als ich am frühen Nachmittag las, schweiften meine Blicke ab, und meine Augen schienen wie ein Luftballon, der kein bestimmtes Ziel hat, durch den Raum zu schweben. Ich erwachte nur einmal kurz zum Leben, als die Post gebracht wurde und ich aus dem Haus rannte, um nachzusehen, ob ein Brief von Gavin gekommen war. Seit Schindluder mit meiner Post getrieben worden war, hatte ich es mir zur Angewohnheit gemacht, im Haus oder in der Nähe zu sein, wenn der Zeitpunkt nahte, zu dem die Post gewöhnlich gebracht wurde.

Es war ein Brief von ihm dabei, ein kurzer, aber wunderbarer Brief, denn in ihm teilte Gavin mir mit, daß er seine wertvolle Sammlung von Baseballkarten verkauft und dabei die Entsprechung eines Wochenlohns verdient hatte. Das hieß, daß er schon eine ganze Woche früher zu mir zu Besuch kommen konnte, als er es ursprünglich geplant hatte. Mir war der Gedanke schrecklich, daß er etwas verkauft hatte, doch er schrieb, nichts sei ihm wichtiger, als endlich zurückzukommen und mich zu sehen. Er hatte bereits mit Großpapa Longchamp darüber geredet und seine Einwilligung bekommen.

Diese Neuigkeiten ließen mein jüngstes Unglück und meine Niedergeschlagenheit von mir abfallen. Als ich mich wieder ans Klavier setzte, spielte ich fröhlichere und beschwingtere Musik, und meine Finger tanzten über die Tasten. Ich erlaubte dem Sonnenschein und dem blauen Himmel, einen Weg in mein Herz zu finden, und meine Musik war von neuer Energie durchdrungen. Mrs. Stoddard ließ ihre Hausarbeit liegen und kam herein, um mir zuzuhören.

Später rannte ich nach oben, um Gavins Brief zu beantworten, doch ich hatte mich gerade erst auf mein Bett gelegt und angefangen zu schreiben, als ich die Schreie vom anderen Ende des Korridors hörte. Ich öffnete meine Tür und lauschte. Es war Tante Bet. Jetzt war wieder eine kalte Dusche zu erwarten. Diesmal wirkte sie hysterisch, und ihre Stimme war so schrill, daß ich glaubte, ihr würden die Stimmbänder reißen.

»ER IST EIN TIER, NICHTS WEITER ALS EIN TIER!« schrie sie. »WIE KANN ER ÜBERSEHEN HABEN, IN WAS ER HINEINGETRETEN IST? WIE KANN ER SO ETWAS IN UNSER HAUS TRAGEN?« Sie tauchte an der Tür zu Jeffersons Schlafzimmer auf, und Richard, der neben ihr stand, wirkte äußerst selbstzufrieden. Sie hatte die Arme ausgestreckt, um die Schuhe, die sie in den Händen hielt, so weit wie möglich von sich zu halten. Sie hatte auch den Kopf zurückgebogen und das Gesicht abgewandt.

»Was ist passiert, Tante Bet?« fragte ich mit einer müden und angewiderten Stimme.

»Dein Bruder, dieses kleine Biest... sieh doch nur!« rief sie aus und streckte mir die Schuhe entgegen. Dabei hob sie sie hoch, damit ich die Sohlen deutlich sehen konnte. Daran klebten Klumpen, die nach Hundescheiße aussahen.

»Richard hat sich darüber beklagt, daß es in seinem Zimmer schlecht riecht. Ich habe Mrs. Stoddard raufgeschickt, damit sie den Teppich noch einmal saugt, aber nichts schien etwas zu helfen. Dann bin ich raufgegangen und habe in Jeffersons Kleiderschrank nachgesehen und das hier auf dem Boden gefunden. Wie konnte er diese Schuhe ausziehen und sie die Treppe rauftragen, ohne den Gestank wahrzunehmen? Wie konnte das nur passieren? Er muß es mit Absicht getan haben. Das ist schon wieder einer seiner abscheulichen Streiche«, sagte sie und verzog ihren kleinen Pflaumenmund zu einer angewiderten Grimasse.

Einen Moment lang fragte ich mich, ob es sich tatsächlich um einen von Jeffersons Lausbubenstreichen handeln könnte. Jefferson hätte sich nur zu sehr gefreut, wenn er eine Möglichkeit gefunden hätte, Richard zu ärgern, dachte ich. Mir war nicht bewußt, daß sich meine Lippen bei dieser Erwägung zu einem Lächeln verzogen hatten.

»Findest du das etwa komisch?« fragte Tante Bet. »Findest du das komisch?«

»Nein, Tante Bet.«

»In dem Moment, in dem er zu dieser Haustür hereinkommt, werde ich ihn nach oben schicken«, verkündete sie. »Noch im selben Augenblick.« Sie hielt den Schuh weit von sich und ging. »Ich sollte diese Schuhe einfach in den Mülleimer werfen. Genau das sollte ich tun, statt sie Mrs. Stoddard zum Putzen hinzustellen«, murmelte sie vor sich hin und lief mit geschlossenen Augen die Treppe hinunter; Richard eilte neben ihr her und führte sie.

Es war ein abscheulicher Gedanke, und doch war ich an dem Punkt, an dem ich hoffte, Jefferson hätte es wirklich absichtlich getan. Ich kehrte in mein Zimmer zurück und schilderte Gavin in meinem Brief den ganzen Vorfall. Ich war sicher, daß ich ihn damit zum Lachen bringen konnte. Als ich den Brief beendet hatte, ging ich nach unten und verließ das Haus durch die Hintertür, vor der ich Mrs. Stoddard fand, die gerade Jeffersons Schuhe putzte. Sie hatte sich mit einem Eimer Seifenlauge und einem Schwamm ans Werk gemacht.

»Er ist schon eine Plage, dieser Kerl«, sagte sie kopfschüttelnd, aber ich konnte ihr die Belustigung in den Augen ansehen.

»Ich weiß nicht, ob er es mit Absicht getan hat, Mrs. Stoddard, aber das werde ich rausfinden, sowie er nach Hause kommt.«

Sie nickte und fing an, die Schuhe mit einem alten Handtuch abzutrocknen. Plötzlich sprangen mir die Schuhe ins Auge.

»Lassen Sie mich diese Schuhe mal näher ansehen, Mrs. Stoddard«, bat ich sie. Sie reichte mir den rechten Schuh, und ich drehte ihn in der Hand um und dachte nach. »Jefferson trägt diese Schuhe nicht mehr, Mrs. Stoddard. Er ist längst rausgewachsen. Meine Mutter wollte sie der Heilsarmee geben.«

»Ist das wahr?« fragte sie.

»Ja«, sagte ich und kniff die Lippen zusammen und nickte, als ich begriff, was das zu bedeuten hatte. »Richard versucht also immer noch, meinen Bruder anzuschwärzen«, schloß ich. Mrs. Stoddard verstand mich sofort und nickte mitfühlend. Ich nahm den anderen Schuh und stolzierte damit wieder ins Haus. Ich fand Tante Bet im Wohnzimmer; sie las eine ihrer Modezeitschriften und lächelte stolz auf Richard und Melanie herunter, die demonstrierten, wie perfekt sie sich die Grundlagen des Französischen selbst angeeignet hatten.

»Du kleines Miststück!« rief ich, als ich noch an der Tür stand.

Tante Bets Mund sprang auf. Melanie und Richard drehten sich um und imitierten ihren schockierten Gesichtsausdruck. Ich marschierte ins Zimmer, hielt die Schuhe mit den Sohlen nach oben vor mich hin und ging auf Richard zu. Er wich zurück.

»Wie kannst du es wagen, ein solches Schimpfwort zu benutzen? Was soll das heißen?« fragte Tante Bet.

»Ich werde ihm diese Schuhe ins Gesicht reiben«, sagte ich. »Er hat sie in die Hundescheiße gestellt und sie dann in Jeffersons Schrank gebracht, genauso, wie er das Handtuch mit dem Honig dorthin gelegt hat«, klagte ich Richard an.

»Das habe ich nicht getan!«

»O doch, das hast du getan«, sagte ich und trat näher. Er suchte hinter Melanies Rücken Schutz.

»Christie!« schrie Tante Bet. »Hör augenblicklich damit auf!«

»Diesmal hat er einen großen Fehler gemacht, Tante Bet«, sagte ich. »Diesmal hat dein hochgeschätzter und ach so vollkommener kleiner Engel seine Sache verpatzt. Du hast dir die falschen Schuhe ausgesucht, Richard«, sagte ich und wandte mich wieder an ihn. »Du hättest dir mehr Zeit lassen und dein Vorgehen gründlicher planen sollen.«

Richard warf einen Blick auf Tante Bet und dann auf mich.

»Wovon redest du, Christie?« fragte sie.

»Von diesen Schuhen, Tante Bet. Jefferson ist längst aus ihnen herausgewachsen, er kann sie nicht mehr tragen. Mommy wollte sie gemeinsam mit anderen Kleidungsstücken, aus denen er und ich herausgewachsen sind, der Heilsarmee geben. Das hat Richard allerdings nicht gewußt, oder, Richard? Du hast diese Schuhe genommen und sie in Scheiße getaucht und sie dann in Jeffersons Schrank zurückgestellt und dich beklagt, damit du Jefferson wieder Ärger machen kannst.«

»Ich kann es einfach nicht glauben...« Tante Bet sah ihn an. »Richard?« Er bemühte sich zu lächeln und unerschrocken zu wirken, aber ich konnte die Angst in seinen Augen sehen.

»Das habe ich nicht getan, Mutter.«

Sie sah mich kopfschüttelnd an.

»Richard könnte niemals... er wäre nicht so derb, Hundescheiße zu suchen und... o nein«, sagte sie und weigerte sich schlichtweg, es zu glauben. »Das könnte er niemals tun.«

»Er hat es getan«, sagte ich. »Und diesmal ist er dabei erwischt worden.«

»Du bist eine Lügnerin!« schrie Richard. Er sprang auf die Füße, wich aber vor mir zurück.

»Sie hat das alles nur erfunden, Mutter«, sagte Melanie eilig und stellte sich neben ihn. »Woher sollen wir wissen, daß diese Schuhe Jefferson nicht passen?«

»Ja«, sagte Tante Bet, der diese Möglichkeit gefiel. »Woher sollen wir das wissen?«

»Weil ich es euch sage, eben deshalb«, sagte ich. »Und ich würde keine Lügen verbreiten.«

»Das werden wir noch sehen müssen. Ich sage nicht, daß du lügst, Christie, aber du könntest dich irren. Wir werden warten müssen, bis Jefferson nach Hause kommt; dann werden wir es ja sehen«, beharrte sie.

»Schön, und wenn du es erst gesehen hast, dann wirst du dich bei ihm entschuldigen müssen, und du wirst Richard dafür bestrafen. Das ist nur gerecht. Du kannst nicht immer nur uns bestrafen«, sagte ich.

Richards Gesicht zeigte immer mehr Panik – seine Augen waren weitaufgerissen.

»Ich habe nichts getan«, behauptete er.

»Oh, doch, du hast etwas getan, und ich finde, zur Bestrafung sollte man dir das Gesicht mit Hundescheiße einschmieren«, drohte ich.

»Christie!« keuchte Tante Bet. »Denk daran, daß du die Ältere bist und daß man von dir erwarten kann, daß du dich wie eine Dame benimmst und...«

Ehe sie weiterreden konnte, hörten wir alle, wie die Haustür gewaltsam aufgestoßen wurde. Niemand sagte ein Wort. Alle Augen waren auf die Wohnzimmertür gerichtet, weil wir sehen wollten, wer es war.

Onkel Philip tauchte in der Türöffnung auf, und seine Augen glühten, und sein Mund war zu einer häßlichen Grimasse verzogen, die Entsetzen und Kummer ausdrückte. Sein Haar war wüst zerzaust, und er sah aus, als sei er vom Hotel zu unserem Haus gerannt.

»Philip!« sagte Tante Bet. »Was...«

»Meine Mutter«, sagte er. »Meine Mutter...«

»Ach, du meine Güte.« Tante Bets Hände flogen wie verängstigte Vögel zu ihrer Kehle.

»Was ist passiert, Onkel Philip? Was ist mit Großmutter Laura?« fragte ich leise, und mein Herzschlag setzte aus, und ich atmete nicht mehr.

»Mrs. Berme... hat sie im Bad auf dem Fußboden gefunden... ein Schlaganfall«, sagte er. »Meine Mutter... Dawns Mutter... Claras Mutter... sie ist von uns gegangen«, beendete er seinen Bericht. »Für immer von uns gegangen.«

Er drehte sich nach links und blieb stehen. Dann schaute er uns noch einmal an, als hätte er uns noch nie gesehen. In seiner Verwirrung verließ er das Haus wieder. Tante Bet sank auf ihrem Stuhl zurück und war für den Augenblick ratlos. Die Zwillinge eilten schnell an ihre Seite, und jeder von ihnen nahm eine ihrer Hände. Ich schüttelte wie betäubt den Kopf. Ich war innerlich tot. Mein Herz kam mir leer und kalt vor. Die arme Großmutter Laura, verwirrt und im Labyrinth ihrer Gedanken verloren. Sie war dazu verurteilt gewesen, ihre letzten Tage damit zuzubringen, daß sie mit ihren Erinnerungen rang und vergeblich versuchte, ihr Leben zu sortieren, sich aber im Kreis bewegte wie jemand, der in eine Wand aus Spinnweben gelaufen ist und darum kämpft, sich zu befreien.

Ich trat ans Fenster und schaute hinaus. Onkel Philip lief auf dem Rasen vor dem Haus auf und ab, redete laut mit sich selbst und gestikulierte wild mit den Händen, als sei er mit all seinen

Vorfahren in Kontakt getreten. Die Familie der Geister hatte sich um ihn herum versammelt, um von dem neuen Opfer zu hören, das der allumfassende Fluch für sich gefordert hatte.

Ein weiteres Begräbnis stand uns bevor, und das schon so bald; meine Erinnerungen an die letzte Beerdigung waren noch frisch. Wieder einmal waren wir alle in Schwarz gekleidet; wieder einmal flüsterten die Menschen in unserer Gegenwart nur miteinander; wieder einmal war das Meer grau und kalt, und der Himmel war verhangen, wenn auch keine Wolken aufgezogen waren.

Weder Jefferson noch ich hatten Großmutter Laura je so gut kennengelernt, wie wir Großeltern hätten kennenlernen sollen. Solange ich zurückdenken kann, war sie verwirrt und zerstreut, und manchmal hatte sie uns erkannt, und dann wiederum hatte sie uns angeschaut, als seien wir Fremde, die in ihr Leben spaziert waren.

Nachdem ich die Wahrheit über die Entführung meiner Mutter und Großmutter Lauras Mittäterschaft erfahren hatte, hatte ich Mommy gefragt, ob sie sie für das haßte, was sie damals zugelassen hatte. Mommy hatte auf ihre Art gelächelt, ihre blauen Augen hatten liebevoll geschaut, und sie hatte den Kopf geschüttelt.

»Früher einmal habe ich sie dafür gehaßt, sogar sehr, aber im Laufe der Zeit habe ich eingesehen, daß sie deshalb viel gelitten hat und daß für mich kein Grund bestand, der Strafe, die ihr Gewissen ihr bereits auferlegt hatte, noch eine weitere Strafe hinzuzufügen.

Außerdem habe ich mich danach gesehnt, eine Mutter zu haben, und nach einiger Zeit haben wir ein paar kostbare Augenblicke miteinander verbracht, Augenblicke von der Art, wie eine Mutter und eine Tochter sie erleben sollten. Sie hat sich verändert, als sie zu Bronson gezogen ist. Ich könnte fast sagen, sie ist netter geworden. Er hat großen Einfluß auf sie und macht ihr die Konsequenzen ihrer Worte und Taten bewußt. Er braucht nichts weiter zu tun, als mit seinen braunen Augen zu ihr hinzuschauen, und sofort legt sich ihre Selbstsüchtigkeit. Sie wird dann... eine Mutter«, hatte Mommy zu mir gesagt und fröhlich gelacht.

Als ich jetzt neben meinem kleinen Bruder in der Kirche saß und der Predigt des Geistlichen lauschte, hatte ich Großmutter Laura nur schlafend auf ihrem Rollstuhl in Erinnerung. Ich hatte sie nicht mehr hübsch und attraktiv in Erinnerung. Aber als ich Bronson anschaute, sah ich ein zartes Lächeln auf seinem Gesicht, ein Lächeln von der Art, die besagt, daß in einem Menschen eine wunderbare Erinnerung zurückbleibt. Gewiß konnte er sich an sie als eine wunderschöne junge Frau erinnern, die er auf der Tanzfläche eines Ballsaals herumwirbelte, und ihr Lachen an sich mußte bereits die reinste Musik gewesen sein. Ich brauchte nur einen Blick auf ihn zu werfen und konnte die große Liebe sehen, die er ihr entgegengebracht hatte, und mir wurde klar, wieviel er verloren hatte. Ich weinte mehr um seinetwillen, nicht um meinetwillen und auch nicht wegen Jefferson oder gar Großmutter Laura selbst.

Onkel Philip war zu meinem Erstaunen wie am Boden zerstört. Ich erinnerte mich noch daran, wie er früher immer geklagt hatte, wenn wir zum Abendessen nach Buella Woods gefahren waren. Er war immer dankbar gewesen, wenn Mommy sich freiwillig erboten hatte, etwas für Großmutter Laura zu tun oder etwas mit ihr gemeinsam zu unternehmen, und er somit von der Verpflichtung entbunden war. Eines Tages, als Mommy an einem hektischen Nachmittag das Hotel verlassen mußte, um zu ihr zu fahren, kam ich mit. Ich erinnere mich noch, daß sie mir sehr leid tat, weil sie furchtbar nervös war und ständig an die Arbeit dachte, die sie unerledigt zurückgelassen hatte.

»Warum kann Onkel Philip denn nicht hinfahren?« hatte ich damals gefragt. Ich glaube nicht, daß ich älter als zehn oder elf Jahre gewesen war, aber ich war zu großer Entrüstung fähig, wenn jemand Mommy weh tat oder ihr Ungelegenheiten bereitete.

»Philip ist außerstande, der Realität ins Gesicht zu sehen«, erwiderte sie. »Das war schon immer so. Er weigert sich, Mutter so zu sehen, wie sie wirklich ist; er will sie nur so in Erinnerung behalten, wie sie früher einmal war, obwohl er sich damals ständig über sie lustig gemacht hat. In Wahrheit hat er sie sehr geliebt und angebetet. Er war stolz auf ihre Schönheit und hat die Auswirkungen ihrer Egozentrik auf andere selbst dann heruntergespielt, wenn diese ihn auch getroffen haben. Jetzt ist sie für ihn ebensosehr eine Fremde, wie er für sie manchmal ein Fremder ist.«

Sie seufzte. »Ich fürchte, Philip hat mehr von Randolph, als er sich eingestehen will«, sagte sie, ihr Gesichtsausdruck verfinsterte sich, und ihre Augen wurden kleiner, »und vielleicht hat er auch mehr von Großvater Cutler, als er weiß.«

Ich erinnere mich noch, daß mich diese Worte erschreckten und wie ein ständiges Brennen unter meiner Haut saßen.

Aber heute in der Kirche erweckte Onkel Philip eher den Eindruck eines hilflosen und verängstigten Jungen. Seine Augen wandten sich hoffnungsvoll jedem zu, der an ihn herantrat, als rechnete er damit, daß einer der Trauergäste sagen würde: »Nichts von alldem spielt sich wirklich ab, Philip. Es ist nur ein böser Traum. Gleich ist er vorbei, und dann darfst du im Bett aufwachen.« Er schüttelte energisch Hände und ließ sich immer wieder auf die Wange küssen. Als es an der Zeit war, die Kirche zu verlassen, sah er sich einen Moment lang verwirrt um, bis Tante Bet ihn am Arm nahm und mit ihm hinter dem Sarg herging.

Wir stiegen alle in die Limousine und folgten dem Leichenwagen zum Friedhof, für ein letztes Zeremoniell am offenen Grab. Sobald es vorbei war, ging ich direkt auf Bronson zu und umarmte ihn. Seinen Augen glänzten vor unvergossenen Tränen.

»Jetzt ruht sie in Frieden«, sagte er. »Ihre schweren Prüfungen sind ausgestanden.«

»Kommst du mit zu uns?« fragte ich ihn. Tante Bet hatte Vorbereitungen für einen neuerlichen Leichenschmaus getroffen. Auf dem Gebiet wurde sie allmählich Expertin. »Nein, nein. Ich möchte lieber eine Weile allein sein. Ich melde mich bald bei dir«, versprach er und ging, und die Last seines gewaltigen Kummers beugte seine Schultern.

In unserem Haus fanden sich weit weniger Trauergäste ein als nach dem Begräbnis von Mommy und Daddy Jimmy, und auf dem Empfang ging es recht ruhig zu. Onkel Philip saß die ganze Zeit über auf einem Stuhl und schaute die Leute an, doch er nickte oder lächelte nur dann, wenn jemand direkt auf ihn zukam, um ihm die Hand zu drücken oder ihn zu küssen.

Jefferson und ich waren erschöpft, denn diese Beerdigung hatte unsere Tragödie noch einmal aktuell werden lassen. Am frühen Abend nahm ich Jefferson mit nach oben und brachte ihn ins Bett. Statt mich den Trauergästen wieder anzuschließen, zog ich mich auch zurück, denn ich konnte es kaum erwarten, die Augen zu schließen, um dem Kummer zu entkommen. Ich wollte noch nicht einmal wie sonst mein kleines Nachtlicht brennen lassen. Ich wollte die Decke der Dunkelheit schnell über mich ziehen, und dieser Drang war stärker als meine Kindheitsängste. Ich schlief tatsächlich schnell ein und hörte nicht, wie die Trauergäste gingen.

Aber irgendwann mitten in der Nacht erwachte ich von einem Klicken, mit dem meine Tür geschlossen wurde. Es war, als hätte mir jemand einen Finger in die Rippen gestoßen. Abrupt schlug ich die Augen auf. Ich bewegte mich nicht, und einen Moment lang hörte ich nichts und vermutete, ich hätte es nur geträumt. Dann hörte ich ganz deutlich schweren Atem und Schritte. Im nächsten Moment spürte ich das Gewicht eines menschlichen Körpers auf meinem Bett, und als ich mich umdrehte, sah ich im Dunkeln Onkel Philips Silhouette. Mein Herz fing heftig an zu schlagen. Es sah so aus, als hätte er nichts an, noch nicht einmal seinen Schlafanzug.

»Psst«, sagte er, ehe ich auch nur ein Wort herausbrachte. Er streckte die Hand aus und legte seine Finger auf meine Lippen. »Fürchte dich nicht.«

»Onkel Philip, was willst du?« fragte ich.

»Ich fühle mich heute nacht so allein... so verloren. Ich dachte... wir könnten eine Zeitlang einfach nebeneinanderliegen und reden.«

Ehe ich ein weiteres Wort sagen konnte, hob er meine Decke hoch und schlüpfte darunter und legte sich neben mich. Ich rückte eilig von ihm ab. Ich war überrascht, schockiert und sehr erschrocken.

»Du bist wirklich sehr reif für dein Alter«, flüsterte er. »Das weiß ich ganz genau. Mit Sicherheit bist du wesentlich reifer, als deine Mutter es in deinem Alter war. Du hast mehr gelesen; du hast mehr getan; du weißt mehr. Du hast doch keine Angst vor mir, oder?« fragte er.

»Doch«, sagte ich. »Ich habe Angst. Bitte, Onkel Philip. Geh weg.«

»Aber ich kann nicht weggehen. Betty Ann... Betty Ann liegt wie ein Eiszapfen neben mir. Ich mag es nicht, wenn mein Bein sich an ihr knochiges Knie schmiegt. Aber du, Christie, du bist genauso schön, wie Dawn es war, sogar noch schöner. Jedesmal, wenn ich dich ansehe, dann sehe ich das, was sie einmal für mich gewesen war.

Du kannst für mich sein, was sie für mich war«, fügte er hinzu und legte seine Hand auf meine Taille, »nur heute nacht, wenigstens heute nacht, kannst du mir den Gefallen nicht tun?«

»Nein, Onkel Philip. Hör auf«, sagte ich und stieß seine Hand weg.

»Aber du warst doch schon so mit Jungen zusammen. Das weiß ich ganz genau. Wohin sonst solltest du abends gehen, wenn nicht zu einem Rendezvous? Du triffst dich doch mit einem Freund. Wo trefft ihr euch... auf dem Rücksitz eines Wagens? Dawn und ich haben einmal miteinander in einem Wagen gesessen.«

»Nein. Hör auf«, sagte ich und preßte mir die Hände auf die Ohren. »Ich will kein Wort mehr davon hören.«

»Oh, aber warum denn nicht? Wir haben nichts Böses getan. Ich zeige dir, was wir miteinander getan haben«, sagte er und ließ seine Hand seitlich auf meinem Körper hinaufgleiten, bis sie auf meiner Brust lag. Ich wollte mich von ihm losreißen und aus dem Bett springen, aber er umklammerte mit der anderen Hand mein Handgelenk und zog mich an sich.

»Christie, o Christie, meine Christie«, stöhnte er und bedeckte mein Gesicht mit nassen Küssen. Ich schnitt Grimassen und wehrte mich. Er war stärker und legte ein Bein über mich, damit ich mich nicht mehr bewegen konnte. Im nächsten Moment hatte er seine Hand unter mein Schlafanzugoberteil gesteckt und meine Brust gefunden. Als er meine bloße Haut berührte, fing ich an zu schreien, und er preßte mir seine andere Hand auf den Mund.

»Tu das nicht«, warnte er mich. »Weck die anderen nicht auf. Keiner von ihnen wird das verstehen.«

Ich stöhnte und schüttelte den Kopf. Er zog seine Hand fort, doch ehe ich einen Laut von mir geben konnte, preßte er seine Lippen so fest auf meinen Mund, daß er mir die Lippen von den

Zähnen zog. Ich spürte, wie seine Zungenspitze meine Zunge berührte, und ich fing an zu würgen.

Ich würgte erstickt und hustete, als er seine Lippen von meinem Mund hob, aber während ich noch schwer um Luft rang, zogen seine Hände mein Schlafanzugunterteil herunter. Die Knöpfe sprangen einer nach dem anderen ab. Als er mir die Schlafanzughose bis auf die Knie heruntergezogen hatte, drehte er sich um und legte sich auf mich, und ich konnte es spüren – ich spürte, wie sich sein Penis zwischen meine zusammengepreßten Schenkel bohrte. Als ich begriff, was das war und was hier geschah, geriet ich in Panik. Ich brachte es fertig, meine rechte Hand zu befreien, und ich trommelte mit meiner Faust auf seinen Kopf ein, aber es war, als versuchte eine Fliege, einen Elefanten umzuwerfen. Er schien nichts zu spüren. Er ächzte und stieß heftig gegen mich.

»Christie, Christie... Dawn... Christie«, stammelte er und brachte meinen Namen mit dem meiner Mutter durcheinander, als könnte er sie durch mich buchstäblich wieder zu sich holen.

»ONKEL PHILIP! HÖR AUF! HÖR AUF!«

Er war so stark und schwer, daß ich kaum etwas gegen ihn tun konnte. Langsam gaben meine Beine nach, und er konnte seine Beine zwischen meine zwängen.

»Du brauchst dich nicht heimlich aus dem Haus zu schleichen, um diese Dinge zu lernen«, murmelte er. »Ich kann dir helfen, wie ich es dir versprochen habe. Wir brauchen einander. Wir sollten uns aufeinander verlassen, jetzt mehr denn je. Ich habe niemanden mehr außer dir, Christie. Niemanden...«

»Onkel Philip«, keuchte ich. Sein Mund legte sich wieder auf meine Lippen. Ich versuchte zu schreien, doch der Schrei blieb in meiner Kehle stecken. Ich spürte, wie sich die Spitze seines Penis vorschob, sich an mich preßte und immer näher kam, während ich unter ihm lag und mich nicht bewegen konnte.

Und dann kam der eigentliche Schock, die Erkenntnis, daß er sich in mir bewegte. Ich versuchte, es zu leugnen, NEIN zu schreien! Doch die Realität brach wie eine Lawine über mich herein. Er stöhnte und stieß tiefer in mich und murmelte den Namen meiner Mutter und meinen eigenen Namen, als sei es das, was ihm Kraft gab. Seine heiße Nässe spritzte in mich. Ich lag matt da und wartete nur darauf, daß es enden würde, und als es vorbei war, glitt er von mir herunter. Ich rührte mich nicht, denn ich fürchtete, wenn ich auch nur einen Laut von mir gab oder ihn versehentlich berührte, würde er ein zweites Mal zu mir kommen. Sein schwerer Atem ging langsamer.

»Christie«, sagte er und berührte mich. Ich wich zurück und schnappte nach Luft. »Es ist alles gut«, sagte er. »Es ist alles in Ordnung. Wir haben nichts Böses getan; wir haben einander nur geholfen, einander nur getröstet. Großer Kummer hat diesen Trost verlangt.

Du bist alt genug, um das zu verstehen. Es ist gut so; es ist alles in Ordnung. Alles wird gut werden«, sagte er. »Ist alles in Ordnung mit dir?«

Ich rührte mich nicht.

»Ist alles in Ordnung?« fragte er noch einmal und drehte sich diesmal zu mir um.

»Ja«, sagte ich schnell.

»Gut, sehr gut. Ich muß zurückgehen, ehe Betty Ann wach wird und sich fragt, wo ich wohl sein mag. Schlaf, meine kleine Prinzessin, schlaf. Ich werde immer für dich dasein, immer und ewig, wie ich es für sie auch immer gewesen bin.«

Ich hielt den Atem an, während ich beobachtete, wie er sich aufsetzte und dann aus meinem Bett aufstand. Er bewegte sich ganz leise durch die Dunkelheit meines Zimmers, schlich sich zur Tür hinaus und verschwand wie ein Alptraum, der zwar vorübergegangen war, den ich aber immer noch um mich spürte.

Ein paar Momente lang lag ich da und bemühte mich, die Realität dessen zu leugnen, was vorgefallen war. Dann fing ich an zu schluchzen, und ich schluchzte so heftig, daß es meinen ganzen Körper und das Bett erschütterte. Der Schmerz in meiner Brust war so heftig, als würde sie zerreißen. Ich setzte mich voller Grauen auf und schnappte nach Luft. Aus irgendwelchen Gründen konnte ich nur noch an Jefferson und an nichts anderes mehr denken. Jefferson... Jefferson...

Ich stand schnell auf. Die Schlafanzughose rutschte mir auf die Knie. Ich trat sie mir von den Füßen und ging ins Bad, um das Schlafanzugoberteil auszuziehen, und dann machte ich die Dusche an und stellte das Wasser so heiß, daß ich es gerade noch aushielt. Meine Haut wurde feuerrot, aber das machte mir nichts aus. Ich schrubbte mich ab, und meine Tränen vermengten sich mit dem Wasser, das mir über das Gesicht strömte. Danach trocknete ich mich energisch ab. Ich fühlte mich immer noch beschmutzt, als ich wieder in mein Schlafzimmer eilte und meinen kleinsten Koffer aus dem Schrank zog. Ohne mir Gedanken zu machen, packte ich eilig Unterwäsche, Socken, Röcke und Blusen ein. Dann zog ich mich so schnell ich konnte an. Ich kramte das gesamte Geld hervor, das ich in der Schublade meines Nachttischs aufbewahrte, und steckte es zu dem Geld in meinem Portemonnaie. Ich sparte immer für die eine oder andere Anschaffung und hatte es geschafft, ein paar hundert Dollar zurückzulegen.

Ich öffnete die Tür und schaute in den schwach erleuchteten Korridor hinaus. Dann schlich ich mich auf Zehenspitzen zu der Tür des Zimmers, in dem Jefferson und Richard schliefen, öffnete sie und schlich ins Zimmer. Ich kniete mich neben Jeffersons Bett und schüttelte ihn sanft, bis er die Augen aufschlug.

»Psst«, warnte ich ihn. Seine Augen wurden groß. Ich warf einen Blick auf Richard, der mit dem Rücken zu uns dalag und schlief, und ich bedeutete Jefferson, wir sollten ihn nicht wecken. Dann ging ich zu Jeffersons Kommode und holte einen Teil seiner Unterwäsche und Socken heraus, nahm zwei seiner Hosen und ein paar Hemden und warf alles eilig in seinen kleinsten Koffer. Ich brachte ihm etwas zum Anziehen, und er schlüpfte leise in seine Sachen. Als er die Hose und das Hemd, die Schuhe und die Socken angezogen hatte, reichte ich ihm seine Jacke und bedeutete ihm, er sollte mir lautlos und schnell folgen.

Meinen eigenen Koffer hatte ich im Gang stehen lassen. Ich hob ihn eilig auf und lief so leise wie möglich mit Jefferson zur Treppe. Ich warf noch einen letzten Blick zurück. Als ich mich vergewissert hatte, daß wir niemanden geweckt hatten, stieg ich die Stufen hinunter, und Jefferson folgte direkt hinter mir. Wir liefen zur Haustür.

»Wohin gehen wir?« flüsterte er.

»Fort«, sagte ich. »Weit, weit fort.«

Ich schaute mich noch einmal nach dem Haus um, in dem ich mich so glücklich und geborgen gefühlt hatte. Ich schloß die Augen und hörte Daddy Jimmy und Mommy lachen. Ich hörte das Klavierspiel und Mommys wunderschöne Stimme. Ich hörte, wie Mrs. Boston uns rief, wir sollten zum Abendessen kommen. Ich hörte, wie Daddy Jimmy von der Arbeit nach Hause kam und rief: »Wo steckt mein kleiner Junge? Wo steckt das Geburtstagskind?«

Ich sah, wie Jefferson eilig aus dem Wohnzimmer rannte, um sich in Daddy Jimmys Arme zu werfen. Er hob ihn hoch und küßte ihn und trug ihn zu Mommy und mir ins Haus.

Es war eine Welt des Lächelns und der Liebe, voller Musik und Gelächter gewesen. Ich öffnete die Tür und schaute in die Dunkelheit hinaus, die uns erwartete. Dann nahm ich Jefferson an der Hand und trat hinaus und schloß die Tür hinter mir.

Die Musik und das Gelächter waren verklungen.

Alles, was ich noch hörte, war das Pochen meines verängstigten Herzens.

Wir waren wahrhaft Waisenkinder, Flüchtlinge, die vor dem Fluch davonliefen. Konnten wir seinen Fängen entkommen, oder würden wir ihn mit uns nehmen, würde er in jedem einzelnen der Schatten, die uns erwarteten, uns auf den Fersen bleiben und uns auflauern?

10

Ein echter Vater

Wir liefen zu Fuß den weiten Weg nach Cutler's Cove. Jefferson war noch nie so spät draußen gewesen. Die Stille um uns herum, der Schimmer, den die Sterne auf das stille Meer warfen, und die Tiefe der Dunkelheit, die sich von allen Seiten heranschlich, ängstigten ihn, und er blieb dicht an meiner Seite und hatte seine kleine Hand fest um meine geschlungen. Die einzigen Geräusche, die wir hörten, waren das Ächzen und Quietschen der Anlegestege und der Boote und das Klappern unserer eigenen Schritte auf dem Gehweg und auf der Straße. Erst als die Straßenlaternen des Seebads hell vor uns aufleuchteten, wurde Jefferson wohler zumute, und er wurde lebhafter. Sein Erstaunen und seine Aufregung gewannen die Oberhand über seine Furcht und seine Müdigkeit, und er fing an, sein gewohntes Sperrfeuer von Fragen auf mich loszulassen:

»Wohin gehen wir, Christie? Warum laufen wir so weit? Warum bitten wir Julius nicht, daß er uns fährt?«

»Damit niemand erfährt, daß wir fortgehen, Jefferson. Ich habe es dir doch gesagt – wir reißen aus«, antwortete ich mit gesenkter Stimme.

»Warum?« Jefferson flüsterte jetzt auch. »Christie?« Er zog heftig an meiner Hand. »Warum?«

Ich drehte mich abrupt zu ihm um.

»Willst du dort bleiben und für den Rest deines Lebens mit Tante Bet und Onkel Philip und mit Richard und Melanie zusammenleben? Willst du das wirklich?«

Mein Ausbruch erschreckte ihn, und er schüttelte mit weitaufgerissenen Augen den Kopf.

»Ich auch nicht, und deshalb reißen wir aus.«

»Aber wohin gehen wir?« fragte er. »Bei wem werden wir wohnen?«

Ich lief schneller und zerrte ihn regelrecht hinter mir her. Wohin wir gingen? Bis zu diesem Augenblick hatte ich mir noch keine Gedanken über das Ziel unserer Reise gemacht. Zu Tante Trisha konnten wir nicht gehen. Sie war auf Tournee. Plötzlich hatte ich eine Idee.

»Wir fahren nach New York City«, sagte ich schließlich. »Wir werden dort meinen richtigen Vater finden und bei ihm leben. Nichts kann schlimmer sein, als es bisher war, mit niemand anderem kann das Leben unerträglicher sein«, murmelte ich.

Ich schaute mich nicht um, weil ich nicht sehen wollte, wie Jefferson auf diese Idee reagierte; ich lief einfach weiter, blieb am Straßenrand und suchte den Schutz der Dunkelheit. Ich wollte nicht, daß uns jemand sah und darüber sprach.

Einer der wenigen Orte in Cutler's Cove, die um diese späte Nachtzeit noch geöffnet waren, war der Busbahnhof. Es war eine kleine Station mit einer Halle, in der es nichts weiter als eine einzige abgewetzte Holzbank, einen kleinen Trinkwasserbrunnen und einen Zigarettenautomaten gab. Hinter dem Schalter saß ein Mann mit graumeliertem lockigem Haar, dem die Lokken in die Stirn fielen. Er sah aus, als sei er mindestens fünfzig Jahre alt. Als wir eintraten, las er in einem Taschenbuch. Einen Moment lang nahm er uns nicht zur Kenntnis. Dann setzte er sich eilig auf und schaute uns an, und in seinen Augen drückten sich Neugier und großes Erstaunen aus.

»Was tut ihr beiden so spät noch auf der Straße?« fragte er, und seine angegrauten Augenbrauen zogen sich zu zwei Fragezeichen hoch.

»Wir sind hier, weil wir den nächsten Bus nach New York City nehmen wollen«, sagte ich und bemühte mich, älter zu wirken. »Mein Cousin hat uns an der falschen Stelle abgesetzt und wir sind von dort aus gelaufen«, fügte ich hinzu. Er beäugte uns argwöhnisch.

»Was kostet die Fahrt nach New York?« fragte ich mit fester Stimme. »Und wann fährt der nächste Bus?«

»Nach New York, so? Also, eine Rückfahrkarte kostet…«

»Nein, eine einfache Fahrkarte«, sagte ich eilig. Er schaute abrupt auf. »Für unsere Rückfahrt ist schon alles geregelt«, fügte ich hinzu.

»Hm… also, er zahlt nur die Hälfte«, sagte er und wies mit einer Kopfbewegung auf Jefferson. Dann schaute er mich an. »Du zahlst den vollen Preis für Erwachsene«, sagte er. Ich wollte ungern mehr Geld als nötig ausgeben, da wir nicht allzuviel hatten, aber ich war froh darüber, daß er fand, ich sei alt genug, um mit meinem Bruder allein zu reisen. »Der Bus fährt von hier aus nicht direkt nach New York, verstehst du«, fügte er hinzu und fing an, die Fahrkarten zu lochen. »Er hält in Virginia Beach und dann noch einmal in Delaware.«

»Das ist in Ordnung«, sagte ich und stellte meinen Koffer hin, ehe ich näher an den Schalter trat.

»Ihr habt wirklich Glück, denn in zwanzig Minuten fährt hier ein Bus durch. Aber das ist nur ein Nahverkehrsbus, der noch zweimal anhält, ehe er in Virginia Beach ankommt. Dort müßt ihr aussteigen und den…«, er schaute in seinem Fahrplan nach, »…den ersten Bus nehmen. Der fährt um acht Uhr vierzig. Er fährt direkt zum Busbahnhof Port Authority in New York City.«

»Port Authority ist sehr gut«, sagte ich und zählte sorgsam das Geld ab. Er zog die Augenbrauen wieder hoch.

»Du bist schon in New York gewesen?« fragte er skeptisch.

»Schon oft. Mein Vater wohnt dort«, sagte ich schnell.

»Ach so, ich verstehe. Eine von diesen Familien, in denen der Vater in der einen und die Mutter in einer anderen Stadt lebt, was?«

»Ja«, erwiderte ich. Seine Augen wurden freundlicher, und er schien uns jetzt wohlgesonnener zu sein.

»Und eure Mutter will nicht mit euch kommen, wenn ihr euren Vater besucht, kann ich mir vorstellen?«

»Ja, Sir.« Er nickte und grinste mich an.

»Tja, ich schätze, ich könnte euch für einen billigeren Fahrpreis reinschmuggeln. Mir tut das nicht weh«, fügte er hinzu.

Nachdem ich unsere Fahrkarten eingesteckt hatte, führte ich Jefferson zu der Bank. Er starrte den Fahrkartenverkäufer an, bis der Mann sich wieder seinem Taschenbuch zuwandte. Dann drehte er sich um und schaute mich mit seinem forschenden und durchdringenden Blick fest an.

»Warum hast du all diese Lügen erzählt?« fragte er.

»Psst«, sagte ich. Ich zog ihn näher zu mir. »Wenn ich es nicht getan hätte, hätte er uns die Fahrkarten nicht verkauft. Er hätte die Polizei angerufen und gesagt, er hätte zwei Ausreißer erwischt.«

»Würde die Polizei uns denn verhaften und uns Handschellen anlegen?« fragte Jefferson ungläubig.

»Verhaften würden sie uns nicht, aber sie würden uns ins Hotel zurückbringen.«

»Mommy hat gesagt, daß man keine Lügen erzählen darf«, erinnerte er mich.

»Damit hat sie nicht diese Art von Lügen gemeint; sie hat die Lügen gemeint, die anderen Menschen weh tun, vor allem Menschen, die man lieb hat und die einen lieb haben«, erklärte ich. Jefferson kniff die Augen zusammen und dachte darüber nach. Ich sah ihm an, wie er diesen Gedanken verarbeitete und sich dann beifällig zurücklehnte. Kurz darauf kam der Nahverkehrsbus. Im Bus war noch ein halbes Dutzend Leute, doch sie saßen vorwiegend hinten und in den mittleren Reihen und schliefen anscheinend.

»So früh seid ihr schon unterwegs?« fragte der Busfahrer lächelnd.

»Ja, Sir.«

»Der frühe Morgen ist die beste Zeit zum Reisen«, sagte er. Er nahm unsere Koffer, um sie zu verstauen, und dann betrat er den Busbahnhof, um sich mit dem Schalterbeamten zu unterhalten. Ich setzte mich mit Jefferson in die zweite Reihe rechts und beobachtete durch die Fensterscheibe den Busfahrer und den Fahrkartenverkäufer. Sie schauten beide in unsere Richtung. Mein Herz schlug heftig. Redeten sie über uns? Würden sie doch noch die Polizei rufen? Nachdem noch ein paar Minuten vergangen waren, lachten beide über etwas, und der Busfahrer kam zurück. Er machte die Tür zu und startete den Motor. Ich hielt den Atem an und umklammerte Jeffersons kleine Hand fester. Im nächsten Moment fuhren wir los. Der Bus bog in die Hauptstraße von Cutler's Cove ein, und der Fahrer beschleunigte. Wir fuhren an den Läden vorbei, am Rathaus und am Polizeirevier und schließlich an der Schule. Schon bald waren wir auf der Straße nach Virginia Beach, und wir ließen Cutler's Cove weiter und immer weiter hinter uns zurück. Es war das erste Mal, daß ich allein eine weite Reise unternahm, ich schloß die Augen und schluckte meine Angst hinunter.

Jefferson schlief auf der Fahrt nach Virginia Beach ein und folgte mir mehr oder weniger wie ein Schlafwandler, als ich ihn aus dem Bus führte, um mit ihm in dem weit größeren und volleren Busbahnhof von Virginia Beach zu warten. Doch selbst die Hektik und der Lärm reichten nicht aus, um ihn wachzuhalten. Die Augen fielen ihm wieder zu, und sein Kopf sank gegen meine Schulter, als wir auf den Anschlußbus warteten.

Diesmal schlief auch ich ein, nachdem wir eingestiegen waren und uns auf unsere Plätze gesetzt hatten. Viele Stunden später, als wir wieder anhielten, um in Delaware Fahrgäste mitzunehmen, wachte ich auf und stellte fest, daß es regnete. Wenige Momente später schlug Jefferson die Augen auf, und noch im selben Augenblick sagte er, er müßte auf die Toilette gehen.

»Ich hoffe, du fürchtest dich nicht, allein reinzugehen, Jefferson«, sagte ich. »Ich kann nicht mit dir kommen.«

»Ich habe keine Angst. Es ist doch nur eine Toilette«, bemerkte er tapfer, doch er wirkte sehr besorgt, als er sich auf den Weg machte. Während er auf der Toilette war, ging ich ebenfalls auf die Toilette, und dann kaufte ich uns etwas zum Essen.

»Ich wollte aber Rühreier haben«, beklagte sich Jefferson, als ich ihm eine Packung Milch und ein paar Plätzchen in die Hand drückte. »Und Toast und ein Glas frisch gepreßten Orangensaft.«

»Wenn wir erst einmal in New York sind, bekommen wir lekkere Dinge zu essen«, sagte ich.

»Wohnt dein richtiger Vater auch in einem großen Haus?« fragte er. »Mit einer Haushälterin und einem Butler?«

»Ich weiß es nicht, Jefferson.«

»Hat er eine Frau, die unsere neue Mutter sein wird?« erkundigte er sich.

»Ich weiß es nicht, ob er wieder geheiratet hat. Ich weiß überhaupt nicht viel über ihn«, sagte ich betrübt. »Stell mir also bitte keine Fragen mehr, Jefferson. Setz dich einfach hin, und schau dir die Landschaft an, ja?«

»Mir ist langweilig«, klagte er und verschränkte die Arme auf der Brust und schmollte. »Ich hätte eines von meinen Spielen mitnehmen sollen. Warum haben wir keine Spielsachen mitgenommen?« jammerte er.

»Jefferson, wir hatten keine Zeit beim Packen. Bitte, sei jetzt einfach brav«, flehte ich ihn an. Ich war nahe daran zu weinen. Was tat ich hier? Wohin würde ich mit meinem kleinen Bruder gehen?

Jefferson zuckte die Achseln, trank seine Milch und aß seine Plätzchen. Für den Rest der Fahrt schlief er zwischendurch immer wieder ein, und mir ging es ebenso. Der Regen ließ so weit nach, daß nur noch ein dünner Nieselregen blieb. Endlich sah ich in der Ferne die Skyline von New York. Als wir näher und immer näher kamen, schien die Stadt höher und immer höher zu werden, und die Spitzen der Gebäude schienen den grauen Himmel regelrecht zu berühren. Als ich ein Schild sah, auf dem Lincoln-Tunnel stand, wußte ich, daß wir jetzt in die Stadt hineinfahren würden, und mein Herz pochte immer heftiger. Jetzt fielen mir all die Dinge wieder ein, die Mommy mir über New York erzählt hatte – wie unglaublich groß es war und welche unglaublichen Menschenmengen es dort gab und daß es schwer war, dort als Fremder zurechtzukommen. Aber dann fiel mir auch wieder ein, wie sehr Tante Trisha New York liebte. Wenn sie es dort so aufregend fand, dann konnte es doch nicht ganz so schlimm sein, hoffte ich.

Jefferson war sehr aufgeregt, als wir in den Lincoln-Tunnel fuhren. Er schien endlos lang zu sein und nicht mehr aufzuhören, und dann fuhren wir plötzlich ins Licht hinaus und waren auf den Straßen von New York. Der Verkehr und der Lärm waren genauso, wie Mommy es mir geschildert hatte. Niemand schien sich etwas daraus zu machen oder sich gar daran zu stören, daß es immer noch ein wenig regnete. Jefferson preßte das Gesicht an die Fensterscheibe und nahm alles in sich auf: die Straßenverkäufer, die Taxis, die berittenen Polizisten, Menschen, die bettelten und in Hauseingängen schliefen, aber auch viele elegant gekleidete Menschen, die durch die Straßen eilten, manche von ihnen mit Schirmen, doch die meisten ohne Schirm. Kurz darauf fuhren wir in den riesigen Busbahnhof, und der Fahrer kündigte an: »NEW YORK, PORT AUTHORITY. PASSEN SIE BITTE BEIM AUSSTEIGEN AUF.«

Ich nahm Jefferson an der Hand und hielt sie so fest, daß er vor Schmerz das Gesicht verzog. Wir warteten, bis der Fahrer unsere kleinen Koffer aus dem Gepäckraum gezogen hatte. Ich nahm beide, reichte Jefferson seinen Koffer, und dann betraten wir die Bahnhofshalle. Überall liefen Leute herum; alle schienen genau zu wissen, wohin sie wollten.

»Wo ist dein richtiger Vater?« fragte Jefferson und schaute sich um.

»Er weiß noch gar nicht, daß wir hier sind«, sagte ich. »Ich muß seine Telefonnummer raussuchen und ihn anrufen.« Mein Blick fiel auf eine Reihe von Münzfernsprechern, und wir liefen eilig hin. Der Umfang des Telefonbuchs war überwältigend. Jefferson traten vor Erstaunen die Augen aus dem Kopf.

»Das sind aber ganz schön viele Telefone!« rief er aus.

»Paß auf unsere Koffer und auf mein Portemonnaie auf, während ich seine Nummer raussuche, Jefferson«, sagte ich. Er nickte, und ich fing an, die Seiten durchzublättern. Als ich zu dem Namen Sutton kam, wurde mir jedoch das Herz schwer. Es gab mehr als zwei Seiten Suttons, und mehr als ein Dutzend der Teilnehmer hatte als Vornamen entweder Michael oder Mike oder nur ein M.

»Ich muß mehr Kleingeld besorgen«, sagte ich. »Viel mehr.« Ich holte mein restliches Geld und schaute mich nach einem Ort um, an dem ich Kleingeld bekommen konnte. Ich sah einen Zeitungskiosk und lief eilig hin.

»Entschuldigen Sie bitte«, sagte ich, als sich der Mann mir zuwandte. »Könnten Sie mir Geld wechseln, weil ich zum Telefonieren Kleingeld brauche?«

»Sehe ich etwa aus, als sei ich die Chase Manhattan Bank?« erwiderte er und zog die Mundwinkel herunter. »Kleingeld kriegst du nur, wenn du etwas kaufst«, sagte er.

»Aber... in Ordnung. Geben Sie uns einen Schokoladenriegel«, sagte ich. Ich reichte ihm fünf Dollar. »Alles in Münzen, bitte.«

»Wen rufst du denn an – ganz Manhattan?« Er schüttelte den Kopf, aber er gab uns die Münzen, die ich brauchte. Jefferson freute sich über seinen Schokoladenriegel.

Ich begann zu telefonieren, und meine Finger zitterten, als ich die Nummern wählte. Was sollte ich sagen? Wie sollte ich anfangen? Wie würde ich ihn ansprechen, wenn er ans Telefon ging – mit Daddy? Michael? Oder gar Mr. Sutton? Unter der ersten Nummer nahm niemand ab. Unter der zweiten Nummer kam eine ältere Dame an den Apparat.

»Wohnt dort Michael Sutton, der Sänger?« fragte ich als erstes.

»Der Sänger? Nein. Michael ist Klempner«, sagte sie.

»Dann entschuldigen Sie, bitte.«

Ich wählte eine Nummer nach der anderen, und manche Menschen verneinten höflich, andere waren sehr verärgert über meinen Anruf. Ein Mann glaubte, mein Anruf sei ein typischer Kinderstreich, und er fing an zu fluchen. Schließlich rief ich bei einem der M. Sutton an, und nach dem vierten Läuten ging eine Frau ans Telefon, und ihre Stimme klang so tief und heiser wie die Stimme eines Menschen, der gerade geweckt worden ist.

»Ich suche Michael Sutton, den Sänger«, setzte ich an.

»Ich auch«, fiel sie mir ins Wort.

»Habe ich die richtige Nummer gewählt?« fragte ich.

»Wer sind Sie, eine seiner Schülerinnen?«

»Schülerinnen, ja, Ma'am«, sagte ich. »Und ich soll heute zum Unterricht zu ihm kommen.«

»Tja, dann hoffe ich, daß Sie Ihre Unterrichtsstunde nicht vor heute nachmittag haben«, sagte sie barsch.

»Ja, das ist richtig.«

»Und was wollen Sie?« fragte sie.

»Ist er im Moment da?« fragte ich.

»Er ist physisch vorhanden, aber nicht ansprechbar«, erwiderte sie. Darauf ließ sie ein Lachen folgen.

»Könnte ich ihn bitte sprechen?«

»Er ist im Augenblick gewissermaßen indisponiert. Rufen Sie in etwa... einer Stunde wieder an«, sagte sie.

»Aber...«

Sie legte auf, ehe ich noch ein Wort sagen konnte. Wenigstens hatte ich den richtigen Michael Sutton gefunden, dachte ich, und ich schrieb mir die Adresse aus dem Telefonbuch ab. Jefferson, der still dasaß und all die Menschen und den Tumult beobachtete, schaute erwartungsvoll zu mir auf.

»Alles in Ordnung«, sagte ich. »Ich habe ihn gefunden. Komm, wir wollen uns ein Taxi suchen.«

»Ein Taxi? Einverstanden«, erwiderte er aufgeregt. Ich folgte den Schildern, die uns den Weg zum Ausgang zur 41st Street wiesen. Als wir aus dem Gebäude traten, sahen wir eine Reihe von Taxis, die am Randstein geparkt waren. Es hatte aufgehört zu regnen, aber es war immer noch grau und unfreundlich. Der Fahrer, der neben dem ersten Taxi stand, kam schnell auf uns zu. Es war ein großer, dünner Mann mit einem buschigen graumelierten Schnurrbart.

»Sie brauchen ein Taxi, Miss?« fragte er.

»Ja, Sir.«

»Tja, dann haben Sie eines«, sagte er und nahm unser Gepäck und verstaute es im Kofferraum. »Steigen Sie ein«, sagte er und wies mit einer Kopfbewegung auf den Rücksitz. Jefferson schlüpfte schnell auf den Rücksitz, rutschte rüber und schaute auf der anderen Seite zum Fenster hinaus. »Wohin geht es, Miss?« fragte der Fahrer, nachdem er eingestiegen war.

Ich nannte ihm die Adresse.

»Ach, Greenwich Village, so?« Er schaltete den Taxameter an und fuhr in den dichten Verkehr, als seien wir das einzige Fahrzeug auf der ganzen Straße. Ein Hupkonzert ertönte, und Leute schrien ihn an, doch er wechselte unbeirrt die Spur und beschleunigte, nachdem die Ampel grün geworden war. Wenige Momente später flogen wir durch die Straßen der Stadt, und Jefferson und ich klammerten uns an den Haltegriffen fest und fühlten uns unseres Lebens nicht mehr sicher.

»Ist das Ihre erste Reise nach New York?« fragte uns der Fahrer.

»Ja, Sir.«

Er lachte.

»Das dachte ich mir schon. Als ihr aus dem Gebäude rausgekommen seid, habt ihr einen ganz verschreckten Eindruck gemacht. Machen Sie sich keine Sorgen. Stecken Sie bloß nicht die Nase in die Angelegenheiten anderer Leute«, sagte er, »und dann wird schon alles gutgehen.«

Der Fahrer bog mehrfach ab, fuhr uns durch eine lange Straße und bog dann noch einmal an einer Kreuzung ab, an der sich ein Restaurant und ein Blumengeschäft befanden. Er fuhr langsamer und hielt schließlich an. Ich schaute aus dem Fenster auf eine Reihe von Gebäuden hinaus, die alt wirkten. Die meisten hatten abgewetzte Haustüren, die einen heruntergekommenen Eindruck machten, und die Stufen vor den Türen hatten Sprünge. Die Gebäude selbst sahen grau und schmutzig aus; die Fenster in den unteren Stockwerken waren mit Staub und Ruß verschmiert, und die Schmutzschicht war nach dem Regen eingetrocknet.

»Hier ist es«, sagte der Fahrer. »Macht fünf Dollar vierzig.«

Ich holte sechs Dollar heraus und reichte sie ihm.

»Danke«, sagte er und stieg aus dem Taxi aus, um unsere Koffer aus dem Kofferraum zu holen.

»Und welches Haus ist Nummer achthundertachtzehn?« fragte ich und schaute auf die kleinen Veranden vor den Häusern.

»Die Nummern sind ein bißchen ausgeblichen, aber wenn Sie genau hinsehen, sehen Sie die Nummer achthundertachtzehn direkt vor sich, Süße.« Er stieg in sein Taxi und fuhr los. Jefferson und ich standen auf dem Bürgersteig und schauten zu der Haustür des Gebäudes auf, in dem mein richtiger Vater lebte.

»Komm, Jefferson«, sagte ich und nahm meinen Koffer.

»Hier gefällt es mir nicht«, klagte er. »Es ist häßlich. Und wo ist der Spielplatz?« fragte er und sah sich um.

»Komm jetzt einfach mit, Jefferson«, ordnete ich an und nahm ihn an der Hand. Widerstrebend hob er seinen kleinen Koffer hoch und folgte mir die Stufen zur Haustür hinauf. Wir traten in ein enges Treppenhaus. An der Wand hingen Briefkästen, und über jedem stand der Name des Mieters. Ich fand Michael Sutton unter Apartment 3b. Langsam öffnete ich eine zweite Tür und entdeckte rechts neben uns die Treppe, fand aber nirgends einen Aufzug.

»Ich will keine Treppe raufsteigen. Ich bin müde«, stöhnte Jefferson, als ich auf die Treppe zuging.

»Wir müssen die Treppe nehmen«, sagte ich. »Bald kannst du in einem Bett schlafen.«

Ich zog ihn hinter mir her, und wir stiegen die Stufen hinauf. Als wir den dritten Stock erreicht hatten, blieb ich stehen und sah mich um. Wir standen in einem dunklen, schäbigen Korridor, der nur am hinteren Ende ein kleines Fenster hatte. Es sah so aus, als würde nie jemand die Fensterscheibe putzen.

»Hier riecht es komisch«, sagte Jefferson und schnitt eine Grimasse. Es roch muffig und schal, aber ich sagte nichts. Statt dessen lief ich durch den Korridor, bis wir vor 3b standen. Dann holte ich tief Atem und drückte auf die Klingel. Ich hörte nichts, und daher läutete ich noch einmal. Wieder war kein Ton zu vernehmen.

»Vielleicht funktioniert die Klingel nicht«, murmelte ich und klopfte an die Tür. Wir lauschten auf Schritte, doch wir hörten keine.

»Vielleicht ist er nicht zu Hause«, schlug Jefferson vor.

»Das kann nicht sein. Ich habe gerade erst hier angerufen und jemanden am Telefon gehabt«, beharrte ich und klopfte noch einmal an, diesmal jedoch fester. Einen Moment später wurde die Tür aufgerissen, und wir standen einer Frau gegenüber, die sich einen ausgeblichenen blauen Herrenbademantel übergezogen hatte. Ihr gebleichtes blondes Haar, unter dem die dunklen Haaransätze deutlich zu sehen waren, war ungebürstet. Sie war ungeschminkt und sah verschlafen aus. In einem ihrer Mundwinkel baumelte eine Zigarette.

»Was ist?« fragte sie barsch.

»Ich bin hier… wir sind gekommen, weil wir Michael Sutton sehen wollten«, erklärte ich.

»Haben Sie nicht gerade erst hier angerufen?« fragte sie und trat mit einem verärgerten Gesichtsausdruck einen Schritt zurück.

»Ja, Ma'am…«

»Ich habe Ihnen doch gesagt…«

»Wer, zum Teufel, ist da?« hörten wir einen Mann rufen.

»Eines deiner Wunderkinder, das versessen genug darauf ist, ein Star zu werden, um uns aufzuwecken«, erwiderte die Frau. »Kommen Sie rein«, sagte sie. Jetzt erst schien sie Jefferson zu bemerken. »Sie haben Ihren kleinen Bruder mitgebracht?«

»Ja, Ma'am.«

»Sie sind wohl sein Babysitter, was? Und was hat es mit den Koffern auf sich?«

»Können wir Michael sprechen?« fragte ich. Jefferson schaute furchtsam zu der Frau auf. Sie schaute auf ihn herab, sah mich an, schüttelte den Kopf und ging in ein anderes Zimmer. Ich blickte mich im Wohnzimmer um. Auf dem Sofa und den Sesseln lagen Kleider verstreut, und auf dem Sofatisch standen schmutzige Tassen, und auch auf einem Beistelltisch stand schmutziges Geschirr. Der braune Teppich war ausgeblichen und voller Flekken und Brandlöcher. Rechts an der Wand stand ein altes Klavier, und der Stuhl war so abgewetzt, daß man seine Farbe kaum noch erkennen konnte. Auf dem Klavier befanden sich aufgeschlagene Noten, aber auch ein Glas, in dem sich eine undefinierbare Flüssigkeit befand. Die gelben Jalousien vor den Fenstern waren so weit heruntergezogen, daß nur ein matter grauer Lichtschein ins Zimmer fallen konnte.

Mein Vater tauchte in einer alten Jeans auf und knöpfte sich gerade das Hemd zu, als er ins Zimmer trat. Er war barfuß und machte den Eindruck, als sei auch er gerade erst aus dem Bett gekommen. Sein dunkles Haar, das grau wurde, war lang und wirr, und Strähnen fielen über seine Augenbrauen und seine Schläfen. Sein unrasiertes Gesicht war aschfahl und schmal, fast hager, und seine blauen Augen waren stumpf vom Schlaf. Seine Haltung war leicht gebeugt. Während er uns anstarrte, steckte er sich das Hemd in die Hose.

Das war alles andere als das, was ich mir unter dem geheimnisvollen Fremden meiner Träume vorgestellt hatte. Dieser Mann sah nicht aus wie ein charmanter Opernstar. Man konnte sich unmöglich vorstellen, daß er jemals eine Berühmtheit gewesen sein könnte. Sein Gesicht strahlte nicht die geringste Kraft aus, kein Selbstvertrauen, keine Hoffnung. Dieser Mann wirkte ausgelaugt, leer und verloren. Ich konnte nicht glauben, daß diese

Finger Klavier spielen konnten, und ebensowenig war mir vorstellbar, daß dieser schlaffe Mund, dessen Lippen sich an den Mundwinkeln nach unten zogen, angenehme melodische Laute hervorbringen konnte.

Wo waren das dunkle seidige Haar und die ausdrucksvollen Saphiraugen, von denen meine Mutter gesagt hatte, sie würden schelmisch funkeln? Wo waren die breiten Schultern?

Er schaute von Jefferson zu mir und stemmte dann die Arme in die Hüften.

»Und?« sagte er. »Was wollen Sie?«

»Das ist Jefferson«, sagte ich und wies mit einer Kopfbewegung auf meinen kleinen Bruder, »und mein Name ist Christie.« Ich wartete einen Moment, weil ich seine Reaktion sehen wollte, doch er reagierte nicht darauf.

»Ja, und?« sagte er. »Hat Sie jemand zum Unterricht hierhergeschickt?«

»Nein, Sir. Ich bin Christie Longchamp.«

»Longchamp?« Er öffnete die Augen etwas weiter und kratzte sich den Hinterkopf. »Longchamp?«

»Ja, Sir. Meine Mutter hieß Dawn.«

Die Frau, die uns die Tür aufgemacht hatte, tauchte hinter meinem Vater auf und lehnte sich an die Wand. Sie rauchte weiterhin ihre Zigarette.

»Dawn? Du bist...«

»Ja. Ich bin Ihre Tochter«, erklärte ich schließlich. Wie seltsam es klang, und was für ein merkwürdiges Gefühl es war, diesem Mann zu sagen, daß er mein Vater war. Seine Augen wurden noch größer.

»Was hat sie gesagt, wer sie ist?« fragte die Frau, die hinter ihm stand, und aus ihrer Stimme war Lachen zu hören.

»Sei ruhig«, erwiderte er, ohne sich zu ihr umzudrehen. »Du bist die kleine Christie? Ja, klar«, sagte er und nickte. Endlich lächelte er. »Wenn man dich genauer ansieht, merkt man es sofort. Du hast ihr Gesicht, das stimmt. So, so, so...« Er richtete sich etwas mehr auf und strich sich mit den Handflächen das Haar aus dem Gesicht. »Und das da ist dein Bruder, was?«

»Ja.«

»Ich kann es nicht glauben. Irre.« Er schüttelte den Kopf und lächelte. »Irre.« Er drehte sich abrupt zu der Frau um, die hinter ihm stand. »Meine Tochter«, erklärte er. »Nicht schlecht, was?«

»Einfach toll«, sagte sie und schnippte die Asche ihrer Zigarette auf den Fußboden.

»Und was tut ihr beide hier? Ich meine... wie seid ihr hierhergekommen?« fragte er.

»Wir haben den Bus genommen«, sagte ich.

»Kein Witz? Ihr seid ganz allein gekommen, was? Und das hat eure Mutter zugelassen?« fragte er.

»Meine Mutter... und Daddy Jimmy sind bei dem Brand umgekommen«, erwiderte ich, so schnell ich konnte.

»Bei dem Brand?« Er schüttelte den Kopf. »Was für ein Brand?«

»Das Hotel ist abgebrannt, und sie haben im Keller festgesessen«, erklärte ich. Selbst jetzt traten noch dicke Tränen in meine Augen, wenn ich darüber sprach, Tränen, die meinen Blick verschleierten.

»Da soll mich doch gleich... das ist ja furchtbar«, sagte er. »Dann gibt es also kein Hotel mehr, was?«

»Mein Onkel baut es wieder auf«, sagte ich. Mir war unbegreiflich, wieso ihn das überhaupt interessierte. Warum brachte ihn das, was Mommy zugestoßen war, nicht viel mehr aus der Fassung?

»Ja, klar. Es muß wohl versichert gewesen sein. Dann... ist deine Mutter also... nicht mehr am Leben.« Er schüttelte den Kopf und schaute die Frau an. »Warum setzt du uns nicht einen

Kaffee auf?« Sie verzog das Gesicht, als hätte er sie zu einer Großtat aufgefordert, und widerwillig machte sie sich auf den Weg zur Küche. »Das ist... äh... das ist... äh... Catherine. Sie arbeitet als Sängerin an Produktionen in einem der Studios in der Stadt. Hier«, sagte er und trat vor das Sofa, um einen Teil der Kleidungsstücke wegzuräumen, »setzt euch doch. Erzähl mir etwas über dich. Wie alt bist du jetzt?« fragte er, als ich Jefferson mit mir zum Sofa zog.

»Ich bin sechzehn. Ich habe erst vor kurzem meinen sechzehnten Geburtstag gefeiert.« Wie konnte es sein, daß er sich nicht erinnerte, wie alt ich war, fragte ich mich.

»Ja, klar. Und wie alt ist...« Er wies mit einer Kopfbewegung auf Jefferson.

»Jefferson ist neun«, sagte ich.

»Fast zehn«, fügte er hinzu.

»Das ist ja ein reifes Alter«, scherzte mein Vater, doch Jefferson lächelte nicht. Er sah nur mit diesem starren Blick zu ihm auf, der so typisch für ihn war und manche Leute aus der Fassung brachte. Mein Vater lachte. Dann setzte er sich auf den Sessel, ohne sich die Mühe zu machen, den Rock vorher fortzunehmen, der über der Stuhllehne hing.

»So... das muß ja furchtbar für euch gewesen sein... ein Feuer, und sie konnten nicht rechtzeitig aus dem Haus kommen.« Er schüttelte den Kopf. »Sie war etwas ganz Besonderes, deine Mutter, eine sehr schöne Frau und äußerst talentiert. Ich hätte einen Gesangsstar aus ihr machen können, aber...« Er zuckte die Achseln. »So«, sagte er, »und wer kümmert sich jetzt um euch? Euer Onkel?«

»Nein«, sagte ich rasch. »Wir wollen nicht bei ihm leben.«

»Ach, nein?« Er beugte sich vor. »Und warum nicht?«

»Er und unsere Tante Bet sind nicht besonders nett zu uns«, sagte ich. Mein richtiger Vater mußte etwas aus meinem

Gesichtsausdruck oder meinem Tonfall entnommen haben, denn seine Augen wurden schmal, als er meine Worte abwog. Er hatte Augen, die gerissen und durchtrieben wirkten, als schienen sie alle üblen Kniffe und Schlechtigkeiten auf Erden zu kennen.

»Ich verstehe.«

»Richard und Melanie sind auch nicht nett zu uns«, fügte Jefferson hinzu.

»Wer?«

»Ihre Kinder, Zwillinge«, sagte ich.

»Aha.« Sein Blick fiel auf unsere Koffer. »Jetzt fangen wir noch mal von vorn an, damit ich euch auch richtig verstehe. Ihr beide seid dort fortgegangen und mit dem Bus hierhergekommen?« Ich nickte. »Weiß euer Onkel Bescheid?«

»Nein. Wir sind ausgerissen«, sagte ich.

»Oh, jetzt begreife ich. Wie habt ihr mich gefunden?« fragte er interessiert.

»Ich habe einfach alle Michael Suttons angerufen, bis ich den richtigen gefunden hatte.«

Er lachte.

»Tja«, sagte er und schlug die Hände zusammen, »ihr müßt nach Hause zurück. Ihr könnt nicht einfach so ausreißen. Wahrscheinlich sind schon alle krank vor Sorge um euch.«

»Wir werden nie mehr zurückgehen«, sagte ich mit fester Stimme.

»Hör mal, Schätzchen, du hast doch nicht etwa erwartet…« Er lächelte. »Du hast dir doch nicht etwa vorgestellt, du könntest hier bei mir leben, oder?« Ich sagte nichts; er verstand. Sein Lächeln verflog, und er lehnte sich zurück und dachte einen Moment lang nach. »Wieviel Geld habt ihr bei euch?« fragte er.

»Wir haben nur noch dreiundzwanzig Dollar übrig«, erwiderte ich.

»Dreiundzwanzig…« Er schüttelte wieder den Kopf. »Und

was ist mit einer Erbschaft? Du mußt eine ganze Menge geerbt haben.«

»Ich weiß es nicht«, sagte ich. »Das interessiert mich nicht.«

»Das sollte dich aber interessieren. Dein Erbe gehört dir. Du kannst nicht alles deinem Onkel überlassen. Ich bin sicher, daß beglaubigte Dokumente existieren. Ganz bestimmt. Du kannst nach Hause zurückgehen, und in ein paar Jahren bekommst du dann deinen Anteil am Hotel und am Vermögen und...«

»Das Hotel ist mir egal. Ich kann nicht zurückgehen«, sagte ich eindringlich. Ich wünschte, ich hätte ihm alles erzählen können, aber es war, als redete ich mit einem Fremden, den ich überhaupt nicht kannte, und ich konnte mich nicht dazu durchringen, ihm zu schildern, was Onkel Philip mir angetan hatte.

»Also, hier könnt ihr nicht wohnen, Schätzchen. Ich habe keinen Platz für euch, und außerdem habe ich kein Recht, deinen kleinen Bruder bei mir aufzunehmen. Ein Vormundschaftsgericht würde euch wohl getrennt unterbringen«, fügte er hinzu.

»Getrennt?« Jefferson packte schnell meine Hand. »Nein, wir lassen uns niemals auseinanderreißen«, sagte ich entschieden.

»Ihr solltet auch nicht voneinander getrennt werden. Deshalb müßt ihr wieder nach Hause gehen. In ein paar Jahren, wenn du achtzehn geworden bist oder wenn du dein Erbe ausbezahlt bekommen hast, rufst du mich an, und dann komme ich zu euch zu Besuch«, sagte er lächelnd. »Ganz bestimmt. Dann werden wir eine richtige Vater-Tochter-Beziehung aufbauen, einverstanden?«

Ich sagte nichts. Mir traten vor Enttäuschung die Tränen in die Augen.

»Der Kaffee ist fertig«, sagte die Frau, die an der Tür stand. »Aber servieren tue ich ihn nicht auch noch«, fügte sie hinzu und sah mich fest an. »Jeder kann sich selbst eine Tasse holen.«

»Ich möchte keinen Kaffee«, sagte ich.

»Ich brauche dringend eine Tasse Kaffee«, meinte mein Vater. »Vielleicht haben wir auch Milch und Plätzchen. Ich werde einmal nachsehen.« Er stand auf. »Singst du auch?« fragte er.

»Nein. Ich spiele Klavier«, sagte ich.

»Prima. Ehe ihr geht, kannst du uns etwas vorspielen. Das wäre doch hübsch, stimmt's, Catherine?«

Sie verzog das Gesicht.

»Wir müssen Mr. Ruderman aufsuchen, vergiß das nicht.«

»Ach ja, stimmt. Ich habe ein Problem mit dem Finanzamt und heute einen Termin beim Steuerberater. Nichts Schlimmes«, sagte er und fügte dann hinzu, »hoffe ich jedenfalls. Und jetzt hole ich den Kaffee.« Er ging in die Küche. Jefferson und ich konnten hören, daß er und Catherine miteinander flüsterten.

»Hier gefällt es mir nicht«, sagte Jefferson.

»Mir auch nicht«, antwortete ich darauf. Mein Herz war so schwer, daß ich glaubte, es würde mir in den Magen sinken. Was hatte ich mir bloß dabei gedacht, hierherzukommen, fragte ich mich. Wie verzweifelt ich doch gewesen war. Und jetzt hatte ich nur noch dreiundzwanzig Dollar übrig.

»Komm, Jefferson«, sagte ich und stand auf.

»Wohin gehen wir jetzt?«

»Wir gehen irgendwohin, wo wir etwas Gutes zu essen und zu trinken bekommen, einverstanden?«

»Einverstanden«, sagte er und hob schnell seinen Koffer vom Boden auf.

»He«, sagte mein Vater, der an die Küchentür kam. »Wohin geht ihr denn?«

»Ich glaube, Sie haben recht«, sagte ich. »Wir fahren zurück.«

»Ja, klar. Das ist das beste. Laßt euch Zeit, und regelt erst alles, was mit deiner Erbschaft zu tun hat. Ihr habt doch eure Rückfahrkarten?« fragte er hoffnungsvoll. Ich nickte, obwohl wir keine Rückfahrkarten hatten.

»Moment mal«, sagte er und wühlte in seiner Tasche herum. »Damit ihr euch auch noch eine Kleinigkeit kaufen könnt.« Er reichte mir einen Fünfdollarschein.

»Ich dachte, das sei das einzige Bargeld, das du noch hast«, sagte Catherine, die eilig hinter ihm auftauchte. »Wie sollen wir denn jetzt in die Stadt kommen?«

»Sei unbesorgt. Wir nehmen die U-Bahn«, erwiderte er.

»Die U-Bahn?« Sie schnitt eine Grimasse.

»Auf Wiedersehen«, sagte ich schnell und streckte die Hand nach dem Türgriff aus. Jefferson rannte ins Treppenhaus, sowie ich die Tür geöffnet hatte. Ich schaute mich noch einmal um. Mein Vater stand da und lächelte. Erst, als ich die Tür geschlossen hatte und die Treppe hinuntergelaufen war und schon wieder auf der Straße stand, fiel mir auf, daß er mir weder zur Begrüßung noch zum Abschied einen Kuß gegeben hatte.

Es war, als seien wir einander nie begegnet.

Es hatte wieder angefangen, in Strömen zu regnen, und die Tropfen klatschten uns in die Gesichter und prasselten auf den Bürgersteig und die Straße. Ich zog Jefferson enger an mich und rannte mit ihm zu der Kreuzung, wo ich das Restaurant gesehen hatte. Der Wind, der den Regen vor sich hertrieb, zischte zur Begrüßung um die Ecke. Wir betraten das Restaurant und schüttelten das Wasser von uns ab. Unsere Haare waren klatschnaß. Als wir uns in eine Nische gesetzt hatten, benutzte ich ein paar Servietten, um uns die Gesichter und die Hände abzutrocknen. Ich hatte wenig Appetit, aber Jefferson war ausgehungert und aß seinen Teller vollständig leer und sogar noch einen Teil von meinem Essen. Die Rechnung belief sich auf etwas mehr als zehn Dollar. Nachdem ich sie bezahlt hatte, saß ich da und schaute zum Fenster hinaus und fragte mich, was wir als nächstes anfangen sollten.

»Wohin gehen wir jetzt?« fragte Jefferson. »Können wir ins Kino gehen? Oder einen Spielplatz suchen?«

»Jefferson, bitte. Wir müssen jetzt an wichtigere Dinge denken«, sagte ich.

»Ich sollte mir die Zähne putzen. Mrs. Boston hat mir gesagt, ich soll mir, wenn es geht, nach jeder Mahlzeit die Zähne putzen«, erklärte er.

»Mrs. Boston«, sagte ich und dachte an sie und lächelte. »Ich hätte nichts dagegen, bei ihr zu leben.«

»Gehen wir hin«, sagte er. »Das will ich gern.«

»Das können wir nicht tun, Jefferson. Sie ist keine Verwandte. Sie müßte uns auch wieder nach Hause schicken. Ich vermute, wir müssen tatsächlich zurückfahren«, sagte ich betrübt. Ich sah, daß es wieder aufgehört hatte zu regnen, und ich überlegte mir, daß wir uns am besten in Bewegung setzen sollten, ehe der Regen wieder begann. »Komm.«

Wir traten ins Freie und sahen uns nach einem Taxi um. Am Randstein parkte eines, doch der Fahrer schien zu schlafen. Er machte die Augen auf, als er wahrnahm, daß wir dastanden und ihn anstarrten.

»Ich bin nicht im Dienst«, sagte er.

»Und wie bekommen wir jetzt ein Taxi?« fragte ich ihn.

»Einfach nur winken, Schätzchen«, erklärte er. Das gefiel Jefferson. Für ihn war das eine Gelegenheit, seinen Spaß zu haben. Er stellte sich an den Randstein und winkte den Taxis zu, die in alle Richtungen vorübersausten. Endlich hielt ein Taxi vor uns an.

»Port Authority, bitte«, sagte ich. Diesmal nahmen wir unsere Koffer mit auf den Rücksitz. Die Rückfahrt verlief genauso hektisch wie die Hinfahrt, und auch der Preis war derselbe. Mit kaum mehr als zehn Dollar in der Tasche betraten wir wieder den großen Busbahnhof. Ich hoffte, ich könnte uns Busfahrkarten kaufen und sie bezahlen lassen, wenn wir in Cutler's Cove angekommen waren, aber als ich dem Fahrscheinverkäufer meine Situation erklärte, sagte er, das ließe sich nicht machen.

»Suchen Sie sich einen Polizisten«, sagte er. »Der nächste, bitte.«

Wir wandten uns vom Schalter ab und liefen langsam durch die große Halle zu einer Reihe von Bänken.

»Was werden wir jetzt tun?« fragte Jefferson, als wir uns beide gesetzt hatten.

»Ich muß nachdenken«, sagte ich.

»Ich auch«, sagte er und machte die Augen zu.

Ich wollte Onkel Philip und Tante Bet nicht anrufen. Ich fand, das Beste, was ich tun könnte, sei, Bronson anzurufen. Es war mir verhaßt, ihm zu seiner Trauer über den Tod meiner Großmutter noch weiteren Kummer aufzubürden, aber sonst kannte ich zu Hause niemanden, den ich hätte anrufen können.

»Du wirst hier warten, Jefferson, solange ich telefoniere«, sagte ich. Er nickte, schloß die Augen und lehnte sich an seinen Koffer. Als ich auf die Telefonzellen zuging, die an der Wand aufgereiht waren, brach die Erinnerung an das, was Onkel Philip mir angetan hatte, wieder über mich herein. Ich konnte seine Stimme hören, seine Finger spüren, die über meinen Körper krochen, und dann... ich wand mich innerlich. Die Vorstellung, nach Cutler's Cove zurückzukehren und wieder bei Onkel Philip und Tante Bet zu leben, versetzte mich in Angst und Schrecken. Ich konnte nicht dorthin zurückkehren; es war einfach ausgeschlossen. Als ich den Hörer abgenommen hatte und zu wählen begann, überlegte ich es mir daher anders und rief statt dessen Gavin an.

»Ich kann dir jetzt am Telefon nicht alles erzählen, Gavin«, sagte ich, »aber ich konnte nicht länger bei Onkel Philip bleiben.«

»Wo bist du?« fragte er nach einem Moment.

»Jefferson und ich sind in New York.«

»In New York!«

Ich erzählte ihm von meinem richtigen Vater und was für eine Katastrophe das gewesen war, und dann erzählte ich ihm, daß wir nicht mehr viel Geld hatten.

»Wenn du es deinem Vater erzählst, wird er wahrscheinlich Onkel Philip anrufen«, fügte ich hinzu.

»Was hat er dir Schreckliches angetan, wenn du es mir am Telefon nicht erzählen kannst?« fragte Gavin.

»Es ist nachts passiert, Gavin. In meinem Schlafzimmer«, sagte ich und schluckte die Tränen. Lange Zeit herrschte Stille.

»Tu gar nichts«, sagte Gavin. »Bleib, wo du bist, und warte dort auf mich.«

»Du wirst nach New York kommen?«

»Ich breche auf der Stelle auf. Kannst du dort auf mich warten?« fragte er.

»O ja, Gavin. Ja.«

»Ich werde kommen, Christie... so schnell es geht«, versprach er mir.

Ich legte auf, ging wieder zu Jefferson und berichtete ihm von Gavin.

»Das ist gut«, sagte er. »Vielleicht nimmt er mich irgendwohin mit, und wir tun etwas, was Spaß macht.«

»Ich weiß noch nicht, was wir tun werden, Jefferson, aber zumindest... zumindest wird Gavin kommen«, sagte ich und war von neuer Hoffnung erfüllt. »Bis dahin müssen wir uns beschäftigen. Es wird viele, viele Stunden dauern. Komm«, sagte ich, »ich kaufe dir ein Malbuch und Farbstifte.«

»Und Ton. Ich will Soldaten aus Ton formen.«

»Wir werden sehen, wie teuer das alles ist«, sagte ich. »Wir brauchen auch noch etwas Geld für unser Abendessen.«

»Ist Gavin denn bis dahin noch nicht da?« fragte er.

»Nein. Es wird lange dauern. Fang mir jetzt bloß nicht an, zu jammern und zu klagen wie ein kleines Baby«, warnte ich ihn.

»Ich bin kein kleines Baby.«

»Sehr gut. Komm jetzt. Wir kaufen dir das Malbuch.« Eines der Geschäfte verkaufte Spielsachen. Allerdings war alles viel teurer, als ich es mir vorgestellt hatte, und ich konnte ihm nur ein kleines Päckchen Buntstifte und ein kleinformatiges Malbuch kaufen. Ich hatte gerade noch sechs Dollar übrig und hoffte nur, daß das genügen würde, um uns etwas Anständiges zum Essen zu besorgen. Jefferson und ich begaben uns in eine Ecke der großen Halle und setzten uns auf eine Bank. Eine Zeitlang beschäftigte er sich mit seinem Malbuch und den Stiften, aber bald wurde es ihm langweilig, und er fing an zu jammern.

»Darf ich rumlaufen?« fragte er.

»Ja, aber lauf nicht zu weit weg. Das hier ist ein großer Bahnhof, und du könntest dich verlaufen«, warnte ich ihn.

»Ich bleibe in der Nähe«, versprach er mir. Ich war müde und brachte nicht die Geduld auf, mit ihm zu streiten.

»Bleib einfach dort drüben«, sagte ich und deutete auf eine Stelle, »damit ich dich im Auge behalten kann.«

»In Ordnung.« Er sprang von der Bank und lief herum, um sich Plakate zu betrachten und Leute anzusehen, die durch die Gegend liefen. Ich beobachtete ihn dabei, wie er Leute anstarrte, und ich lächelte vor mich hin, als eine ältere Frau stehenblieb und mit ihm sprach. Sie täschelte ihm den Kopf und setzte ihren Weg fort. Er warf mir einen Blick zu und entfernte sich dann etwas weiter von mir.

»Jefferson!« rief ich, doch er hörte mich nicht. Solange ich ihn noch sehen konnte, war das wohl in Ordnung, dachte ich. Aber meine Augen waren so müde und meine Lider so schwer, daß ich kämpfen mußte, sie offenzuhalten. Die emotionale Belastung der vergangenen Nacht, die anstrengende Reise und die Enttäuschung, die es mir bereitet hatte, meinen richtigen Vater kennenzulernen – all das trug zu meiner Erschöpfung bei. Eine große Mattigkeit beschlich meinen Körper. Es war, als sei ich in einen Teich der Erschöpfung gestiegen und tiefer und immer tiefer darin versunken, bis mir das Wasser über den Kopf schlug. Ich schloß meine Augen und sagte mir, es sei nur für einen kleinen Moment, doch fast in demselben Moment, in dem ich die Augen schloß, packte mich der Schlaf, und ich sank zur Seite und glitt tiefer und tiefer und noch tiefer, bis mein Kopf bequem auf meinem Koffer lag.

Eine Weile später wachte ich abrupt auf. Ein Mann in einer zerrissenen, schmutzigen Jacke und mit einer fleckigen Hose und dreckigen Schuhen, um die Lappen gewickelt waren, damit sie nicht auseinanderfielen, stand wenige Meter vor mir und starrte mich an. Er hatte die Hände in den Taschen, aber ich konnte sehen, daß seine Finger sich unter dem Stoff bewegten. Es sah aus, als hätte er zwei Mäuse in den Taschen. Ich setzte mich schnell auf. Er lächelte, und dabei zeigte sich, daß ihm viele Zähne fehlten. Er war unrasiert, und die dunklen Stoppeln verteilten sich ungleichmäßig über sein Kinn und seinen Wangen, sein Haar war verfilzt, und ein paar Strähnen sahen so aus, als klebten sie auf seiner Stirn und seinen Schläfen. Das Tempo, mit dem sich seine Hände in den Taschen bewegten, nahm zu, und seine Zunge kam immer wieder zwischen seinen Lippen heraus, als sei sie ein kleines Tier, das versuchte, sich loszureißen und zu fliehen.

Ich schnappte nach Luft und stand auf. Wo steckte Jefferson? Da jetzt weniger Menschen durch die große Bahnhofshalle liefen, konnte ich mühelos feststellen, daß er nicht dort war, wo er vorhin noch gewesen war und hatte bleiben sollen. Mein Herz pochte heftig.

»JEFFERSON!« rief ich. Ich schaute den Mann wieder an, der ein paar Schritte näher gekommen war. In dem Moment sah ich, daß der Reißverschluß seiner Hose offenstand. Einen Moment lang ließ mich die Panik wie angewurzelt stehenbleiben. Dann wandte ich mich ab und lief schnell durch den Gang weiter in die Halle hinein, um Jefferson zu suchen.

Erst machte ich mich auf den Weg zum Eingang, weil ich damit rechnete, daß er dort stand und den Leuten beim Kommen und Gehen zusah, doch an den Türen war er nicht zu finden. Ich lief durch die Halle, mein Herz raste, und mein Gesicht hatte sich vor Angst gerötet. Ich bog nach rechts ab, rannte weiter und bleib vor jedem Geschäft und jedem Verkaufsstand stehen und fragte Verkäufer, ob sie einen kleinen Jungen gesehen hatten, auf den Jeffersons Beschreibung paßte. Niemand hatte ihn gesehen.

Meine Panik wuchs. Ich hatte den Eindruck, mein Herz schlug so schnell und so heftig, daß ich sicher war, ich würde jeden Moment in Ohnmacht fallen. Endlich fiel mein Blick auf einen Polizisten und ich rannte auf ihn zu.

»Ich habe meinen Bruder verloren«, rief ich. »Ich habe ihn verloren!«

»He, jetzt mal ganz mit der Ruhe«, sagte er. Es war ein großer Mann mit hellbraunem Haar und freundlichen grünen Augen. »Was soll das heißen, du hast deinen Bruder verloren?«

»Wir haben dort hinten auf einer der Bänke gesessen, und er ist aufgestanden und umhergelaufen, und ich bin eingeschlafen. Als ich wach geworden bin, war er verschwunden«, rief ich aufgeregt.

»Immer mit der Ruhe. Wie alt ist er?«

»Neun, fast zehn.«

»So, so. Und du?«

»Ich bin sechzehn.«

»Seid ihr schon mal hier gewesen?« fragte er.

»Nein, Sir.«

»Dann kennt er sich also nicht aus«, sagte er mehr zu sich selbst als zu mir. »Also gut, zeig mir, wo du ihn das letzte Mal gesehen hast«, sagte er, und ich führte ihn zurück zu den Bänken. Dieser gräßliche Mann war verschwunden. »Er hat genau dort gestanden«, sagte ich. »Und dann...«

Plötzlich bog Jefferson um eine Ecke.

»JEFFERSON!« schrie ich und rannte ihm entgegen. »Wo warst du? Warum bist du fortgelaufen, wenn ich dir doch gesagt habe, daß du dableiben sollst?«

»Ich bin nur auf die Toilette gegangen«, sagte er und erschrak über meine Heftigkeit. Er schaute zu dem Polizisten auf.

»Was habt ihr beide überhaupt hier zu suchen?« fragte der Polizist.

»Wir warten auf jemanden«, sagte ich.

»So, so. Also gut, junger Mann«, sagte der Polizist und drohte Jefferson mit dem Finger. »Du wirst jetzt brav da bleiben, wo deine Schwester dich im Auge behalten kann, hast du gehört?«

Jefferson nickte mit weitaufgerissenen Augen.

»Hier gibt es böse Menschen, die manchmal Kinder stehlen«, warnte er ihn. Jeffersons Augen wurden noch größer.

»Wir schaffen das jetzt schon. Und nochmals vielen Dank«, sagte ich und legte meinen Arm um Jefferson. Ich mußte ihn in meiner Nähe spüren. »Wir gehen einfach wieder zu den Bänken und... o nein!« rief ich aus. »O nein!«

»Was ist denn jetzt schon wieder?« fragte der Polizist, bog die Schultern zurück und stemmte die Arme in die Hüften.

»Unsere Koffer und meine Brieftasche!«

»Du hast alles liegenlassen und bist einfach weggegangen?« fragte mich der Polizist ungläubig.

»Ich bin erschrocken, als ich meinen Bruder nirgends gesehen habe, und ich...«

»Woher kommt ihr?«

»Aus Virginia«, sagte ich und konnte die Tränen nicht länger zurückhalten.

»Mann, o Mann«, sagte der Polizist und schob sich seine Mütze auf den Hinterkopf. Er holte ein Notizbuch aus der hinteren Hosentasche und schlug es auf. »Okay, dann mal los. Name und Adresse«, sagte er. Ich sagte es ihm. »Auf wen wartest du?« fragte er. Ich schaute Jefferson an.

»Auf meinen Bruder«, sagte ich rasch.

»Also gut. Beschreib mir die gestohlenen Sachen«, sagte er, und ich beschrieb ihm unsere Koffer und meine Brieftasche.

»Ehe ich weggelaufen bin, um Jefferson zu suchen, stand ein Mann da und hat mich beobachtet. Er hat ganz scheußlich ausgesehen«, sagte ich.

»So, so. Tja, davon laufen hier einige rum, aber beschreib ihn mir trotzdem«, sagte er, und ich schilderte den Mann.

»Also gut, ich werde Meldung erstatten«, sagte der Polizist. »Aber einen Rat muß ich dir noch geben, junge Dame: Rühr dich nicht von dem Fleck weg, an dem du dich mit deinem Bruder treffen sollst.«

»Nein, das werden wir nicht tun«, versprach ich und führte Jefferson wieder zu den Bänken. Sogar sein Malbuch und seine Buntstifte waren fort.

»Wer hat uns die Sachen weggenommen?« fragte Jefferson.

»Ich bin nicht sicher«, sagte ich leise. Ich fühlte mich benommen, überwältigt und von einer Last niedergedrückt, die so schwer war, daß ich sie niemals würde tragen können.

»Ich habe Hunger«, klagte Jefferson. »Wann können wir zu Abend essen?«

»Essen? Unser letztes Geld ist fort, Jefferson. Meine Brieftasche ist gestohlen worden, oder hast du das schon vergessen?«

»Aber ich habe Hunger«, stöhnte er.

»Ich auch, aber ohne Geld wird uns niemand etwas geben.«

»Wir sagen den Leuten, daß wir morgen bezahlen«, schlug er vor.

»Das geht bei diesen Leuten nicht, Jefferson. Sie kennen uns nicht; wir sind hier in New York. Mommy hat recht gehabt«, murmelte ich. »Mommy hat recht gehabt.« Ich legte meinen Arm um ihn und zog ihn enger an mich. »Wir werden jetzt einfach schlafen und versuchen, nicht ans Essen zu denken, bis Gavin kommt.«

Die Tränen, die in meinen Augen brannten, fingen an, ungehindert über meine Wangen zu strömen.

»Weine nicht, Christie«, sagte Jefferson. »Gavin kommt doch bald.«

»Ja.« Ich lächelte durch meine Tränen. »Gavin kommt.« Ich gab Jefferson einen Kuß und zog ihn in eine enge Umarmung.

Und barmherzigerweise schliefen wir beide ein.

11

Eine wirkliche Hilfe

»Da seid ihr ja!« rief Gavin.

Meine Lider öffneten sich flatternd, und ich blickte zu ihm auf, wie er mit den Armen in die Hüften gestemmt dastand und auf mich herunterlächelte; vor seinen Füßen hatte er seinen Koffer stehen. Er trug eine dunkelblaue Leinenhose und ein weißes T-Shirt unter einer anthrazitfarbenen Baumwolljacke. Nie hatte ich mich mehr darüber gefreut, ihn zu sehen. Es war zwar nicht lange her, seit wir einander das letzte Mal gesehen hatten, und doch wirkte er wesentlich älter und größer.

Jefferson schlief tief und fest mit seinem Kopf auf meinem Schoß. Ich hatte mich erschöpft auf die Bank gleiten lassen und war selbst fest eingeschlafen. Ich hatte keine Ahnung, wieviel Zeit vergangen war, aber es schien sehr spät zu sein. Selbst an diesem turbulenten Ort liefen kaum noch Menschen umher. Ich ballte die Hände zu winzigen Fäusten und rieb mir den Schlaf aus den Augen.

»Gavin, ich bin ja so froh, daß du da bist«, sagte ich.

»Ich bin schon seit einer ganzen Weile hier und suche euch. Fast hätte ich euch nicht gefunden und aufgegeben. Ich bin an dieser Stelle hier schon einmal vorbeigelaufen, aber ihr wart hinter den Rückenlehnen der Bänke verborgen, und deshalb habe ich euch nicht gesehen. Was für ein Glück, daß ich beschlossen habe, noch einmal nachzuschauen«, fügte er hinzu.

Ich nickte, und dann brach alles sturzbachartig wieder über mich herein. Ohne Gavin warnen zu können, brach ich in Tränen aus, denn die Schleusen, die die Tränen zurückgehalten hatten, waren zusammengebrochen. Ich schluchzte und zitterte derart, daß Jefferson davon erwachte.

»O Christie«, sagte Gavin rasch und setzte sich neben mich. »Meine arme Christie.« Er legte einen Arm um meine Schultern, und ich begrub mein Gesicht dort, wo sein Hals in seine Schulter überging. Mein Körper bebte, weil ich so heftig schluchzte. »Jetzt ist alles gut«, sagte er. »Es wird alles wieder gut werden.«

»Was ist los?« fragte Jefferson, der sich verschlafen das Gesicht rieb. Und dann merkte er, daß Gavin bei uns war. »Gavin!«

»Hallo, mein kleiner Neffe, wie geht es dir?« Gavin fuhr Jefferson spielerisch mit den Fingern durch das zerzauste Haar.

»Ich habe Hunger«, erklärte Jefferson sofort, »und wir haben kein Geld, um uns etwas zum Essen zu kaufen.« Er zog ein finsteres Gesicht.

»Kein Geld? Was ist passiert?« fragte Gavin und sah mich an.

Ich hob langsam meinen Kopf von seiner Schulter und fing an, ihm unsere katastrophalen Erlebnisse in New York zu schildern, und heulend berichtete ich ihm von dem letzten Übel, das uns widerfahren war, und erklärte, wie wir all unsere Habe und unser Geld verloren hatten. Gavin schüttelte mitfühlend den Kopf und kniff dann die Lippen fest zusammen. Auf sein Gesicht trat der Ausdruck eines Menschen, der die Dinge in die Hand nimmt.

»Also, zuerst einmal werden wir dafür sorgen, daß ihr eine warme Mahlzeit bekommt. Dort drüben ist ein kleines Restaurant. Ich bin auf der Suche nach euch daran vorbeigekommen. Komm schon«, sagte er und drängte mich, aufzustehen. »Du wirst dich gleich besser fühlen, wenn du etwas Warmes ißt.« Mit dem Handrücken wischte er mir sanft die Tränen von der Wange und lächelte mich an.

»Und mein neues Malbuch und die Stifte haben sie mir auch weggenommen«, klagte Jefferson. »Kann ich ein neues bekommen?«

»Das werden wir sehen, Jefferson. Eines nach dem anderen«, sagte Gavin weise. Wie stark und selbstbewußt er sich verhielt, und wie froh ich doch war, ihn zu sehen! Mein Herz pochte heftig, und ich spürte, wie sich Anspannung und Angst lösten.

Ich nahm Jefferson an der Hand, und Gavin nahm meine andere Hand. Er hob seinen Koffer vom Boden auf und führte uns zu dem Restaurant. Nachdem wir das Essen bestellt hatten, schilderte Gavin, wie er nach meinem verzweifelten Telefonanruf augenblicklich aufgebrochen war.

»Ich habe einen Zettel geschrieben und ihn auf den Kühlschrank gelegt, und dann habe ich mich heimlich davongeschlichen. Daddy wird außer sich sein, aber meine Mutter wird ihn schon wieder beruhigen. Ich habe versprochen, sie so bald wie möglich anzurufen. Ich habe ihnen nicht geschrieben, daß du von zu Hause fortgelaufen bist«, fügte er hinzu. »Aber es könnte sein, daß Philip meine Eltern anruft oder sie ihn. Willst du mir jetzt genauer erzählen, was passiert ist«, fragte er, »und warum du fortlaufen mußtest?«

Ich schaute Jefferson an und schüttelte dann den Kopf.

»Später«, sagte ich leise. Gavin nickte verständnisvoll.

Da er jetzt etwas zu essen bekommen hatte, war Jefferson wieder lebhaft und aufgeregt. Er berichtete von unserer Reise, schilderte in allen Einzelheiten die Leute, die mit uns im Bus gesessen hatten, die Dinge, die er gesehen hatte, unsere Taxifahrten in New York und den Polizisten, der ihn ausgescholten hatte, weil er verschwunden war.

Gegen Ende unserer Mahlzeit stellte Gavin die naheliegendste und wichtigste aller Fragen.

»Und was hast du jetzt vor?«

»Ich werde nicht nach Cutler's Cove zurückgehen, Gavin«, sagte ich mit fester Stimme, und meine Augen wurden vor Entschlossenheit schmaler. Gavin musterte mich einen Moment lang und lehnte sich dann zurück.

»Tja, ich habe das gesamte Geld bei mir, das ich für meine Reise gespart hatte, aber damit kommen wir auch nicht ewig über die Runden«, sagte er in weiser Voraussicht. »Wohin willst du gehen? Was willst du tun?«

Ich dachte einen Moment lang nach. Tante Trisha war unterwegs, mein Vater hatte sich als Reinfall erwiesen, aber es gab noch einen Ort. Dort war ich bisher nur ein einziges Mal mit meinen Eltern gewesen, und damals war ich noch so klein, daß ich mich kaum daran erinnern konnte, aber von Zeit zu Zeit hatte ich gehört, wie Mommy mit Daddy Jimmy über diesen Ort und über die reizende Tante Charlotte geredet hatten.

»Ich will nach Lynchburg fahren und von dort weiter zu The Meadows«, kündigte ich an.

»The Meadows?« Gavin zog interessiert die Augenbrauen hoch.

»Das ist die alte Familienplantage, erinnerst du dich nicht? Ich habe sie in einem der Briefe erwähnt, die ich dir geschickt habe. Dort hat Großmutter Cutlers gräßliche ältere Schwester Emily Mommy furchtbare Dinge angetan, und ich bin dort geboren worden. Kannst du dich jetzt wieder daran erinnern?« fragte ich.

Gavin nickte bedächtig.

»Nachdem die abscheuliche alte Emily gestorben ist, sind meine Eltern noch einmal dorthingefahren, um Tante Charlotte zu besuchen. Damals bin ich mitgefahren. Ich kann mich kaum noch an den Besuch erinnern, aber ich erinnere mich deutlich an Tante Charlotte und ihren Mann Luther. Sie hat mir etwas geschenkt, was ich heute noch besitze – ein gesticktes Bild von einem Kanarienvogel in einem Käfig. Sie hat es selbst gemalt und dann nach ihrer Zeichnung gestickt. Das ist der einzige Ort, an den wir gehen können, Gavin«, sagte ich und fand diese Idee immer aufregender. »Niemand wird je auf den Gedanken kommen, uns dort zu suchen.«

»So, nach Lynchburg also«, sagte Gavin nachdenklich.

»The Meadows liegt etwa fünfzig Meilen von dort entfernt, außerhalb eines kleinen Weilers, der Upland Station heißt, aber ich kann mich noch erinnern, daß dort Busse hinfahren. Es ist ein sehr kleiner Ort. Glaubst du, du hast genug Geld für die Busfahrkarten nach Lynchburg?« fragte ich. »Und vielleicht können wir für das letzte Stück dann auch ein Taxi nehmen.«

»Ich weiß es nicht. Ich werde in Erfahrung bringen, was die Fahrkarten kosten, aber, Christie, du hast nichts zum Anziehen, du hast überhaupt nichts dabei, und Jefferson auch nicht. Meinst du nicht...«

»Ich werde nicht nach Cutler's Cove zurückgehen«, wiederholte ich, und diesmal verzog sich mein Gesicht zu einem Ausdruck der Wut und der Entschlossenheit. »Wir werden schon zurechtkommen; wir werden eine Möglichkeit finden. Ich werde mir Arbeit suchen und etwas Geld verdienen. Ich tue alles, was ich tun muß, damit ich nicht wieder nach Hause zurückgehen muß«, fügte ich zuversichtlich hinzu. »Ich werde Geschirr spülen; ich werde Fußböden schrubben, einfach alles.« Gavin, den meine Entschiedenheit und meine Zähigkeit beeindruckten, zuckte die Achseln.

»Gut, dann gehen wir doch zum Fahrkartenschalter und fragen, was das kosten würde«, sagte er.

»Kriege ich auch ein neues Malbuch?« fragte Jefferson. Er schüttete den Rest von seiner Milch in sich hinein und pickte jeden Krümel Apfelkuchen von seinem Teller.

»Das werden wir noch sehen«, erwiderte Gavin.

Sein Geld genügte tatsächlich für unsere Busfahrkarten nach

Lynchburg, aber anschließend hatte er nur noch siebenundzwanzig Dollar übrig. Jefferson fing an zu jammern, als wir ihm sagten, wir bräuchten jeden Penny fürs Essen und für die Taxifahrt zu der Plantage The Meadows. Schließlich besänftigte Gavin ihn mit einem billigen Kartenspiel. Er versprach, ihm auf der Fahrt ein Dutzend Kartenspiele beizubringen.

Wir mußten noch eine Stunde warten, bis unser Bus abfuhr. Nachdem Gavin mit Jefferson zu den Toiletten gegangen war und ich die Toiletten anschließend aufgesucht hatte, setzten wir uns wieder auf eine Bank in der Bahnhofshalle. Jefferson war mit seinen Karten beschäftigt, und solange er abgelenkt war, erzählte ich Gavin, was Onkel Philip mir angetan hatte. Seine Augen wurden von Sekunde zu Sekunde größer, als er mir zuhörte. Ich sah, wie sich sein Gesichtsausdruck veränderte, wie sich sein Erstaunen in Mitgefühl verwandelte und dann in Wut, als meine Tränen wieder strömten, heiße Tränen, die mich blind machten und in meinen Augen brannten.

»Wir sollten wieder dorthin zurückfahren und es der Polizei erzählen. Genau das sollten wir tun«, sagte er, und seine dunklen Augen loderten so glühend, daß sie mich an geschliffenen schwarzen Marmor erinnerten.

»Ich will nicht, Gavin. Ich will nichts mehr mit ihm oder meiner Tante oder unserem gräßlichen Cousin und unserer abscheulichen Cousine zu tun haben«, stöhnte ich. »Und außerdem finden sie immer eine Möglichkeit, die Dinge so zurechtzubiegen, daß Jefferson und ich an allem schuld sind, was passiert. Ich will nur noch so weit wie möglich weg von ihnen sein. Es wird alles gut werden, wenn du nur bei mir bist«, fügte ich hinzu.

Seine Wangen wurden für einen Moment knallrot, und dann trat ein reifer und zuversichtlicher Ausdruck auf sein Gesicht, der mich an Daddy Jimmy erinnerte, ebenso wie seine Haltung, als er die Schultern zurückzog und die Brust vorstreckte.

»Niemand wird dir jemals wieder weh tun, Christie, nie mehr, nicht solange du bei mir bist«, versprach er. Ich lächelte und nahm seinen Arm. Dann preßte ich meine Wange an seine Schulter.

»Ich bin ja so froh, daß du gekommen bist, um uns zu helfen, Gavin. Jetzt habe ich keine Angst mehr.« Ich schloß die Augen. Ich konnte seinen Atem und dann seine Lippen auf meinem Haar spüren. Ich lächelte und wurde ruhiger. Wundersamerweise war ich von neuerlicher Hoffnung erfüllt.

Da Gavin bei uns war und es fertigbrachte, Jefferson zu beschäftigen, verging unsere Fahrt nach Lynchburg weit schneller, als sie sonst vergangen wäre. Er unterhielt Jefferson damit, daß er ihn beauftragte, Autos oder Telegrafenmasten zu zählen. Jeder von uns suchte sich eine Farbe aus und bekam dann jedesmal, wenn diese Farbe irgendwo zu sehen war, Punkte dafür. Der Regen, der uns nach New York gefolgt war, war auf das Meer hinausgezogen, und für den größten Teil der Fahrt hatten wir einen blauen Himmel und weiche weiße Wolken. Wir waren zwar sehr früh am Morgen aufgebrochen, doch der Bus hielt auf der Strecke öfter an, und das bedeutete, daß wir nicht vor dem frühen Abend in Lynchburg ankommen konnten. Um möglichst viel von dem Geld zu sparen, daß uns noch geblieben war, versuchten wir, beim Mittagessen mit möglichst wenig auszukommen. Gavin behauptete, er hätte keinen großen Hunger, und er aß nur einen Schokoladenriegel, und doch hatten wir nur noch achtzehn Dollar und dreißig Cent übrig, als wir in Lynchburg ankamen.

Vor dem Busbahnhof standen zwei Taxis, deren Fahrer an den Wagen lehnten und sich miteinander unterhielten. Einer von ihnen war ein großer, dünner Mann mit einem hageren Gesicht und einer spitzen Nase; der andere war kleiner, breiter gebaut und freundlicher.

»Nach Upland Station?« fragte der große Taxifahrer. »Das sind fast fünfzig Meilen. Das kostet Sie fünfzig Dollar«, kündigte er an.

»Fünfzig? So viel haben wir nicht«, sagte ich bekümmert.

»Wieviel haben Sie denn?« fragte er.

»Nur noch achtzehn«, sagte Gavin.

»Achtzehn! Also, hören Sie mal, dafür kriegen Sie kein Taxi, das Sie nach Upland Station bringt.« Mir traten vor Enttäuschung fast die Tränen in die Augen. Was sollten wir jetzt bloß tun?

»Moment mal«, sagte der andere Fahrer, als wir uns traurig abwandten, um fortzugehen. »Ich wohne fünfundzwanzig Meilen von hier, in dieser Richtung, und es ist eigentlich fast an der Zeit, daß ich mich auf den Heimweg mache. Für achtzehn Dollar bringe ich Sie von meinem Wohnort nach Upland Station.«

»Der arme Joe tut aber auch alles für ein paar Kröten«, sagte der große Taxifahrer ärgerlich.

»Ich danke Ihnen, Sir«, sagte ich. Wir stiegen alle in sein Taxi und setzten uns auf den Rücksitz. Es war ein alter Wagen mit zerrissenen Bezügen auf den Sitzen und schmutzigen Fensterscheiben, aber die Hauptsache war, daß uns jemand mitnahm.

»Wen kennt ihr jungen Leute denn in Upland Station? Das ist doch fast so etwas wie eine Geisterstadt«, sagte der Taxifahrer.

»Charlotte Booth. Sie ist meine Tante. Sie lebt auf einer alten Plantage, die The Meadows heißt.«

»The Meadows? Ja, das ist mir ein Begriff, aber das Haus ist reichlich runtergekommen. Und ich kann diesen Privatweg zum Haus auch nicht fahren. Das würde mich die Reifen und die Stoßdämpfer kosten. Von der Straße aus werdet ihr zu Fuß laufen müssen«, sagte er. Er redete noch länger darüber, wie die kleinen Städtchen immer mehr ausstarben, aber die Wirtschaftslage im Süden, und warum alles nicht mehr so war, wie es früher einmal gewesen ist, als er als junger Mann in der Gegend von Lynchburg aufgewachsen war.

Es stand zwar kein Mond am Himmel, aber die Sterne leuchteten so hell, daß wir die Landschaft auf der Fahrt ein wenig sehen konnten, doch eine gute halbe Stunde nach unserer Abfahrt von der Bushaltestelle zogen dunkle Wolken auf, die sich wie ein Vorhang bewegten, der uns den Blick auf den Himmel versperrte. Die Bauernhöfe und die winzigen Ortschaften am Wegesrand wurden immer seltener und tauchten nur noch in größeren Abständen auf. Ich hatte das Gefühl, als verließen wir die reale Welt und begäben uns in eine Welt der Träume, da die Dunkelheit dichter wurde und sich über die Straße vor uns senkte. Die leerstehenden Häuser und Scheunen wichen in den Teich der Schwärze zurück und waren nur noch vereinzelt als Silhouetten zu sehen, die sich gegen ein kleines Baumgrüppchen oder ein unbestelltes, von Unkraut überwuchertes Feld absetzten, und die Häuser, in denen noch Menschen lebten, wirkten klein und verloren. Ich konnte mir vorstellen, daß Kinder, die nicht älter als Jefferson waren, zuviel Angst hatten, um auf die Schatten hinauszuschauen, die über den Boden zu gleiten schienen, wenn der Wind über das Dach wehte und durch jeden Spalt und jede Ritze drang.

Jefferson schmiegte sich enger an mich. Nicht ein einziger Wagen, der in die Gegenrichtung fuhr, kam an uns vorbei. Es war, als führen wir ans Ende der Welt und könnten leicht runterfallen. Die Störgeräusche im Radio des Taxifahrers nahmen ständig zu. Er klopfte ein paarmal darauf und beklagte sich, aber nach einer Weile gab er auf, und wir fuhren relativ geräuschlos weiter, bis endlich ein Ortsschild besagte, daß wir Upland Station erreicht hatten.

»Da wären wir«, kündigte unser Fahrer an. »Upland Station. Blinzelt jetzt bloß nicht, denn sonst entgeht euch die gesamte

Ortschaft«, sagte er und lachte. Ich hatte nicht in Erinnerung gehabt, wie klein das Dorf war. Da der Krämerladen, das Postamt und das kleine Restaurant jetzt geschlossen waren, sah es aus wie eine Geisterstadt. Unser Fahrer fuhr noch ein Stück weiter und hielt dort an, wo der lange Weg zu The Meadows von der Straße abzweigte. Zwei Steinsäulen standen dort, auf denen jeweils eine Granitkugel saß, doch um die Säulen herum hatte man das Unkraut und das Gestrüpp ungehindert wachsen lassen, und daher erschien es so, als sei seit Jahren niemand mehr hierhergekommen oder von hier fortgegangen.

»Weiter kann ich nicht fahren«, sagte der Taxifahrer. »Die alte Plantage liegt etwa eine halbe Meile weit von hier an diesem Weg.«

»Vielen Dank«, sagte Gavin und gab ihm unser restliches Geld.

Wir stiegen aus, und der Mann fuhr zurück. Da der Himmel bewölkt war, war es jetzt pechschwarz um uns herum. Die Nacht war so dunkel, daß ich Gavins Augen nicht mehr sehen konnte. Jefferson klammerte sich an meiner Hand fest, als hinge sein Leben davon ab.

»Ich will nach Hause«, jammerte er.

»Ich hoffe, da lebt noch jemand«, flüsterte Gavin, und plötzlich dachte ich: Was ist, wenn sie nicht mehr dort leben? Es könnte etwas passiert sein, und sie könnten von dort weggezogen sein. »Wir könnten den langen Weg durch die Dunkelheit vergeblich zurücklegen«, warnte mich Gavin.

»Es wird nicht umsonst sein, Gavin«, versicherte ich ihm.

»Mhm«, murmelte er, doch von der Zuversicht, auf die ich mich bisher so fest verlassen hatte, war nicht mehr viel übrig. Er nahm mich an der anderen Hand, und zu dritt machten wir uns auf den Weg und liefen über die dunkle Auffahrt, ein Kiesweg mit Schlaglöchern und Erhebungen.

»Ich kann es dem Taxifahrer nicht übelnehmen, daß er hier nicht fahren wollte«, sagte Gavin. Aus dem dichten Wald rechts neben dem Weg ertönte ein merkwürdiges Geräusch. Ich zuckte zusammen und drehte mich schnell um, weil ich sehen wollte, was es war.

»Das ist nur eine Eule«, versicherte mir Gavin, »die uns mitteilt, daß wir uns auf ihrem Territorium befinden. Mein Vater würde das jetzt sagen.«

Als sich meine Augen mehr und mehr an die Dunkelheit gewöhnten, konnte ich die Baumwipfel und kleine Sträucher deutlicher erkennen. Sie wirkten wie Nachtwachen, die unerwünschte Eindringlinge fernhalten sollten.

»Mir ist kalt«, jammerte Jefferson. Ich wußte, daß er sich nur enger an mich schmiegen wollte. Nachdem die Eule aufgehört hatte zu schreien, waren die einzigen Laute, die wir vernahmen, das Geräusch unserer eigenen Schritte auf dem lockeren Kies.

»Ich sehe nirgends einen Lichtschein«, sagte Gavin unheilverkündend. Dann kamen wir um eine kleine Wegbiegung, und die Backsteinkamine und das lange Giebeldach des Plantagengebäudes tauchten auf, eine dunkle Silhouette, die sich gegen einen noch dunkleren Himmel absetzte. Das Haus ragte vor uns auf wie ein gigantisches verdrossenes Ungeheuer, das plötzlich aus dem Teich des Dunkels aufgetaucht war und sich erhoben hatte.

»Hier gefällt es mir nicht«, protestierte Jefferson.

»Morgen früh wird alles viel netter aussehen«, versprach ich ihm. Ich hatte meine eigene Beteuerung ebenso nötig wie er.

»Dort brennt Licht«, sagte Gavin erleichtert. Durch die Fenster im unteren Stockwerk konnten wir einen schwachen flakkernden Lichtschein sehen. »Sieht ganz so aus, als benutzten sie Kerzen oder Öllampen«, murmelte er.

»Vielleicht ist durch einen Sturm die Elektrizität ausgefallen«, schlug ich vor.

»Es sieht nicht so aus, als hätte es hier in der letzten Zeit geregnet«, erwiderte Gavin. Ohne selbst zu merken, daß wir es taten, flüsterten wir beide.

Als wir näher kamen, konnten wir die Veranda deutlicher erkennen, die sich über die gesamte Fassade hinzog. Die großen runden Säulen waren von dicken Ranken bewachsen, die eher wie die Fangarme einer furchteinflößenden Bestie aussahen, die das große Haus an sich gerissen hatte. Wir fanden den Gehweg zwischen dichten Hecken. Die Steine waren gesprungen und bröckelten ab. Wir blieben einen Moment lang stehen und schauten die Veranda vor dem Haus an.

»Hast du dir überlegt, was du ihnen erzählen wirst?« fragte mich Gavin. Doch ehe ich eine Antwort geben konnte, nahm ein dunkler Schatten rechts von uns plötzlich die Gestalt eines Mannes an und trat vor uns hin. Er hielt eine Flinte in der Hand.

»Auf der Stelle stehenbleiben«, befahl er, »oder ich puste euch in den Wind.« Jefferson warf sich mit einem Satz in meine Arme. Ich schnappte nach Luft, und Gavin stellte sich dichter neben mich. »Wer seid ihr?« fragte der Mann. »Seid ihr Kinder wieder gekommen, um uns Scherereien zu machen?«

»Nein, Sir«, sagte Gavin schnell.

»Ich bin gekommen, um meine Tante Charlotte zu besuchen«, fügte ich schnell hinzu.

»Tante Charlotte?« Er kam noch näher auf uns zu, bis in dem matten Lichtschein, der aus den Fenstern drang, seine Haut schimmerte und seine Augen glühten. Er war ein großgewachsener, hagerer Mann. »Wer bist du?«

»Ich heiße Christie. Ich bin Dawns Tochter«, erklärte ich hastig. »Und das ist mein kleiner Bruder Jefferson, und das ist Gavin, der Bruder von Jimmy, meinem Daddy.«

»Dawns Tochter?« Er ließ die Flinte sinken. »Du bist den weiten Weg vom Meer hierhergekommen?« fragte er ungläubig.

»Ja, Sir. Sind Sie Luther?«

»Ja, der bin ich. Da soll mich doch gleich. Da soll mich doch gleich. Wenn das nichts ist! Wie seid ihr hierhergekommen? Wo sind deine Ma und dein Pa?« fragte er.

»Sie sind tot«, berichtete ich ihm. »Sie sind bei einem furchtbaren Brand im Hotel umgekommen.«

»Was soll das heißen? Umgekommen?«

»Können wir ins Haus kommen, Luther?« fragte ich. »Wir waren den ganzen Tag und den ganzen Abend unterwegs.«

»Ja, gewiß doch, gewiß doch. Kommt schon. Seid vorsichtig auf den Stufen«, fügte er hinzu. »Umgekommen«, murmelte er hinter uns.

Wir eilten zu dritt die baufälligen Stufen zu der gewaltigen Eingangstür hinauf. Unsere Schuhe klapperten auf den losen Dielen der Veranda, und unter den Dachtraufen flogen Geschöpfe heraus, die wie Fledermäuse aussahen. Luther lief uns voraus und machte uns die Tür auf. Im Licht, das auf sein Gesicht fiel, konnte ich sehen, daß er dunkelbraunes Haar mit weißen Strähnen hatte, das über seiner tiefgefurchten Stirn nach alle Seiten abstand. Er hatte eine lange gebogene Nase und tiefliegende braune Augen mit ausgeprägten Krähenfüßen an den Augenwinkeln. Stachelige graue Bartstoppeln wuchsen ungleichmäßig auf seinem dunklen Gesicht. Als er näher kam, stieg mir der Geruch von Kautabak in die Nase.

»Kommt schon«, forderte er uns auf, und wir betraten das alte Plantagengebäude.

Wir standen in einer langgezogenen Eingangshalle, die zu einer Wendeltreppe führte, die von Kerzen und Kerosinlampen erleuchtet war. Wir schauten alle drei zu den riesigen Porträts von Familienangehörigen auf, die die Wände säumten, und Jefferson fing an zu lachen. Die Gesichter all derer, die früher einmal griesgrämige Gentlemen aus dem Süden und unglückliche

Frauen mit verkniffenen Gesichtern gewesen sein mußten, waren übermalt und verändert worden. Komische Schnurrbärte und Bärte waren auf die Gesichter, die keine Bärte hatten, gemalt worden – sogar die Frauen hatten Bärte bekommen! Gelbe, rosa und rote Farbe war verwendet worden, um diesen finsteren und deprimierenden alten Bildern Farbe zu verleihen. Manchen Gesichtern waren Sprenkel auf die Wangen getupft worden, und jetzt sahen sie aus, als hätten sie die Masern; manchen waren über die Augen albern geformte Brillengestelle gemalt worden, und eine Frau hatte einen Nasenring, der in den Nasenlöchern ihrer dünnen, spitzen Nase hing.

»Das ist Charlottes Werk«, erklärte Luther. »Sie fand, sie sähen alle so traurig und so verärgert aus. Emily muß sich im Grab umgedreht haben«, fügte er hinzu und lächelte, und dabei zeigte sich, daß ihm etliche Zähne im Mund fehlten.

»Ich war früher schon einmal hier, aber daran kann ich mich nicht mehr erinnern«, sagte ich.

»Das ist lustig«, sagte Jefferson. »Ich will auch so ein Bild bemalen. Darf ich?«

»Frag Charlotte. Sie hat noch Dutzende auf dem Dachboden, die sie zu bemalen gedenkt«, sagte Luther und kicherte in sich hinein.

»Wo ist Tante Charlotte?« fragte ich.

»Sie wird schon irgendwo in der Nähe sein. Entweder sie arbeitet an ihren Stickereien, oder sie räumt irgendwo im Haus etwas um. Geht ins Wohnzimmer, gleich rechts. Macht es euch bequem, und ich gehe Charlotte suchen. Mehr Gepäck habt ihr nicht dabei?« fragte er und wies mit einer Kopfbewegung auf Gavins Koffer.

»Nein, Sir«, sagte Gavin.

»Uns ist im Busbahnhof in New York City das Gepäck gestohlen worden«, erklärte ich.

»Ach, tatsächlich? In New York City? Ich habe schon gehört, daß es dort so zugeht. Man kommt dort an, und wenige Minuten später wird man umgebracht oder ausgeraubt«, sagte Luther und nickte nachdrücklich.

»Das kann einem überall passieren, wenn man nicht auf sich selbst und auf seine Sachen aufpaßt«, gestand ich betrübt.

Wir liefen durch den Korridor. Das Haus schien noch größer zu sein, als ich es in Erinnerung hatte. Über uns hing ein unangezündeter Kronleuchter neben dem anderen, und die Kristallgebilde wirkten in dem matten Schein der Kerzen und der Kerosinlampen alle eher wie Eiszapfen. Luther wies auf die erste Tür, und wir traten ein. Dort waren zwei Kerosinlampen angezündet worden, eine auf einem runden Beistelltisch und die andere auf einem dunklen Couchtisch. Luther zündete noch eine Lampe neben einem Bücherregal an.

»Ruht euch hier einen Moment aus«, sagte er und eilte hinaus. Wir drei sahen uns um. Über dem langen, halbrunden Sofa war die seltsamste Flickendecke drapiert, die ich je gesehen hatte. Sie sah aus, als seien Dutzende von Lumpen, Stücke von Handtüchern, ja, sogar Waschlappen ungeachtet der jeweiligen Farbe oder des jeweiligen Materials zusammengenäht worden. Dasselbe galt für die Decke, die über dem niedrigen Sessel hing, der dem Sofa gegenüberstand.

An den Wänden erkannte ich ein paar von Tante Charlottes Handarbeiten wieder. Die Bilder, die Bäume und Kinder darstellten, und Tiere, die man auf einem Bauernhof hielt oder die im Wald lebten, waren vollkommen willkürlich aufgehängt. Es war, als sei Tante Charlotte durch das Zimmer gelaufen und hätte sie irgendwo angebracht, wo sie zufällig noch einen Platz an den Wänden fand. Zwischen diesen Stickereien hingen vereinzelt noch die alten Porträts und Landschaftsbilder, Gemälde, die Häuser und diverse Vorfahren darstellten.

»Sieh dir das an!« rief Jefferson und deutete in die rechte Ecke des Raumes. Dort stand eine alte Standuhr, doch Tante Charlotte hatte über die Zahlen auf dem Ziffernblatt Bilder von verschiedenen Vögeln geklebt. Zwölf Uhr war eine Eule, und sechs Uhr war ein Huhn. Rotkehlchen und Drosseln, Spatzen und Kardinalsvögel waren dort zu sehen, Kanarienvögel und sogar ein Papagei. Sie waren alle in leuchtend bunten Farben gemalt.

»Was, zum Teufel, geht hier vor?« fragte Gavin laut. Ich konnte nur den Kopf schütteln.

»Guten Tag, alle miteinander. Guten Tag, guten Tag, guten Tag«, hörten wir eine fröhliche Stimme hinter uns ausrufen, und wir drehten uns um, um Tante Charlotte zu begrüßen. Sie trug etwas, was wie ein Kartoffelsack aussah und mit Bändern in allen Farben verschnürt war. Sie war so klein und rundlich, wie ich sie vage in Erinnerung hatte, und sie trug ihr graues Haar immer noch in zwei dicken Zöpfen, und in einem Zopf hatte sie eine gelbe Schleife, in dem anderen eine orangefarbene. Trotz ihrer Falten hatte sie ein kindliches Lächeln und liebe große blaue Augen, in denen die Aufregung eines Schulmädchens funkelte. An den Füßen trug sie Herrenpantoffeln.

»Guten Tag, Tante Charlotte«, sagte ich. »Erinnerst du dich noch an mich?«

»Natürlich«, sagte sie. »Du bist das Baby, das hier geboren worden ist. Und jetzt bist du zu Besuch gekommen. Ich freue mich ja so sehr. Wir haben schon lange keinen Besuch mehr gehabt. Emily hat Besucher gehaßt. Wenn jemand zu uns zu Besuch gekommen ist, hat sie immer gesagt, wir hätten zuviel zu tun oder wir hätten keinen Platz.«

»Keinen Platz?« sagte Gavin ungläubig. Tante Charlotte beugte sich zu ihm vor und flüsterte.

»Emily hat gelogen, aber sie fand es nicht schlimm. Tja, jetzt liegt sie in einem kühlen Grab, stimmt's Luther?«

»Sehr kühl«, sagte er.

»Also dann«, fuhr Charlotte fort. »Wir müssen euch die schönsten Zimmer aussuchen, damit ihr dort wohnen könnt, und dann können wir reden und reden und reden, bis uns die Kehlen austrocknen.«

»Nach einer so langen Reise habt ihr wahrscheinlich Hunger und Durst«, sagte Luther. »Ich werde etwas vorbereiten, während du sie nach oben führst, Charlotte.«

»O ja, wie schön«, sagte sie und klatschte in die Hände. »Dann kommt doch mit.« Sie lief voraus, und Luther kam auf uns zu. »Ich habe ihr nicht erzählt, was du mir vorhin draußen über deine Eltern erzählt hast. Du kannst das alles genauer erklären, wenn ihr in die Küche kommt. Ich mochte deine Ma sehr gern«, fügte er hinzu. »Sie hat uns wirklich gut behandelt.«

»Danke, Luther«, sagte ich, und wir eilten hinaus, um Charlotte einzuholen, die vorauslief und vor sich hin redete, als seien wir an ihrer Seite.

»Luther sagt, manches von dem, was Emily von uns verlangt hat, müssen wir wirklich tun. Zum Beispiel dürfen wir nicht zu oft das elektrische Licht einschalten, weil es zuviel kostet. Wir bräuchten viel zuviel Licht in diesem riesengroßen Haus«, fügte sie lachend hinzu. »Aber ich habe nichts gegen die Kerzen und die Lampen. Man muß nur ständig daran denken, daß man das Öl auch nachfüllt. Das hasse ich. Ist dir das nicht auch fürchterlich verhaßt?« fragte sie und blieb stehen.

»Wir haben keine solchen Lampen in Cutler's Cove«, sagte ich.

»Ach so.« Sie schaute auf Jefferson hinunter. »Hallo. Ich habe vergessen, nach deinem Namen zu fragen.«

»Ich heiße Jefferson«, sagte er.

»Jefferson... Jefferson«, wiederholte sie und blickte auf. »Oh, hier an der Wand hängt ein Mann, der Jefferson hieß«, sagte sie.

»Ein Mann an der Wand?«

»Sie meint ein Bild«, sagte ich zu ihm.

»Ja, ein Bild. Er war... äh... ein Präsident.«

»Jefferson Davis«, half ihr Gavin weiter.

»Ja«, sagte sie und klatschte in die Hände. »Genau das ist der Mann. Ich werde ihn euch zeigen. Ach so, ja, und wie heißt du?«

»Ich heiße Gavin«, sagte er lächelnd. »Hängen auch irgendwelche Gavins an den Wänden?«

Sie dachte einen Moment nach und schüttelte dann den Kopf. Doch gleich darauf lächelte sie wieder.

»Ich weiß, was wir machen. Ich werde ein Bild von dir malen und es sticken und es in einem silbernen Rahmen aufhängen. Du brauchst dir nur eine Stelle auszusuchen, die dir gefällt.«

»Eine Stelle?«

»An der ich es dann aufhängen werde«, erklärte sie.

»Ach so.« Gavin schaute mich an und lächelte.

»Ich räume das Haus um«, fuhr sie fort, als wir weiterliefen. »Emily hat es so trostlos hergerichtet, weil sie glaubte, es sei gottlos, wenn man es hell und freundlich im Haus hat. Aber Emily ist fort...« Sie wandte sich zu uns um. »Sie ist gestorben und auf einem Besen fortgeflogen. Das sagt Luther. Er sagt, er hat sie fortfliegen sehen.«

»Tatsächlich!« lächelte Jefferson. Sie nickte und beugte sich zu ihm herunter, um zu flüstern.

»Manchmal, wenn es draußen ganz kalt und dunkel ist, streicht Emily um das Haus herum und ächzt und stöhnt, aber dann machen wir die Fenster ganz fest zu und ziehen die Vorhänge vor«, fügte sie hinzu und richtete sich wieder auf. Jefferson schaute mich voller Erstaunen an. Selbst mein Lächeln konnte ihm seine Sorge nicht nehmen.

Wir stiegen die Treppe hinauf. Als wir den Treppenabsatz im ersten Stock erreicht hatten, blieb Charlotte stehen und wies mit einer Kopfbewegung nach rechts, doch dort lag alles im Dunkeln.

»Das ist das Zimmer, in dem deine Mutter lebte und in dem du geboren worden bist. Morgen früh zeige ich dir das Zimmer, wenn du magst«, sagte sie.

»Ja, ich würde es mir gern ansehen. Danke, Tante Charlotte.«

»Wir wohnen hier«, erklärte sie und bog nach rechts ab, und dort war der Korridor von Kerosinlampen erhellt. Hier waren die Wände ebenfalls vollgehängt mit alten Bildern, die übermalt worden waren, und gerahmten Stickbildern, die dazwischen hingen. Wir kamen an einem kleinen Tisch vorbei, über dem etwas hing, was wie ein Bettlaken aussah, auf das das Gesicht eines Clowns gemalt worden war.

Wenn die Dinge auch noch so merkwürdig und chaotisch aufgehängt und plaziert waren, dann waren Charlottes kunstvolle Handarbeiten doch von einer bemerkenswerten Qualität. Ich konnte Jefferson ansehen, daß er an all den Farben und den Bildern seine Freude hatte, und ich fing an, mich zu fragen, ob es nicht doch gut war, daß Charlotte das Haus auf so kindische Art dekoriert hatte. Dieses große und in vielerlei Hinsicht heruntergekommene alte Haus war durch ihre Werke wenigstens bunt und fröhlich. Als wir an anderen phantasievollen Arbeiten von ihr vorbeikamen – Krügen und Vasen, die in leuchtenden Farben und mit lustigen Mustern und Formen bemalt waren, Papierlaternen, die an den Decken und an den Kronleuchtern hingen, bunten Papierstreifen, die kreuz und quer an den Wänden hingen und auf den Fenstern klebten –, hatte ich das Gefühl, ich sei irgendwie in die verrückte, aber lustige Welt von Alice im Wunderland geraten.

»Das war früher einmal das Zimmer meiner Eltern«, sagte Charlotte und blieb vor der Tür stehen, »und das waren sie«, sagte sie und drehte sich zu den Porträts um, die an der gegenüberliegenden Wand hingen. An diesen Bildern hatte sie sich nicht vergriffen, obwohl weder Mr. noch Mrs. Booth lächelten. Sie machten eher den Eindruck, als seien sie wütend und unglücklich darüber, daß sie gemalt worden waren. Charlotte wandte sich der Tür wieder zu und öffnete sie. »Hier habe ich immer eine Lampe brennen«, erklärte sie. »Nur für den Fall, daß ihre Geister zurückkehren. Ich möchte nicht, daß sie gegen die Einrichtung stoßen«, fügte sie hinzu und lachte. Jeffersons Augen wurden wieder groß.

Es war ein riesengroßes Zimmer mit einem gewaltigen Eichenbett. Die Pfosten reichten halb bis zur hohen Decke hinauf, und das Kopfteil war ein gigantischer Halbmond. Sämtliche Kissen und Decken lagen noch auf dem Bett, waren aber von Spinnweben überzogen. Es gab einen riesigen Natursteinkamin mit großen Fenstern zu beiden Seiten. Lange Gardinen waren zugezogen, und der Staub und der Schmutz von vielen Jahren schien auf ihnen zu lasten. Über dem Kamin hing ein Porträt des jungen Vaters Booth. Er stand da und hielt eine Flinte in der einen und erlegte Enten in der anderen Hand.

In dem Zimmer befanden sich viele schöne antike Möbelstücke, und auf dem Nachttisch lagen eine dicke Bibel und daneben eine Brille. Aber es roch muffig in dem Zimmer. Als Gavin und ich sahen, daß auf der Frisierkommode noch Bürsten und Kämme und Dosen mit Hautcreme standen, von denen manche sogar offen waren, schauten wir einander überrascht an. Es war, als sei das Zimmer als eine Art Schrein genauso belassen worden, wie es an dem Tag des Ablebens von Charlottes Vater ausgesehen hatte. Ich erinnerte mich wieder daran, daß ihre Mutter lange vor ihrem Vater gestorben war. Charlotte schloß die Tür, und wir liefen weiter zum nächsten Zimmer.

»Das ist das Zimmer, in dem Emily geschlafen hat«, flüsterte sie. »Hier lasse ich keine Lampen brennen. Ich will nicht, daß ihr

Geist wieder ins Haus kommt«, erklärte sie. Wir gingen weiter und kamen an der nächsten verschlossenen Tür vorbei, dann an einer weiteren. »Hier schlafen Luther und ich«, erklärte sie und deutete auf eine der Türen. »So«, sagte sie und blieb stehen. »Und hier haben wir zwei hübsche Gästezimmer.« Sie öffnete die erste Tür und trat ein, um eine Lampe anzuzünden.

In dem Zimmer standen zwei Einzelbetten, die durch einen Nachttisch voneinander getrennt waren. In beiden Seiten standen Kommoden an den Wänden, und es gab zwei große Fenster, eines rechts neben dem Bett in der rechten Wand und eines links neben dem Bett in der linken Wand.

»Das ist ein Ankleidezimmer«, erklärte Charlotte und öffnete eine der Türen, »und diese Tür«, sie deutete auf die andere Tür, »führt in das Nebenzimmer. Ist das nicht angenehm?«

Wir schauten uns das Zimmer an. Es war fast identisch mit dem Nebenraum.

»Wird Jefferson bei Gavin schlafen oder bei dir?« fragte Charlotte.

»Was ist dir lieber, Jefferson?«

»Ich schlafe bei Gavin«, sagte er, und ich mußte über die männliche Tapferkeit lächeln, die er uns vorspielte. Er wollte nicht eingestehen, daß er seine große Schwester brauchte und gern bei ihr geschlafen hätte.

»Solange er nicht schnarcht«, sagte Gavin im Scherz. »Wir nehmen dieses Zimmer«, sagte er und wies durch die Tür in das Zimmer, für das er sich entschieden hatte.

»Das Badezimmer ist gleich gegenüber«, sagte Charlotte. »Handtücher sind da. Dort sind immer Handtücher, und Seife liegt auch da, gute Seife, nicht die Seife, die wir bei Emily benutzen mußten. Und wir haben auch wieder warmes Wasser, wenn es auch manchmal nicht funktioniert. Dann bringt Luther es wieder in Ordnung. Müßt ihr euch noch umziehen?« fragte sie.

»Wir haben da ein kleines Problem, Tante Charlotte«, sagte ich. »Als wir in New York waren und auf Gavin gewartet haben, ist uns alles gestohlen worden, auch meine und Jeffersons Kleider.«

»Ach, du meine Güte«, sagte sie und schlug sich die Hände gegen die Brust. »Wie traurig. Also gut«, sagte sie und lächelte sofort wieder, »morgen werden wir uns nach neuen Kleidern umschauen. Wir gehen auf den Dachboden, denn dort stehen viele, viele Truhen mit Anziehsachen, sogar Schuhe und Hüte und Handschuhe und Mäntel, in Ordnung?«

»Ja, ich denke schon«, sagte ich und sah Gavin an. Er zuckte die Achseln.

»Und jetzt laßt uns schnell alle in die Küche laufen, damit wir etwas essen können, und dann kannst du mir alles erzählen, von dem Tag deiner Geburt an bis heute«, sagte Charlotte.

»Das könnte eine ganze Weile dauern, Tante Charlotte«, antwortete ich lächelnd.

»Oh«, meinte sie und schaute mich betrübt an. »Müßt ihr schon bald wieder nach Hause fahren?«

»Nein, Tante Charlotte. Ich will nie mehr nach Hause zurückgehen«, erwiderte ich. Ihre Augen wurden groß.

»Du meinst, ihr wollt für immer und ewig hierbleiben?«

»Solange wir dürfen«, erwiderte ich.

»Das heißt, für alle Zeiten«, lachte sie unbekümmert und klatschte vor Freude in die Hände. »Für alle Zeiten.«

Wir folgten ihr nach unten. Sie nahm Jefferson an der Hand und fing an, ihm zu erklären, wieviel Spaß es ihm machen würde, das Haus und das Grundstück auszukundschaften. Während sie durch den Korridor schlurfte, erzählte sie ihm von den Kaninchen und den Hühnern und dem schlauen Fuchs, der sich immer wieder in die Hühnerställe schlich. Als wir in der Küche ankamen, stellten wir fest, daß Luther Käsebrote und Tee für uns zubereitet hatte. Charlotte öffnete einen Brotkasten, um Gebäck und Süßigkeiten herauszuholen, die sie selbst gebacken hatte.

»Kurz nachdem Emily gestorben ist«, erklärte sie, »sind wir in die Stadt gefahren und haben zehn Kilo Zucker gekauft, stimmt's, Luther?« Er nickte. »Und jetzt kaufen wir immer Zukker. Emily hat uns nie erlaubt, Zucker zu essen, stimmt's, Luther?«

»Emily ist nicht mehr hier, und es ist gut, daß wir sie los sind«, sagte er mit fester Stimme. Wir drei saßen am Tisch und aßen unsere Brote, während Charlotte unermüdlich erzählte, was sie seit Emilys Tod alles unternommen hatte. Sie hatte sich in den Räumen des Hauses umgesehen, zu denen Emily ihr den Zutritt verboten hatte; sie hatte Truhen geöffnet und in Kommodenschubladen geschaut, und sie benutzte Parfüm und trug sogar Lippenstift auf, wenn sie Lust dazu hatte. Aber vor allem hatte sie ihre kunstvollen Stickbilder im ganzen Haus aufgehängt.

»Malst du gern Bilder, Jefferson?« fragte sie. Er schaute auf.

»Das habe ich noch nie getan«, sagte er.

»Dann mußt du es probieren, solange du hier bist. Morgen zeige ich dir all meine Farben und Pinsel. Luther hat mir ein richtiges Atelier eingerichtet, stimmt's, Luther?«

»Es war früher Emilys Büro«, sagte er selig. »Ich habe einfach nur all ihre Sachen ausgeräumt und Charlottes Malsachen und Sticksachen hineingetragen.«

»Hast du je bunte Perlen aufgefädelt, Jefferson?« fragte Charlotte. Er schüttelte den Kopf. »Oh, du wirst hier sehr viel Spaß haben. Und ich habe auch kiloweise Ton.«

»Wirklich?«

»Ja.« Sie klatschte in die Hände. »Ich weiß, was wir tun – wir geben dir ein Zimmer, das du total umgestalten kannst. Du kannst dort alles so anmalen, wie du willst.«

»Irre!« rief Jefferson, und seine Augen strahlten vor Aufregung. Dann setzte sich Tante Charlotte und faltete die Hände. Sie schaute uns einen Moment lang beim Essen zu.

»So«, sagte sie schließlich. »Und wann kommen eure Mommy und euer Daddy, um euch wieder abzuholen?«

Ich legte mein Brot auf den Teller.

»Sie werden nie kommen und uns abholen, Tante Charlotte. Im Hotel ist ein schreckliches Feuer ausgebrochen, und sie sind darin umgekommen. Wir konnten dort nicht mehr länger leben«, fügte ich hinzu.

»Ach, du meine Güte. Du sagst, sie sind gestorben?« Sie schaute zu Luther, der mit traurigem Gesicht nickte. »Oh, wie traurig für euch, was für ein Jammer für alle.« Sie schaute Jefferson mitfühlend an. »Aber wir werden die Traurigkeit nicht in The Meadows einziehen lassen. Wir werden der Traurigkeit die Tür vor der Nase zuschlagen. Wir werden viel Spaß miteinander haben und leckere Sachen kochen und Plätzchen und Kuchen backen, und wir werden uns Spiele ausdenken, die wir spielen können, und wir werden Musik hören.«

»Meine Schwester spielt Klavier«, prahlte Jefferson.

»Ach, wirklich?« Tante Charlotte klatschte in die Hände. »Wir haben einen Flügel im Wohnzimmer stehen, stimmt's, Luther?«

»Wahrscheinlich ist es furchtbar verstimmt und verstaubt, aber es ist ein gutes Klavier«, sagte er. »Charlottes Mutter hat nach dem Abendessen oft darauf gespielt«, sagte er, dann richtete er seinen Blick fest auf mich. »Jemand muß sich doch jetzt um euch Kinder kümmern, oder nicht? Werden diejenigen euch nicht abholen?«

Ich schaute Gavin an und schüttelte dann den Kopf.

»Sie wissen nicht, daß wir hier sind«, sagte ich.

»Ihr seid ausgerissen, stimmt's?« Ich mußte seine Frage nicht beantworten. Er sah es unseren Gesichtern an.

»Bitte, lassen Sie uns eine Weile hierbleiben, Luther. Wir werden Ihnen auch keine Mühe machen«, flehte ich ihn an.

»Nein, Sir, wir machen Ihnen ganz bestimmt keine Mühe«, sagte Gavin. »Ich würde Ihnen auch gern bei Ihren Arbeiten auf der Plantage helfen«, fügte er hinzu.

»Hast du jemals auf einem Bauernhof gearbeitet?« fragte Luther.

»Ich kenne mich ein wenig aus«, sagte Gavin.

»Tja, wir müssen Heu machen, das Getreide ernten, die Schweine und die Hühner füttern, Bäume fällen und Feuerholz hacken. Laß mich mal deine Hände sehen«, sagte er und griff nach Gavins Handgelenken und kehrte seine Handflächen nach oben. Dann streckte er seine Hände aus und hielt sie neben Gavins. »Siehst du das, diese Schwielen. Die holt man sich in der Landwirtschaft.«

»Ich fürchte mich nicht vor Schwielen an den Händen«, sagte Gavin mit scharfer Stimme. Luther nickte und schien zu lächeln, denn seine Mundwinkel zuckten. Er trat zurück.

»Wir kommen mit dem, was wir hier anpflanzen, über die Runden«, sagte er.

»Ich will auch mithelfen«, sagte Jefferson.

Charlotte lachte.

»Er kann lernen, wie man die Eier sucht«, meinte sie. Jefferson strahlte über das ganze Gesicht.

»Und ich kann bei den Hausarbeiten helfen«, sagte ich. Selbst bei gedämpftem Licht konnte ich sehen, daß ein Hausputz nötig war, der viele Stunden kosten würde. »Wir werden euch nicht zur Last fallen«, versprach ich.

»Natürlich werdet ihr uns nicht zur Last fallen, meine Liebe«, sagte Charlotte. »Sie dürfen doch bleiben, nicht wahr, Luther?«

»Ich denke schon. Jedenfalls eine Weile«, fügte er hinzu.

»Ich weiß, was wir tun«, sagte Charlotte und klatschte wieder in die Hände. »Sobald ihr aufgegessen habt, kannst du das Klavier ausprobieren.«

»Sie sind müde, Charlotte. Sie sollten sich lieber schlafen legen«, sagte Luther.

»Oh, nur ein Weilchen«, jammerte sie wie ein kleines Kind. »Du kannst doch ein Weilchen spielen, oder nicht, meine Liebe?«

»Ja«, antwortete ich, und als wir den Tee ausgetrunken und das Gebäck aufgegessen hatten, das sehr gut schmeckte, führte uns Charlotte ins Wohnzimmer und nahm auf dem Weg Jefferson an der Hand. Ich war froh darüber, daß er sie so schnell ins Herz geschlossen hatte und daß er nicht mehr schüchtern oder verängstigt war.

Das Wohnzimmer war noch verrückter als alle anderen Zimmer. Charlotte hatte die Wände frisch gestrichen, eine Wand gelb, eine Wand blau, eine Wand grün und eine Wand leuchtend rosa. Statt Gemälde und Porträts hatte sie alte Kleidungsstücke aufgehängt, und unter allen Hosen und Röcken baumelten Schuhe und Stiefel. In einer Ecke hatte sie Modeschmuck ausgebreitet. Sie hatte die Stuhlbeine und die Tischbeine angemalt, und jeder Stuhl und jeder Tisch hatten vier verschiedenfarbige Beine, passend zu den Wänden. An einigen Stellen war Farbe auf die hölzernen Bodendielen getropft, und es war sogar Farbe auf die Fensterscheiben gespritzt.

Gavin und ich standen einfach nur da und staunten mit aufgesperrten Mündern.

»Charlotte wollte sich hier ein fröhliches Zimmer schaffen«, erklärte Luther.

»Emily hat uns früher fast nie in dieses Zimmer hereingelassen«, erzählte Charlotte. »Sie wollte nicht, daß wir Unordnung machen«, fügte sie hinzu und ließ ein kurzes Lachen hören, das wie ein Schluckauf klang. Jefferson drehte sich immer wieder im

Kreis, und ein strahlendes und aufgeregtes Lächeln stand auf seinem Gesicht.

»Darf ich das in meinem Zimmer auch so machen?« fragte er.

»Aber natürlich«, sagte Charlotte. »Morgen suchen wir ein Zimmer für dich aus, und dann holst du dir die Farben, die du haben willst.«

»Ich weiß nicht, ob er das wirklich tun sollte, Tante Charlotte«, sagte ich.

»Natürlich soll er das tun, meine Liebe. Er ist ein kleiner Junge, und kleine Jungen sollten tun, was kleinen Jungen Spaß macht. Stimmt's, Luther?«

»Mir ist es recht«, lächelte er. »Wenn Emily hier wäre, würde sie gleich noch mal sterben«, sagte er. Wie sehr er sie doch haßte, dachte ich.

»Und jetzt wollen wir uns alle hinsetzen und Christie zuhören, wenn sie uns etwas auf dem Flügel vorspielt«, sagte Charlotte. Sie nahm Jefferson an der Hand und führte ihn zum Sofa.

Gavin lächelte mich an.

»Verdiene dir dein Abendessen«, flüsterte er und setzte sich neben Jefferson und Charlotte. Luther blieb an der Tür stehen.

Ich ging zum Flügel. Charlotte hatte ihn verschont und das Holz in seiner Naturfarbe belassen, und auch den Klavierhocker hatte sie nicht angemalt. Der Flügel war staubig, doch als ich in die Tasten griff, war ich erstaunt darüber, wie gut er noch gestimmt war.

»Kannst du ›Happy Birthday‹ spielen?« fragte Charlotte. »Das hat mir schon lange keiner mehr vorgespielt.«

»Ja«, sagte ich und tat es. Zu meinem Erstaunen fing Luther an mitzusingen, und als wir an die Stelle kamen, an der ein Name eingesetzt wird, sang er lauthals: »Liebe Charlotte, happy birthday to you.« Sie lachte und klatschte in die Hände, und ich sah, wie liebevoll Luther sie anschaute.

Ich spielte das Wiegenlied von Brahms, und während ich es spielte, fielen Jefferson die Augen zu. Charlotte hatte ihren Arm um ihn gelegt, und er lehnte seinen Kopf an ihre weiche Schulter. Als ich das Stück zu Ende gespielt hatte, war er fest eingeschlafen. Ich deutete mit einer Kopfbewegung auf ihn, und Charlotte riß die Augen auf und flüsterte: »Psst.«

Gavin hob Jefferson mit beiden Armen hoch und trug ihn durch das Zimmer zur Treppe. Charlotte folgte uns nach oben.

»Ich werde eines von Luthers sauberen Nachthemden für ihn holen«, sagte sie und machte sich eilig auf den Weg. Ich zog Jefferson die Schuhe und die Socken aus, und Gavin half mir dabei, ihn zu entkleiden. Er war so müde, daß seine Lider sich nur flatternd öffneten, als wir ihn umdrehten, um ihn auszuziehen. Charlotte kam mit einem Flanellnachthemd zurück. Es war viel zu groß für Jefferson, aber ich dachte, es würde ihn trotzdem warmhalten und ihm ein Gefühl von Behaglichkeit vermitteln. Wir zogen es ihm über den Kopf, und dann packten wir ihn ins Bett.

»Ich kann dir eines von meinen Nachthemden geben«, bot Charlotte mir an. Ich sagte ihr, ich könnte ohne weiteres in meiner Unterwäsche schlafen.

»Tja, dann gehe ich jetzt auch schlafen. Morgen steht uns ein großer Tag bevor. Wir haben so viel zu tun und viel zu wenig Zeit, wie Emily früher immer gesagt hat. In dem Punkt hat sie recht gehabt. Manchmal hat Emily eben doch recht gehabt, obwohl Luther es haßt, wenn ich das sage«, flüsterte sie. »Gute Nacht, meine Lieben. Schlaft gut, und laßt euch nicht von den Wanzen beißen«, fügte sie hinzu und lachte. Wir schauten ihr nach, als sie davonschlurfte.

Ich ging als erste ins Bad, und dann kroch ich in mein Bett und drehte die Kerosinlampe herunter. Es war dunkel im Zimmer, aber die Wolkendecke am Himmel war aufgerissen, und das

Licht der Sterne warf einen sanften Schimmer durch das Fenster. Ich lag da und lauschte, und ich hörte, wie Gavin in sein Zimmer zurückkam, das er mit Jefferson teilte. Wenige Minuten später wurde leise an die Zwischentür geklopft.

»Ja?«

»Ist alles in Ordnung mit dir?«

»Mhm.«

»Darf ich reinkommen und dir gute Nacht sagen?«

»Natürlich darfst du reinkommen, Gavin«, sagte ich. Er schob die Tür weiter auf. In seinem und Jeffersons Zimmer brannte die Lampe noch, und daher konnte ich ihn deutlich sehen. Er trug nichts weiter als seine Unterwäsche. Er kam schnell an mein Bett und kniete sich hin, damit sein Gesicht auf einer Höhe mit meinem war.

»Es ist lustig hier, findest du nicht auch? Ich meine, Charlotte ist ganz reizend und alles, was man sich nur wünschen kann, aber es ist, als seien wir in einer anderen Welt.«

»Ja, aber ich bin froh darüber. Ich hasse die Welt, in der wir vorher waren«, sagte ich. Gavin nickte verständnisvoll.

»Aber dir ist klar, daß wir nicht ewig hierbleiben können.«

»Ich weiß, aber ich bliebe gern hier, solange es nur irgend geht. Es wird gar nicht so übel sein. Wir werden ihnen dabei helfen, das Haus herzurichten. Das wird Spaß machen. Und wir können auch so tun, als sei es unsere Plantage.«

»Du meinst, wir können Hausherr und Hausherrin spielen?« fragte er.

»Ja«, sagte ich. Er lachte.

»Jefferson scheint sich hier wohl zu fühlen. Also gut«, sagte er. »Wir werden es mal versuchen. Und jetzt sollte ich lieber gute Nacht sagen«, flüsterte er.

»Gute Nacht, Gavin. Ich bin so froh, daß du gekommen bist, um uns zu helfen, und daß du jetzt bei uns bist.«

»Ich mußte einfach kommen«, sagte er, und dann beugte er sich vor und küßte mich auf die Wange. »Gute Nacht, Christie«, sagte er noch einmal, aber er bewegte sich nicht von der Stelle. Ich drehte den Kopf zu ihm um, und seine Lippen näherten sich noch einmal und legten sich zart auf meinen Mund. Er strich mir mit der Handfläche über das Haar und stand dann auf.

Als er sich abwandte, um in das andere Zimmer zu gehen, sah ich, wie sich in dem Fenster links von mir ein Schatten bewegte, und ich drehte mich sofort um.

»Gavin!« rief ich, und er machte kehrt.

»Was ist?«

»Eben gerade hat jemand zum Fenster hereingeschaut«, sagte ich und setzte mich rasch auf.

»Was?« Er trat an das Fenster und sah hinaus. »Ich sehe niemanden.« Er öffnete das Fenster und streckte den Kopf hinaus.

»Gavin?«

»Psst«, sagte er und lauschte. Dann zog er den Kopf wieder ins Zimmer zurück.

»Was ist?«

»Ich dachte, ich hätte Schritte auf dem Dach gehört, aber ich vermute, das war nur der Wind. Ich bin sicher, daß niemand da war«, sagte er. »Es war nur ein Schatten.«

»Heute nacht ist Neumond, und es kann keine Schatten geben, Gavin.«

»Dann mußt du es dir eingebildet haben... all diese Geschichten über Emily auf einem Besen. Fürchtest du dich? Wirst du allein zurechtkommen?«

Ich warf einen Blick auf das Fenster. Ich war sicher, daß ich etwas gesehen hatte, aber ich wollte uns die erste Nacht hier nicht verderben.

»Ja, ich komme schon zurecht.«

»Dann noch mal gute Nacht.« Er ging zur Tür.

»Gavin.«

»Ja?«

»Laß die Tür einen kleinen Spalt offen«, sagte ich.

»Klar.«

Nachdem er gegangen war, lag ich mit offenen Augen da und drehte mich immer wieder um und schaute zum Fenster. Ich sah keine Schatten und keine Köpfe mehr, und meine Lider wurden so schwer, daß ich sie schließen und einschlafen mußte.

Aber irgendwann im Lauf der Nacht wachte ich auf und hatte das sichere Gefühl, daß mich jemand beobachtet hatte.

Es war sogar jemand im Zimmer gewesen!

12

Hinter den Spiegeln

Obwohl wir an diesem Abend, als wir schlafen gingen, völlig erschöpft waren, wachten wir auf, als wir Tante Charlotte im Korridor singen hörten: »Steht auf, steht auf, ihr Schlafmützen, kommt schon, steht auf, raus aus den Betten!« Dann folgte Gelächter, und als ich wenige Momente später die Augen aufschlug, sah ich, daß Jefferson durch den Spalt der Verbindungstür lugte. Der Saum von Luthers Nachthemd schleifte hinter ihm auf dem Boden, als er in mein Zimmer huschte und auf mein Bett hopste.

»Wach auf, Christie. Wach auf«, sagte er und schüttelte meinen Arm. »Gavin ächzt und stöhnt. Er will nicht aufstehen«, beschwerte sich Jefferson. Ich stöhnte ebenfalls. Dann rieb ich mir die Augen und schob mich auf die Ellenbogen. Die Sonne strömte durch die Fenster und ließ die Staubkörnchen schimmern, sie funkelten wie kleine schwebende Juwelen.

»Wir hatten gestern einen langen Tag, Jefferson«, erklärte ich zu meiner Verteidigung. »Wir sind noch müde.«

»Ich bin nicht müde«, verkündete er. »Ich will frühstücken und mit Tante Charlotte malen. Sie ruft uns schon«, sagte er. »Komm jetzt«, sagte er dann und schüttelte wieder meinen Arm.

»Schon gut, schon gut.« Ich holte tief Atem und schaute aus dem Fenster, und mir fiel wieder ein, daß ich das Gefühl gehabt hatte, jemand sei hiergewesen. »Geh, und wasch dich, und ich helfe dir dann beim Anziehen«, sagte ich. Er zog sich Luthers Nachthemd über die Knöchel hoch, damit er schnell ins Bad laufen konnte, und seine nackten Füße hüpften über die harten Holzdielen. Als ich gerade meinen Rock und meine Bluse angezogen hatte, hörte ich ein sanftes Klopfen, und als ich mich umdrehte, sah ich Gavin, der aufgestanden war und sich angezogen hatte.

»Ich weiß, daß es erst halb sieben morgens ist«, klagte er, und seine Lider hingen herunter. Er gähnte. »Ist alles in Ordnung mit dir? Oder hattest du noch mehr Alpträume?«

»Es waren keine Alpträume, Gavin. Jemand hat letzte Nacht durch dieses Fenster hereingeschaut«, sagte ich. Er lächelte. »Hier war jemand. Ich glaube, er ist sogar wiedergekommen, nachdem wir uns schlafen gelegt haben!«

»Schon gut, schon gut.« Er rieb sich den Bauch. »Weißt du, ich habe wirklich Hunger. Ich frage mich, was es hier wohl zum Frühstück gibt.«

Jefferson kam wieder in mein Zimmer gerannt. Er war hellwach und hatte sich sogar bemüht, sich das Haar ordentlich zurückzubürsten. Ich half ihm beim Anziehen, während Gavin sich wusch, und dann wusch ich mir das Gesicht und brachte mein Haar halbwegs in Ordnung, soweit sich das ohne Bürsten und Kämme machen ließ. Der Geruch nach frisch gebratenem Speck lockte uns alle durch den Korridor, und wir liefen schnell die Treppe hinunter. Als wir die Küche betraten, stellte Luther gerade eine Platte Eier mit Speck auf den Tisch. Charlotte trug wieder einen ihrer eigenwilligen selbstentworfenen Kartoffelsäcke, diesmal einen, der von oben bis unten mit Knöpfen jeder Farbe und Größe benäht war. Auf die Schultern hatte sie jeweils einen großen rosafarbenen Knopf genäht.

»Guten Morgen, alle miteinander. Habt ihr auch gut geschlafen?« fragte sie. »Das Sandmännchen war gestern nacht hier. Ich habe gehört, wie es sich durch das Haus geschlichen hat. Habt ihr es nicht gehört?«

»Ach dann war es also das Sandmännchen«, sagte Gavin lächelnd, und seine Augen funkelten schelmisch. Er erwartete, ich würde ihnen jetzt von dem Gesicht am Fenster erzählen.

»Ich habe das Sandmännchen nicht gehört«, sagte Jefferson.

»Das liegt daran, daß du schon geschlafen hast und es dir deshalb keinen Sand mehr in die Augen zu streuen brauchte«, erklärte Charlotte. »Und jetzt setzt euch alle hin. Als erstes müssen wir ein leckeres Frühstück zu uns nehmen, und dann können wir uns an unsere Arbeiten machen, stimmt's, Luther?« Luther brummte zustimmend und kippte seinen Kaffee hinunter, während er vom Stuhl aufstand.

»Ich bin hinter dem Haus«, sagte er, und dann sah er Gavin an und fügte hinzu, »in der Scheune.«

»Ich komme sofort nach dem Frühstück«, versprach Gavin. Luther nickte und ging.

»Wollt ihr alle Eier mit Speck?« fragte Charlotte. »Ich brate sie nur von einer Seite, weil sie dann wie kleine Gesichter aussehen, die lächeln.«

»Es riecht wunderbar, Tante Charlotte«, sagte ich. »Kann ich dir helfen?«

»Es ist schon alles fertig. Setzt euch nur einfach hin, und ich bediene euch so, wie ich vor vielen, vielen Jahren meinen Vater und Emily bedient habe«, sagte sie. Sie servierte das Essen, und dann setzten wir uns und redeten beim Essen miteinander, und sie schilderte uns, wie ihr Leben früher einmal verlaufen ist, als sie noch ein junges Mädchen war.

»Nachdem Daddy gestorben war und Emily die Herrschaft an sich gerissen hatte, ist alles anders geworden«, schloß sie betrübt. »Wir haben nie mehr so gefrühstückt wie früher und heute. Emily hat fast alle unsere Eier an den Krämerladen in Upland Station verkauft.«

»Was ist mit Großmutter Cutler?« erkundigte ich mich.

»Großmutter Cutler?«

»Deine andere Schwester. Lillian.«

»Ach so«, sagte sie, und ein seltsamer, versonnener Ausdruck trat auf ihr Gesicht. »Sie ist fortgegangen und hat geheiratet, als sie noch ein kleines Mädchen war«, sagte sie schnell, »und ich habe sie kaum noch zu sehen bekommen, aber Emily hat sich ständig über sie beklagt.« Sie beugte sich zu uns vor. »Emily hat sich immer über alle beklagt«, flüsterte sie, als sei Emily im Nebenzimmer und lauschte. Dann klatschte sie in die Hände und lächelte.

»Als erstes werde ich Jefferson die Farben und die Pinsel zeigen und ihn spielen lassen, und später gehen wir dann auf den Dachboden, und ihr könnt euch Kleider und Schuhe aussuchen, die euch passen, einverstanden? Ist das nicht eine gute Idee?«

»Ja, Tante Charlotte«, antwortete ich. Ich sah mich in der Küche um. Auf der Anrichte stand Geschirr, das mit den Resten von früheren Mahlzeiten verkrustet war, und der Fußboden erweckte den Anschein, als sei er seit Wochen, vielleicht sogar seit Monaten nicht mehr geputzt worden. Die Fensterscheiben waren von innen und von außen mit Staub und Schmutz gesprenkelt und verschmiert. »Ich werde tun, was ich kann, um dir beim Hausputz zu helfen.«

»Ach, wie herrlich«, sagte sie und lachte. »Wir werden wunderbare Zeiten miteinander verbringen, wie früher, als alle noch klein waren und wir einen goldbraunen Labrador hatten, der Kasey Lady hieß und mir jeden Morgen das Gesicht abgeleckt hat, um mich zu wecken.«

Gavin schaute mich an und lächelte. Tante Charlotte war in ihrem Herzen ein kleines Mädchen geblieben, doch das störte mich nicht. Hier fühlte ich mich sicher, so sicher und geborgen wie in einer Zauberkugel. Es war, als sei es mir endlich gelungen, dem Fluch zu entkommen, der auf den Cutlers lastete.

Nach dem Frühstück ging Gavin aus dem Haus, um Luther zu helfen, und Charlotte nahm Jefferson in ihr improvisiertes Atelier mit, um ihm die Farben und Pinsel zu geben, die er wollte. Ich räumte die Küche auf. Als ich fertig war, machte ich mich auf, um das Haus zu erkunden. Mitten im Korridor blieb ich stehen, weil ich glaubte, jemanden hinter mir zu hören. Aber als ich mich umschaute, war niemand da. Und doch... ein Vorhang bewegte sich.

»Wer ist da?« rief ich. Niemand antwortete, und nichts rührte sich. Mir lief eine Gänsehaut über den Rücken, und so machte ich mich eilig auf die Suche nach Charlotte und Jefferson. Auf dem Weg stellte ich fest, daß Charlotte die Stiele und Blüten von Blumen angemalt hatte, nachdem sie verwelkt waren, und sie hatte ihnen noch leuchtendere Farben gegeben als die Natur und sie überall in Vasen stehen lassen. Es war, als versuchte sie, in eine Welt, die einstmals trüb und grau gewesen war, den gesamten Regenbogen zu bringen.

Ich fand Charlotte und Jefferson in einem kleinen Zimmer, das neben der Bibliothek lag. Als ich hineinlugte, blickte Charlotte von ihrer Stickerei auf und lächelte. Jefferson war vollauf damit beschäftigt, Wände zu streichen und Einrichtungsgegenstände anzumalen. Jetzt schon waren seine Wangen voller Farbtupfer, und seine Arme waren bereits bis zu den Ellenbogen bunt.

»Wir haben unsere helle Freude«, sagte Charlotte, und ihr Gesicht strahlte vor Vergnügen, ehe sie hinzufügte: »Kleine Jungen müssen sich schmutzig machen, das ist ganz normal.«

»Da hast du recht, Tante Charlotte. Tante Charlotte, kannst du mir jetzt das Zimmer zeigen, in dem meine Mutter gelebt hat und ich geboren worden bin?«

»O ja. Ja, gern. Es ist das schlimme Zimmer«, murmelte sie und stand auf. »Ich war früher auch einmal dort.«

»Das schlimme Zimmer?«

»Du wirst es ja sehen«, sagte sie und führte mich nach oben.

Als ich das Zimmer sah, verstand ich sofort, warum es »das schlimme Zimmer« genannt wurde. Es sah aus wie eine Gefängniszelle. Es war ein kleines Zimmer mit einem schmalen Bett an der linken Wand. Das Bett hatte keine Kopfleiste; es war nichts weiter als eine Matratze auf einem Metallgestell. Daneben stand ein schmuckloser Nachttisch. Auf dem Tisch stand eine Kerosinlampe, aber ich konnte sehen, daß sie seit Jahren nicht mehr benutzt worden war. Spinnen hatten sich darin eingenistet. Die Wände waren dunkelgrau, und es gab keine Spiegel und auch kein Fenster. Rechts führte eine Tür zu dem kleinen Bad. Ich sah, daß die Badezimmerarmaturen verrostet und verschimmelt waren. Es war lange her, seit durch diesen Abfluß Wasser gelaufen war, dachte ich.

Als ich mich in diesem gräßlichen Zimmer umschaute, konnte ich einen Teil des Grauens und der Trostlosigkeit ahnen, die meine Mutter empfunden haben mußte, als sie hier eingesperrt gewesen und gezwungen war, in einem solchen Loch ihr Kind zu gebären. Wie hübsch sie gewesen sein mußte, und welch große Angst sie in dieser Zeit gehabt haben mußte. Keine Sonne, keine Frischluft, nichts als düstere Farben - sie mußte sich wie eine Gefangene oder wie ein schlechter Mensch vorgekommen sein, der bestraft wurde.

»Du nennst dieses Zimmer mit Recht das schlimme Zimmer, Tante Charlotte«, sagte ich. Und dann fiel mir wieder ein, was sie zuvor erzählt hatte. »Warum hat man dich hier einquartiert?«

»Ich war auch ungezogen«, sagte sie. »Und ich hatte ein Baby, das in meinem Bauch gewachsen ist.«

»Ein Baby? Was ist daraus geworden? War es ein Junge oder ein Mädchen?« fragte ich überrascht.

»Ein Junge. Emily hat gesagt, der Teufel hätte ihn zu sich nach Hause geholt. Er hatte genau hier das Mal des Teufels auf dem Nacken«, sagte sie und drehte sich um, um auf die Stelle zu deuten.

»Das Mal des Teufels?«

»Mhm«, sagte sie und nickte nachdrücklich. »Es hat ausgesehen wie ein Huf. Und Emily hat gesagt, ein Schwanz würde ihm auch bald wachsen.«

»Das ist doch Unsinn, Tante Charlotte«, sagte ich lächelnd. »In Wirklichkeit hat es doch gar kein Baby gegeben, oder?«

»O doch, es hat ein Baby gegeben. Ich zeige dir, wo es eine Weile gelebt hat«, fügte sie traurig hinzu.

Ich folgte ihr durch den Korridor. Auf dem Weg kam ich nicht gegen das Gefühl an, daß uns jemand nachlief, doch jedesmal, wenn ich mich umdrehte, war niemand da. Lag es nur daran, daß das Haus so groß und voller Schatten war? Hatte ich nur deshalb dieses Gefühl, fragte ich mich.

Charlotte blieb stehen und öffnete die Tür zu einem Raum, der offensichtlich früher einmal ein Kinderzimmer gewesen war. Mitten im Zimmer stand ein Kinderbett, und darin lag eine Puppe, die bis zum Kinn mit einer ausgeblichenen blauen Decke zugedeckt war. Mir lief ein Schauer über den Rücken. Hatte Tante Charlotte tatsächlich ein Kind bekommen, oder war das alles eine Ausgeburt ihrer kindlichen Phantasie?

»Wie alt war dein Baby, als... als der Teufel es geholt hat, Tante Charlotte?« fragte ich.

Sie schüttelte den Kopf.

»Ich kann mich nicht erinnern. Eines Tages war der Junge noch da, und dann war er nicht mehr da. Emily hat mir nie gesagt, wann er geholt worden ist. Eines Tages habe ich ins Zimmer geschaut und festgestellt, daß er fort ist«, sagte sie und schaute die Puppe an.

»Und Emily hat dir gesagt, der Teufel hätte ihn geholt?«

»Mhm. Eines Nachts hat sie gesehen, wie der Teufel in das Kinderzimmer gegangen ist, und dann hat sie gehört, wie das Baby gelacht hat. Als sie an die Tür gekommen ist, hatte der Teufel mein Baby schon mitgenommen und war in Gestalt von einem schwarzen Vogel damit aus dem Fenster geflogen.«

»Wie konntest du eine so alberne Geschichte bloß glauben, Tante Charlotte?«

Sie starrte mich einen Moment lang an.

»Mein Baby war verschwunden«, erklärte sie, und Tränen traten in ihre Augen. Ich schaute das Kinderbett an.

»Wer hat diese Puppe dort hineingelegt?« fragte ich.

»Emily hat es getan, weil ich so traurig war und so viel geweint habe«, sagte sie. »Emily hat gesagt, tu so, als sei das dein Junge, und beschwer dich nicht, denn sonst könnte der Teufel kommen und dich auch holen.«

»Aber was ist mit dem Vater des Babys, Tante Charlotte? War er denn nicht außer sich?«

»Emily hat gesagt, der Teufel sei der Vater. Sie hat gesagt, der Teufel sei eines Nachts in mein Zimmer gekommen, als ich geschlafen habe, und er hätte mir das Baby gemacht, das in mir gewachsen ist.«

Wie abscheulich von ihr, so etwas zu sagen, dachte ich, Charlotte mit ihrem schlichten Gemüt derart zu erschrecken und sie von so vielen furchterregenden Dingen zu überzeugen.

»Emily muß der Teufel in Person gewesen sein, wenn sie dir und meiner Mutter all diese schrecklichen Dinge angetan hat. Ich bin froh, daß ich sie nie kennenlernen mußte«, sagte ich.

»Dann tu nichts Böses, und du wirst ihr nie begegnen«, sagte Charlotte. »Wenn du schlecht bist, kommst du in die Hölle, und Emily ist diejenige, die die Leute an der Pforte in Empfang nimmt. Das sagt Luther.«

Ich warf noch einen Blick auf die Puppe in dem Kinderbettchen und dachte darüber nach, was für eine merkwürdige und augenscheinlich gruselige Geschichte sich in den Mauern dieses alten Plantagengebäudes verbarg und für immer dort eingeschlossen bleiben würde. Vielleicht war es besser, nicht zu viele Fragen zu stellen, dachte ich, und dann folgte ich Tante Charlotte aus dem Zimmer.

Als wir die Stufen hinabstiegen, drehte ich mich um und glaubte, einen Schatten an der Wand zu sehen, der sich bewegte, aber ich verlor Charlotte gegenüber darüber kein Wort. Ich war sicher, wenn ich etwas gesagt hätte, hätte sie mir nur erzählt, es sei der Geist ihrer bösen Schwester Emily.

Als die Standuhr zwölf schlug, legte Charlotte ihre Handarbeit zur Seite und kündigte an, es sei jetzt an der Zeit, das Mittagessen für die Männer zuzubereiten. Ich half ihr dabei, die Brote zu schmieren, und kurz darauf kamen Luther und Gavin ins Haus. Ein Blick auf Gavin genügte, um mir zu sagen, daß er Schwerarbeit geleistet hatte. Seine Kleidung war mit Heuhalmen bedeckt; seine Hände waren mit Dreck und Schmiere verkrustet, ebenso sein Hals und sein Gesicht, sein Haar war zerzaust, und er wirkte erschöpft.

»Ich sollte mich vor dem Essen lieber waschen«, sagte er zu mir und fügte dann im Flüsterton hinzu: »Als er von harter Arbeit gesprochen hat, hat er keine Witze gemacht. Ich verdiene unseren Unterhalt.«

»Luther«, fragte Charlotte, nachdem wir uns alle zum Mittagessen hingesetzt hatten, »kann Gavin sich jetzt freinehmen und auf den Dachboden gehen, damit wir Sachen aussuchen können, die er und Christie und Jefferson anziehen können?«

Luther schaute von seinem Teller auf.

»Seid dort oben vorsichtig«, sagte er zu Gavin. »Ein paar von den Bodendielen könnten morsch sein, habt ihr gehört?«

»Ja, Sir«, sagte Gavin. Ich konnte ihm ansehen, daß ihm alles andere verlockender erschien, als wieder mit Luther an die Arbeit zu gehen. Die Vorstellung, einen alten Dachboden zu erkunden und alte Sachen durchzuwühlen, fand auch Jefferson spannend, und er war gern bereit, seine Farben und Pinsel liegenzulassen, um mit uns auf den Dachboden zu steigen.

Charlotte ging voran. Sie redete unaufhörlich, während sie durch das Haus schlurfte; sie hatte die Hände über dem Bauch gefaltet und den Kopf gesenkt. Sie schilderte, wie sie als kleines Mädchen oben auf dem Dachboden gespielt hatte.

»Ganz allein, und ich hatte nie Angst«, fügte sie hinzu und blieb am Ende des Korridors im oberen Stockwerk stehen, von dem aus eine schmale Tür in ein dunkles, enges Treppenhaus führte, in dem nur am Ende eines dicken baumelnden Kabels eine einzige Glühbirne schwach brannte. Die Stufen knarrten bedrohlich, als wir Charlotte nach oben folgten.

»Niemand hat sich dafür interessiert, wie lange ich hier oben geblieben bin«, erzählte sie uns. »Nicht einmal Emily«, sagte sie und ließ darauf ein kurzes Lachen folgen, ehe sie hinzufügte: »Weil ich dann niemandem auf die Nerven gegangen bin.« Sie blieb auf dem oberen Treppenabsatz stehen und drehte sich nach uns um. »Das hat Momma früher immer zu mir gesagt. Charlotte, hat sie gesagt, geh bloß niemandem auf die Nerven. Was für ein blöder Spruch. Ich bin nie jemandem auf die Nerven gegangen: Wie hätte ich das auch tun können?«

Gavin lächelte mich an, und wir warteten, während Charlotte sich auf dem Dachboden umsah.

»Hier oben gibt es keine Beleuchtung«, sagte sie. »Nur das Licht, das durch die Fenster fällt und das Licht von Lampen, die man mitbringt. Hier habe ich immer eine stehen«, sagte sie und zündete eine Kerosinlampe an, die oben auf der Treppe gestanden hatte. Wir folgten ihr.

Es war deutlich zu erkennen, daß seit Ewigkeiten niemand mehr auf dem Dachboden gewesen war. Dichte Spinnweben zogen sich über den oberen Treppenabsatz und hingen in jeder Nische und Ritze. Der Staub war so dick, daß wir tatsächlich unsere Fußabdrücke auf den Stufen und auf dem Boden sehen konnten. Gavin, Jefferson und ich blieben oben stehen und schauten den riesigen Dachboden an, der sich fast über die gesamte Breite des großen Plantagengebäudes zog. Die vier Dachfenster zur Fassade des Hauses hin ließen ein wenig mehr Licht herein, und in den Sonnenstrahlen konnten wir die dicken Staubkörner sehen, die von dem Wind aufgewirbelt wurden, der durch Spalten und Ritzen und undichte Fenster eindrang. Es kam mir vor, als hätten wir uns in eine Grabkammer begeben, weil die Luft so schlecht und drückend war und alles einen seit Jahren unberührten Eindruck machte.

»Vorsicht«, sagte Gavin, als wir alle vortraten. Die Bodendielen quietschten bedenklich.

»Seht nur!« rief Jefferson und deutete nach rechts; dort hatte sich eine Familie von Eichhörnchen ein behagliches Heim eingerichtet. Sie schauten uns an, mümmelten herablassend und huschten dann in entlegene Winkel und hinter Truhen und Möbelstücke. Es standen alte Sofas und Stühle, Tische und Schränke, aber auch Kommoden und Kopfleisten von Betten herum. Es gab auch noch mehr alte Porträts. Eines davon fiel mir ganz besonders ins Auge, weil es das Bild eines jungen Mädchens war, das nicht viel älter als ich war, und auf ihrem Gesicht stand ein zartes, fast engelsgleiches Lächeln. Auf keinem der anderen Porträts verzogen die Abgebildeten auch nur einen Mundwinkel. Ihr Ausdruck war im allgemeinen ernst und streng.

»Weißt du, wer dieses Mädchen war, Tante Charlotte?« fragte ich und hielt das Porträt in seinem silbernen Rahmen hoch.

»Das war die jüngste Schwester meiner Mutter«, erklärte Charlotte. »Emily hat gesagt, sie ist bei der Geburt ihres Kindes gestorben, als sie erst neunzehn war, weil sie ein zu schwaches Herz hatte«, erläuterte Charlotte.

»Was für ein Jammer. Sie sieht auf diesem Bild so glücklich und so schön aus.« Jede Familie hat ihre eigenen Probleme, dachte ich. Manche stürzen sich selbst ins Unglück, aber manche schlendern in Katastrophen, als gerieten sie in ein unerwartetes Unwetter, und dann haftet ein Fluch an ihnen. Das Mädchen auf dem Bild sah aus, als hätte sie nie einen Alptraum gehabt, ganz zu schweigen davon, daß sie sich hätte vorstellen können, ein so tragisches Ende zu finden. War es besser, in Angst zu leben, oder war es besser, so zu tun, als sei die Welt voller Regenbögen, wie Charlotte es tat? fragte ich mich, als ich das Porträt wieder in das staubige Regal stellte.

»Ich kann nicht glauben, was hier alles rumsteht«, sagte Gavin und blickte von einer Seite zur anderen. »Das muß das Zeug von Generationen sein.«

»Mein Daddy und sein Daddy und dessen Daddy haben alles aufgehoben«, erläuterte uns Charlotte. »Immer, wenn ein Stück durch ein neues ersetzt worden ist, sind die alten Sachen auf den Dachboden gebracht und für alle Fälle eingelagert worden. Emily hat den Dachboden immer als den Friedhof dieses Haushalts bezeichnet. Manchmal hat sie versucht, mir Angst einzujagen, und dann hat sie unten zur Decke hochgeschaut und geflüstert: »Die Toten sind über uns. Sei brav, denn sonst kommen sie in der Nacht herunter und schauen dich durch die Fenster an.«

»Sie schauen einen durch die Fenster an?« wiederholte ich. Gavin zog die Augenbrauen hoch, weil er erwartete, ich würde jetzt darüber reden, was ich in der letzten Nacht zu sehen und zu spüren geglaubt hatte.

»Ja«, sagte Charlotte. »Emily hat den Dachboden gehaßt und

ist nicht gern raufgegangen. Deshalb habe ich die ganze Zeit hier oben gespielt. Da hat Emily mich in Ruhe gelassen«, sagte sie und lachte. »Und ich mußte nicht all die Hausarbeiten verrichten, die sie mir aufbürden wollte.«

Charlotte mag zwar in ihrem Herzen ein Kind geblieben sein, dachte ich, aber in mancherlei Hinsicht war sie sehr gescheit.

»Kommt schon«, drängte sie uns und führte uns zu den Truhen, die an der rechten Wand standen. »Je weiter wir hineingehen, desto älter ist alles«, sagte sie.

Wir liefen an zahllosen Reihen von Kartons vorbei, die zum Teil mit alten Papieren und Büchern gefüllt waren; in anderen wurde altes Geschirr aufbewahrt, Tassen und antike Küchengerätschaften. Wir fanden Kartons voller alter Schuhe und Stiefel und Kartons, in denen nur Schrauben und Muttern und rostiges Werkzeug steckten. Gavin entdeckte eine Kiste mit alten Rechnungsbüchern und holte eines heraus, um hineinzuschauen.

»Das ist ganz erstaunlich«, sagte er. »Es ist eine Liste der Sklaven und wieviel für jeden von ihnen bezahlt worden ist. Schaut euch das an.«

Ich warf einen Blick auf die aufgeschlagene Seite und las: »Darcy, Alter vierzehn Jahre, Gewicht dreiundfünfzig Kilo, zwölf Dollar.«

Gavin blätterte in dem Buch weiter.

»Es gibt auch Bücher, in denen aufgeführt ist, wie die Ernte war und was sie eingebracht hat, was gekauft und wieviel dafür ausgegeben worden ist – all das sind historische Aufzeichnungen, die wahrscheinlich für ein Museum oder etwas Vergleichbares sehr wertvoll wären«, sagte er.

Jefferson fand eine alte verrostete Pistole, die klemmte.

»Peng, peng, peng«, rief er und fuchtelte damit durch die Luft.

»Paß auf, Jefferson«, warnte ich ihn, »sonst schneidest du dich noch an rostigen Gegenständen.«

»Christie«, sagte Gavin, nachdem er eine kleine dunkle Kirschbaumtruhe geöffnet hatte, »sieh dir das an.« Ich kniete mich neben ihn. In der Truhe waren alle erdenklichen Gegenstände von dem Frisiertisch einer Frau: Kämme und Bürsten aus Perlmutt und Handspiegel mit Perlmuttgriffen. Dort war Modeschmuck verstaut, darunter auch Perlenketten und Ohrringe, die wirklich gute Imitationen waren, Haarnadeln und Armreifen und eine silberne Halskette mit unechten Rubinen und Smaragden. Alles sah handgefertigt aus und war trotz des Alters in einem auffallend guten Zustand. Es war, als sei dieser Dachboden wirklich ein verzauberter Ort, an dem die Zeit stehengeblieben war.

»Das ist alles so schön«, sagte ich.

»Die Sachen werden dir gut stehen«, flüsterte Gavin, dessen Gesicht dicht neben meinem war. Es war, als streifte eine warme Hand meine Brust. Ich spürte, wie ich errötete, und ich schaute schnell zu Tante Charlotte hinüber, die Truhen und Kisten aufriß und aufgeregte Rufe ausstieß, als sie der Reihe nach alles mögliche entdeckte, was sie noch aus ihrer Kindheit kannte. Für sie war es, als fände sie alte Freunde wieder.

»Hier sind auch ein paar hübschere Kleider, mein Liebes«, sagte Charlotte, die eine große Metalltruhe öffnete. Ich sah Kleider mit kurzen Miedern und Volantröcken, Kleider mit hochgeschlossenen Oberteilen und langen Puffärmeln, die vom Ellenbogen an eng anlagen. Es gab farbige Oberteile mit weißen Rökken, und manche Kleider hatten bunte Gürtel und Schärpen. Eine andere Truhe war mit Petticoats gefüllt.

In anderen Truhen verbargen sich Kleider der Jahrhundertwende. Ich fand auch Capes und Reitkostüme, Hüte und Satinschals, aber auch Samtumhänge. Jefferson entdeckte eine Truhe voller Sonnenschirme und dann eine Truhe voller Stiefel, deren Leder noch in einem auffallend guten Zustand war. In der Zwischenzeit schlenderte Gavin zur linken Wand und fand Truhen mit Herrenkleidung, von Knickerbockern über Gehröcke bis hin zu Uniformjacken. Ihm gefielen die Uniformen aus dem Ersten Weltkrieg, und er fand eine mit einer Jacke, die ihm gut paßte.

Wir begannen, Kleidungsstücke anzuprobieren und sie uns gegenseitig vorzuführen, und wir lachten, als wir in den alten Kleidern und dem alten Schuhwerk umherstolzierten. Sogar Charlotte machte mit, hängte sich eine Stola um oder zog sich eine Jacke über und lachte, wenn sie sich in einem der alten Schminkspiegel betrachtete, die hinter den Truhen und Kisten standen. Plötzlich hörten wir, daß noch jemand außer uns lachte. Zumindest hörten Gavin und ich es. Charlotte schien es nicht bemerkt zu haben, und Jefferson war viel zu sehr beschäftigt. Ich packte Gavins Arm und flüsterte.

»Was war das?« Wir schauten zum anderen Ende des Dachbodens, sahen aber niemanden.

»Ich nehme an, nichts weiter als ein Echo«, sagte Gavin, aber er schien sich seiner Sache nicht sicher zu sein. Wir lauschten, hörten aber keine weiteren Laute mehr.

Schließlich packten wir die Kleidungsstücke zusammen, die uns vernünftig erschienen, und füllten eine Truhe mit Kleidern für Gavin, Jefferson und mich.

»Das nehmen wir alles mit nach unten und waschen es«, sagte ich.

»Warte«, sagte Gavin. »Ich möchte, daß du das hier heute abend anziehst.«

Er hatte ein pastell- und roséfarbenes Ballkleid mit einem unglaublichen Reifrock gefunden. Das Mieder war in Spitze gefaßt und schulterfrei.

»Und ich werde das hier anziehen«, kündigte er an und hielt einen Frack und eine Hose hoch. Die Schwalbenschwänze waren schmal und liefen spitz zu und reichten ihm bis über die Knie. Die

Ärmel waren oben weit und liefen an den Handgelenken schmal zu und waren so geschnitten, daß sie seinen Handrücken bis zu den Fingern bedeckten. Dann bückte er sich und hob eine Melone auf. Er griff in die Fracktasche und zog eine schwarze Satinschleife heraus.

Wir lachten. Tante Charlotte klatschte in die Hände und kündigte an, sie würde sich auch etwas Hübsches zum Anziehen suchen.

»Wir werden eine Party feiern. Ich werde Plätzchen mit Marmeladenfüllung backen und Luther bitten, etwas von unserem Löwenzahnwein heraufzuholen. Christie wird Klavier spielen, und wir werden alle singen. Oh, ich bin ja so froh, daß ihr hier seid«, betonte sie, und dabei lächelte sie strahlend und schaute uns drei voller Freude an. »Es ist... es ist, als sei ich noch einmal geboren worden und hätte eine neue Familie!«

Während ich mit unseren neuen Kleidern beschäftigt war, nahm Gavin Jefferson mit zu Luther, da sie ihm beide bei den Arbeiten helfen wollten, die heute noch zu erledigen waren. Charlotte half mir mit den Kleidern, und ich hörte ihr zu, wie sie unermüdlich plauderte und von ihrer Jugendzeit erzählte. Jedesmal, wenn ich sie nach Großmutter Cutler fragte, verstummte sie jedoch. Ich hatte das Gefühl, daß sie mehr in Erinnerung hatte, als sie mir erzählen wollte, daß die Dinge, an die sie sich erinnerte, jedoch unerfreulich waren. Nach allem, was ich über Großmutter Cutler wußte, überraschte mich das nicht.

Charlotte beschloß, der Anlaß sei wichtig genug, um ein Huhn zum Abendessen zuzubereiten, und sie ging nach draußen, um Luther dazu zu überreden. Lange, nachdem sie fortgegangen war, hörte ich deutlich das Geräusch von Schritten vor der Waschküche.

»Gavin?« rief ich. Ich bekam keine Antwort. »Jefferson?«

Immer noch keine Antwort. Langsam legte ich die Kleidungsstücke hin und schaute zur Tür hinaus. Wieder einmal sah ich, wie sich ein Schatten bewegte. »Wer ist da?« Wenn ich auch keine Antwort bekam, so spürte ich doch deutlich, daß jemand in der Nähe war. Mein Herz fing an, heftig zu pochen. »Gavin, wenn du mir einen Streich spielen willst, dann finde ich das überhaupt nicht komisch.« Ich wartete, doch niemand sagte ein Wort. Langsam und leise trat ich in den Korridor hinaus. Die Bodendielen quietschten. Ich blieb stehen und lauschte gebannt. Als ich schweres Atmen hörte, zog das meine Aufmerksamkeit nach rechts. Ich lief ein paar Schritte in diese Richtung, und dann... sah ich ihn!

Im ersten Moment war ich über seinen Anblick derart erschrocken, daß ich keinen Laut von mir geben konnte. Er war groß und kräftig und hatte dunkles lockiges Haar und große dunkle Augen. Er war unrasiert, und sein Bart war so dunkel wie das Haar auf seinem Kopf.

Schließlich schrie ich laut auf, und auf meinen Schrei hin rannte er durch den Gang und zu einer Seitentür hinaus. Nachdem er fort war und ich wieder ruhiger über ihn nachdenken konnte, wurde mir klar, daß er ein weiches, rundes Gesicht gehabt hatte, das nicht bedrohlich gewesen war, sondern eher Neugier ausgedrückt hatte.

Gavin hatte meine Schreie gehört und kam ins Haus gerannt. Jefferson folgte ihm auf den Fersen, und Luther und Charlotte kamen nach.

»Was ist los? Was ist passiert?«

Ich deutete zum Korridor.

»Ich habe ihn gesehen. Genau dort hat er gestanden. Diesmal war es nicht meine Einbildung. Er war groß mit dunklen Locken und einem dunklen Gesicht. Er hatte große Augen und hat eine weite graue Hose mit schwarzen Hosenträgern angehabt.«

»Wer ist das?« fragte Gavin und schaute Luther an.

»Er ist harmlos«, murmelte Luther.

»Wer ist harmlos?« fragte Gavin rasch.

»Das ist nur Homer«, sagte Luther. »Er lebt bei den Douglas, unseren nächsten Nachbarn. Stört euch nicht an ihm«, fügte er hinzu und wollte wieder aus dem Haus gehen.

»Aber, Luther... er ist einfach ins Haus gekommen, und ich bin ganz sicher, daß er gestern nacht auf dem Dach war und zum Fenster hineingeschaut hat«, sagte ich. »Ich glaube, er hat uns die ganze Zeit über beobachtet.«

»Stört euch nicht an ihm«, wiederholte er und ging.

»Wer ist das, Charlotte? Warum kommt er einfach so ins Haus?« fragte ich und wandte mich an sie.

Sie zuckte die Achseln und lächelte.

»Er mag uns, und Luther gibt ihm immer etwas. Ich lasse Kuchen und Plätzchen für ihn stehen. Ich brauche nichts weiter zu tun, als sie auf die Anrichte zu stellen, und irgendwann im Lauf des Tages kommt er dann und ißt sie auf. Manchmal hilft er Luther bei der Arbeit.«

»Er hat doch nicht versucht, dir etwas zu tun, oder?« fragte Gavin.

»Nein. Ich glaube, er hat einen größeren Schrecken bekommen als ich«, sagte ich.

»Er will nur wissen, wer ihr seid und warum ihr hier seid«, sagte Charlotte. »Er ist schüchtern. Vielleicht liegt es daran, daß seine Eltern ihn in einem Feld gefunden haben.«

»Sie haben ihn gefunden?«

»Gleich vor ihrem Haus. Wie Moses, der in einem Fluß getrieben ist. Eines Tages war er einfach da und hat geweint. Sie hatten keine eigenen Kinder, und daher haben sie ihn als ein Geschenk angesehen. Aber alle wissen, daß ihn jemand ausgesetzt hat; jemand wollte ihn nicht haben.«

Sie lachte.

»Der arme Homer. Er glaubt, er ist vom Himmel gefallen. Jedenfalls«, sagte sie und klatschte in die Hände, »hat Luther gesagt, daß ich das Huhn kochen darf und daß wir heute abend eine Party feiern können. Wenn das kein Spaß wird!«

»Kommt Homer auch?« fragte Jefferson mit weitaufgerissenen Augen.

»Vielleicht. Vielleicht kommt er«, sagte Charlotte und lief schnell los, um mit den Vorbereitungen zu beginnen.

»Also gut«, sagte Gavin und nickte. »Es tut mir leid, daß ich dir gestern abend nicht geglaubt habe. Homer«, fügte er kopfschüttelnd hinzu. »Ich frage mich, was für Überraschungen uns hier noch erwarten. Komm, Jefferson«, sagte er und legte ihm einen Arm um seine kleinen Schultern, »laß uns wieder an unsere Arbeit gehen. Hier müssen die Männer die echten Arbeiten erledigen«, fügte er im Scherz hinzu.

»Stimmt das? Nun, nur zu deiner Information, Gavin Steven Longchamp, Hausarbeiten sind genauso anstrengend, wenn nicht noch anstrengender als Feldarbeit, vor allem, wenn das Haus so lange vernachlässigt worden ist wie dieses hier«, warf ich ihm an den Kopf und stemmte die Arme in die Hüften.

»O weh, kleiner Neffe. Wir sind in Ungnade gefallen. Laß uns schnell verschwinden, ehe es zu spät ist.«

»Was?« sagte Jefferson verwirrt. Gavin beugte sich zu mir vor, um mir etwas ins Ohr zu flüstern.

»Wenn du dich ärgerst, dich richtig ärgerst«, sagte er, »bist du besonders schön.«

Ich spürte, daß ich von Kopf bis Fuß errötete, ich stand sprachlos da, als er lachte und loslief und Jefferson hinter sich herzerrte.

Am Abend nahmen wir eine wunderbare Mahlzeit zu uns. Auf seine stille Art leistete Luther seinen Beitrag und brachte frischen

Salat, Tomaten und Karotten aus dem Garten und für jeden von uns eine große Kartoffel. Charlotte kündigte an, sie wollte, daß wir förmlich im Eßzimmer speisten.

»So wie früher, wenn Daddy wichtige Gäste hatte«, fügte sie hinzu, und Luther brummte zustimmend. Ich staubte den langen dunklen Mahagonitisch ab und polierte ihn, und Charlotte holte eine wunderschöne Spitzentischdecke heraus und zeigte mir dann das edle Porzellan und das Silberbesteck. Sie sagte mir, Emily hätte all diese Dinge immer in einer großen Truhe in der Speisekammer eingeschlossen.

»Nachdem sie gestorben und zur Hölle gefahren ist, hat Luther das Schloß aufgebrochen, und wir haben alles rausgeholt und es wieder dorthin getan, wo es hingehört. Wir finden immer noch Sachen im Haus, die Emily versteckt hat«, fügte sie fröhlich hinzu. »Sogar Geld unter einem Teppich!«

Luther meinte, es wäre in Ordnung, wenn wir beim Abendessen die Kronleuchter anzünden. Nachdem der Tisch mit edlem Porzellan und Silberbesteck und Weinkelchen und Leinenservietten gedeckt war, wirkte das Eßzimmer ausgesprochen elegant. Luther holte zwei silberne Kerzenleuchter heraus und stellte sie ebenfalls auf den Tisch. Dann gingen wir alle nach oben, um uns umzuziehen. Gavin beschloß, er und ich sollten uns herausputzen und die Abendkleidung anziehen, die wir entdeckt hatten, und Charlotte überredete Luther dazu, sich ein frisches Hemd und eine saubere Hose anzuziehen und sich das Haar zu bürsten.

Nachdem Gavin Jefferson beim Ankleiden geholfen hatte, klopfte er an die Badezimmertür, als ich mich gerade zurechtmachte. Ich hatte die Bürsten und Kämme aus der kleinen Kirschbaumtruhe benutzt, um mir das Haar zu frisieren, damit ich so aussehen würde wie die junge Frau in dem alten Silberrahmen, das Haar seitlich streng zurückgebürstet, aber hinten zusammengebunden und mit einem der Perlmuttkämme aufgesteckt, damit es mir weich in den Nacken fiel. Dann legte ich mir eine Perlenkette um und steckte mir die Perlenohrringe an.

»Sind Madame soweit, daß ich sie zu Tisch geleiten kann?« fragte Gavin.

»Einen Moment noch«, rief ich und strich meinen Reifrock glatt. Wie konnten Frauen all das tragen, fragte ich mich. Als ich die Tür öffnete, war es, als seien Gavin und ich in eine andere Zeit geraten. Mit der Melone und dem Frack sah er sehr elegant aus, und was auf dem Dachboden lustig und albern gewesen war, wirkte jetzt angemessen und vornehm. Ich konnte den Ausdruck des Erstaunens und der Freude in seinen Augen erkennen, als er mich betrachtete. Einen Moment lang sagte keiner von uns ein Wort.

»Ihr seht beide sehr komisch aus«, sagte Jefferson und lachte.

»Ganz im Gegenteil, kleiner Neffe«, erwiderte Gavin leise. »Ich habe noch nie eine schönere junge Frau gesehen. Miss Christie«, sagte er und bot mir seinen Arm an.

»Ich danke Ihnen, Mr. Longchamp.« Jeffersons Mund öffnete sich überrascht, als ich Gavins Arm ergriff und wir durch den Korridor wandelten. Jefferson lief vor uns her, um Tante Charlotte zu warnen, daß wir gleich kämen. Sie trat auf den Korridor heraus, um uns zuzuschauen, wie wir die Treppe herunterschritten.

»Oh, wie schön ihr beide ausseht!« rief sie und schlug die Hände vor der Brust zusammen. Luther stellte sich hinter sie, um uns ebenfalls zuzusehen. Er lachte strahlend.

»Danke, Tante Charlotte«, sagte ich. Dann lachten wir alle und begaben uns ins Eßzimmer, um uns zu unserem Festmahl niederzulassen.

Später, nachdem Charlotte und ich, Jefferson und Gavin das Geschirr und das Besteck abgeräumt hatten, taten wir, was

Charlotte sich gewünscht hatte, und zogen uns in den Salon zurück, damit ich ihnen auf dem Klavier etwas vorspielen konnte. Charlotte servierte ihre selbstgebackenen Plätzchen, und Luther schenkte allen, sogar Jefferson, ein Glas Löwenzahnwein ein. Dann setzten sich die vier – Charlotte und Luther, Gavin und Jefferson – auf das Sofa und die Sessel und hörten mir beim Spielen zu.

Luther hatte die Kerzen und die Öllampen angezündet, doch der Raum strahlte durch die tiefen Schatten in den Ecken und die müden alten, schweren Draperien trotzdem etwas Ätherisches und Geheimnisvolles aus.

Als ich erst ein Stück von Mozart und dann von Liszt spielte, spürte ich, wie ich aus dieser Welt entschwand. Ich wurde von der Musik fortgetragen, als webten die Töne einen Zauberteppich. Als ich zu Gavin aufblickte, der die alten Kleider trug, und als ich mein eigenes Spiegelbild in den Glasscheiben eines Bücherschranks sah, kam ich mir vor, als hätten wir es den Geistern der Vorfahren der Familie Booth ermöglicht, noch einmal zu erscheinen, und sei es auch nur für ein paar Augenblicke. Ich dachte an das junge Mädchen auf dem Porträt auf dem Dachboden und stellte mir vor, mein Lächeln sei ihr Lächeln, und ihre betörenden Augen, die so voller Leben und voller Hoffnung waren, schauten jetzt durch meine Augen Gavin an. Ich hörte einen Saal voller Gelächter, klirrende Gläser, mehr Musik, Schritte in der Eingangshalle und jemanden, der vor hundert Jahren meinen Namen von der Treppe herrief.

Ich schloß die Augen; meine Finger glitten über die Tasten, als seien es Geisterhände. Sogar die Musik erschien mir neu. Ich spielte und spielte, als würde ich nie mehr aufhören. Dann schlug ich die Augen auf und sah einen dunklen Schatten, der sich ganz hinten im Raum bewegte. Ich schnappte hörbar nach Luft. Augenblicklich hoben sich meine Hände von der Tastatur.

»Was ist los?« fragte Charlotte. Ich wies mit einer Kopfbewegung in die Richtung, in der der Schatten sich bewegt hatte. Alle drehten sich nach ihm um. Charlotte lächelte.

»Oh, hallo, Homer«, sagte sie.

»Komm her, mein Junge«, rief Luther und deutete auf einen Sessel. »Hör auf, im Haus herumzuschleichen. Setz dich hin, und benimm dich.«

Homer kam langsam aus der dunklen Ecke und bewegte sich ängstlich durch den Raum. Er trug dieselben Sachen, die er angehabt hatte, als ich ihn das erste Mal gesehen hatte. Er wirkte verängstigt und schüchtern, ganz so, wie Tante Charlotte ihn geschildert hatte.

»Homer muß vorgestellt werden«, erklärte Charlotte nachdrücklich. Luther brummte zustimmend.

»Homer, das ist Charlottes Nichte Christie, das ist ihr Bruder Jefferson, und das ist Gavin Longchamp. Sie sind eine Weile bei uns zu Gast. Lauf also nicht herum und starr sie an und jag ihnen einen Schrecken ein, hast du gehört?«

Homer nickte, und seine Augen waren vor Neugier weit aufgerissen.

»Nimm dir ein Plätzchen, Homer«, sagte Charlotte und bot sie ihm an. Er begann, es schnell in sich hineinzuschlingen, und dann bemerkte er, wie wir ihn anstarrten, und er aß langsamer weiter.

»Spiel doch weiter«, sagte er zu mir.

»Man sagt bitte, Homer«, wies ihn Charlotte zurecht. »Du mußt immer bitte sagen, wenn du willst, daß jemand etwas für dich tut.«

»Bitte«, fügte er hinzu.

Ich dachte einen Moment lang nach und spielten dann »Camp Town Races«. Ein strahlendes Lächeln trat auf Homers Gesicht. Auch Luther freute sich darüber, und er stand auf, um allen, bis auf Jefferson, noch ein Glas Löwenzahnwein einzuschenken. Ich spielte noch ein paar andere Titel Unterhaltungsmusik und hörte dann auf, um mich auszuruhen. Wir tranken noch etwas von dem Löwenzahnwein. Charlotte holte ein paar alte Platten heraus und legte sie auf ein Grammophon mit einer Kurbel.

»Madam?« sagte Gavin und reichte mir die Hand. Ich stand auf, und wir tanzten, ahmten einen Walzer nach, so gut es eben ging. Mittlerweile machte sich der Wein bemerkbar, den wir getrunken hatten, und deshalb störte es uns nicht, daß wir in unseren Kleidern albern aussahen und daß wir so taten, als könnten wir Walzer tanzen. Charlotte fand es ganz wunderbar, und sie strahlte und klatschte in die Hände. Jedesmal, wenn ich Homer ansah, sah ich, daß auch er lächelte und lachte. Charlotte legte eine Platte nach der anderen auf, und Gavin wirbelte mich immer wieder im Kreis herum.

»Was für ein verrückter, irrer und wunderbarer Abend das doch war«, bemerkte Gavin. »Bist du glücklich?«

»Ja, ja, ja«, sang ich, und er drehte mich im Kreis, bis ich protestierte, mir sei schwindlig, und wir müßten jetzt aufhören. Jefferson war ohnehin schon eingeschlafen. Ein langer Tag, an dem er gearbeitet und gespielt hatte, hatte ihm in Verbindung mit dem Löwenzahnwein den Rest gegeben.

»Ich denke, wir sollten jetzt gute Nacht sagen«, schlug ich vor, und dann lachte ich, als sich das Zimmer plötzlich drehte. »Ach, du meine Güte«, sagte ich und preßte mir die Handfläche auf das klopfende Herz. »Keiner von uns ist es gewöhnt, so hart zu arbeiten«, fügte ich hinzu und lachte.

»Eine gute Idee«, sagte Gavin und ging zu Jefferson, um ihn auf seine Arme zu heben und nach oben zu tragen, aber Homer sprang schon vor ihm auf.

»Laß mich das machen«, sagte er und hob Jefferson hoch, als sei er Luft. Gavin riß die Augen weit auf.

»Geh behutsam mit ihm um, Homer«, warnte Luther. »Er ist kein Heuballen.«

»Gute Nacht, Charlotte«, sagte ich, als ich an der Tür stand und eine Pose wie Scarlett O'Hara einnahm. »Gute Nacht, Luther. Ich danke euch beiden für einen wunderschönen Abend.«

»So viel Spaß haben wir seit ewigen Zeiten nicht mehr gehabt. Stimmt's, Luther?« fragte Charlotte.

»Nein«, sagte er und ließ Homer nicht aus den Augen. »Komm sofort wieder runter, nachdem du ihn ins Bett gebracht hast, Homer«, wies Luther ihn an.

Homer nickte und bewegte sich für einen Mann von seiner Körpergröße recht behutsam und anmutig, als er Jefferson die Treppe hinauftrug. Er legte ihn vorsichtig auf sein Bett.

»Danke, Homer«, sagte ich. »Kommen Sie doch morgen zu Besuch«, fügte ich hinzu. Er nickte und verschwand dann eilig. Gavin zog Jefferson die Schuhe aus, ehe er ihm die Kleider aus- und den Schlafanzug anzog, während ich ins Bad ging. Jedesmal, wenn ich mich im Spiegel anschaute, fing ich an zu kichern. Ich konnte damit nicht aufhören und kicherte immer noch, als ich in mein Zimmer ging. Ich setzte mich auf mein Bett und lachte.

»He, was ist denn hier los?« fragte Gavin und streckte den Kopf zur Tür herein. Ich reagierte mit noch mehr Gelächter. Er kam lächelnd auf mich zu. »Was ist denn so komisch?«

Sein Anblick im Frack ließ mich erneut lauthals lachen. Bald fing mein Bauch an, weh zu tun, und ich stöhnte, ließ mich auf das Bett zurückfallen und hielt mir den Bauch.

»Du wirst dir noch in die Hose machen, wenn du nicht aufhörst zu lachen«, warnte mich Gavin.

Ich schaute zu ihm auf, und dann fing ich ebenso plötzlich, wie ich angefangen hatte zu kichern, zu weinen an. Ich heulte und heulte, und die Tränen strömten über mein Gesicht, liefen über meine Wangen, heiße, glühende Tränen, die dem tiefsten Quell des Kummers und des Leids in meinem Innern entsprangen. Gavin erschrak über meinen abrupten Stimmungsumschwung, er kniete sich schnell neben mich und fing an, mir über das Haar zu streichen.

»Weine nicht. Weine nicht. Es wird alles gut werden. Das verspreche ich dir. Bitte, weine nicht, Christie. Ich kann es nicht ertragen, wenn du weinst«, sagte er und fing an, mir die Tränen vom Gesicht zu küssen. Ich schlang ihm meine Arme um den Hals und begrub mein Gesicht an seiner Schulter. Er streichelte weiterhin mein Haar und flüsterte mir tröstliche Worte zu. Mein Schluchzen legte sich, bis ich schließlich ganz damit aufhören konnte. Dann hob ich den Kopf und hielt mein Gesicht ganz nah vor seines. Unsere Lippen berührten sich fast.

»Christie«, flüsterte er. Wir küßten uns, erst zart und dann heftiger, bis unsere Zungenspitzen einander berührten und mich ein Schauer durchzuckte. Er küßte meinen Hals und meine nackten Schultern, und ich stöhnte und ließ mich auf den Rücken sinken. Ich wollte seine Lippen tiefer und immer tiefer spüren, doch er zögerte an der Wölbung meines Busens.

»Gavin...«

»Das ist der Wein«, flüsterte er. »Er hat dich albern und traurig gemacht.«

»Gavin«, stöhnte ich und sah ihm tief in seine dunklen Augen, »bist du jemals einem Mädchen sehr nah gekommen?«

»Sehr nah?«

»Hast du ohne Kleider neben einem Mädchen gelegen?« fragte ich. Vielleicht hätte ich eine solche Frage ohne die Wirkung des Weins nie gestellt. Er schüttelte den Kopf und küßte mich wieder.

Die gräßliche Erinnerung an Onkel Philip kam zurück, wie er mich gepackt und an mir herumgezerrt und meinen Körper verrenkt und zurechtgebogen hatte, um sich seine Lust zu verschaffen, doch ich vertrieb diese Erinnerung schnell wieder. Das war abscheulich gewesen; das hier war etwas ganz anderes. Ich wollte mich nicht vor Berührungen und vor Küssen fürchten, ich wollte Gavins Körper dicht an meinem spüren; ich wollte nicht, daß seine Lippen mich an Onkel Philips Mund erinnerten.

»Gavin«, flüsterte ich, »schnell, faß mich an, laß mich alles vergessen.«

»Christie... du bist... der Wein...«

»Nein, es ist nicht der Wein. Bitte«, sagte ich. »Ich will an nichts anderes als an dich und an diesen Augenblick denken.«

Ich nahm ihn an den Handgelenken und legte seine Hände auf meine Brüste.

»Christie! Nein. Nicht so«, sagte er. »Dann hätte ich das Gefühl, dich ausgenutzt zu haben«, erklärte er und zog seine Hände zurück. Ich drehte den Kopf weg und begrub mein Gesicht im Kissen, damit er meine Verlegenheit nicht sah. »Ich will mit dir zusammensein«, sagte er, »aber nicht, wenn du durcheinander bist.«

Ich hätte ihn gern angeschrien, ich sei nicht durcheinander. Es war nicht der Wein; es war die Frau in mir, die danach verlangte, auf eine schöne und liebevolle Art geboren zu werden, statt von einem kranken und verdrehten Mann gewaltsam zerrissen und verbogen zu werden. Ich wollte mir vormachen, es sei für mich das erste Mal, ich sei ein Mädchen, das ein normales Leben geführt hatte, kein Mädchen, das mißbraucht worden war. Mein Körper lechzte danach, zärtlich, sanft und liebevoll behandelt zu werden. Ich wollte, daß unsere Küsse Küsse waren, die bis in die tiefsten Winkel meines Herzens drangen und meine Phantasie beflügelten; ich wollte, daß Gavin mich berührte und das Feuer der Leidenschaft in einer Art entfachte, die die Liebe zwischen einem Mann und einer Frau zu etwas Wunderbarem machte und nicht zu etwas Scheußlichem, was mich ewig wie ein Spuk verfolgen würde.

»Christie.« Er legte eine Hand auf meine Schulter. Ich stöhnte. »Ist alles in Ordnung mit dir?«

»Nein«, ächzte ich. »Ich kann nichts dagegen tun, daß die gräßlichen Erinnerungen wie Säureblasen in mir platzen und zerspringen.« Ich drehte mich wütend um. »Ich bin von Cutler's Cove fortgelaufen, Gavin, aber nicht vor den entsetzlichen Dingen, die geschehen und mir angetan worden sind. Ich fühle mich schmutzig«, stöhnte ich, »und kein Bad und keine Dusche kann mich säubern, selbst wenn ich noch so oft und noch so heiß bade. Das meinst du doch auch, oder nicht? Und deshalb willst du mich nicht berühren.«

»Nein, Christie«, protestierte er. »Das ist nicht wahr. Ich will dich berühren. Es kostet mich jeden Funken Kraft, es nicht zu tun.«

»O Gavin«, rief ich aus. »Hör auf, so stark zu sein. Ich brauche dich in meiner Nähe, ganz nah bei mir«, stammelte ich, und die Worte kamen aus einem Bereich von mir, von dessen Existenz ich bisher nichts gewußt hatte. Er schaute lange Zeit auf mich herab, und dann begann er, seine Jacke und sein Hemd aufzuknöpfen. Ich schaute ihm zu, als er sich im Schein der Kerosinlampe bis auf die Unterwäsche auszog. Dann setzte ich mich auf und zog mein altes Kleid aus. Ich behielt den BH und den Schlüpfer an. Ich kroch unter die Decke, und nachdem er nach Jefferson gesehen hatte, kroch Gavin neben mir unter die Decke. Einen Moment lang tat keiner von uns etwas. Wir lagen nur einfach da und ließen zu, daß unsere Körper sich berührten.

»Christie«, sagte er, »ich bin nicht sicher... ich meine, was willst du von mir? Was soll ich tun?«

Jetzt, als er neben mir lag, begriff ich, wie weit wir gegangen waren und wie schnell es gegangen war. Plötzlich ängstigte es mich. Vielleicht hatte Gavin recht; vielleicht war es falsch, das jetzt zu tun.

»Halt mich einfach nur fest«, flüsterte ich, »und laß mich in deinen Armen einschlafen.«

»Das ist nicht so einfach, wie es aus deinem Mund klingt«, flüsterte er. Die Härte, die zwischen seinen Schenkeln wuchs, vermittelte mir, warum.

»O Gavin, ich bin so grausam zu dir, und ich quäle dich, und ich verlange erst etwas von dir und dann etwas ganz anderes. Du solltest mich hassen«, sagte ich.

»Ich könnte dich niemals hassen, Christie. Das ist ganz ausgeschlossen.« Wieder fanden seine Lippen meinen Mund.

»Gavin«, sagte ich. »Ich bin nicht betrunken. Wirklich nicht.«

»Ich weiß«, sagte er.

»Gavin, laß es mich vergessen«, flehte ich. »Ich brauche das Vergessen.«

Seine Finger fanden den Verschluß meines BHs und öffneten ihn. Dann zog er mir den BH bis über die Brüste, bis sie entblößt waren und seine Finger zart über meine Brustwarzen glitten, die sich aufgestellt hatten und prickelten. Ich schob mir die BH-Träger über die Arme.

»Christie, Christie...« Ganz langsam zog er mir den Schlüpfer über die Hüften und an den Schenkeln herab: Ich hob ein Bein, damit er ihn mir ganz ausziehen konnte. Als ich nackt neben ihm lag, spürte ich, wie heftig mein Herz pochte, und ich war sicher, er müsse es ebenfalls spüren.

Er schlüpfte aus seiner Unterwäsche und küßte mich wieder, als er sich sanft zwischen meine Beine schob. Ich spürte seine pochende Männlichkeit und schloß die Augen, und dann öffnete ich sie weit, um ihm in die Augen und ins Gesicht sehen zu können.

»Christie?« sagte er noch einmal.

»Laß es mich vergessen, Gavin«, flüsterte ich und schlug jede Zurückhaltung in den Wind, denn ich sagte mir, das sei Liebe und nicht besessener tierischer Sex. Das war die Ekstase, die ich erwartete. Schon bald versank die scheußliche Erinnerung an das, was mir zugestoßen war, tiefer und immer tiefer und wurde von jedem Kuß und jedem Augenblick der Leidenschaft immer mehr verdrängt, bis ich nichts anderes mehr vor mir sah als Gavins liebevolles Gesicht, seine Augen, die so voller Liebe waren, daß sie glühten.

Mein Herz war ebenfalls von Liebe erfüllt und voller Hoffnung. Vielleicht konnte die Liebe, die er für mich empfand, schließlich doch noch jeden Fluch besiegen, der unseren Familien anhaftete.

Ich schlief neben ihm ein und träumte von einem strahlenderen Morgen.

13

Eine Schlange im Garten

Als ich am Morgen erwachte, war ich allein. Irgendwann im Lauf der Nacht war Gavin in sein eigenes Bett zurückgekehrt. Es war noch früh, kurz vor Sonnenaufgang, und meine Gedanken schweiften zu Mommy. Seit ich das erste Mal meine Periode gehabt hatte, hatte sie immer wieder einen Vorwand gefunden, um in mein Zimmer zu kommen und mit mir über intime Dinge zu reden. Manchmal saß sie neben mir an meiner Frisierkommode und bürstete sich das Haar; manchmal kam sie, um mir etwas Neues zu zeigen, was sie sich zum Anziehen gekauft hatte, doch all das führte nur unvermeidlich zu einem unserer Gespräch unter vier Augen über Sex.

Mir fiel wieder ein, daß ich sie einmal gefragt hatte, woher eine Frau weiß, daß sie wirklich geliebt worden ist und nicht nur Sex mit einem Mann hatte. Sie hatte ihre Haarbürste hingelegt und sich einen Moment lang im Spiegel der Frisierkommode angesehen, und ein kleines Lächeln hatte sich auf ihren Lippen gebildet.

»Es entsteht ein Gefühl von Erfüllung«, begann sie mit ihrer weichen, melodischen Stimme, die ich so sehr liebte. »Dein Herz und deine Seele verbinden sich auf eine wunderbare und magische Art, Christie«, sagte sie und wandte sich zu mir um, und der Glanz in ihren Augen wies auf ihre eigenen kostbaren und sehr persönlichen Erinnerungen hin.

»Magisch, Mommy?«

»Ja, mein Schätzchen.« Sie nahm meine Hand und wurde so

ernst wie eine Sonntagsschullehrerin. »Magisch, weil es dir Dinge bewußt macht, die zwar offensichtlich waren, für die du aber blind oder taub warst oder die du ganz einfach ignoriert hast. Frauen, die freizügig mit ihrem Körper umgehen, die die sexuelle Lust als Selbstzweck betrachten, sind ihr ganzes Leben lang nur halb am Leben.

Als ich mich verliebt habe, mich wirklich verliebt habe, wurde alles intensiver. Plötzlich habe ich Dinge zum ersten Mal richtig wahrgenommen, obwohl ich schon immer von ihnen umgeben gewesen war. Mir war nie klar gewesen, wie schön die Sterne sein könnten, wie süß der Gesang eines Vogels, wie wunderbar und majestätisch das Meer war und wie ehrfurchteinflößend etwas so Schlichtes wie ein Sonnenaufgang sein kann. Ich habe mich nie gelangweilt. Jeder Moment war so kostbar wie der andere.

Aber was das Wichtigste war, Christie«, sagte sie, und ihre Augen waren klein, aber eindringlich, »ich habe mich selbst respektiert. Ich habe mich meiner Gefühle und der Genüsse, die mir mein Körper bereitet hat, nicht geschämt. Weißt du, was ich gelernt habe?« fügte sie hinzu, und es war kaum mehr als ein Flüstern. Ich werde nie den Ausdruck in ihren Augen vergessen, als sie mir das sagte. »Mädchen, die für die Lust des Augenblicks Männern ihren Körper hingeben, schätzen sich selbst nicht hoch ein; sogar die Sexualität schätzen sie nicht hoch ein. Sie haben den besten Teil ihrer selbst abgewürgt und erstickt; sie haben sich den Weg zu ihrer Seele und zur Liebe versperrt.

Sie nehmen die Sterne als eine Selbstverständlichkeit hin; sie verabscheuen es, morgens vom Gesang der Vögel geweckt zu werden; das Meer empfinden sie als langweilig, und sie halten es für dumm und mühselig, wenn jemand morgens früh genug aufsteht, um sich den Sonnenaufgang zu betrachten. Es ist, als ob... als ließen sie sich den Flug mit den Engeln entgehen und seien dazu verdammt, sich von einer seichten Beschäftigung zur nächsten treiben zu lassen.

Glaubst du, du verstehst, was ich dir zu sagen versuche?« fragte sie.

»Ja, das glaube ich schon, Mommy«, antwortete ich ihr, doch erst jetzt verstand ich es wirklich.

Ganz langsam, als die ersten Sonnenstrahlen die Schatten von den Bäumen hoben und die Erde die Dunkelheit wie ein Schwamm aufsog, fühlte ich mich im Einklang mit der Welt. Mir wurde klar, daß allmorgendlich die Blumen, das Gras, der Wald und all die Tiere wiedergeboren wurden. Ich öffnete das Fenster weit und atmete die warme Morgenluft ein, als könnte ich gleichzeitig auch den Sonnenschein atmen. Ich schlang mir die Arme um die Schultern und schloß die Augen und erinnerte mich an den Augenblick, in dem Gavin und ich unsere Seelen einander hatten berühren lassen und mit unseren Körpern gelobt hatten, für immer und ewig wahrhaft in unserer Liebe zu sein.

»Guten Morgen«, sagte Gavin, der hinter mich getreten war. »Ich bin gestern nacht wieder in mein eigenes Bett zurückgegangen, weil ich dachte, andernfalls würde sich Jefferson auf die Suche nach mir machen«, fügte er hinzu und küßte mich auf die Wange.

»Wo steckt Jefferson?«

»Ob du es glaubst oder nicht, aber er ist bereits aufgestanden, hat sich gewaschen und angezogen und ist mit Luther und Charlotte nach unten gegangen. Er kann es nicht erwarten, seine Hände in die Farbeimer zu stecken. Ich würde sagen, er und Charlotte kommen wirklich prächtig miteinander aus, meinst du nicht auch?«

»Doch. Das hat alles leichter gemacht, und es ist irgendwie wunderbar«, sagte ich seufzend. Gavin lächelte und wurde dann ernst.

»Aber du mußt dir darüber im klaren sein, daß wir, auch wenn wir hier noch so glücklich sind, nicht ewig bleiben können, obwohl Charlotte das glaubt. Jefferson braucht Freunde in seinem eigenen Alter, und er muß wieder zur Schule gehen und...«

»Ich weiß«, sagte ich und ließ mich in das Kissen zurücksinken. Ich verzog mein Gesicht und verschränkte die Arme vor der Brust.

»Du mußt doch gewußt haben, daß das nur eine zeitweilige Lösung sein kann, Christie«, sagte Gavin. »Wir werden uns bald etwas anderes einfallen lassen müssen.«

»Der weise alte Gavin«, zog ich ihn auf. »Ich bin die Träumerin, du bist der Vernünftige.«

»Als Kombination ist das doch perfekt«, sagte er lächelnd und unverzagt. »Immer, wenn ich zu vernünftig werde, haust du mir einen Traum um die Ohren.«

»Und immer, wenn ich zu lange geträumt habe, zerrst du mich wieder in die Realität zurück. Wie du es gerade tust.«

»Ich würde dich lieber küssen und dich weiterträumen lassen«, sagte er und beugte sich vor, um mir einen zarten Kuß auf die Lippen zu drücken. Ich schaute in seine Augen und spürte, wie ein Prickeln in meiner Brust begann.

»Wir sollten lieber aufstehen, ehe sie uns vermissen«, flüsterte ich.

»Ich weiß«, sagte er und richtete sich auf. »Ich bin jetzt ein Farmer«, sagte er; er drückte die Brust heraus. »Und ich habe meine Pflichten. Und du auch. Es muß Butter gemacht werden und Brot gebacken werden, und es gibt Fußböden zu putzen.«

»Die Fußböden kannst du selbst putzen, Gavin Steven Longchamp«, sagte ich und warf mein Kissen nach ihm. Er fing es auf und lachte.

»Reiß du dich bloß zusammen«, sagte er und drohte mir mit dem Finger.

Wir zogen uns an und gingen nach unten. Homer war bereits da und frühstückte mit Luther und Jefferson, als wir die Küche betraten. Es überraschte mich, daß er schon so früh hier war. Frühstückte er denn nicht mit seiner eigenen Familie, fragte ich mich. Luther las mir die Frage vom Gesicht ab.

»Homer ist hier, um beim Heumachen auf dem östlichen Feld zu helfen«, erklärte Luther.

»Und Jefferson hat eine gute Idee«, bemerkte Charlotte. »Das findet sogar Luther, stimmt's, Luther?« Er brummte vor sich hin und aß weiter.

»Ach? Und was ist das für eine Idee?« fragte ich.

»Die Scheune zu streichen. Wir haben uns schon Gedanken über die Farbe gemacht. Sollte sie rot werden wie Mr. Douglas' Scheune, oder sollten wir sie nicht doch grün streichen?«

»Ich habe noch nie eine grüne Scheune gesehen«, sagte ich.

»Ich weiß es«, entschied Charlotte, »wir werden sie von einer Seite grün und von der anderen Seite rot streichen, und vorn malen wir sie rot an und hinten grün. Oder sollten wir sie vorn grün und hinten rot streichen?«

»All diese grellen Farben könnten die Kühe ziemlich verwirren«, sagte Gavin. »Sie glauben dann, wir hätten Weihnachten im Juli.«

»Ach, meinst du wirklich?« fragte Charlotte betrübt.

»Kühen sind Farben völlig gleichgültig«, murrte Luther. »Und sie haben keine Ahnung von Weihnachten.« Ich merkte, daß er nicht wollte, daß Charlotte traurig war, er wollte sie niemals enttäuschen.

»Alle können mithelfen«, sagte Charlotte.

»Homer und ich streichen sie von vorn«, kündigte Jefferson an. »Stimmt's, Homer?«

Homer schaute auf und sah erst uns und dann Jefferson an, ehe er nickte.

»Hat Homer denn nicht auf seiner eigenen Farm seine Pflichten?« fragte ich.

»Die Farm der Douglas' ist nicht mehr in Betrieb«, antwortete Luther. »Sie haben sich aus dem Arbeitsleben zurückgezogen.«

»Ach so. Haben Sie Geschwister, Homer?« fragte ich. Er schüttelte den Kopf.

»Seine Ma und sein Pa waren schon nicht mehr die Jüngsten, als er kam«, sagte Luther rasch. Er schob seinen Teller zur Seite. »Tja, wir sollten jetzt besser anfangen«, sagte er und sah Gavin an. Gavin trank schnell noch einen Schluck Milch und nickte.

»Ich werde heute einen Apfelkuchen backen«, sagte Charlotte. »Da ich jetzt mehr Mäuler zu stopfen habe, sollte ich am besten gleich loslegen.«

»Übertreib es nur nicht gleich«, warnte Luther sie. »Bloß, weil wir Besuch haben, legen wir uns doch keine Allüren zu.«

»Wenn ich mir Allüren zulegen will, dann tue ich das«, warf ihm Charlotte an den Kopf. Luther reagierte darauf nur mit seinem üblichen Brummen.

»Wann können wir anfangen, die Scheune zu streichen?« fragte Jefferson.

»Morgen«, erwiderte Luther. »Falls wir heute schaffen, was geschafft werden muß«, fügte er hinzu.

»Dann sollte ich euch vielleicht helfen«, erbot sich Jefferson. Luthers Gesicht verzog sich zu einem Lächeln.

»Ich lehne ein Paar Hände mehr nie ab, die zupacken, wenn sie auch noch so klein sind«, sagte er. »Laßt uns gehen.«

»Das Männervolk begibt sich wieder in die Welt«, murmelte Gavin mir ins Ohr, als er aufstand, um sich Luther und Homer anzuschließen. Jefferson schob seinen Stuhl zurück.

»Was tust du heute, Christie?« fragte er mich.

»Ich werde mich mit unseren Kleidern beschäftigen, ein wenig putzen und mich dann in der Bibliothek umschauen. Heute abend werde ich dir etwas vorlesen, und du wirst auch lesen, damit du in Übung bleibst«, sagte ich.

»Aber...«

»Und du wirst dich mit deinen Multiplikationstabellen auseinandersetzen. Jefferson war dieses Jahr nicht besonders gut in der Schule«, erklärte ich und hielt den Blick dabei fest auf ihn gerichtet. »Er muß Mathematik lernen und Lesen üben und insbesondere Rechtschreibung, stimmt's, Jefferson?«

»Homer kann nicht gut lesen und schreiben, und er ist doch in Ordnung«, sagte Jefferson zu seiner Verteidigung.

»Ach, wirklich?« Ich schaute Homer an, der schnell die Augen niederschlug. »Tja, wenn Homer mag, dann helfe ich ihm auch dabei, besser lesen und schreiben zu lernen«, sagte ich. Seine Augen wurden groß.

»Ist das nicht schön?« rief Charlotte aus. »Wir werden unser eigenes Schulhaus haben, in dem es nur ein Klassenzimmer gibt, genau wie in der Schule, die ich besucht habe, als ich ein kleines Mädchen war. Ich bin allerdings nicht besonders lang zur Schule gegangen, stimmt's, Luther?«

Er schaute mich schnell an.

»Nein«, sagte er. »Wollen wir alle hier rumstehen und schwätzen, wenn es wichtigere Arbeit zu tun gibt?« Ich merkte, daß Luther nicht gern über die Vergangenheit redete.

»Ich muß die Äpfel kleinschneiden«, sagte Charlotte.

»Gut«, erwiderte Luther und eilte zur Tür hinaus, und Gavin, Homer und Jefferson folgten ihm.

Der Rest des Vormittags war schnell vorüber. Ich ging nach oben in unsere Zimmer und staubte ab und rieb die Möbel mit Politur ein. Ich putzte die Fußböden und die Fenster und suchte dann für Jefferson und mich noch ein paar alte Kleider aus. Nach dem Mittagessen begab ich mich in die Bibliothek und stöberte die Regale durch. Die Bücher waren alt und verstaubt, aber ich fand all die Klassiker, Ausgaben von Dickens und Guy de Maupassant, Tolstoi und Dostojewski, aber auch Mark Twain. Teilweise handelte es sich um Erstausgaben.

Ich fand eine meiner Lieblingsgeschichten, »Der geheime Garten«, und beschloß, Jefferson daraus vorzulesen und ihn in diesem Buch das Lesen üben zu lassen. Später, nach einem weiteren harten Arbeitstag auf der Farm und einem guten Abendessen, das Charlottes köstlicher Apfelkuchen krönte, nahm ich Jefferson mit in die Bibliothek, um ihm vorzulesen und mir von ihm vorlesen zu lassen. Gavin und Homer folgten uns. Homer war den ganzen Tag dagewesen und hatte Luther geholfen und mit uns gemeinsam zu Abend gegessen. Er redete zwar nicht viel, doch ich sah, daß er zuhörte und alles verstand, was um ihn herum vorging, und ich sah auch, wie sehr er Jeffersons Gesellschaft genoß und wie schnell Jefferson ihn ins Herz geschlossen hatte. Er war ein sanfter Riese mit freundlichen dunklen Augen.

Während ich aus »Der geheime Garten« vorlas, stöberte Gavin in der Bibliothek herum und fand auch ein Buch, das er selbst lesen wollte. Er zog sich zum Lesen in eine Ecke zurück und ließ mich mit Homer und Jefferson allein. Zuerst ließ ich Jefferson eine Seite lesen. Es lag ihm viel daran, seine Sache in Homers Gegenwart gut zu machen. Als er fertig war, reichte ich Homer das Buch. Er schaute überrascht zu mir auf.

»Können Sie irgend etwas davon lesen, Homer?« fragte ich. Er nickte und starrte auf die Seite, doch er fing nicht an zu lesen. »Machen Sie schon, lesen Sie uns etwas vor«, sagte ich. »Sind Sie überhaupt nicht zur Schule gegangen?« fragte ich ihn, als er weiterhin zögerte.

»Doch, aber ich bin nach der dritten Klasse von der Schule abgegangen, um auf dem Hof zu helfen.«

»Und niemand hat sich um Sie gekümmert?« Er schüttelte den Kopf. »Das ist wirklich ein Jammer, Homer. Wenn Sie besser lesen lernen, werden Sie viel mehr lernen.« Er nickte. Ich beugte mich vor und deutete auf ein paar Buchstaben. Ich erklärte ihm, wie er sie zu einem Wort zusammensetzen sollte.

»Das war doch gut«, sagte ich nach seinem ersten Versuch. »Stimmt's, Jefferson?« Jefferson nickte sofort. Ich lächelte und lehnte mich zurück. Da fiel mein Blick auf Homers Nacken, und direkt unter den Haarsträhnen, die ihm gewöhnlich in den Nakken fielen, aber jetzt zur Seite gerutscht waren, sah ich das Muttermal. Für mich stand es sofort außer Frage – es sah aus wie ein Huf. Ein kalter Schauer lief mir über den Rücken, als ich wieder an die Geschichte dachte, die mir Charlotte über ihr Baby erzählt hatte.

Was hatte das zu bedeuten? Wie konnte es sein, daß Homer das gleiche Muttermal hatte? Hatte Charlotte alles nur erfunden? Ich übte noch eine weitere halbe Stunde mit Jefferson und Homer das Lesen, und dann hörte ich auf, damit Jefferson Homer das Bild zeigen konnte, das er in dem Raum neben der Bibliothek gemalt hatte. Sobald die beiden gegangen waren, erzählte ich Gavin, was ich auf Homers Nacken gesehen hatte.

»Na und?«

»Erinnerst du dich denn nicht mehr an die Geschichte, die ich dir über Charlottes Baby erzählt habe – die Puppe in dem Kinderbettchen und alles weitere?«

»Doch, aber ich dachte, das sei nur eine Geschichte wie die Geschichten über Geister, die umherfliegen und Emily auf einem Besen und...«

»Gavin, es ist alles so seltsam. Die Nachbarn finden ein Baby, das ausgesetzt worden ist, weil man es sterben lassen will, Homer lebt praktisch die meiste Zeit hier, und jetzt auch noch dieses Muttermal. Ich werde Luther danach fragen«, beschloß ich.

»Ich weiß nicht recht. Es kann gut sein, daß ihm nicht paßt, wenn du deine Nase in alles hineinsteckst. Er kann sehr leicht in Wut geraten. Das habe ich draußen auf dem Feld erlebt.«

»Er hat keinen Grund, wütend zu werden, aber ich wüßte gern die Wahrheit.«

»Vielleicht geht uns das nichts an, Christie. Vielleicht sollten wir alte Erinnerungen nicht wieder aufwühlen«, warnte mich Gavin.

»Ich fürchte, dazu ist es schon zu spät. Jedesmal, wenn ich durch das Haus laufe, spüre ich etwas. Hier sind bereits Geister wachgerufen worden.«

»O Mann. Also gut«, sagte er. »Wann wirst du Luther diese Fragen stellen?«

»Jetzt sofort«, sagte ich. Gavin schlug sein Buch zu und seufzte.

»Daddy sagt immer, Neugier ist der Tod der Katze.«

»Ich bin keine Katze, Gavin. Ich bin ein Teil dieser Welt hier auf The Meadows. Es ist keine nahe Blutsverwandtschaft, aber es geht dennoch um das, was ich geerbt habe. Es ist mein Schicksal«, sagte ich. Gavin nickte und lächelte mich weiterhin an. »Lach, wenn du willst, aber ich will die Vergangenheit in Erfahrung bringen, die in diesem Haus herumspukt und diese Familie verfolgt.«

»Schon gut, schon gut«, sagte er und stand auf. »Sehen wir mal, was Luther uns berichten wird.«

Charlotte sagte uns, Luther sei draußen in der Scheune und wechselte das Öl des Lastwagens. Es war eine sehr warme Nacht, und der Himmel war von Sternen übersät. Wir waren so weit von Straßen und Verkehrsgeräuschen und anderen Menschen entfernt, daß wir hören konnten, wie geräuschvoll die Natur war. Im allgemeinen lenkte der Lärm, den die Menschen veranstalteten, von den Geräuschen der Grillen und Frösche, der Eulen und Waschbären ab. Gavin und ich fanden beide, es klänge ganz so, als äußerte jedes einzelne Lebewesen in der freien Natur seine Meinung. Vor uns war die Scheune vom Schein von Luthers Lampen erhellt. Wir konnten sehen, wie er über den Motor seines Lastwagens gebeugt war.

»Hallo, Luther«, rief ich, als wir näher kamen. Ich wollte ihn nicht überrumpeln, doch er schaute überrascht auf. »Können wir mit dir reden?« Er wischte sich die Hände ab und nickte.

»Ist Homer nach Hause gegangen?« fragte er und schaute über uns hinweg.

»Nein. Er ist mit Jefferson im Haus. Aber genau danach wollten wir dich fragen, Luther«, sagte ich rasch.

»Ach? Wonach denn?«

»Nach Homer. Wer ist er wirklich, Luther?« platzte ich heraus. Luther kniff die Augen zusammen.

»Was soll das heißen, wer er ist? Er ist Homer Douglas, der Nachbarsjunge. Das habe ich euch doch schon gesagt«, antwortete er.

»Charlotte hat mich ins Kinderzimmer geführt«, setzte ich an, »und mir die Geschichte von ihrem Baby erzählt.«

»Ach, das. Charlotte macht sich viel vor«, erwiderte er und schaute wieder seinen Motor an. »Das hat sie schon immer getan. Durch ihre Phantasie ist sie ihrem harten, kalten Leben entkommen.«

»Heute ist ihr Leben nicht mehr hart und kalt«, sagte ich. »Warum bildet sie sich immer noch Dinge ein?« Luther sagte nichts darauf.

»Dann hat sie in Wirklichkeit gar kein Baby gehabt?« fragte ich weiter. »Und das Baby hatte auch kein Muttermal auf dem Nacken, das wie ein Huf geformt ist?« Luther machte eine Dose Öl auf und fing an, es in den Motor zu schütten, als seien wir überhaupt nicht da. »Wir wollen keine Schwierigkeiten machen. Ich wollte nur die Wahrheit über diese Familie in

Erfahrung bringen. Schließlich ist es auch meine Familie«, fügte ich hinzu.

»Deine Ma, die war eine Cutler, aber soweit ich die Wahrheit kenne, hatte sie kein Blut von den Booths«, murmelte Luther.

»Aber auch wir haben die Booths und ihre Geschichte als unser Erbe. Ob es uns paßt oder nicht«, erwiderte ich.

»Es ist das beste, wenn du nichts über diese Familie weißt«, sagte Luther und unterbrach sich bei der Arbeit. »Das waren harte, grausame Leute, die die Religion und den Aberglauben miteinander verbunden und damit ihre bösen Vorstellungen und ihr mieses Verhalten gerechtfertigt haben. Charlotte, sie ist mit ihrer weichen Art gesegnet, und sie hatte schon immer Sonnenschein im Gesicht. Diese Booths, insbesondere ihr Vater und diese Emily, konnten das nicht dulden und haben sie in ihrem eigenen Haus regelrecht gefangengehalten. Sie haben sie wie eine Sklavin arbeiten lassen und sie nie wie eine Angehörige behandelt.

Nach dem Tod von Mrs. Booth hat es in diesem Haus keine Spur von Freundlichkeit und Güte mehr gegeben. Manchmal haben sie sie sogar ausgepeitscht. Emily hat es nur getan, weil sie geglaubt hat, Charlotte hätte einen bösen Geist in sich, der sie lächeln ließ. Sie hat versucht, ihr das Lächeln mit Peitschenhieben auszutreiben, aber Charlotte...« Er schüttelte den Kopf. »Sie hat eine solche Grausamkeit nicht verstanden und sich ihr nie gebeugt. Man konnte ihr Herz nicht verhärten. Sie hat immerzu allen alles verziehen, sogar Emily.« Er spuckte aus und richtete seinen Blick in die Ferne, als er weitersprach.

»Wenn sie sie geschlagen haben, ist sie zu mir rausgekommen, und ich habe sie getröstet, und sie hat zu mir gesagt, Emily könnte nichts dafür. Der Teufel sei in sie gefahren und brächte sie dazu, es zu tun... solches Zeug. Ich hatte schon vor, sie persönlich zum Teufel zu schicken, nur...«

»Nur was?«

»Damit bekommt einen der Teufel in die Krallen. Er bringt einen dazu, eine Sünde zu begehen. Jedenfalls... Charlotte und ich... wir haben uns angewöhnt, einander zu trösten. Nachdem meine Eltern gestorben waren, war ich auch allein. Vor allem nachts. Versteht ihr?«

Gavin und ich tauschten vielsagende Blicke miteinander aus.

»Ja, das verstehen wir.«

»Dann wurde sie schwanger, und sobald Emily das herausgefunden hat, hat sie erklärt, das sei das Werk des Teufels, und das Kind würde eine Teufelsbrut sein. Außer dem alten Mann und Emily und natürlich mir wußte niemand, daß Charlotte in anderen Umständen war. Niemand im Ort hat sie öfter zu sehen bekommen.

Ich erinnere mich noch an die Nacht, in der sie das Kind geboren hat«, sagte er und schaute zu dem alten Plantagengebäude hinüber. »Ich erinnere mich noch an ihre Schreie. Emily war glücklich darüber. Sie hat alles getan, was sie konnte, um es ihr schwerzumachen.«

»Sie haben sie in das schlimme Zimmer gesteckt?«

Er nickte, doch dann schlug er die Augen nieder.

»Es war noch schlimmer. Emily hat sie in einen Schrank gesperrt, als es an der Zeit war«, sagte er. Es sah aus, als stünden Tränen in seinen Augen.

»Was? Du meinst, während der Geburt?« fragte ich. Er nickte.

»Sie hat sie stundenlang dort drin gelassen, und als sie endlich die Tür aufgemacht hat... nun ja, ich nehme an, die Instinkte gewinnen die Oberhand. Charlotte hatte die Nabelschnur durchgebissen und sie selbst abgebunden. Sie war von Blut überströmt.

Emily hat das Baby im Kinderzimmer untergebracht, aber ein paar Tage später habe ich gesehen, wie sie sich mit dem Baby in einem Korb aus dem Haus geschlichen hat. Ich bin ihr gefolgt und habe beobachtet, wie sie das Baby in einem Feld nicht weit vom Haus der Douglas' entfernt ausgesetzt hat, und nachdem sie gegangen war, bin ich zu Carlton Douglas und seiner Frau gegangen und habe ihnen gesagt, jemand hätte auf ihrer Farm ein Baby ausgesetzt.

Sie haben den Kleinen freudig aufgenommen. Sie haben ihn Homer genannt und ihn großgezogen, so gut sie es eben konnten. Emily war sehr gemein zu ihm und hat ihn immer vom Grundstück verjagt.«

»Aber Charlotte muß doch klargeworden sein, wer er ist, oder nicht?« fragte ich.

»Wenn ja, dann hat sie nie ein Wort darüber verloren.«

»Sie haben es ihr nie gesagt?« fragte Gavin.

Luther starrte uns einen Moment lang an und schüttelte dann den Kopf.

»Ich dachte, es wäre zu brutal für sie gewesen, zu schmerzhaft. Statt dessen habe ich Homer, nachdem Emily endlich zur Hölle gefahren ist, immer mehr in unser Leben einbezogen, bis er, wie ihr seht, die meiste Zeit hier ist.«

»Charlotte muß das Muttermal auch sehen, wenn es sogar mir aufgefallen ist«, sagte ich.

»Oh, ich glaube, sie weiß, wer Homer in Wirklichkeit ist. Sie sagt es nicht direkt, aber das muß ja auch nicht sein.«

»Weiß Homer es?« fragte Gavin.

»Nicht in Worten. Er ist genauso wie sie... er fühlt und begreift Dinge intuitiv schneller als durch Worte. Er ist mit der Natur verbunden, in diesen Feldern zu Hause, mit diesen Tieren und den Bäumen und den Hügeln vertraut wie jeder andere auch, der hier lebt.

So«, sagte er und wandte sich dem Motor seines Lastwagens wieder zu, »das ist die ganze Geschichte. Ihr wolltet sie hören, und jetzt kennt ihr sie. Ich bin nicht stolz auf die Geschichte der Familie Booth. Soweit ich das sagen kann, waren sogar die Vorfahren von jeher harte, böse Menschen. Es waren Plantagenbesitzer von der Art, die ihre Sklaven schlecht behandelt haben, die Männer haben sie vergewaltigt und geschlagen, und die Frauen haben dafür gesorgt, daß sich die Sklavinnen zu Tode arbeiten. Das Feld im Westen ist voller toter Sklaven. Es stehen keine Grabsteine dort, aber ich weiß, wo die Gräber sind. Mein Daddy hat sie mir gezeigt. Wenn ein Sklave ernstlich krank geworden ist, hat er mir erzählt, dann haben sie ihn ins Grab geworfen, noch bevor er tot war.«

»Oh, wie furchtbar«, flüsterte ich und verzog das Gesicht.

»Willst du immer noch etwas mit den Booths zu tun haben?« fragte er.

»Charlotte möchte ich nicht missen«, sagte ich. Er nickte.

»Ja, ich schätze, das ist nur zu wahr.« Er wischte sich mit einem Lappen das Genick ab. »Heute nacht ist es heißer als in einem Hühnerschlag, in dem es rundgeht, meint ihr nicht auch?«

Gavin lachte.

»Da drüben hinter dem Hügel, wenn man in die Richtung zu Howdy Fred läuft, haben wir einen Teich, in dem man schwimmen kann«, sagte er und deutete in die Richtung. »Ihr braucht nur auf dem Kiesweg zu bleiben und nach links abzubiegen, wenn ihr an der großen Eiche angekommen seid. Es gibt dort einen kleinen Anlegesteg mit einem Ruderboot. Das Wasser kommt aus einer unterirdischen Quelle und ist kühl und erfrischend.«

Er lächelte.

»Charlotte und ich, wir haben uns früher ab und zu heimlich hingeschlichen.«

»Das klingt prima«, sagte Gavin.

»Ja, ich vermute, man kann der Plantage nicht die Besitzer

vorwerfen. Trotzdem muß sie die Last gespürt haben«, fügte er hinzu und nickte. »Sie muß die Last gespürt haben.«

Es entstand ein langes Schweigen, als wir einen Moment lang tief in Gedanken versunken waren.

»Wir sollten lieber nachschauen, was mit Jefferson ist, Gavin«, sagte ich schließlich.

»Okay.«

»Luther?« Er blickte auf. »Danke, daß du uns die Geschichte anvertraut hast.«

»Ich dachte mir, da du selbst beträchtliches Leid durchgemacht hast, könntest du es verstehen«, sagte er.

»Ja, ich verstehe das.«

»Ich muß diesen Lastwagen schmieren«, erklärte er. »Falls Charlotte nach mir fragt«, fügte er noch hinzu.

»Wir werden es ihr sagen«, sagte ich. Gavin nahm mich an der Hand, und wir machten uns auf den Rückweg zum Haus.

Charlotte kam uns in der Eingangshalle entgegen und sagte uns, Jefferson sei so müde von diesem harten Tag gewesen, daß er auf dem Sofa eingeschlafen sei.

»Und Homer hat ihn wieder raufgetragen und ins Bett gebracht«, fügte sie hinzu. Wenn Homer mir auch noch so sanftmütig und liebenswert erschien, so war ich unwillkürlich doch besorgt und eilte die Treppe hinauf; Gavin folgte mir auf den Fersen.

Jefferson lag in seinem Bett und schlief tief und fest. Er hatte sein Nachthemd an und war bis zum Kinn zugedeckt. Homer erschreckte uns, denn er saß still im Dunkeln in einer Ecke des Zimmers.

»Ich habe ihn nur im Auge behalten, um sicherzugehen, daß er nicht aufwacht und sich fürchtet«, erklärte Homer. »Bis ihr zurückkommt«, fügte er hinzu.

»Danke, Homer. Das war sehr nett von Ihnen.«

»Ich sollte jetzt besser auch nach Hause gehen, wenn wir morgen früh aufstehen wollen, um die Scheune zu streichen.« Er machte sich auf den Weg.

»Gute Nacht, Homer«, rief ich ihm nach.

»Gute Nacht«, sagte er und schlich sich schnell wie ein Schatten im Mondschein davon.

»Es ist alles in Ordnung«, sagte Gavin, als ich an Jeffersons Bett trat und in sein engelsgleiches kleines Gesicht schaute. Ich lächelte unwillkürlich, als mir wieder einfiel, was Daddy Jimmy immer wieder gesagt hatte: »Jefferson ist mindestens acht Stunden am Tag ein Engelchen, nämlich dann, wenn er schläft.« Gavin trat dicht neben mich, um mir etwas ins Ohr zu flüstern.

»Was hältst du davon, wenn wir uns diesen Teich anschauen, von dem uns Luther erzählt hat? Heute abend ist es warm genug, heißer als in einem Hühnerschlag, in dem es rundgeht«, fügte er hinzu. Ich spürte, wie Röte in meine Wangen stieg.

»Wir werden ein paar Handtücher mitnehmen. Und eine Lampe, damit wir den Weg leichter finden«, fuhr er fort.

»Jefferson könnte aufwachen und sich fürchten«, sagte ich kläglich.

»So schnell wacht er nicht auf, und mittlerweile kommt er hier gut zurecht. Komm schon«, sagte Gavin. »Wir haben es uns verdient, etwas zu tun, was Spaß macht.«

»In Ordnung«, sagte ich. »Ich hole die Handtücher.«

Obwohl wir uns nicht fortstahlen, hatte ich unwillkürlich das Gefühl, wir schlichen uns heimlich in die Nacht hinaus. Gavin zündete die Lampe erst an, als wir uns etwa ein Dutzend Meter vom Haus entfernt hatten. Wir fanden den Weg, den Luther uns beschrieben hatte, und folgten ihm über einen kleinen Hügel. Dann lag der Teich vor uns, in der Dunkelheit wirkte er tintig und still, doch stellenweise spiegelten sich die Sterne auf der Wasseroberfläche.

Wir liefen runter zum Anlegesteg und zogen die Schuhe und die Socken aus, um die Wassertemperatur zu prüfen.

»Es ist kalt«, klagte ich.

»Nur beim Reingehen, darauf würde ich wetten«, sagte Gavin. »Baden wir nackt?« fragte er. »Ich kann die Lampe ausmachen, wenn dir dann wohler zumute ist.«

»Nein«, sagte ich, »du solltest sie brennen lassen.«

»Mir ist es recht«, meinte er und fing an, sich auszuziehen. Mein Herz pochte heftig. Wir hatten in der Nacht zuvor nackt nebeneinander geschlafen, aber das war bei Dunkelheit gewesen. Jetzt schimmerten unsere Körper im Licht der Lampe unter den Sternen. Wenn wir auch noch so intim miteinander gewesen waren, war ich jetzt doch eingeschüchtert, aber gleichzeitig furchtbar aufgeregt. Gavin war nackt und hatte mir den Rücken zugekehrt, und ich war bisher nur aus meinem Rock geschlüpft.

Er drehte sich um und schaute mich an.

»Ich gehe als erster rein«, sagte er und ließ sich vom Rand des Anlegestegs ins Wasser gleiten.

»Es ist ganz prima«, rief er mir zu. Er war nichts weiter als die dunkle Silhouette eines Kopfes. »Komm schon, du schamhaftes Geschöpf.«

»Zieh mich nicht auf, oder ich mache kehrt und laufe zurück zum Haus«, warnte ich ihn.

»Meine Lippen sind versiegelt«, sagte er schnell, und das Wasser spritzte, als er auf dem Rücken schwamm.

Ich knöpfte meine Bluse auf und zog dann meinen BH aus. Als ich aus meinem Höschen schlüpfte, war ich von einer Gänsehaut überzogen. Ich tauchte die Füße ins Wasser und hielt nach Gavin Ausschau, doch er war verschwunden. Ich hörte ihn nicht schwimmen, und ich sah auch seinen Kopf nicht auf dem Wasser.

»Gavin?«

Glühwürmchen tanzten über dem Wasser, und ihre zitronenfarbenen Flügel blinkten. In den Zweigen der Bäume, die über das Wasser ragten, zwitscherten Vögel schläfrig in ihren Nestern. Eine sanfte Brise spielte mit meinem Haar und ließ einige Strähnen in meine Stirn und über meine Wangen fallen. Vom anderen Ufer des Teichs ertönte der Schrei einer Eule.

»Gavin, wo bist du?« rief ich mit erhobener Stimme. »Gavin, du machst mir angst«, flüsterte ich, und dann kam er plötzlich unter dem Anlegesteg heraus und packte mich an den Knöcheln. Ich schrie laut auf und fiel ins Wasser, und dabei erschrak ich so sehr, daß ich noch mehr schrie und quietschte. Er lachte und zog mich schnell in seine Arme, um zu verhindern, daß ich mit dem Kopf untertauchte.

»Alles in Ordnung?« fragte er lachend.

»Das war gemein, Gavin Longchamp«, rief ich wütend.

»Du hast dir so lange Zeit gelassen, daß ich beim Warten beinah eingeschlafen wäre«, sagte er. »Aber jetzt bist du endlich im Wasser. Ist es nicht wunderbar?«

»Mit dir spreche ich nicht mehr«, drohte ich ihm.

»Also gut«, meinte er und löste sich von mir. »Dann tauche ich jetzt unter und bleibe unter Wasser, bis du wieder mit mir redest.« Und mit diesen Worten ließ er sich unter die Wasseroberfläche sinken. Ich wartete. Es erschien mir, als seien es Minuten.

»Gavin?«

Das Wasser war so bewegungslos, daß die Oberfläche kaum gegen den Anlegesteg schwappte.

»Gavin?«

»Soll das heißen, daß du wieder mit mir redest?« fragte er direkt hinter mir.

Ich drehte mich um.

»Gavin. Du bist furchtbar.«

»Wenn du dich für immer und ewig geweigert hättest, mit mir zu sprechen, Christie, dann wäre ich unter Wasser geblieben«, sagte er leise und beugte sich dann vor, um seine Lippen auf meine zu pressen. Ich spürte, wie sich seine Hand unter Wasser auf meine Taille legte und meinen Körper langsam immer enger an seinen zog, bis unsere Schenkel sich berührten. Ich spürte, wie er zwischen meinen Beinen steif wurde, und ich stieß mich von ihm ab, denn die Geschwindigkeit, mit der seine Männlichkeit Formen annahm, erschreckte und schockierte mich.

»He«, rief er lachend.

»Wir sind zum Schwimmen hier«, erklärte ich und schwamm fort. Er lachte wieder und kam hinter mir her. Obwohl er mich jederzeit hätte einholen können, hielt er einen Abstand von vielleicht zwanzig Zentimetern und schwamm hinter mir her. Dann holte er mich ein und ergriff meine Hände.

»Es ist toll, findest du nicht? Luther hatte recht«, sagte er. »Es ist sehr erfrischend.«

»Ja, aber es ist auch so kalt, daß man hellwach davon wird, von Kopf bis Fuß.«

»Von Kopf bis Fuß?« fragte er und legte seine Hände auf meine Brüste. Dann zog er mich wieder an sich, und wir küßten uns erneut, doch als ich diesmal spürte, wie er an mir steif wurde, zog ich mich nicht zurück. Nackt unter den Sternen fühlte ich mich lebendiger denn je. All meine Sinne waren geschärft, meine Wahrnehmungen überdeutlich. Unsere Küsse wurden zunehmend intensiver; meine Brüste prickelten, und meine Knie wurden weich. Plötzlich hob mich Gavin auf seine Arme. Ich schmiegte mein Gesicht an seine kühle, nasse Schulter und ließ mich von ihm aus dem Wasser tragen.

»O Christie«, flüsterte er, nachdem er mich auf dem Anlegesteg sanft auf die Handtücher gelegt hatte. »Ich begehre dich so sehr.«

»Wir dürfen es nicht wieder tun, Gavin. Wir müssen vorsichtig sein. Ich könnte schwanger werden.«

»Ich weiß«, sagte er, doch er wich nicht von mir. Er drückte mir einen Kuß nach dem anderen auf das Gesicht, den Hals, die Schultern und die Brüste. Als er meine Brustwarzen küßte, stöhnte ich und schloß die Augen.

Wir verlieren die Kontrolle, dachte ich, doch diese Erkenntnis löste nicht genug Panik in mir aus, um Gavin von mir zu schieben. Ich hoffte nur, er wüßte, wann er aufhören mußte. Nur noch ein klein wenig, dachte ich. Wir könnten noch ein Weilchen weitermachen und uns dann immer noch voneinander trennen.

»Ich liebe dich, Christie«, flüsterte er. »Ich liebe dich von Kopf bis Fuß: jedes Grübchen...« Er küßte meine Wangen. »Jede Haarsträhne.« Er zog meine Hände an seinen Mund. »Deine Fingerspitzen. Deine Brüste... deinen Bauch...«

»Gavin!« warnte ich ihn. »Wenn wir jetzt nicht aufhören, werden wir gar nicht mehr aufhören.« Ich packte seine Schulter und hielt ihn davon ab, noch tiefer nach unten zu gleiten. Er legte seine Wange auf meine Brust.

»Ich kann dein Herz schlagen hören«, sagte er. »Deine Haut fühlt sich so kühl an.«

Er schob sich nach oben, damit er mich wieder auf die Lippen küssen konnte, und dann lagen wir nebeneinander und atmeten beide schwer. Er zog mich in seinen Arm, und wir blieben auf dem Rücken liegen und schauten zu den Sternen auf.

»Du frierst doch nicht, oder?« fragte er.

»Nein.«

»Wenn man so zum Nachthimmel aufblickt, kann man spüren, daß die Erde sich bewegt«, sagte er. »Spürst du es auch?«

»Ja.«

»Wenn man sich genügend anstrengt, kann man sich einbilden, daß man in den Himmel fällt, zwischen die Sterne«, sagte er.

»Gavin«, flüsterte ich und drehte mich zu ihm um. »Ich will, daß du... ich meine, ich liebe dich, ich liebe dich wirklich, aber ich denke immer wieder an Luther und Charlotte und an das, was ihnen passiert ist und was uns auch zustoßen könnte.«

»Ich weiß. Es ist schon in Ordnung«, sagte er. »Schließlich bin ich hier derjenige, der angeblich der Realist ist, stimmt's? Ich bin hier angeblich der Vernünftige, der weiß, daß wir nicht bis in alle Ewigkeit in einem Traum leben können. Es ist nur so, Christie, daß ich, wenn ich bei dir bin«, sagte er und drehte sich zu mir um, um mir ins Gesicht zu sehen, »jede Logik und jede Realität abwerfen und in Träumen leben will. Alles andere ist mir egal.«

»Du solltest dich besser vorsehen, Gavin Longchamp. Bis jetzt habe ich mich darauf verlassen, daß du der Vernünftige bist.«

Er lachte.

»In Ordnung«, sagte er. »Für dich bin ich alles, was du willst.« Er setzte sich auf. »Wir sollten uns jetzt lieber anziehen und zurückgehen«, sagte er und schaute auf das Wasser hinaus.

Wortlos trockneten wir uns ab und zogen dann unsere Kleider an. Gavin nahm mich an der Hand, und wir liefen auf dem Kiesweg zum Haus zurück. Auf dem Kamm des Hügels drehten wir uns um und schauten noch einmal auf den See. Er wirkte unwirklich, eher wie ein Spiegel und nicht wie Wasser. Eine Zeitlang wurden die Bäume, die Sterne, jede Wolke, die träge vorbeitrieb, in der spiegelnden Oberfläche eingefangen und verharrten dort. Auf diese Weise hielt der See seine Erinnerungen fest, dachte ich. Und jetzt hatte er auch eine Erinnerung an uns: zwei junge Menschen, die sich abmühten, eine Welt zu verstehen, die so schön und so grausam sein konnte. Bis in alle Ewigkeit würde der See unser Gelächter hören und sich an unser aufkeimendes Verlangen im Schoß seines Wassers erinnern. Vielleicht hörte er auch unseren Herzschlag.

Gavin hob die Lampe hoch. Wir folgten dem Finger aus Licht,

der uns den Rückweg zum Haus wies, und wir waren beide noch in diesen Kokon der angenehmen Erregung gehüllt. Die Erinnerung an unsere prickelnden Körper ließ sich viel Zeit damit, wieder in die Kammer in unseren Herzen zu versinken. Wir waren beide derart benommen, daß keinem von uns das fremde Fahrzeug auffiel, das in der Auffahrt geparkt war, bis wir praktisch dagegenstießen.

»Wessen Wagen ist das wohl?« fragte sich Gavin laut und hob die Lampe höher, damit das Licht den Wagen ganz anstrahlte. Keiner von uns beiden kannte den Wagen.

»Ich weiß es nicht, Gavin.«

»Wer es auch sein mag, er hat einen reichlich weiten Weg zurückgelegt«, sagte er und wies mit einer Kopfbewegung auf das Nummernschild. »Der Wagen kommt aus Maryland.«

»Jefferson«, sagte ich und hatte plötzlich Angst um ihn. »Laß uns schnell ins Haus gehen.«

Wir rannten die letzten Meter und die Stufen vor dem Haus hinauf und stürzten zur Tür hinein. In dem Moment, in dem wir in die Eingangshalle traten, hörte ich ein vertrautes Lachen und dann das Lachen eines Fremden, eines Mannes. Die Laute kamen aus dem Wohnzimmer rechts neben der Eingangshalle.

Gavin und ich traten durch die Tür, und Tante Fern wandte sich zu uns um; sie hatte die Arme in die Hüften gestemmt, und ihr Gesicht war zu dem hämischen Grinsen erstarrt, das so typisch für sie war. Ihr großer blonder Freund saß mit übereinandergeschlagenen Beinen auf dem Sofa und rauchte teilnahmslos, und seine Mundwinkel waren so weit hochgezogen, daß sie sich in seine Wangen schnitten. Charlotte saß auf einem Schemel und hatte die Hände vor ihrer Brust zusammengepreßt und einen besorgten Gesichtsausdruck, und Luther stand neben dem Stuhl hinter ihr und machte einen unglücklichen Eindruck, sein Gesicht war aschfahl.

»Tante Fern!« rief ich erstaunt.

»So, so, wenn das nicht die Prinzessin und ihr kleiner Prinz sind«, sagte sie und kam auf uns zu. Ihre Augen sogen uns von Kopf bis Fuß ein und kehrten dann abrupt zu unseren Gesichtern zurück. Sie sah die Handtücher in meiner Hand. »Und wo wart ihr beiden?« fragte sie.

»Wir waren schwimmen«, sagte Gavin rasch. Ihr hämisches Grinsen wurde zu einem anzüglichen Lächeln, und sie wandte sich an ihren Freund.

»Hör dir das an, Morty, sie waren schwimmen.« Das Lächeln ihres Freundes war eine getreue Abbildung ihres Lächelns. »Da würde ich doch eher an Nacktbaden denken. Meine Güte, was habt ihr beiden bloß angestellt?«

»Nichts«, sagte Gavin mit scharfer Stimme. »Wir sind lediglich schwimmen gegangen.«

»Ja, klar.« Ihr Lächeln verschwand, und an seine Stelle trat ein harter, finsterer Ausdruck. »Ich bin doch nicht von gestern. Ihr beide mögt vielleicht alle anderen zum Narren halten, aber bildet euch bloß nicht ein, mir könntet ihr Sand in die Augen streuen. Diese Augen haben schon zuviel gesehen.«

»Das kann man wohl sagen«, scherzte ihr Freund lächelnd. Er hatte eine nasale Stimme. Als ich ihn jetzt genauer anschaute, sah ich, daß seine Augen sehr dicht zusammenstanden und daß unter einer scharfen Nase dünne Lippen lagen. Ich fand, von all den Männern, die Tante Fern schon als Freunde gehabt hatte, war dieser Mann der unattraktivste. Er hatte große Ohren und einen langen Hals, und seine Wangen waren eingefallen wie die eines alten Mannes.

»Halt den Mund, Morty«, erwiderte sie, ohne uns aus den Augen zu lassen. Dann lächelte sie wieder. »Ich hatte doch das Gefühl, daß ihr beide hier seid. Morty und ich waren auf dem Weg nach Florida zu Mortys Haus am Meer, als ich auf den

Gedanken gekommen bin, ihr beide könntet hier sein, und ich habe beschlossen, wir sollten einen kleinen Abstecher machen. Wie recht ich doch gehabt habe.

Ihr habt es fertiggebracht, daß zu Hause alles durcheinander ist, wißt ihr. Onkel Philip hat mich sogar persönlich aufgesucht, weil er dachte, ihr wärt vielleicht zu mir gekommen. Da bestehen herzlich wenig Aussichten, habe ich ihm gesagt. Und«, sagte sie und verlagerte ihr Gewicht von einem Fuß auf den anderen und stemmte die Arme wieder in die Hüften, »und warum seid ihr ausgerissen?«

Ich würde ihr niemals die Wahrheit erzählen, dachte ich. Wenn überhaupt, dann hätte sie höchstens gelacht. Genau das gehörte zu den Dingen, die sie nur zu gern gehört hätte.

»Schon gut«, sagte sie eilig. »Ihr braucht mir nicht zu sagen, warum ihr es getan habt. Ich kann es euch beiden am Gesicht ablesen«, sagte sie und schaute erst Gavin, dann mich und dann wieder Gavin an. »Ihr habt nicht nur Pfänderspiele gespielt.«

»Das ist nicht wahr«, sagte Gavin mit scharfer Stimme, und sein Gesicht lief knallrot an.

»Erzähl mir nicht, was wahr ist und was nicht, Gavin«, fauchte sie und provozierte ihn mit einem kalten Lächeln. »Wir sind beide Longchamps. Ich weiß, was wir im Blut haben. Und überhaupt«, sagte sie und wurde wieder lockerer, »braucht ihr euch keine Sorgen zu machen. Ich habe nicht die Absicht, Philip etwas zu sagen. Es sei denn«, sagte sie und nickte, »ihr bringt mich dazu.«

»Dann weiß er also nicht, daß wir hier sind?« fragte ich und atmete erleichtert auf.

»Nein. Und ich glaube nicht, daß er klug genug ist, um von selbst darauf zu kommen«, fügte sie hinzu. »So«, meinte sie und sah sich um, »das ist ein ganz beachtliches Versteck. Tante Charlotte hat mir von ihren neuen Dekorationen erzählt«, fügte sie hinzu und lachte. Ihr Freund lachte auch. »Wer weiß, Morty. Das könnte noch groß rauskommen und der letzte Schrei werden.«

»Ja, Art Nouveau«, sagte er.

»Ich möchte euch beiden Morton Findly Atwood vorstellen. Wie willst du hier angesprochen werden, Morty? Mit Mr. Atwood? Oder einfach nur mit Sir?«

»Mr. Atwood. Sir geht doch etwas zu weit«, sagte er lächelnd. Er schnippte die Zigarettenasche auf den Fußboden.

»Mr. Atwoods Familie ist hoch angesehen. Eine dieser reichen alten Familien... das Geld wird weniger, aber dafür ist es alt«, sagte Fern und lachte. Morton Atwood lachte ebenfalls. Er hatte wohl keinen Respekt vor seiner eigenen Familie, dachte ich, wenn er es zuließ, daß Tante Fern sich in der Art über sie lustig machte.

»Jedenfalls sind wir jetzt hier«, sagte sie und schaute sich wieder um, »und wir haben beschlossen, auf unserem Weg in den Urlaub einen kleinen Kurzurlaub zu machen, stimmt's, Morty?«

»Wenn du willst. Wenn ich von etwas jede Menge habe«, sagte er, »dann ist das Zeit.«

»Wie meinst du das, Tante Fern?« fragte ich. Die Verzweiflung ließ meine Beine so schwer werden, daß ich das Gefühl hatte, sie seien am Boden festgenagelt, und mir graute so sehr vor ihrer Antwort, daß mein Herz anfing, heftig zu pochen.

»Wie meinst du das, Tante Fern?« äffte sie mich nach. »Was glaubst du wohl, wie ich das meine? Wir werden uns ein Weilchen hier rumtreiben. Ich bin sicher, daß hier genug Platz für uns ist. Tante Charlotte wollte uns gerade die Zimmer zeigen, damit wir uns eines aussuchen können, das uns gefällt, stimmt's, Tantchen Charlotte?«

»Ja, gewiß doch, sicher«, sagte Charlotte, die nicht wirklich begriff, was hier passierte. Luthers Augen funkelten vor Wut.

»Schließlich gehören wir alle zur Familie«, sagte Tante Fern. »Alle bis auf Luther, meine ich«, fügte sie hinzu und drehte sich zu ihm um. Luthers Gesicht rötete sich vor unterdrücktem Zorn. »Welches Zimmer habt ihr beiden euch ausgesucht?« fragte sie.

»Wir haben zwei Zimmer«, sagte ich eilig. »Eines für Jefferson und Gavin und eines für mich. Zwei Zimmer nebeneinander«, fügte ich hinzu.

»Wie praktisch«, sagte sie. »Morton, wollen wir uns im Haus umsehen?«

»Ganz wie du willst, meine Liebe«, erwiderte er und stand auf. Er war etwa einen Meter fünfundachtzig groß und hatte für einen Mann sehr schmale Schultern und schmale Hüften.

»Morty ist übrigens ein ganz ausgezeichneter Tennisspieler«, sagte Tante Fern. »Vielleicht steigt er als Profi ein. Es gibt nicht zufällig Tennisplätze auf dem Gelände, oder, Luther?«

Luthers Antwort ähnelte mehr einem seiner Knurrlaute als einem Nein.

»Das dachte ich mir schon, aber wir werden das schon hinkriegen. Ich bin sicher, daß wir hier jede Menge Abwechslung haben werden. Sieh dir nur an, wieviel Abwechslung die Prinzessin gehabt hat«, sagte sie und wies mit einer Kopfbewegung auf mich. »Tantchen Charlotte, kannst du uns jetzt herumführen?« fragte sie. Charlotte stand auf.

»Ja, gewiß.«

»Dann tu es«, sagte Tante Fern mit scharfer Stimme. Charlotte sah mich mit einem Blick an, als flehte sie um Hilfe. Sie tat mir leid, aber ich wußte nicht, was ich tun sollte. Ich konnte die beiden nicht rauswerfen, doch ich hätte keinen Moment gezögert, wenn ich es hätte tun können.

»Und, Luther«, sagte Tante Fern und wandte sich zu ihm um, »würdest du unser Gepäck aus dem Kofferraum holen und es nach oben bringen.«

Luther starrte sie einen Moment lang an, und dann wandte er sich ab und ging aus dem Haus, um ihrem Geheiß zu folgen. Tante Fern lachte.

»Ich habe dir ja gesagt, daß es interessant und witzig wird, Morty. Meine Verwandten sind alle recht amüsant.« Sie hängte sich bei ihm ein, und die beiden folgten Charlotte.

»Ach, noch etwas«, sagte sie und wandte sich wieder an Gavin und mich. »Laßt euch von uns nicht stören. Macht einfach so weiter wie bisher.« Sie warf den Kopf zurück und lachte.

Gavin drehte sich zu mir um. Er brauchte es nicht auszusprechen. Wir wußten es beide: So schnell, wie wir diese wunderbare und verzauberte Welt gefunden hatten, war sie auch schon wieder untergegangen.

14

Eine Blase zerplatzt

Aus reiner Gehässigkeit entschied Tante Fern, das einzige Schlafzimmer, das gut genug für sie und Morton war, sei die Suite von Charlottes Eltern. Ich hielt es für die reine Bosheit und Tücke, denn sie überlegte es sich nicht anders, als sie sah, wie sehr ihre Entscheidung die arme Charlotte aus der Fassung brachte. Die Vorstellung, daß jemand anderes in diesem Schlafzimmer schlief, war für Charlotte offensichtlich ein Greuel. Es war, als könnte ihr Vater sie heute noch dafür bestrafen, daß sie das zuließ. Trotzdem blieb ihr kaum etwas anderes übrig. Tante Fern bestand darauf, obwohl das Zimmer gründliches Putzen dringend gebraucht hätte.

»Hier hat seit Jahren niemand mehr geschlafen«, betonte Charlotte nachdrücklich. »Das Zimmer ist nicht mehr benutzt worden, seit... seit mein Daddy gestorben ist.«

»Nun, dann ist es an der Zeit, daß es benutzt wird«, erwiderte Tante Fern unbeirrt. Sie fand den Lichtschalter und schaltete die Deckenlampe an, und noch mehr Staub, Schmutz und Spinnweben kamen zum Vorschein. »Prinzessin«, sagte Tante Fern und wandte sich mit den Armen in den Hüften an mich, »hol ein paar saubere Lappen und einen Eimer heiße Seifenlauge, und putz alle Fenster, und staub die Möbel ab.«

»Das ist eine Menge Arbeit, zuviel, um so spät noch damit anzufangen, Tante Fern«, sagte ich. »Warum suchst du dir nicht einfach für heute nacht ein Zimmer aus, das nicht so schmutzig ist?«

»Das ist eine gute Idee«, fügte Gavin hinzu.

Tante Fern bedachte ihn mit einem vernichtenden Blick und wandte sich dann an mich und lächelte hämisch und gemein.

»Erstens bezweifle ich, daß es überhaupt ein saubereres Zimmer im ganzen Haus gibt, und zweitens gefällt mir dieses Zimmer. Warum ist es bloß so lange derart vernachlässigt worden?« fragte sie, als interessierte es sie wirklich. »Und warum benutzen sie hier diese alten Öllampen und Kerzen, wenn die Elektrizität funktioniert?«

»Es macht ihnen nichts aus, und es ist kostspielig, ein so großes Haus mit Elektrizität zu beleuchten«, erklärte ich. Sie verzog höhnisch das Gesicht.

»Sie haben keine Mietkosten«, sagte Fern. »Es fallen keine großen Ausgaben an.«

Sie stolzierte durch die Suite und schaltete absichtlich sämtliche Lampen an. Vor der Frisierkommode blieb sie stehen, um die Töpfe mit den eingetrockneten Cremes und Kosmetika zu inspizieren, die alten Bürsten und Kämme.

»Was hat der ganze Plunder hier zu suchen?« fragte sie. »Den hätte man schon vor langer Zeit wegwerfen sollen. Bring mir einen Müllsack rauf«, ordnete sie an.

»O nein«, sagte Charlotte; sie schüttelte den Kopf und lächelte, als sei die Idee absurd. »Das sind alles Sachen von meiner Mutter.«

»Na und?« erwiderte Fern ungerührt. »Deine Mutter ist tot, oder nicht? Sie wird keine Kosmetik und keine Kämme mehr brauchen.« Sie fuhr mit einem Finger über den Spiegel, und im Staub blieb eine deutliche Spur zurück. »Vergiß diesen Spiegel nicht, Prinzessin. Bring ihn auf Hochglanz.«

»Wofür hältst du Christie eigentlich... für deine Sklavin?« fragte Gavin erbost. Tante Fern schaute uns beide mit ihren dunklen, bösen Augen an.

»Oh, ich bin sicher, daß Christie ihrer Lieblingstante gern einen Gefallen tut«, erwiderte sie. »Ich bin ihre Lieblingstante, weil ich ihre kleinen Geheimnisse immer für mich behalte«, fügte sie lächelnd hinzu. »Stimmt's, Prinzessin?«

Gavin und ich tauschten frustrierte Blicke aus, während Tante Fern sich in der Suite umsah und den Blick auf die Badtür richtete. Sie marschierte ins Bad und sah sich das Waschbecken und die Wanne an.

»Einen Eimer Desinfektionsmittel kannst du auch gleich nach oben bringen. Ich erwarte, daß die sanitären Einrichtungen blitzblank sind, wenn du fertig damit bist«, sagte sie zu mir. »Du wirst den Boden schrubben müssen. Ich möchte doch nicht barfuß in diesen Schmutz treten.«

»Das dauert Stunden!« rief ich aus.

»Meine Güte, meine Güte«, wimmerte Charlotte.

»Mich wundert wirklich, daß bisher noch niemand dieses Zimmer geputzt hat«, beklagte sich Tante Fern und wandte sich dann wieder an Charlotte. »Warum meine Schwägerin und mein Bruder zugelassen haben, daß ihr dieses Haus derart vernachlässigt und all diese albernen Dinge anstellt, das ist mir nicht klar. Schließlich hat dieses Anwesen doch immer noch einen gewissen Wert, oder nicht? Morton?«

»Es hat einen gewissen Grundwert«, sagte Morton ohne größeres Interesse. »Land ist immer etwas wert, auch wenn die Gebäude baufällig sind.«

»Trotzdem bin ich ganz begeistert von diesem Bett«, sagte Tante Fern, ging darauf zu und strich mit der Hand über einen Pfosten. »Es ist ein recht elegantes Stück. Und sieh dir die Verzierungen der Kommode und des Schranks an«, sagte sie und wies auf die Schnitzereien.

»Ja, die Möbel sind einiges wert«, stimmte Morton ihr zu.

»Christie«, sagte Tante Fern und wandte sich an mich.

»Warum bist du noch nicht fort? Du solltest doch einen Eimer Seifenlauge und Lumpen holen? Wir haben schließlich nicht die ganze Nacht Zeit.«

»Ich glaube, dir ist nicht klar, wieviel Arbeit das macht«, sagte Gavin mit ruhigerer Stimme.

»O doch, durchaus«, erwiderte Fern lächelnd. »Aber wenn du dir solche Sorgen machst, deine verwöhnte Prinzessin könnte sich überarbeiten und sich die zarten Finger schmutzig machen, warum hilfst du ihr dann nicht?« fragte sie eisig. Dann drehte sie sich abrupt zu Charlotte um. Die arme Seele schnappte nach Luft, und ihre Hände hoben sich flatternd. »Tante Charlotte, möchtest du bitte so gut sein, uns frisches Bettzeug und Handtücher zu holen, jede Menge saubere Handtücher. Habt ihr einen Staubsauger?« fragte sie.

Charlotte schüttelte den Kopf.

»Es gibt hier nur dieses altmodische Kehrgerät, das den gröbsten Schmutz aufnimmt«, sagte ich schnell. Tante Fern verzog das Gesicht.

»Tja, ich nehme an, dann wird es eben so gehen müssen. Kommt schon, alle Mann, auf geht's«, rief Fern, die ihre Rolle als Aufseherin genoß.

»Ihr könnt wirklich nicht in diesem Zimmer schlafen«, sagte Charlotte mit weitaufgerissenen Augen. »Die Geister kommen nachts immer noch hierher, und manchmal kommen sie sogar tagsüber.«

»Geister? Ach, du meinst so etwas wie Gespenster? Das soll uns nur recht sein. Damit können Morton und ich umgehen. Wobei mir einfällt – was gibt es hier zu trinken?«

»Wir haben Wasser, Milch und Saft«, zählte Charlotte stolz auf.

»Ich spreche von Whisky«, fauchte Tante Fern.

»Whisky?« Charlotte dachte einen Moment lang nach. »In

der Vitrine im Büro von meinem Daddy. Aber der ist schon alt«, sagte sie, und Tante Fern und Morton lachten.

»Je älter er ist, desto besser ist er«, sagte Tante Fern. »Zeig uns das Arbeitszimmer, und wir werden uns ein paar Drinks genehmigen«, befahl sie.

»Das Arbeitszimmer ist kein Arbeitszimmer mehr«, sagte ich. »Dort malt Charlotte ihre Bilder und macht ihre Handarbeiten.«

»Dann nehmen wir unsere Drinks eben in einem anderen Zimmer ein. Los«, sagte sie und klatschte in die Hände. »Jetzt setzt euch doch endlich in Bewegung.«

Luther blieb mit ihren Koffern an der Tür stehen und schaute herein.

»Ihr habt doch nicht etwa vor, in diesem Zimmer zu wohnen, oder?« fragte er.

»Es ist längst alles entschieden, Luther. Bring das Gepäck rein«, sagte Tante Fern.

Luther schaute Charlotte an, nahm ihren gequälten Gesichtsausdruck wahr und schüttelte den Kopf.

»Dieses Zimmer wird nicht benutzt«, beharrte er mit fester Stimme.

»Ach, wirklich? Für was hältst du dich eigentlich, für den Generaldirektor oder so was?« fragte Tante Fern und drehte sich zu Morton um. Sie lachten beide.

»Niemand schläft in diesem Zimmer«, antwortete Luther einfach. Ferns Augen wurden klein und haßerfüllt.

»Sieh mal«, sagte sie und baute sich vor ihm auf. »Ich weiß zufällig mehr über dich, als du glaubst. Mein Bruder hat mir alles über dieses Haus und über dich erzählt«, sagte sie mit scharfer Stimme. »Du bist ein Angestellter, der die Erlaubnis bekommen hat, weiterhin hierzubleiben, aber das kann sich jederzeit ändern.« Luthers Gesicht lief so glühendrot an, daß ich glaubte, er würde explodieren.

»Tante Fern, wer hier etwas ändert oder nicht, das bin ich«, sagte ich. »Ich bin diejenige, der das Haus jetzt gehört.«

Sie nahm meine Herausforderung mit einem kalten Lächeln hin.

»Gehört nicht auch ein Teil dieses Anwesens Philip? Vielleicht nicht gerade mehr als die Hälfte, aber doch immerhin ein kleiner Prozentsatz? Warum rufen wir ihn nicht an und holen seine Meinung ein?« sagte sie, und ihre Augen funkelten vor Schadenfreude.

»Wag es nicht, ihr zu drohen«, sagte Gavin und stellte sich neben mich. Ferns Gesicht wurde flammendrot. Sie durchbohrte ihn mit Blicken, die vor Wut loderten.

»Wie kannst du es wagen, so mit mir zu reden, Gavin? Weiß Daddy, wo sein vielgeliebter, ach so braver Sohn steckt und was er getan hat? Wie wird all das deiner Mutter gefallen?« drohte sie weiter. Das Feuer in ihrer Stimme und in ihren Augen ließ Gavin zurückweichen. Fern nickte und freute sich über seinen Rückzieher. »Ihr beide habt es euch hier reichlich gutgehen lassen«, sagte sie und schaute uns an. »Ich rate euch beiden, euch gut zu benehmen, wenn ihr es euch weiterhin gutgehen lassen wollt. Und überhaupt«, sagte sie und warf den Kopf zurück und stemmte die Arme in die Hüften, »solltest du deiner größeren Schwester mehr Respekt entgegenbringen, Gavin; und du, Christie, solltest deiner Tante den gehörigen Respekt erweisen. Du hast mir nie wirklich Respekt erwiesen, mich nie so behandelt, wie eine Tante behandelt werden sollte«, beschwerte sie sich.

»Das stimmt nicht, Tante Fern. Ich...«

»WIDERSPRICH MIR NICHT!« schrie sie und riß die Augen weit auf. Dann trat sie vor mich hin und sprach mit einer leisen Stimme in einem äußerst beherrschten, aber haßerfüllten Tonfall. Sie spuckte mir die Worte ins Gesicht. »Wir sind hier nicht in Cutler's Cove, und du bist nicht die Prinzessin. Wir mußten dich immer von vorn und hinten bedienen. Immer hieß es Christie hier und Christie da. Haben sie für mich je ein solches Fest zum sechzehnten Geburtstag veranstaltet wie für dich? Oder mir irgend etwas gekauft, was ich gern haben wollte?«

»Mommy und Daddy haben dich geliebt und dich gut behandelt, Tante Fern«, sagte ich, und die Tränen stiegen mir in die Augen.

»Spar es dir. Das habe ich schon oft genug gehört; es ist wie eine Platte, die in einer Rille festhängt. Luther«, sagte sie und wandte sich wieder an ihn, »dir rate ich, unser Gepäck reinzubringen, und zwar pronto. Du weißt doch, was pronto heißt?«

Luther zögerte. Sein Stolz war verletzt, und er kochte immer noch vor Wut.

»Was glaubst du wohl, wie Philip Cutler reagieren wird, wenn er hört, daß ihr zwei minderjährige Teenager bci euch versteckt habt, die von zu Hause fortgelaufen sind?« machte sie weiter, als er immer noch zögerte. »Es wird eine große Untersuchung angestellt werden, und man wird dich und Tantchen Charlotte gründlich überprüfen. Es könnten sogar Zeitungsreporter kommen, um Fotos von der lächerlichen Einrichtung zu machen, und sie werden auch Bilder davon machen wollen, was mit den Gemälden und den Wänden angerichtet worden ist. Willst du das wirklich?« drohte sie. Luther kapitulierte; seine Schultern sackten herunter, und der Widerspruchsgeist wich aus seinen Augen. Ich litt mit ihm.

»Das ist nicht wahr. Luther hat uns keinen Unterschlupf geboten. Er kannte keine Einzelheiten. Er hat keine Ahnung, warum ich weggelaufen bin oder daß ich überhaupt ausgerissen bin. Er...«

»Wer wird das glauben?« sagte Tante Fern mit einem höhnischen Lächeln. Ihr Gesicht wurde hart, und ihre Lippen spannten sich so sehr, daß ich glaubte, sie könnten reißen. »Muß ich mich denn ständig wiederholen?« Sie schaute Luther an. Er schlug die Augen nieder und nahm ihren und Mortons Koffer und trug das Gepäck in die Suite. Tante Ferns Schultern wurden lockerer. »So ist es schon besser; darüber läßt sich reden. Christie, meine Liebe, was ist mit der Seifenlauge?« zwitscherte Tante Fern.

Was blieb mir anderes übrig? Ich war in der Falle. Ich wollte nicht, daß der arme Luther und die arme Charlotte meinetwegen noch mehr leiden mußten. Tante Fern war gehässig genug, ihre Drohungen wahrzumachen. Ihre gemeinen Worte und Anschuldigungen hatten mich tief getroffen und brachten mich dazu, ihre Wünsche so eilig auszuführen, wie ich es getan hätte, wenn sie mir einen Peitschenhieb versetzt hätte.

»Ich helfe dir«, sagte Gavin, als ich mich abwandte, um zu gehen.

»Meine Güte, meine Güte«, sagte Charlotte, die davoneilte, um Tante Ferns Befehl nachzukommen, »das wird nicht nett werden. Nein, wirklich, alles andere als nett.«

»Zur Whiskyvitrine«, sagte Tante Fern lachend.

»Es war recht beeindruckend, wie du deine Autorität geltend gemacht hast«, sagte Morton und meinte es als Kompliment. Tante Ferns Gelächter hallte hinter uns her.

»Ich habe lange genug den kürzeren gezogen«, sagte sie zu ihm. »Jetzt bin ich an der Reihe, die Anmaßende zu spielen.«

Sie ließen sich von Charlotte zeigen, wo die Schnäpse standen, und dann schickten sie sie fort, damit sie das Bett frisch bezog. Während wir die Suite herrichteten, holten sich Tante Fern und Morton eine Flasche Schnaps und Gläser und warteten im Wohnzimmer. Sie spielten die alten Platten auf dem Grammophon und benahmen sich wie zwei Kinder; sie kicherten und stießen Gegenstände um, läuteten die alten Glocken, die zum Essen gerufen hatten, schalteten Lichter ein und aus und spielten im ganzen Haus Fangen. Ab und zu hörten wir Tante Ferns schrilles Lachen durch die Korridore des Plantagengebäudes hallen.

Ich sagte zu Charlotte, sie sollte die Sachen, die auf der Frisierkommode standen, in eine Tüte packen und verstecken.

»Wenn du willst, kannst du sie wieder hinstellen, wenn Fern fort ist«, sagte ich. Das freute sie, doch die Geschehnisse im Haus machten ihr immer noch große Sorgen. Widerstrebend half Gavin beim Saubermachen. Er putzte die Fenster. Nachdem Luther den Besen nach oben gebracht hatte, ging er und murrte zornig vor sich hin. Ich staubte die Einrichtung ab und polierte alle Möbel mit Politur, und dann wandte ich mich dem Bad zu. Allein schon für das Waschbecken, die Wanne und die Toilette brauchte ich fast eine Stunde. Gavin wurde wütend, als ich mich hinkniete, um den Boden zu schrubben. Ich hatte bereits drei Eimer schmutziges Wasser weggeschüttet, und mein Gesicht und meine Hände waren von dem Schmutz und von dem Staub verschmiert.

»Das ist zu blöde«, sagte er. »Wecken wir doch einfach Jefferson und verschwinden von hier. Philip wird uns nicht finden.«

»Das wird Tante Fern nicht davon abhalten, Charlotte und Luther weiterhin zu beleidigen, Gavin. Du weißt doch, wie gehässig und rachsüchtig sie sein kann, wenn sie will. Laß uns einfach tun, was sie sagt. Sie und ihr Freund werden sich hier ohnehin bald langweilen und wieder abreisen, und dann können wir neue Pläne machen.«

»Ich begreife nicht, wie sie Jimmys Schwester und meine Stiefschwester sein und andere Leute so gemein behandeln kann«, sagte Gavin kopfschüttelnd.

»Vergiß nicht, daß sie einer anderen Familie gegeben worden ist, als sie noch ein Baby war, und daß sie dort gelebt hat, bis Mommy und Daddy Jimmy sie gefunden haben«, erinnerte ich ihn. »Ihr Leben war recht unruhig.«

»Hör auf, sie zu verteidigen, Christie. Sie ist nichts weiter als ein grausamer, selbstsüchtiger Mensch, der nur sich selbst liebt und nur an sich selbst denkt. Ich glaube nicht, daß sie je in ihrem Leben etwas für einen anderen Menschen getan hat, und ich glaube auch nicht, daß sie es je tun wird.«

»Über wen redest du da eigentlich, Gavin Longchamp?« fragte Tante Fern, die ins Zimmer kam. »Doch nicht über mich, hoffe ich.«

»Zieh dir den Schuh an, der dir paßt«, murmelte Gavin, aber Tante Fern war schon so vom Alkohol beschwipst, daß sie ihn weder hörte, noch größeren Wert auf seine Worte legte. Sie und Morton lachten, und dann ließen sich die beiden auf das Bett fallen und betätschelten sich, als seien wir nicht da. Gavin und ich schnappten vor Erstaunen nach Luft. Schließlich schaute Tante Fern mit hängenden Lidern zu uns auf.

»Seid ihr denn immer noch nicht fertig?« beschwerte sie sich.

»Es war sehr viel Arbeit, Tante Fern. Wir haben dir doch vorher schon gesagt, daß...«

»Hör auf, mir Vorträge zu halten. Wir wollen jetzt ins Bett gehen. Nicht etwa, daß wir schlafen wollten«, fügte sie lächelnd hinzu, »aber wir wollen ins Bett gehen. Stimmt's, Morton?«

Er hatte die Augen geschlossen, aber er verzog das Gesicht zu einem dämlichen Grinsen.

»Jetzt pack deine Lumpen zusammen, Prinzessin, und mach die Tür hinter dir zu, wenn du rausgehst, comprende?«

»Komm schon«, sagte Gavin und zog mich auf die Füße. »Laß uns gehen. Sie hat gesoffen wie ein Seemann.«

»Ihr beide solltet diesen uralten Whisky auch probieren«, rief sie, und sie und Morton brachen wieder einmal in hysterisches Gelächter aus. »Tante Charlotte hat geglaubt, er sei längst verdorben«, fügte sie hinzu und lachte dann wieder.

Gavin führte mich zur Tür. Als wir uns umdrehten, hatte sich

Tante Fern auf Morton geworfen, der längelang auf dem Rücken lag. Er schien so betrunken und so müde zu sein, daß es ihm völlig gleichgültig war.

»Oh, oh, oh«, sagte Tante Fern und wandte sich noch einmal an uns. »Was ich ganz vergessen habe zu fragen... wann kommen eigentlich die Geister?«

Ihr Gelächter hallte hinter uns her, als wir die Suite verließen und die Tür schlossen.

»Ich hoffe, die Geister kommen wirklich«, sagte Gavin, und seine dunklen Augen loderten vor Zorn. »Ich hoffe, sie schleifen sie zur Hölle, denn da gehört sie hin.«

Ich war erschöpft von all der Arbeit und zu müde, um mir darüber noch Gedanken zu machen. Wir liefen durch den Korridor zu unserem Bad, um uns zu waschen und dann selbst schlafen zu gehen. Ermattet und von heftigen Gefühlen erschöpft ging ich ins Bett und träumte.

Aber vielleicht kamen die Geister tatsächlich. Irgendwann im Lauf der Nacht erwachte ich von einem Geräusch, das ich für Schritte im Korridor hielt. Ich war sicher, daß ich hörte, wie eine Tür zuschlug und jemand schluchzte, aber ich war zu müde, um aufzustehen und nachzusehen. Uns werden die Geister nichts antun, dachte ich, und wenn wir morgen früh feststellen, daß Tante Fern und ihr Freund auf mysteriöse Art und Weise verschwunden sind, dann werde ich mit keiner Wimper zucken und ihnen keine Träne nachweinen. Wenige Momente später schlief ich wieder ein.

Am Morgen wurde ich von Tante Ferns schriller Stimme geweckt, die laut schrie. Sie war nicht zur Hölle gefahren, noch nicht.

»Was ist denn los?« fragte Jefferson, der in der Tür stand und sich die Augen rieb. »Wer schreit da?«

»Das ist Fern«, sagte Gavin, der aus dem Korridor kam. »Sie ruft nach uns.«

»Fern? Tante Fern ist hier?« fragte Jefferson.

»Ja, leider«, sagte ich zu ihm.

»Warum schreit sie?«

»Ich weiß es nicht, Jefferson. Vielleicht ist sie aufgewacht und hat sich selbst im Spiegel gesehen«, sagte ich. Gavin lachte.

Ich zog mir eilig mein Kleid über, und Gavin und ich liefen durch den Korridor; Jefferson kam hinter uns her. Die Türen der Suite waren aufgerissen worden. Wir traten langsam näher und schauten hinein.

Morton schlief anscheinend noch wie ein Toter seinen Rausch aus, aber Tante Fern saß aufrecht im Bett und hatte sich in die Decke gehüllt. Ihre Augen loderten vor Aufregung. Hatte sie vielleicht doch einen Geist gesehen, fragte ich mich. Sie hob den Arm und wies mit einem zitternden Finger auf die Tür.

»Wer war das... das... Geschöpf, das dagestanden und uns Gott weiß wie lange angegafft hat?« fragte sie. »Ich habe die Augen aufgemacht, und da stand er und hat uns nachspioniert.«

»Ach, das war wahrscheinlich Homer«, sagte ich. »Das ist ein Freund von Tante Charlotte und von Luther. Er wohnt in der Nähe.«

»Wie kann er es wagen, hier herumzuschnüffeln? Wie kann er es wagen! Was ist los mit ihm? Ist er vielleicht irgendwie pervers?« fragte sie.

»O nein, Tante Fern. Homer ist harmlos. Er ist...«

»Erzähl mir nicht, was er ist. Ich weiß, wer harmlos ist und wer nicht«, sagte sie eisig. »Ich will, daß er mir nie mehr unter die Augen kommt, habt ihr gehört? Ihr geht jetzt auf der Stelle nach unten und sagt diesem Scheißkerl, daß er von hier verschwindet und nicht mehr wiederkommt, bis ich abreise, verstanden?«

»Aber Homer wird...«

»Widersprich mir nicht immer, wenn ich etwas sage«, stöhnte sie. »Ich habe rasende Kopfschmerzen.« Sie preßte sich die Handflächen gegen die Schläfen und ließ die Decke sinken, weil sie vergessen hatte, daß sie nackt war. Gavin war schockiert und wich ein paar Schritte zurück.

»Tante Fern... du hast dich noch nicht angezogen«, sagte ich.

»Was? Ach, wen interessiert das denn. Morton, verdammt noch mal. Wie kannst du bei all diesem Tumult schlafen? Morton?« Sie schüttelte ihren Freund, der zwar stöhnte, sich aber nicht bewegte. Dann ließ sie sich in ihr Kissen zurückfallen.

»Bring mir Kaffee... starken Kaffee. Wenn ich wach bin, will ich, daß du mir ein heißes Bad einläßt. Habt ihr hier irgendwelche Badeöle?«

»Nein, Tante Fern. Wohl kaum.«

»Jetzt besorg mir erst mal den Kaffee... und zwar schnell«, befahl sie. »Und jag dieses Geschöpf aus dem Haus.« Sie schloß die Augen und stöhnte wieder.

»Wie ist Tante Fern hierhergekommen?« flüsterte Jefferson.

»Sie ist auf Emilys Besen geritten«, scherzte Gavin.

»Was?«

»Sie kam gestern nacht mit dem Auto an, Jefferson. Geh jetzt wieder in dein Zimmer, und wasch dich und zieh dich an. Mach schon.«

»Was fehlt ihr denn?«

»Sie hat zuviel alten Whisky getrunken«, sagte ich. Gavin und ich lächelten einander zu.

»Komm schon, Kumpel«, sagte Gavin und legte den Arm um Jeffersons Schultern. »Ich helfe dir. Das kriegen wir schon hin.«

»Ich sollte mich lieber um den Kaffee für die beiden kümmern«, sagte ich und eilte nach unten. Luther war schon draußen bei der Arbeit. Charlotte stand in der Küche, und Homer saß am Tisch, und man sah ihm sein Entsetzen an.

»Sie hat ihn fast zu Tode erschreckt«, klagte Charlotte.

»Nur, weil sie sich vor ihm gefürchtet hat, Tante Charlotte. Sie ist wütend, weil er in ihr Zimmer geschaut hat«, erklärte ich.

»Er wollte ihr nichts Böses tun. Er hat noch nie jemanden in diesem Zimmer gehört, und deshalb mußte er nachsehen«, sagte Tante Charlotte. Ich lächelte über die mütterliche Art, mit der sie ihn verteidigte.

»Ich weiß, aber bis sie abreisen, sollte sich Homer von ihnen fernhalten. Hast du verstanden, Homer? Diese Frau dort oben ist nicht sehr nett. Jedesmal, wenn sie dich sieht, wird sie anfangen zu schreien.«

Homer nickte.

»Ich will sie nicht sehen«, sagte er.

»Das kann ich dir nicht übelnehmen.« Ich schenkte zwei Tassen Kaffee ein, suchte ein Tablett und trug es zu Tante Fern und Morton. Morton war wach und saß im Bett; er rieb sich das Gesicht und blinzelte in den Sonnenschein, der durch das Fenster fiel. Tante Fern lag immer noch auf dem Rücken und hatte die Augen geschlossen.

»Hier ist euer Kaffee«, sagte ich. Sie machte die Augen auf.

»Bring ihn her«, befahl sie mir und riß mir die Tasse aus der Hand. Ich ging um das Bett herum und reichte Morton seine Tasse.

»Danke«, sagte Morton.

»Der ist nicht stark genug«, beschwerte sich Fern sofort. Sie spuckte den Kaffee wieder in die Tasse. »Der schmeckt eher wie Schlammbrühe. Vielleicht ist es sogar Schlammbrühe«, fügte sie hinzu und riß die Augen weit auf. »Hat Charlotte ihn zubereitet?«

»Ja, Tante Fern.«

»Trink ihn nicht, Morton. Charlotte ist verrückt. Ich traue ihr jederzeit zu, daß sie wirklich Schlamm ins Wasser gerührt hat.«

Sie nahm ihm die Tasse aus der Hand und drückte mir beide Tassen derart heftig in die Hände, daß ein Teil des Kaffees überlief und meine Hände und Handgelenke bespritzte. Es brannte, aber das machte ihr nichts aus. »Du wirst jetzt eine neue Kanne Kaffee kochen. Du weißt doch, wie man Kaffee kocht, oder nicht, Prinzessin? Oder kannst du gar nichts? Sie ist immer von vorn bis hinten bedient worden«, sagte sie zu Morton.

»Das ist nicht wahr, Tante Fern. Ich habe Mrs. Boston oft in der Küche geholfen«, erwiderte ich.

»Sie hat Mrs. Boston oft geholfen«, äffte sie mich nach. »Ja, ich bin ganz sicher, daß du viel gearbeitet hast. Und jetzt hol uns einen anständigen Kaffee, und zwar schleunigst. Ich will bald mein Bad nehmen und aufstehen und gut frühstücken. Ist dieses Geschöpf verschwunden?« fragte sie.

»Du hast ihm einen größeren Schrecken eingejagt als er dir, Tante Fern. Er will dir nicht mehr in die Nähe kommen. Du kannst ganz unbesorgt sein«, sagte ich.

»Gut.«

»Was für ein Geschöpf?« fragte Morton.

»Du hast ein Erdbeben verschlafen«, sagte Tante Fern zu ihm. »Weil du die ganze Nacht alten Whisky getrunken hast«, fügte sie hinzu, und sie lachten beide und fingen an, einander zu kitzeln und sich wieder wie zwei Kinder zu gebärden. Dann merkte Tante Fern, daß ich sie anstarrte. »Warum stehst du immer noch da?« schrie sie mich an. »Hol mir Kaffee.«

Ich eilte wieder nach unten. Ich kochte ihr frischen Kaffee, aber ich machte ihn so stark, daß Gavin sagte, damit könnte man Eisen schmelzen. Da er jetzt richtig wach war, bestand Jefferson darauf, mich zu begleiten, doch als ich zurückkehrte, waren die Türen der Suite geschlossen, und ich dachte, ich sollte besser anklopfen.

»Einen Moment noch«, hörte ich Tante Fern mit atemloser

Stimme sagen. Dann ertönte ein Stöhnen, auf das kleine Schreie der Lust folgten.

»Der Kaffee wird kalt, Tante Fern«, rief ich durch die Tür. Ich wußte, was sie taten, und es war mir vor allem wegen Jefferson peinlich. »Soll ich später noch einmal wiederkommen?«

Statt einer Antwort hörte ich, wie ihre Schreie lauter wurden und schneller aufeinander folgten, und dann war ein tiefes Stöhnen zu vernehmen.

»Was ist denn mit Tante Fern los?« fragte Jefferson.

»Sie fühlt sich nicht besonders gut, Jefferson. Warum gehst du nicht wieder nach unten und ißt dein Frühstück auf und kommst dann wieder nach oben, um den beiden guten Tag zu sagen, ja?«

Er zuckte die Achseln und ging. Im nächsten Moment rief Tante Fern: »Herein.«

Ich öffnete die Türen. Sie hatte sich die Decke bis zum Kinn hochgezogen. Ihr Gesicht war gerötet, ihr Haar zerzaust. Morton lag mit geschlossenen Augen da, und auf seinem Gesicht stand ein zufriedenes Lächeln.

»Hier ist euer frischer Kaffee«, sagte ich. Tante Fern lächelte mich an und setzte sich auf.

»Gut.« Sie nahm ihre Tasse und reichte Morton eine Tasse. Dann wandte sie sich wieder an mich. »Hast du gerade ein bißchen was dazugelernt?« fragte sie. Besaß sie eigentlich keinerlei Selbstachtung? »Ich wette, du hast dein kleines Ohr an die Tür gepreßt, stimmt's? Oder hast du durch den Türspalt gelugt?«

»Wohl kaum, Tante Fern«, sagte ich. »Es war mir äußerst unangenehm.«

»Ach, hör bloß auf. Du hast hier doch offensichtlich deine kostbare Jungfräulichkeit verloren«, sagte sie. Ich ließ meinen Blick auf Morton gleiten, der mich über seine Kaffeetasse hinweg interessiert musterte.

»Tante Fern!«

Sie warf den Kopf zurück und lachte.

»Hör auf, die unschuldige kleine Prinzessin zu spielen«, sagte sie. »Du bist kein bißchen besser als ich.«

»Das habe ich auch nie behauptet, Tante Fern, aber...«

»Eigentlich bin ich froh, daß du erwachsen geworden bist. Wenn ich irgendwann Lust habe und dazu aufgelegt bin... und wenn du wirklich nett zu mir bist«, fügte sie hinzu, »werde ich dir vielleicht ein paar Tips zu den Männern und zum Sex geben«, sagte sie. Morton lachte.

»Da möchte ich gern dabeisein und zuhören«, witzelte er.

»Einen Dreck wirst du. Das ist ein Gespräch unter Frauen. Man darf sich nicht alles von ihnen gefallen lassen«, sagte sie zu mir.

»Tante Fern, ich möchte nicht...«

»Ja, ja, schon gut«, sagte sie. »Ich weiß. Also gut, laß mir ein Bad ein. Warm, aber nicht zu heiß. Jetzt geh schon, und gaff mich nicht so an«, sagte sie und trank ihren Kaffee.

Ich ging ins Bad und drehte das Wasser auf. Als das Badewasser eingelassen war, sagte ich ihr Bescheid und wollte gehen.

»Einen Moment mal. Wohin gehst du?« fragte sie.

»Runter zum Frühstück«, sagte ich.

»Vorher will ich, daß du mir beim Baden hilfst. Ich möchte, daß du mir erst den Rücken schrubbst und mir dann das Haar wäschst. Komm schon«, befahl sie. Sie stieg vollständig nackt aus dem Bett und stolzierte ins Bad. Ich sah Morton an, der mich anzüglich anlächelte. »Das Wasser hat genau die richtige Temperatur«, sagte Tante Fern und stieg in die Wanne. Ich fürchtete, Morton könnte jeden Moment ebenfalls nackt aus dem Bett aufstehen, und daher ging ich wieder ins Bad und schloß die Tür. Tante Fern reichte mir den Waschlappen. »Wasch mir den Rükken mit kreisenden Bewegungen. Die Schultern lasse ich mir auch gern schrubben«, sagte sie.

Ich wusch ihr den Rücken, und dann fing ich an, ihr Haar mit Seife zu waschen.

»Oh, das tut gut«, sagte sie und ließ sich in der Wanne zurücksinken. »Du gibst eine gute Zofe ab, Prinzessin«, sagte sie.

»Tante Fern, könntest du bitte damit aufhören, mich Prinzessin zu nennen? Ich bin keine Prinzessin, und ich war es auch nie«, sagte ich.

»O doch, das warst du. Du warst reichlich verwöhnt und verzogen.«

»Das ist nicht wahr«, beharrte ich. »Ich habe im Hotel gearbeitet, sobald ich alt genug war, um mitzuhelfen. Und ich habe mich immer um Jefferson gekümmert, wenn meine Eltern es von mir wollten.«

»Ich weiß, ich weiß, du bist einfach vollkommen«, murmelte sie, und dann packte sie mein Handgelenk und zog mich zu sich herunter. »Erzähl mir von deiner Liebesgeschichte mit meinem kleinen Bruder. Ist er... hatte er schon sehr Erfahrung? Ich kann mir nicht vorstellen, daß er weiß, wohin damit.«

»Hör auf, Tante Fern«, sagte ich und riß mich los. »Gavin ist ein netter Junge, ja, aber das macht ihn noch lange nicht zu einem Schwächling oder zu keinem ganzen Mann.«

»Mann?« sagte sie mit weitaufgerissenen Augen. »Dann hast du also mit ihm geschlafen, stimmt's?« fragte sie. Ich mußte den Blick abwenden, und damit fühlte sie sich bestätigt. »Es ist schon in Ordnung«, sagte sie. »Ich werde es nicht weitererzählen. Du glaubst, es interessiert mich wirklich?« Sie unterbrach sich und lehnte sich im Wasser zurück. »Ich war nur neugierig, das ist alles. Wie war es beim ersten Mal für dich?«

»Tante Fern, ich möchte nicht über diese Dinge reden«, sagte ich.

»Ach, komm schon. Erzähl mir nicht, daß ihr nicht bei jeder Gelegenheit über diese Dinge geredet habt, du und deine kleinen

Freundinnen. Hat deine Mutter je mit dir gesprochen, oder ist sie gestorben, ehe sie dazu gekommen ist, dich ordentlich aufzuklären?« fragte sie.

»Mommy und ich haben ein sehr enges Verhältnis zueinander gehabt«, erwiderte ich. »Ich mußte mich nicht heimlich aus dem Haus schleichen, um etwas herauszufinden.«

»Ach, wirklich? Da bin ich aber neugierig. Was hat sie dir erzählt?« Sie verzog hämisch das Gesicht. »Hat sie dir gesagt, was du tun solltest und was nicht? Hat sie dir erklärt, wie man eine Schwangerschaft verhindert, oder hat sie dir gesagt, du solltest einfach nur nein sagen?«

»Wir haben über die Liebe geredet, ja, und auch über Sex«, sagte ich.

»Liebe«, sagte sie und verzog wieder höhnisch das Gesicht.

»Liebst du Morton denn nicht?« fragte ich.

»Ist das dein Ernst? Morton? Es macht einfach nur Spaß.« Sie beugte sich vor. »Und er läßt sich leicht manipulieren. Du weißt doch, was ich meine?« Ich wußte es nicht. »Er tut alles, was ich von ihm will. Er streitet sich nie mit mir, und wenn ich keine Lust habe, ächzt und stöhnt er nicht und zieht auch nicht beleidigt ab.«

»Aber... du gehst mit ihm um, als wärt ihr Mann und Frau«, sagte ich.

»Ach, Prinzessin, du gibst mir noch den Rest. Ich habe schon oft Mann und Frau gespielt«, gestand sie mir.

»Wie oft?« fragte ich.

»Ach, jetzt bist du wohl doch neugierig geworden, was?«

Ich war neugierig. Ich wollte Tante Fern verstehen, einsehen, warum sie so locker mit ihrem Körper umging und ob sie je wirklich Freude daran gehabt hatte. Sie schien sich selbst zu genügen, und sie war trotzig und wild, aber war sie glücklich?

»Willst du wissen, wie es bei mir das erste Mal war?« fragte sie. Ich sagte nicht ja dazu, doch sie setzte sich auf und fuhr fort. »Ich war vierzehn. Da gab es diesen Jungen, den ich mochte und der siebzehn war.«

»Siebzehn!«

»Ja, und er hat mich nicht eines Blickes gewürdigt. Vorher habe ich eigentlich nie wirklich etwas getan, aber ich hatte eine Menge darüber gelesen und mir diese Bücher mit den vielen Abbildungen angeschaut. Also bin ich eines Tages auf ihn zugegangen und habe ihm etwas ins Ohr geflüstert. Er ist knallrot geworden, aber er hat großes Interesse an mir bekommen.«

»Was hast du ihm zugeflüstert?«

»Ich habe ihn gefragt, ob er mit mir einmal rund um die Welt reisen will.«

»Was hat das bedeutet?« fragte ich im Flüsterton.

»Um dir die Wahrheit zu sagen, Prinzessin – ich war selbst nicht sicher, aber es war ein Bombenerfolg. Ein paar Tage später bot sich mir eine Gelegenheit, mit ihm allein zu sein. Er ist völlig aus der Fassung geraten, weil offensichtlich war, daß es für mich das erste Mal war.«

»Was hat er getan?«

»Nichts. Er hat hinterher nie mehr auch nur ein Wort mit mir geredet«, sagte sie.

»Aber hast du dich nicht gräßlich gefühlt?«

Sie zuckte die Achseln.

»Er war nicht so nett, wie ich dachte, und ich hatte keinerlei Interesse mehr an ihm.«

»Aber was ist mit dem, was du getan hast?«

»Einmal mußte es schließlich passieren«, sagte sie beiläufig.

»Aber wenn man sich aus dem Menschen nicht wirklich etwas macht...«

»Mach dir nie etwas aus jemandem«, sagte sie. »Dann bist du besser dran.«

»Nein, ganz bestimmt nicht, Tante Fern. Wenn man nur sich selbst mag, dann ist man ganz allein auf der Welt«, warf ich ihr an den Kopf. Sie sah mich wütend an.

»Ich vergesse immer wieder, daß du die Tochter dieser perfekten Mutter bist. Deine Mutter war nicht vollkommen, verstehst du«, sagte sie. »Durch ihre Unvollkommenheit bist du auf die Welt gekommen.«

»Ich weiß alles darüber«, erwiderte ich eilig, ehe sie noch mehr Brutalitäten äußern konnte. »Ich habe sogar meinen richtigen Vater besucht.«

»Ach, wirklich? Und?«

»Es mag sein, daß er früher einmal ein gutaussehender, charmanter Mann gewesen war, aber jetzt ist er... ein Niemand«, sagte ich. »Er ist häßlich und schwach.«

»Hm. Trotzdem sähe ich ihn zu gern einmal, damit ich mir vorstellen kann, wie derjenige ausgesehen hat, den deine perfekte Mutter so umwerfend fand«, sagte sie.

»Warum haßt du meine Mutter bloß so sehr?« fragte ich kopfschüttelnd. »Sie hat doch nur das Beste für dich gewollt.«

»Glaub das bloß nicht. Sie war eifersüchtig auf jeden Augenblick, den Jimmy mit mir verbracht hat«, fauchte sie mich an.

»Das ist nicht wahr. Wie kannst du nur etwas so Furchtbares denken und sagen.«

»Es war doch so«, beharrte sie. »Wenn es um die Eifersucht anderer Frauen geht, bin ich Expertin, meine Süße.«

Sie schob ihre Füße aus dem Wasser und stellte sie auf den Wannenrand.

»Hol meinen Nagellack aus der Kosmetiktasche. Ich will die Nägel von dir lackiert bekommen«, befahl sie.

Ich schaute trotzig auf sie herab. Im Moment sah sie aus wie die personifizierte Selbstsüchtigkeit, ein herzloses Geschöpf, das nur für eines lebte – das eigene Vergnügen. Ich hätte nicht geglaubt, daß ich so viel Haß und Wut empfinden könnte, wie ich in jenem Moment empfand. Sie mußte es in meinen Augen gesehen haben, denn ihr Ausdruck der Selbstzufriedenheit verflog, und ihre Augen wurden zu zwei glühenden Kohlen der Wut.

»Schau bloß nicht so auf mich herab, Christie Longchamp. Du glaubst vielleicht, du seist etwas Besseres als ich, aber tief in deinem Innern bist du aus demselben Holz geschnitzt. Du konntest es kaum abwarten, meinen Bruder anzurufen und wegzulaufen und dich in diesem abgelegenen Schlupfwinkel zu verstecken, damit du deinen sexuellen Phantasien freien Lauf lassen kannst. Du bist sogar so tief gesunken, deinen kleinen Bruder mitzuschleppen«, provozierte sie mich.

»Das ist nicht wahr; deshalb bin ich nicht fortgelaufen«, rief ich aus, und die Tränen brannten hinter meinen Lidern.

»Du bist fortgelaufen, weil du eine verzogene Göre bist, nach deren Kopf immer alles gegangen ist und die im Mittelpunkt der Aufmerksamkeit gestanden hat, und jetzt bist du nichts weiter als eines der Kinder im Haus. Tante Bet hat dich nicht so sehr verhätschelt, wie deine Mutter es getan hat, und deshalb...«

»Onkel Philip hat mich vergewaltigt!« platzte ich heraus.

Einen Moment lang war die Stille so drückend, daß ich meinen eigenen Herzschlag hören konnte und mir vorstellte, daß sie ihn auch hören konnte. Sie setzte sich langsam in der Wanne auf, ohne mich auch nur einen Moment lang aus den Augen zu lassen. Ich schluchzte und konnte nicht damit aufhören.

»Dich vergewaltigt? Du meinst...«

»Er ist nackt in mein Zimmer gekommen«, brachte ich heulend heraus, »und in mein Bett gekrochen.«

»Tatsächlich?«, sagte sie, und auf ihrem Gesicht stand ein perverses Lächeln. Sie war weder entrüstet noch mitfühlend; sie war belustigt und fand das, was ich gesagt hatte, amüsant. »Erzähl es mir genauer«, verlangte sie.

»Da gibt es nichts zu erzählen. Er ist reingekommen und hat mich mit Gewalt genommen. Es war einfach furchtbar.«

»Was ist denn so furchtbar daran? Philip ist doch ein recht gutaussehender Mann«, bemerkte sie.

»Was?« Ich wischte mir die Augen.

»Eigentlich habe ich immer gehofft, er würde es mit mir tun«, sagte sie. »Ich habe ihm wahrhaft oft genug die Gelegenheit geboten und ihn immer wieder in Versuchung geführt«, fügte sie lächelnd hinzu. »Einmal habe ich es so eingerichtet, daß er reinkam, als ich splitternackt war. Ihm hat gefallen, was er gesehen hat, aber er ist wieder gegangen, ohne mich auch nur anzurühren.

Du mußt etwas getan haben, was ihn dazu ermutigt hat«, warf sie mir vor.

»Nein, ganz bestimmt nicht.«

»Sag mir die Wahrheit«, sagte sie. »Irgendwie hat es dir doch gefallen, stimmt's?«

»Nein, Tante Fern. Es war vom ersten bis zum letzten Moment abscheulich, und als es vorbei war, habe ich mich abgeschrubbt, bis meine Haut gebrannt hat.«

»So was Albernes«, sagte sie.

»Es war nicht albern. Ich habe mich noch nie derart beschmutzt gefühlt, innerlich und äußerlich. Es schockiert mich, daß du einen verheirateten Mann begehren kannst... einen Verwandten...«

»Ach, hör doch auf. Ein gutaussehender Mann ist ein gutaussehender Mann«, sagte sie. »Und außerdem sind wir nicht blutsverwandt. Wir sind überhaupt nicht miteinander verwandt.«

»Der Mann ist krank«, sagte ich. »Er war immer in meine Mutter verliebt und...«

»Ich weiß«, sagte sie trocken. »Alle haben deine Mutter geliebt.« Sie schaute voller Abscheu und Haß zu mir auf. »Und jetzt werden alle dich lieben. Warum du immer nur Glück hast...« Sie lehnte sich in der Wanne zurück und stellte die Füße wieder auf den Rand. »Hol meinen Nagellack«, befahl sie. Als ich mich nicht von der Stelle rührte, lächelte sie.

»Ich sollte mich gleich an das nächste Telefon hängen und Philip anrufen und dafür sorgen, daß du zu ihm zurückgeschickt wirst. Vielleicht ist es das, was du brauchst... eine echte Erziehung. Wahrscheinlich würde er dich an dein Bett ketten und Nacht für Nacht kommen und es jedesmal anders mit dir treiben, bis...«

»Hör auf. Du bist widerwärtig.«

»Meinen Nagellack«, wiederholte sie kühl.

Als ich die Badetür öffnete, sah ich, daß ihr Freund im Bett lag und zugedeckt war. Er öffnete die Augen.

»Ich habe Hunger, Fern«, rief er.

»Reiß dich zusammen«, rief sie zurück. »Ich bin mit meinem morgendlichen Ritual noch nicht fertig.«

Ich ging zu ihrer Tasche und fand ihren Nagellack.

»Trockne mir vorher die Füße ab, du Dummkopf«, sagte sie, als ich mich hinkniete, um ihr die Zehen zu lackieren. Ich holte das Handtuch und trocknete ihr die Füße ab. »Hm, das tut gut«, sagte sie. »Es ist schön, wie eine Königin behandelt zu werden. Ich habe dich immer beneidet, Prinzessin.«

»Ich bin nie wie eine Prinzessin behandelt worden«, sagte ich.

»Oh, doch. Mach das mit den Nägeln gründlich. Man weiß ja nie, wer sie zu sehen bekommt«, befahl sie mir. Die Tränen brannten hinter meinen Lidern. Ich kämpfe darum, klar sehen zu können, daß ich ihr die Zehennägel lackieren konnte. Während ich noch am Werk war, lehnte sie sich zurück, schloß die Augen und genoß das warme Wasser.

»Morton!« schrie sie plötzlich. »Morton!«

»Was ist?«

»Steh auf, und geh nach unten und sag meiner Tante, daß ich zum Frühstück zwei Rühreier mit Speck haben will. Sieh nach, ob es auch frisches Brot gibt. Wenn nicht, dann schickst du Luther ins Dorf, damit er welches holt.«

»Okay«, sagte Morton.

»Luther muß keine Botengänge erledigen«, murrte ich.

»Also wirklich. Ich kann ihm nur raten, sich die Zeit dafür zu nehmen«, sagte sie.

»Warum hackst du auf den beiden herum. Sie können sich nicht wehren. Sie haben schon genug durchgemacht. Sie...«

»Du hattest keine Gewissensbisse, sie auszunutzen«, klagte mich Tante Fern an.

»Wir haben sie nicht ausgenutzt. Gavin hat Luther bei der Arbeit geholfen, und ich habe das Haus geputzt und Tante Charlotte bei den Mahlzeiten geholfen und...«

»Ach, du bist ja so wunderbar. Ich vergesse es immer wieder. Morton«, rief sie. »Bist du schon auf?«

»Ich bin schon auf, ich bin schon auf«, erwiderte er. »Ich muß ins Bad. Ich will mich waschen und rasieren und...«

»Dann such dir ein anderes Bad. Wir werden hier noch eine Zeitlang zu tun haben. Die Prinzessin wird mir die Fingernägel auch noch lackieren«, sagte sie und lächelte mich an. »Einverstanden, Prinzessin?«

Ich erwiderte nichts darauf. Ich lackierte ihr die Zehennägel fertig und wandte mich ab, damit sie meine Tränen nicht sehen und sich darüber freuen konnte, daß ich mich schlecht fühlte. Ich holte tief Atem. Heute brechen sie sicher auf, dachte ich, und dann sind wir sie los. Was mich anging, ich hätte nichts dagegen gehabt, meine Tante Fern für immer und ewig los zu sein. Genau das wünschte ich mir. Es tat mir leid, weil ich wußte, wie sehr es Daddy Jimmy verletzt hätte, wenn er gewußt hätte, wie sehr ich seine Schwester haßte, aber ich konnte nichts dagegen tun.

Tante Fern ließ sich nach der Pediküre von mir die Fingernägel lackieren. Sie stellte mir immer wieder genaue Fragen zu Onkel Philips sexueller Attacke, aber ich gab ihr keine Antworten mehr, und schließlich hörte sie auf zu fragen.

Später mußte ich ihr die Kleider zurechtlegen. Während sie sich anzog, bestand sie darauf, daß ich das Bett machte und das Bad putzte. Es machte ihr Spaß, mich wie eine Zofe arbeiten zu lassen und mir dabei zuzusehen. Schließlich gingen wir nach unten, um zu frühstücken. Ihr Freund saß am Tisch und war in eine Straßenkarte vertieft, als wir die Küche betraten.

»Hast du Luther weggeschickt, damit er frisches Brot holt?« fragte Tante Fern.

»Ich konnte ihn nicht finden, und deine Tante ist keine große Hilfe«, erwiderte er. »Sie ist mit Gavin und Jefferson und noch jemandem draußen. Sie streichen die Scheune«, sagte Morton. »Grün«, fügte er hinzu und lachte.

»Sie streichen die Scheune grün? Ich finde, wir sollten am besten das nächstgelegene Irrenhaus anrufen und sie alle abholen lassen«, scherzte Tante Fern.

»Sie sind hier glücklich, Tante Fern, und sie tun niemandem etwas Böses«, sagte ich.

»Was meinst du dazu, wenn wir in den Ort fahren und dort in irgendeinem Restaurant frühstücken?« fragte Morton.

»Wir brauchen nicht in den Ort zu fahren. Meine Nichte kann uns Eier machen. Sie hat bereits bewiesen, daß sie Kaffee kochen kann. Ich mag es, wenn die Eier nicht ganz durch sind«, ordnete sie an. »Nicht zu trocken. Also, gut«, sagte sie, als ich mich nicht sofort von der Stelle rührte. »Du wirst uns jetzt etwas zum Essen vorsetzen. Der arme Morton ist schon halb verhungert. Was tust du da?« fragte sie und stellte sich neben ihn.

»Ich mache mir nur ein Bild davon, wie wir am einfachsten wieder auf unsere Strecke zurückkommen«, erwiderte er.

»Wir haben Zeit«, sagte Tante Fern. »Gefallen dir unsere Ferien bei meiner Familie nicht?« scherzte sie.

»Doch, klar«, sagte er. »Aber wie lange willst du noch bleiben?«

Ich hielt den Atem an.

»Bis es mich langweilt«, erwiderte sie. »Und außerdem«, fügte sie hinzu und lächelte zu mir auf, »wollen wir meine arme Nichte doch nicht gerade dann im Stich lassen, wenn sie uns mehr denn je braucht, oder? Es scheint nämlich ganz so, als sei eines Nachts...«

Ein Ei fiel mir aus der Hand und zersprang auf dem Fußboden.

»Tante Fern!«

»Jetzt sieh dir nur an, was du angerichtet hast«, sagte Tante Fern. »Du bist ein solcher Tollpatsch. Wisch es auf, Christie. Das Ei kannst du dann essen«, sagte sie und lachte.

Ich funkelte sie wütend an und hatte die Nase endlich voll genug, um mich ihr zu widersetzen, aber ein Blick in ihr Gesicht sagte mir, daß sie auf eine solche Konfrontation versessen war. Sie wartete nur auf eine Gelegenheit, allen das Leben zur Hölle zu machen, so wie ihr eigenes Leben eine war. Ich biß mir auf die Unterlippe und beherrschte meinen Stolz.

»Warum ist sie weggelaufen?« fragte Morton.

»Vergiß es«, sagte Tante Fern und schaute auf mich herab, wie ich auf allen vieren dahockte. »Das ist eine Privatsache zwischen einer Nichte und ihrer liebenden Tante, stimmt's, Prinzessin?«

Ich wischte das zerbrochene Ei mit einem Lappen auf und versuchte, sie zu ignorieren, aber sie blieb erbarmungslos. Sie war ein Mensch von der Art, der es Spaß macht, Salz in die Wunden anderer zu streuen. Mir hätte klar sein müssen, daß sie kein Mitleid mit mir haben würde. Sie hatte keinen Funken Mitgefühl im Leib, es sei denn, für sich selbst.

»Stimmt's?« bohrte sie beharrlich weiter.

»Ja, es stimmt, Tante Fern«, sagte ich und schluckte meine Tränen.

Mir wurde klar, daß ich von einer furchtbaren Falle in die nächste geraten war. Jedesmal, wenn ich eines der Glieder der Kette zerbrach, die mich an den Fluch band, der über der Familie lastete, dann wurde dieses Glied irgendwie wieder zusammengeschweißt. Ich kam mir so vor wie jemand, der Eisenketten um den Hals und an den Händen und den Füßen hat. Langsam zog ich mich auf die Füße und bereitete Tante Fern und ihrem Freund mechanisch wie ein Galeerensklave Rühreier zu. Ich tat mein Bestes, um zu verhindern, daß meine Tränen in die Eier tropften.

»Ißt du denn nichts zum Frühstück?« fragte Tante Fern, als ich ihr und Morton die Eier und frischen Kaffee servierte.

»Ich habe keinen Appetit«, sagte ich.

»Du solltest trotzdem etwas essen«, beharrte sie. »Du mußt dringend bei Kräften bleiben. Du wirst noch viel mehr zu tun haben. Am späteren Abend kannst du uns dann etwas auf dem Klavier vorspielen.«

»Das möchte ich lieber nicht tun«, sagte ich.

»Oh, doch, du wirst es tun«, gab sie zurück. »Das gibt dir die Gelegenheit, wieder einmal anzugeben, und wir wissen doch, wie gern du angibst, Prinzessin.«

»Ich gebe nicht an, Tante Fern.«

»Natürlich gibst du an. Nach all den Kosten kann man das auch von dir erwarten. Mein Bruder hat ein Vermögen für ihren Klavierunterricht ausgegeben«, sagte sie zu Morton, der ohne größeres Interesse nickte. »Viel mehr, als er für mich ausgeben wollte«, fügte sie haßerfüllt hinzu.

»Du tust mir leid, Tante Fern«, sagte ich kopfschüttelnd. »In dir haust ein Ungeheuer, das sich an deinem Herzen nährt. Ich habe mehr Mitleid mit dir als mit mir selbst«, fügte ich hinzu und wollte aus der Küche gehen.

»Geh nicht zu weit weg, Prinzessin«, rief sie mir nach und lachte. »Man weiß ja nie, wann ich dich brauchen könnte.«

Ihr Gelächter hallte durch das Plantagengebäude. Es war die Art von Gelächter, die in den dunklen Winkeln dieses alten Bauwerks zu Hause war und gern willkommen geheißen wurde. Ich war sicher, daß es genau die Form des Bösen war, die in diesen Mauern schon so lange ihr Unwesen trieb und hier sehr gut gedieh.

15
Schlecht bis ins Mark

Wenn es auch ein strahlender sonniger Morgen war und nur kleine Wölkchen am Himmel standen, die an das tiefe Blau geklebt zu sein schienen, so war ich doch so unglücklich, daß ich ebensogut die Tür hätte öffnen und in einen grauen verhangenen Tag treten können. Sogar das Zwitschern der Spatzen und Rotkehlchen klang dumpf und unmelodisch in meinen Ohren. Eine große schwarze Krähe, die auf der Rücklehne eines alten hölzernen Gartenstuhls saß, starrte mich mit einem Blick an, der mir wie morbide Neugier vorkam. Sie bewegte sich so gut wie nicht und ähnelte eher einem ausgestopften Vogel. Nicht etwa der Duft von frischgemähtem Gras schlug mir entgegen, sondern statt dessen atmete ich tief den fauligen Geruch der modernden Holzbalken der Veranda ein. Fliegen surrten um das Haus herum, als feierten sie die Entdeckung eines gewaltigen Kadavers, an dem sie sich endlos laben konnten.

Ich seufzte, als ich feststellte, daß ich nur auf das eingestimmt war, was mich traurig machen würde; ich war in der Stimmung, nur das zu sehen, was häßlich und trostlos war, gleichgültig, wie wunderbar der Tag in Wirklichkeit sein mochte. Früher glaubte ich, das Wetter versetzte mich in die eine oder andere Gemütsverfassung, doch jetzt begriff ich, daß es um weit mehr ging. Mommy und Daddy Jimmy waren diejenigen gewesen, die meine Welt strahlend und schön erscheinen ließen. Mit ihrem Lächeln und mit ihren fröhlichen Stimmen erschufen sie den Sonnenschein. Schönheit ohne Menschen, die man liebte, oder

Menschen, von denen man geliebt wurde, war unvollständig, und man konnte sie nicht würdigen.

Und so, wie liebevolle und freundliche Menschen die Welt strahlender und fröhlicher erscheinen ließen, konnten selbstsüchtige und brutale Menschen die Welt trostlos und grau werden lassen. Tante Fern war wie eine dicke schwarze Wolke, die über meinen Kopf hing und drohte, mich mit noch mehr Unglück zu bedecken. Als ich so dastand und von diesen finsteren Gedanken erfüllt war, überlegte ich, die Auffahrt hinunterzulaufen und einfach zu verschwinden. Wenn ich nicht im Haus war und sie mich nicht quälen konnte, würde Tante Fern sich langweilen und abreisen; Gavin konnte Jefferson mit sich nach Hause nehmen und gemeinsam mit ihm ein glückliches Leben führen, und Charlotte, Luther und Homer konnten wieder in die idyllische und schlichte Welt zurückkehren, in der sie bisher gelebt hatten.

Ich machte ein paar Schritte, und meine Augen waren auf die Sprünge und Risse in der Auffahrt gerichtet. In dem heftigen Wind schienen die Bäume und Sträucher mich zu sich zu rufen. Die Stimme im Wind flüsterte: »Lauf, Christie, lauf... lauf.« Was änderte es, wohin ich ging, in welche Richtung ich abbog oder wo ich schließlich landete? Einige Leute würden mich vielleicht eine Weile vermissen. Gavin würde es eine Weile schwer ums Herz sein, aber die Zeit würde mich in das Gewebe seiner Erinnerung einflechten, und er würde sich erfreulicheren und aussichtsreicheren Dingen zuwenden. Es war schon schwierig genug, den Kopf in einer Welt über Wasser zu halten, in der ein Brand zwei so wunderbare Menschen wie Mommy und Daddy Jimmy töten konnte, in der Krankheiten und Armut neben Gesundheit und Reichtum existierten und ohne Sinn und Grund zuschlugen und in jedem einzelnen Moment das Glück zerstören konnten.

Meine Schritte wurden energischer, länger, schneller. Vielleicht würde ich mich im Gestrüpp verstecken und das Haus beobachten, um sicherzugehen, daß Tante Fern und Morton abreisten und Gavin bald darauf mit Jefferson den Heimweg antrat. Dann würde mir bei meinem Entschluß wohler zumute sein. Ja, ich konnte...

»HE!« hörte ich es hinter mir rufen. Ich blieb stehen, und als ich mich umdrehte, sah ich, daß Gavin schnell auf mich zukam. Seine dunklen Augenbrauen waren vor Bestürzung hochgezogen. »Wohin willst du?« fragte er.

»Ich wollte nur...«

»Nur was, Christie? Diese Auffahrt bringt dich zurück zur Straße. Du wolltest fortlaufen, stimmt's?« fragte er zärtlich. »Fern hat dir wieder etwas angetan«, mutmaßte er, ehe ich etwas erwidern konnte. »Was hat sie getan?« fragte er. »Ich gehe jetzt ins Haus und...« Er wandte sich dem Haus zu.

»Nein, Gavin, bitte«, sagte ich und hielt ihn am Unterarm fest. »Tu nichts. Ich wollte nicht fortlaufen«, sagte ich. Er schaute mich skeptisch an. »Ich wollte nur einen Spaziergang machen, und ich dachte, hier käme ich am leichtesten voran«, sagte ich mit flacher Stimme und hoffte nur, er würde den Schmerz nicht sehen, der in meinen Augen stand. Aber genau das sah er.

»Christie, ich habe dir doch gesagt, ich würde dafür sorgen, daß dir niemand mehr weh tut, oder nicht?« sagte er.

»Ich weiß. Ich weiß. Ist mit Jefferson alles in Ordnung?« fragte ich und hoffte, ich könnte ihn von dem Thema abbringen, damit er sich beruhigte.

»Er ist absolut selig und schmiert mit Homer die Scheunenwände mit Farbe voll. Ich warte schon den ganzen Morgen auf dich. Was hat sie von dir verlangt, nachdem du ihr den Kaffee gebracht hast?«

»Nichts Schlimmes. Ich habe ihr beim Baden geholfen und ihr

das Haar gewaschen, und dann habe ich ihnen das Frühstück hingestellt. Es wird schon gehen«, versprach ich, wenn ich auch keineswegs zuversichtlich war. »Ich bin sicher, daß es ihnen heute noch langweilig wird, und dann werden sie abreisen.«

»Hm«, brummte er und nickte, und seine Augen waren klein. »Mag sein.«

»Natürlich werden sie abreisen, Gavin. Was sollen sie denn hier? Du weißt doch, wieviel Abwechslung Fern gewöhnt ist. Sie hat sich doch schon immer darüber beklagt, daß es ihr im Hotel langweilig ist, auch wenn dort der größte Trubel geherrscht hat.«

Bei meinem Versuch, ihn davon zu überzeugen, war ich bemüht, es mir selbst ebenfalls einzureden. Aber es war, als hätten die furchtbaren Schicksalsgöttinnen, die mich wie ein Spuk verfolgten, meine hoffnungsvollen Proteste gehört und seien entschlossen, selbst den kleinsten Anflug von Optimismus im Keim zu ersticken. Tante Fern und Morton kamen aus dem Haus gerannt und lachten, als sie über die Veranda und die Stufen hinunter zu ihrem Wagen liefen.

»Kann es wirklich sein, daß sie abreisen?« murmelte Gavin.

Wir traten zur Seite, um zu beobachten, wie sie den Wagen wendeten und dann die Auffahrt herunterkamen. Sie hielten auf unserer Höhe an, und Tante Fern kurbelte ihr Fenster herunter.

»Wohin, zum Teufel, geht ihr beiden... wieder in euer Liebesnest am See?« fragte sie und lachte.

»Wir machen nur einen kleinen Spaziergang, Tante Fern«, erwiderte ich mit scharfer Stimme.

»Ja, klar. Wir fahren jedenfalls in den Ort, um ein paar Sachen einzukaufen. Morton möchte Steak zum Essen haben, und wir wollen auch für die übrigen Mahlzeiten einiges einkaufen. Außerdem mag ich die Seife und das Shampoo nicht, das es hier gibt.«

»Vergiß den Whiskynachschub nicht«, scherzte Morton, und sie lachten.

»Ja, und es gibt keinen Gin, und wir mögen beide Gin. Du gehst jetzt besser wieder ins Haus und räumst in der Küche auf«, fügte sie hinzu. »Wir müssen unser kleines Versteck sauberhalten. Wobei mir gleich noch etwas einfällt: Ich möchte noch ein paar andere Zimmer gründlich herrichten und bewohnbar machen. Später drehen wir eine Runde durch das Haus, und ich zeige dir, was du zu tun hast.«

Sie kurbelte die Scheibe herunter, und Morton fuhr weiter.

»Soviel dazu, daß sie heute abreisen«, sagte Gavin. »Ich schwöre dir, wenn sie dir noch mehr Gemeinheiten antut, dann packe ich sie am Genick und verfrachte sie mit einem Tritt vor die Tür.«

»Laß uns nur einfach sehen, daß wir sie noch ein Weilchen bei Laune halten, Gavin. Es wird ihnen schnell langweilig werden«, versprach ich ihm. »Bitte«, flehte ich. »Ich will nicht allen anderen noch mehr Schwierigkeiten machen.«

Seine Augen wurden klein.

»Einverstanden«, sagte er, »aber ich will nie wieder erleben, daß du dieses Haus ohne mich verläßt und zur Straße läufst. Versprichst du mir das? Versprich mir, daß du keine Dummheiten machst, Christie«, beharrte er.

Ich senkte die Augen und nickte, doch damit gab er sich noch nicht zufrieden. Er streckte die Hand aus und hob meinen Kopf an, damit ich ihm in die Augen sehen mußte.

»Christie?«

»Ja, Gavin«, sagte ich. »Ich verspreche es dir.«

»Gut«, sagte er zufrieden.

»Ich gehe jetzt ins Haus und räume in der Küche auf. Es besteht kein Anlaß dafür, Charlotte zusätzliche Arbeit zu machen«, sagte ich zu ihm und machte mich auf den Rückweg zum Haus. Tante Fern und Morton kamen mit Tüten zurück, die mit den Lebensmitteln gefüllt waren, die sie gern aßen. Sie hatten zwei Literflaschen Gin und ein Dutzend kleine Fläschchen Tonic Water gekauft. Morton mixte ihnen gleich nach der Rückkehr zwei Drinks. Mir wurde befohlen, die Tüten auszupacken und das Essen zuzubereiten. Kurz darauf hörte ich, wie sie nach mir rief. Charlotte war wieder ins Haus gekommen, um das Mittagessen für Luther und die anderen zuzubereiten.

»Ach, du meine Güte, warum schreit sie denn so laut? Was will sie denn?« fragte Charlotte, die hinter mir stand. Wir fanden sie auf dem oberen Treppenabsatz; in einer Hand hielt sie ihren Drink und in der anderen die Puppe aus dem Kinderbett im früheren Kinderzimmer. Charlotte erstarrte.

»Sei bitte vorsichtig«, rief sie zu Tante Fern herauf.

»Vorsichtig? Womit soll ich vorsichtig sein? Was ist das? Warum liegt eine Puppe in dem Kinderbett?« fragte sie.

»Leg sie bitte dorthin zurück, Tante Fern«, sagte ich und stieg die Treppe hinauf und ging auf sie zu. »Das ist Charlottes Puppe.«

»Sie spielt noch mit Puppen?« fragte sie ungläubig.

»Nein, aber für sie sind damit wichtige Erinnerungen verbunden und…«

»Das ist ja lachhaft. Was für ein lachhaftes Haus«, bemerkte Tante Fern.

»Bitte«, sagte Charlotte. »Leg ihn wieder zurück. Wir holen ihn nicht aus dem Kinderzimmer.«

»Ach, nein?« zog Tante Fern sie auf. »Was glaubst du wohl, was passieren wird? Wird er weinen?« Sie packte die Puppe an den Füßen schlug sie immer wieder gegen das Treppengeländer.

»Hör auf!« schrie Charlotte und rannte hinter mir die Treppe hinauf.

»Tante Fern, laß das bleiben.«

Fern trank noch einen Schluck von ihrem Gin Tonic und lachte.

»Morty«, rief sie. »Du mußt unbedingt herkommen und dir das ansehen. Du glaubst es nicht. Morty!«

»Leg ihn zurück! Bitte, leg ihn zurück«, flehte Tante Charlotte und lief schneller.

Morton kam aus dem Wohnzimmer, in dem er gesessen und getrunken und sich entspannt hatte, und er blickte auf.

»Spielen wir Werfen und Fangen«, rief Tante Fern und hob die Puppe hoch, damit Morton sie sehen konnte. Tante Charlotte streckte die Hand danach aus, und Tante Fern warf Morton die Puppe zu, und er fing sie auf.

»AUFHÖREN!« rief Charlotte und preßte sich die Handflächen gegen die Schläfen.

»Tante Fern, wie konntest du das nur tun?« Ich drehte mich um und ging auf Morton zu, der Fern lächelnd ansah. »Geben Sie mir die Puppe, bitte«, flehte ich. Er lachte, und als ich vor ihm stand, warf er die Puppe Fern wieder zu. Sie ließ sie fallen, doch ehe Charlotte sie erreichen konnte, hob Fern sie auf und drohte, sie Morton wieder zuzuwerfen.

Charlotte schrie wieder auf. Fern kicherte und rannte fort. Ich sah Tante Charlotte ins Gesicht, und ich sah den Schmerz und die Furcht in ihren Augen. In ihrer Phantasie nahm ihr wieder jemand ihr Baby weg, dachte ich. Wie abscheulich und wie grausam es doch war, Tante Charlotte etwas derart Qualvolles anzutun.

»Tante Fern«, rief ich und stürmte wieder die Treppe hinauf. Ich lief hinter ihr her, und Charlotte folgte mir direkt auf den Fersen. Aber als wir am Ende des Korridors um die Ecke bogen, war sie nirgends zu sehen.

»Wo steckt sie bloß? Wo hat sie das Baby hingebracht?« fragte Tante Charlotte.

»Tante Fern?«

Wir hörten von rechts ein Kichern und liefen in die entsprechende Richtung. Doch noch ehe wir die Tür des Zimmers erreicht hatten, in dem sich Tante Fern versteckte, hörten wir, wie das Glas, das sie in der Hand gehalten hatte, auf dem Fußboden zerschmetterte, und wir hörten ihren Aufschrei. Im nächsten Moment tauchte Homer auf und hielt die Puppe im Arm, als trüge er ein echtes Baby. Er ging auf Charlotte zu und legte ihr die Puppe in den Arm. Sie streichelte ihr zart den Kopf und das Gesicht und machte sich dann auf den Weg zum Kinderzimmer.

»Was hat der denn hier zu suchen?« fragte Tante Fern, die jetzt in der Tür stand. »Er hat mir einen höllischen Schrecken eingejagt.«

Homer drehte sich um und schaute sie wütend an.

»Ich habe euch doch gesagt, daß ihr ihn aus dem Haus aussperren sollt«, sagte Tante Fern. »Er ist plötzlich aus dem Nichts aufgetaucht und hat mir diese blöde Puppe aus den Händen gerissen.«

»Es ist in Ordnung, Homer«, sagte ich. »Es ist alles in Ordnung. Geh jetzt wieder zu den anderen.« Er blieb regungslos stehen; seine Augen waren haßerfüllt auf Fern gerichtet, und seine großen Hände waren zu gewaltigen Fäusten geballt. »Geh jetzt, Homer«, sagte ich mit fester Stimme. Er schaute mich an, und dann wandte er sich ab und ging.

»Woher, zum Teufel, ist der denn gekommen?« fragte Tante Fern, die jetzt auf mich zukam, da Homer fort war.

»Er muß Tante Charlottes Schrei gehört haben und durch ein Fenster ins Haus eingestiegen sein«, sagte ich. »Warum hast du das getan, Tante Fern? Du konntest doch sehen, wieviel es ihr ausgemacht hat.«

»Was ist sie denn – bekloppt? In ihrem Alter wegen einer Puppe zu weinen?«

»Das ist die Puppe, die sie schon als kleines Mädchen hatte. Sie bedeutet ihr sehr viel«, sagte ich.

»Verrückt«, bemerkte Tante Fern. »Dieses ganze Haus und alle, die darin leben.« Ihr Gesicht war vor Wut und Ärger verzerrt. Es paßte ihr nicht, daß sie gezwungen worden war, die Puppe herzugeben. Sie war entrüstet und verlegen.

»Warum reisen wir nicht einfach ab, Fern«, sagte Morton. Er hatte den Tumult gehört und war hinter uns die Treppe heraufgekommen.

»Nein«, erwiderte Fern. Sie kochte vor Wut, ihre Augen glühten, und ihre Ohrläppchen hatten sich gerötet. Sie haßte es, wenn sie verlor und eine Niederlage einstecken mußte, und sie würde sich in irgendeiner Form rächen. »Wir haben diese Lebensmittel und all den Schnaps gekauft, um es uns hier gutgehen zu lassen, und das werden wir auch tun«, sagte sie voller Entschlossenheit. Sie richtete ihren Blick fest auf mich. Ich war für sie der Prügelknabe.

»Fangen wir damit an, daß wir dieses Wohnzimmer im Erdgeschoß herrichten. Ich will heute abend eine Party feiern. Feg den Boden, putz die Fenster, und polier die Möbel.«

»Fern, laß uns doch einfach weiterfahren«, bat Morton inständig. Warum verlangte er es nicht einfach von ihr, fragte ich mich. Was war das bloß für ein Mann? Wie wickelte sie die Männer bloß derart ein? Wieso hatte sie sie so in der Hand? War es nur deshalb, weil sie ihnen Sex versprach? Morton war derjenige mit dem Wagen und dem Geld, doch Fern bestimmte alles.

»Ganz ruhig, Morton«, sagte sie und beruhigte sich etwas. Das eisige Lächeln trat wieder auf ihr Gesicht. »Zuerst einmal werden wir köstlich zu Abend essen, und denn wird uns Christie ein Konzert geben. Hinterher spielen wir dann Spiele... eines der Spiele, die du magst«, sagte sie affektiert zu ihm. Dieses Versprechen, was es auch sein mochte, freute ihn, denn er lächelte.

»In Ordnung«, sagte er.

»Dann ist ja alles geregelt. Mach dich im Wohnzimmer an die Arbeit, Prinzessin. Wir wollen es uns heute abend doch gutgehen lassen, oder nicht?«

»Keinem von uns wird es gutgehen, solange du die Leute hier quälst und ärgerst, Tante Fern«, sagte ich zu ihr.

»Hör doch endlich auf zu jammern. Ich habe meinen Spaß, und das gefällt mir. Entweder deine Mutter oder mein Bruder haben mich immer daran gehindert, meinen Spaß zu haben. Und jetzt sind sie nicht da. Ich bin hier die Erwachsene, die für alles zuständig ist, verstanden?«

»Dann benimm dich wie eine Erwachsene«, sagte ich, denn ich konnte mich einfach nicht zurückhalten. Ihr Gesicht wurde flammendrot, und ehe ich es sehen konnte, riß sie die Hand hoch und ohrfeigte mich; es war ein so fester Schlag, daß ich rückwärts taumelte. Mein Gesicht brannte, und in meinen Augen standen Tränen. Sie kam auf mich zu, und ich hob instinktiv den Arm, um mich zu schützen.

»Du kleines Miststück! Wag es nicht, mir je wieder eine so freche Erwiderung zu geben!« brüllte sie. »Hast du gehört? HAST DU GEHÖRT?« Sie schien vor mir turmhoch zu wachsen und immer höher über mir aufzuragen, ihre schwarzen Augen waren wie glühende Kohlen, und ihre Nasenflügel blähten sich dermaßen, daß sie Ähnlichkeit mit einem rasenden Stier bekam. Ihre Gesichtszüge verzerrten sich vor Wut. Unwillkürlich wich ich vor ihr zurück. Hinter meinen Ohren setzte ein Stechen ein, als mich alle Kraft verließ, und ich starrte die Frau an, die mir jetzt wie eine Fremde erschien.

»Ich sollte dich fesseln und knebeln und dich diese Treppe hinunterzerren und dich in den Kofferraum von Mortons Wagen werfen und dich zurück zu Philip fahren«, fauchte sie durch zusammengebissene Zähne. »Er könnte diese Leute hier in ein

Irrenhaus einweisen lassen. Ja«, sagte sie und nickte. »Das könnte er tun.

Und wenn ich erst einmal bezeugt habe, daß ich dich hier vorgefunden habe, wie du mit Gavin in Sünde lebst, dann glaubt dir niemand mehr deine Geschichte mit Philip. Wenn Philip der Verwalter dieses Anwesens ist und für alles zuständig ist...« Sie schaute sich um. »Vielleicht würde er mir dieses Haus zur Belohnung sogar schenken. Morty und ich könnten alles auseinandernehmen und hier einen Riesenspaß haben, stimmt's, Morty?«

»Es ließe sich etwas daraus machen«, stimmte er ihr rasch zu. Ich hatte das Gefühl, daß er sich ebensosehr wie ich vor ihr fürchtete.

»Ja«, sagte sie und nickte. »Morty kennt sich in solchen Dingen aus, und er sagt, es ließe sich etwas daraus machen.«

Sie schaute wütend auf mich herunter. Ich wandte den Blick ab. Mein Herz klopfte so heftig, daß ich glaubte, ich könnte ohnmächtig werden. Der Sturm des Grauens, mit dem sie mir gedroht hatte, war über mich hereingebrochen. Es kam mir vor, als würde ich im Fußboden versinken.

»Ich möchte eine Entschuldigung hören«, sagte sie. »Ich weiß nicht, wie oft mich mein Bruder dazu gezwungen hat, mich für dies oder jenes bei deiner Mutter zu entschuldigen. Also, was ist?«

Ich fühlte mich in der Falle, von ihrem Haß und ihrer Wut in die Enge getrieben. Wer wußte, was Charlotte und Luther und sogar Homer Furchtbares zustoßen konnte, wenn sie ihre Drohungen wahrmachte.

»Es tut mir leid«, murmelte ich.

»Was? Ich habe dich nicht gehört«, sagte sie und stemmte die Hände in die Hüften.

»Es tut mir leid, Tante Fern«, sagte ich so laut, daß Morton es auch hören konnte. Ich wußte, daß es das war, was sie wollte.

»So war es gut«, sagte sie lächelnd. »Und jetzt könnt ihr alle wieder zum normalen Alltag zurückkehren, und wir können wieder Freunde sein. Bis jetzt hast du deine Sache schließlich wirklich gut gemacht. Findest du das nicht auch, Morton?«

»Sie ist eine gute Gastgeberin gewesen«, sagte er und nickte.

»Ja, stimmt, eine gute Gastgeberin. Also, gut«, sagte sie und wandte sich wieder an mich, »und jetzt machen wir einfach weiter. Putz das Wohnzimmer, damit wir heute abend unsere Party feiern können«, schloß sie. Dann wandte sie sich ab und ging.

»Magst du vielleicht noch einen Drink?« fragte Morton und hielt ihr den Arm hin, damit sie sich bei ihm einhängen konnte.

»Eine gute Idee. Das kann ich jetzt brauchen. Ach, noch etwas, Prinzessin«, sagte sie und drehte sich um. »Du solltest in diesem Zimmer die Glasscherben auffegen. Dieser Schwachsinnige hat mich derart erschreckt, daß ich mein Glas habe fallen lassen. Sei vorsichtig. Schneide dich nicht«, fügte sie noch hinzu. »Wenn dir etwas Schlimmes zustieße, könnte ich mir das niemals verzeihen.« Ihr perlendes Gelächter hallte hinter ihr und Morton her, als sie durch den Korridor liefen und sich so benahmen, als sei nichts passiert.

Ich hätte schon eher weglaufen sollen, dachte ich. Ich hätte nicht so unentschlossen sein dürfen. Ich hätte die Auffahrt hinunterrennen und verschwinden sollen. Wenn ich das getan hätte, hätte sie Tante Charlotte nicht gequält.

Mit gesenktem Kopf und einem Herzen, das mir so vorkam, als sei es zu Stein geworden, folgte ich Tante Fern und Morton, um mich im Wohnzimmer an die Arbeit zu machen, damit sie mit mir zufrieden war. Ich klammerte mich nach wie vor an die Hoffnung, daß diese Spiele sie langweilen und daß sie abfahren würden, denn ich gelobte mir und schwor bei allem, was mir heilig war, daß ich ihr nie mehr gestatten würde, je wieder in mein Leben einzudringen.

So haßerfüllt war ich inzwischen.

So haßerfüllt hatte sie mich werden lassen.

An jenem Abend beim Abendessen benahmen sich Tante Fern und Morton widerlich und ekelhaft. Ohne Vorwarnung legten sie mit ihren albernen Spielchen los. Ich glaube, sie wollte nur versuchen, uns zu demonstrieren, wie sehr sie diesen armseligen Kerl in der Hand hatte. Sie ging mit ihm um, als sei sie seine Herrin und er müßte ihr gehorchen.

»Du bist ein einjähriges Baby«, befand sie. »Du kannst noch nicht allein essen und mußt gefüttert werden. Sag gaga. Mach schon.«

»Gaga«, sagte er und bemühte sich, wie ein Säugling auszusehen: Sein Blick richtete sich an die Decke, die Arme ließ er seitlich herunterhängen, und den Mund sperrte er auf.

»Hungrig, kleiner Morty?« zwitscherte Tante Fern. Er nickte begierig. Sie hob eine Gabel Kartoffelpüree an seine Lippen, und als er den Mund weit aufmachte, zog sie die Gabel weg. »Nein, nein, kleiner Morty. Nicht so schnell. Nicht, ehe du etwas für Mommy getan hast. Hier«, sagte sie und streckte die andere Hand aus. »Leck Mommy die Hand. Mach schon, oder Mommy füttert dich nicht.«

Wir sahen ihm alle dabei zu. Charlotte war fasziniert; Luther war angewidert. Jefferson fand all das sehr komisch und fing an, sich auch wie ein Baby zu benehmen, bis ich ihn in den Arm kniff. Gavin schüttelte den Kopf und schloß die Augen, weil er es nicht mitansehen wollte, doch man konnte es nicht einfach ignorieren.

»Ich werde Morty jetzt ein wenig Kartoffelpüree auf die kleine Nasenspitze schmieren, und dann wird er versuchen, es abzulekken.« Sie tat es. »Mach schon, Morty, Versuch es. Versuch es für Mommy.«

Wir schauten zu, wie er die Zunge herausstreckte und sie nach oben bog. Er schaffte es nicht und fing an zu schreien wie ein Baby, bis Fern ihm die Nase abwischte.

»Morty ist ein braver Junge; er hat es probiert. Gut, Morty, und jetzt sei wieder älter, und iß dein Essen selbst.« Er lächelte und stürzte sich auf sein Essen, ehe sie es sich wieder anders überlegte.

»Wieso gaffst du so, Prinzessin? Spielt ihr denn keine Spielchen miteinander, du und mein Bruder?« fragte sie.

»Jedenfalls bestimmt keine derart doofen Spiele«, sagte Gavin rasch.

»Sei doch nicht so prüde, wie dein Bruder es war«, erwiderte sie und wandte sich dann an mich. »Das Essen ist dir gut gelungen, Prinzessin. Du machst dich immer besser. Wer weiß? Bis wir abreisen, könntest du soweit sein, daß du dich als Hausmädchen bewerben kannst. Wie würde dir das gefallen, Jefferson?« fragte sie und beugte sich über den Tisch zu ihm vor. »Wie würde es dir gefallen, wenn deine Schwester ein Hausmädchen wäre?«

Jefferson zuckte die Achseln.

»Können wir dann trotzdem hierbleiben?« fragte er.

»Natürlich könnt ihr hierbleiben.« Sie sah mich fest an. »Solange sie ein braves Dienstmädchen ist, könnt ihr euch von mir aus bis in alle Ewigkeit hier verstecken.« Sie seufzte tief. »Aber Christie ist in Wirklichkeit nicht nur ein Hausmädchen. Sie ist sehr begabt. Das weiß jeder. Man hat es uns allen oft genug gesagt. Morty kann es kaum erwarten, dich spielen zu hören, stimmt's, Morty?«

»Was?« Er schaute schnell von seinem Teller auf. »Ja, sicher. Kannst du etwas von Chopin spielen?«

»Natürlich kann sie das«, antwortete Tante Fern an meiner Stelle. »Sie kann alles auf dem Klavier spielen. Das stimmt doch?«

»Ich kenne ein paar Stücke von Chopin. Ich habe für den Unterricht Sonaten von ihm gelernt.«

»Na prima«, sagte sie höhnisch.

»Ich habe Klavierunterricht gehabt, als ich jünger war«, bemerkte Morton freundlich.

»Wenn das nicht klasse ist. Alle hatten irgendwelchen Unterricht, nur ich nicht«, sagte Tante Fern.

»Ich weiß, daß Daddy Jimmy wollte, daß du ein Instrument lernst«, sagte ich. »Ich kann mich genau erinnern, daß du dich geweigert hast.«

»Ich hätte doch nicht, nur weil er es wollte, ein Instrument gelernt. Und überhaupt hat ihm das wahrscheinlich Dawn eingeredet. Wir begnügen uns gern damit, dir nur einfach zuzuhören, Prinzessin«, fügte sie hinzu und zwang sich zu einem Lächeln. Sie wischte sich den Mund ab und ließ ihre Serviette fallen. »Komm schon, Morty. Ziehen wir uns auf einen Drink nach dem Essen ins Wohnzimmer zurück. Wenn du den Tisch abgedeckt und das Geschirr gespült hast, kommst du nach und spielst uns etwas vor«, ordnete sie an.

»Einen Moment mal«, begann Gavin. Er wollte von seinem Stuhl aufstehen. Ich hielt ihn am Arm fest.

»Es ist schon gut, Gavin. Ich habe nichts dagegen, Klavier zu spielen, selbst dann nicht, wenn ich für Tante Fern spiele«, sagte ich. Diese Worte ließen ein Lächeln auf seine und Mortons Lippen treten.

Tante Fern machte auf dem Absatz kehrt und stolzierte aus dem Zimmer, und Morton folgte ihr gehorsam auf Schritt und Tritt wie ein Welpe.

Während Charlotte und ich den Tisch abräumten und das Geschirr spülten, beschäftigte Gavin Jefferson mit den Spielkarten, die er ihm auf unserer Reise nach Lynchburg gekauft hatte. Luther, der sich vor Tante Fern und Morton einfach nicht mehr länger beherrschen konnte, verschwand, um irgendwelche geheimnisvollen Arbeiten in der Scheune zu erledigen; und Homer war klug genug, sich von uns fernzuhalten, wenn ich ihn auch dabei ertappte, daß er durch ein Fenster ins Haus schaute, als ich endlich in der Küche fertig war und ins Wohnzimmer ging, um Klavier zu spielen. Er verschwand jedoch jedesmal, wenn Tante Fern sich in seine Richtung umdrehte.

Ich spielte mehr als nur die Sonaten von Chopin. Meine Musik war für mich eine Flucht. Es hatte etwas von einem Zauberteppich, der mich in die Lüfte hob und mich aus dieser Welt der Gehässigkeit und der Grausamkeit davontrug. Ich schloß die Augen und malte mir aus, Mommy säße still und aufmerksam in unserem Wohnzimmer in Cutler's Cove und lächelte stolz. Wenn ich spielte, schien es, als seien all die furchtbaren Dinge, die geschehen waren, nie geschehen. Die Musik ließ die Traurigkeit von mir abfallen und die Tragödie verblassen, und alles schien nur eine Reihe von bösen Alpträumen zu sein. Wir waren alle am Leben und zusammen, und es ging uns gut.

Ich verlor mich wirklich ganz in der Musik, denn als ich aufhörte zu spielen und die Augen öffnete, schaute mich sogar Tante Fern mit weitaufgerissenen Augen voller Erstaunen an. Tante Charlotte klatschte aufgeregt in die Hände. Jefferson war mit dem Kopf auf Gavins Schulter eingeschlafen.

»Das war absolut phantastisch«, sagte Morton. Sein bewundernder Gesichtsausdruck ließ augenblicklich jede Ehrfurcht von Tante Ferns Gesicht verschwinden. »Du bist eine sehr begabte junge Dame«, sagte er und nickte. Er war derart beeindruckt, daß ich tatsächlich vor Verlegenheit errötete.

»Ich vermute, sie ist gut«, räumte Tante Fern widerstrebend ein. »Ich habe dir doch gesagt, daß sie die besten Klavierlehrer hatte. Wenn es um die Prinzessin ging, ist nirgends gespart worden.«

»Um so zu spielen, braucht man mehr als Geld«, sagte Morton.

»Tja, ich hätte ja auch etwas mit meinem Talent anfangen können«, jammerte Tante Fern, »wenn sich jemand meiner angenommen hätte, sich meiner wirklich angenommen hätte, statt nur so zu tun.« Sie riß ihre Arme hoch und verschränkte sie unter den Brüsten. Dann lehnte sie sich zurück und schaute mich so neidisch und schmollend wie ein kleines Kind an.

»Ich sollte Jefferson jetzt lieber nach oben ins Bett bringen«, sagte ich und ging auf ihn zu. »Komm, Jefferson.«

Seine Lider flatterten und öffneten sich einen Moment lang.

»Ich trage ihn nach oben«, sagte Gavin. Er hob Jefferson hoch. Jeffersons Kopf schmiegte sich sofort an Gavins Brust.

»Ich gehe auch schlafen«, kündigte Tante Charlotte an.

»Schön für dich«, sagte Tante Fern. Dann wandte sie sich an Gavin und mich. »Kommt sofort wieder nach unten«, befahl sie. »Wir wollen ein Spiel spielen.«

»Ein Spiel? Was für ein Spiel?« fragte ich argwöhnisch.

»Das werdet ihr schon sehen, wenn ihr zurückkommt«, erwiderte sie und lächelte Morton an, der ebenfalls lächelte. »Besorg mir noch einen Drink, Morty, und mix auch gleich zwei für Romeo und Julia.«

»Wir wollen nichts von eurem Schnaps haben«, fauchte Gavin.

»Da haben wir es! Du bist schon wieder ein prüder Bruder«, sagte sie zu ihm. Gavin ignorierte sie, und wir gingen, um Jefferson ins Bett zu bringen.

Als ich ihn auszog, bemerkte ich eine häßliche Wunde auf seinem rechten Schenkel. Der frische Schorf war von entzündetem Fleisch umgeben.

»Wie ist das passiert, Jefferson?« fragte ich. Seine Lider flatterten, und er öffnete die Augen und schloß sie sofort wieder.

»Jefferson?« Ich wandte mich an Gavin. »Sieh dir das an, Gavin.«

Er schaute sich die Wunde einen Moment lang an.

»Ich weiß nicht, wie das passiert ist«, sagte er. »Er hat mit keinem Wort darüber gesprochen. Jefferson, wach auf«, sagte er und schüttelte ihn. Diesmal blieben Jeffersons Augen offen.

»Woher hast du diese Verletzung?« fragte ich und deutete auf die Wunde.

»Ich bin an einem Nagel hängengeblieben«, sagte er.

»Wann? Wo?« fragte ich eilig.

»Als wir gerade erst hier angekommen waren und ich mit Tante Charlotte das Zimmer gestrichen habe«, erwiderte er.

»Ich habe die Verletzung bis heute nicht gesehen«, sagte Gavin.

»Warum hast du mir nichts davon gesagt, Jefferson?« fragte ich. Er zuckte die Achseln. »Hat Tante Charlotte die Wunde ausgewaschen? Hast du sie ausgewaschen?«

»Mhm«, sagte er und schloß die Augen wieder. Ich wußte nicht, ob ich ihm glauben sollte oder nicht.

»Ich werde Charlotte danach fragen und etwas darauf tun«, sagte ich und ging an ihre Tür. Ich klopfte an, und als ich keine Antwort bekam, schaute ich hinein und sah sie neben dem Bett knien und wie ein kleines Mädchen beten.

»Dir, o Herr, vertraue ich meine Seele an...«

Sie sah mich und unterbrach sich.

»Es tut mir leid, daß ich dich störe, Tante Charlotte, aber Jefferson hat eine schlimme Verletzung am Bein. Er hat gesagt, er hätte sie sich geholt, als er vor ein paar Tagen mit dir das Zimmer gestrichen hat. Kannst du dich noch daran erinnern?« Sie schüttelte den Kopf. »Hast du irgend etwas für offene Verletzungen?«

»O ja«, sagte sie. Sie stand auf und holte aus dem Bad ein Päckchen Pflaster und ein Antiseptikum.

»Gut«, sagte ich. »Du kannst dich nicht erinnern, ob du die Wunde auf Jeffersons Bein damals ausgewaschen hast?« fragte ich. Sie neigte den Kopf zur Seite und dachte einen Moment lang nach.

»Vielleicht habe ich es getan«, sagte sie. »Ich bringe da etwas durcheinander. Luther hat sich geschnitten. Er schneidet sich ständig an irgend etwas.«

Ich nickte.

»Danke, Tante Charlotte.«

Als ich zurückkam, hatte Gavin Jefferson ins Bett gebracht. Ich holte einen Waschlappen, reinigte die Wunde und behandelte sie mit Antiseptikum. Dann klebte ich ein großes Pflaster darauf. Während all der Zeit öffnete er nicht ein einziges Mal die Augen.

»Wir werden die Verletzung im Auge behalten müssen«, sagte ich zu Gavin, »und darauf achten, daß die Entzündung zurückgeht. Ich glaube nicht, daß Charlotte die Wunde ausgewaschen hat, als es passiert ist, und er fand es so aufregend, das Zimmer anzustreichen, daß er uns nichts davon erzählt hat.«

Gavin nickte.

»Was sollen wir jetzt tun?« fragte er und schnitt eine Grimasse.

»Wir gehen am besten wieder nach unten und sehen uns an, was für ein blödes Spiel sie spielen will«, erwiderte ich und stand auf. »Wenn wir es nicht tun, kommt sie doch nur schreiend raufgelaufen und weckt Jefferson und Tante Charlotte.«

Er nickte.

Als wir ins Wohnzimmer zurückkamen, saßen Tante Fern und Morton auf dem Fußboden neben dem Tisch. Auf dem Tisch befanden sich ein Päckchen Spielkarten und ihre Gin Tonics. Auf Ferns Wunsch hin mixte Morton uns zwei Drinks.

»Kommt schon«, sagte Tante Fern und forderte uns auf, uns

ebenfalls neben den Tisch auf den Fußboden zu setzen. Ihre Lider waren halb geschlossen, und das, was ich von ihren Augen sehen konnte, sah blutunterlaufen aus. »Ihr laßt uns ganz schön warten. Hier sind eure Drinks.«

»Ich habe doch gesagt, daß wir nichts trinken wollen«, sagte Gavin.

»Was bist du bloß für ein Teenager?« fragte sie ihn erbost. »Du benimmst dich eher wie ein alter Mann.« Dann lächelte sie. »Du hast wirklich nichts von unserem Alten, soviel steht fest. Daddy Longchamp«, sagte sie zu Morton, »war ein berüchtigter Trinker.« Sie nahm einen Schluck von ihrem eigenen Drink.

»Das war er nicht!« brauste Gavin auf.

»Ich weiß, was er war, Schätzchen«, sagte sie. Sie stellte ihr Glas hin und sah ihn fest an. »Es ist zwecklos, sich vorzumachen, er hätte nicht getrunken und er sei nicht im Gefängnis gewesen.«

»Jedenfalls... jedenfalls... trinkt er heute nicht mehr«, stotterte Gavin. Sie hatte ihn dazu gebracht, daß er kurz vor den Tränen stand.

»Vielleicht nicht, wenn du dabei bist, aber ich wette, daß er heimlich trinkt«, sagte sie und genoß Gavins Unbehagen. »Einmal ein Trinker, immer ein Trinker.«

»Er trinkt nicht mehr so viel wie früher«, widersprach Gavin.

»Meinetwegen, dann eben nicht. Er ist so rein wie frischgefallener Schnee, und er ist einfach vollkommen, ein bekehrter Trinker und Kidnapper.«

»Du weißt nicht, wovon du sprichst«, sagte Gavin. »Du solltest über Daddy nicht solche Dinge sagen.«

»Schon gut, schon gut«, erwiderte sie und war zufrieden, denn sie hatte ihn genug gequält. »Und jetzt wollen wir zur Abwechslung einmal unseren Spaß haben. Setzt euch.«

»Ich trinke nichts«, beharrte Gavin.

»Dann trink eben nichts. Von mir aus kannst du Geistlicher

werden«, sagte sie gereizt. Wir setzten uns. »Aber ihr müßt euch an die Spielregeln halten«, fügte Tante Fern hinzu. Sie schaute Morton an, der, wie immer, lächelte.

»Welche Spielregeln? Was ist das für ein Spiel?« fragte ich.

»Wir spielen Strip Poker«, sagte sie. »Teil die Karten aus, Morty.«

»Was?« sagte Gavin.

»Erzähl mir bloß nicht, ihr beide hättet noch nie Strip Poker gespielt. Ist das zu fassen, Morty?« fragte sie ihn. Er zuckte die Achseln und fing an, die Karten auszugeben.

»So etwas spielen wir nicht«, sagte Gavin. Er starrte die Karten an, als würden wir uns schon anstecken, wenn wir sie auch nur berührten.

»Ach so, ihr spielt das nur unter euch, stimmt's?« spottete Tante Fern.

»Wir haben das noch nie gespielt«, sagte er.

»Na und? Irgendwann ist es immer das erste Mal. Stimmt's, Prinzessin?« sagte sie an mich gewandt. »Wenn es um das erste Mal geht, kannst du schließlich mitreden, stimmt's?«

»Hör auf damit, Tante Fern.«

»Dann nehmt eure Karten in die Hand«, befahl sie hitzig. »Ihr könnt doch Poker spielen.«

»Tu es nicht, Christie«, sagte Gavin. Fern nahm ihre Karten in die Hand und lächelte.

»Ich biete drei Kleidungsstücke«, sagte sie. »Morty, was ist mit dir?«

»Das schaue ich mir an, und ich erhöhe um drei Kleidungsstücke«, erwiderte er.

»Gavin?«

»Wir spielen dieses blöde Spiel nicht mit, Fern«, sagte er entschieden. Sie ließ die Hand sinken.

»Ich kann es nicht leiden, wenn man mir den Spaß verdirbt«,

sagte sie mit harter Stimme. »Dann bekomme ich immer Lust, Leute anzurufen, Leute wie Philip.«

»Hör endlich auf, uns zu drohen«, fauchte Gavin sie an.

»Und Leute wie Daddy.« Sie wandte sich an mich. »Und Leute von Behörden, die kommen und alte Damen abholen, die noch mit Puppen spielen.«

»Du dreckiges...«

»Vergiß es, Gavin«, unterbrach ich ihn schnell. »Wir spielen ihr albernes Spiel, wenn es sie glücklich macht.«

»Sehr gut. Morty hat sechs Kleidungsstücke gesetzt. Christie, was ist mit dir?«

Ich schaute meine Karten an. Sie waren furchtbar schlecht; ich hatte noch nicht einmal ein Pärchen.

»Ich passe«, sagte ich.

»Wenn du das tust, muß du sechs Kleidungsstücke ausziehen«, sagte sie.

»Aber so spielt man doch nicht Poker«, protestierte ich.

»Wir haben unsere eigenen Regeln«, sagte sie. »Stimmt's, Morty?«

»Stimmt genau«, antwortete er.

»Das ist ja blödsinnig«, meinte Gavin.

»Für dich ist alles, was Spaß macht, Blödsinn«, fuhr Tante Fern ihn an. »Also, was ist?« fragte sie mich.

»Wenn das eure Spielregeln sind, kann ich ebensogut mitgehen«, erwiderte ich. »Obwohl es mir überhaupt nicht einleuchtet.«

»Gut Gavin?«

Er ignorierte sie schlichtweg.

»Ich nehme zwei Karten«, sagte sie zu Morton. Er gab sie ihr und wandte sich an mich.

»Vier«, sagte ich.

»Warum tust du das?« fragte Gavin mich.

»Sie will ihren Spaß haben. Sie will dafür sorgen, daß der prüde Knabe lockerer wird«, scherzte Tante Fern. Widerstrebend nahm er sein Blatt in die Hand und sah sich die Karten an.

»Zwei Karten«, murmelte er und sah Morton an.

Ich hatte immer noch keine besseren Karten als vorher.

»Für mich eine«, sagte Morton und nahm sich selbst eine Karte. Er lächelte strahlend.

»Ich erhöhe um zwei weitere Kleidungsstücke«, sagte Fern.

»Das schaue ich mir an und erhöhe um eines«, erwiderte er.

»Das heißt neun, wenn man mitzieht, und sechs, wenn man aussteigt«, erklärte Tante Fern.

Gavin schnitt eine Grimasse und warf seine Karten auf den Tisch. Ich tat dasselbe.

»Zwei Pärchen, Dreien und Fünfen«, sagte Tante Fern und zeigte ihr Blatt.

»Eine Straße, von zwei bis sechs«, sagte Morton und zeigte seine Karten. Er lehnte sich zurück.

»Du hast Glück gehabt«, sagte Fern. Sie lächelte. »Ihr könnt euch selbst aussuchen, welche sechs Kleidungsstücke ihr auszieht. Ich muß neun ausziehen. Ach«, sagte sie und lachte, als sie ihre Schuhe von den Füßen trat, »das heißt, daß ich hinterher splitternackt bin.« Sie zog sich die Bluse über den Kopf und hielt inne.

»Wo bleiben deine sechs Kleidungsstücke, Prinzessin?« fragte sie.

Ich zog mir die Schuhe und die Socken aus.

»Das sind zwei«, sagte sie.

»Zwei? Ich habe zwei Schuhe und zwei Socken ausgezogen«, protestierte ich.

»Pärchen werden nur als eines gerechnet«, sagte sie. »So sind unsere Regeln, stimmt's, Morty?«

»Stimmt«, äffte er sie nach wie ein Papagei.

»Mach weiter«, befahl sie mir.

»Tu es nicht«, sagte Gavin.

»Bei Spielen kneift man nicht«, fauchte Tante Fern. »Das ist, als würde man sein Versprechen brechen, ein Geheimnis für sich zu behalten«, fügte sie hinzu und lächelte mich an.

Ich knöpfte meine Bluse auf. Mortons Lächeln wurde immer strahlender, und er fuhr sich mit der Zunge über die Lippen. Tante Fern hakte ihren BH auf und ließ ihn an ihren Armen heruntergleiten, ohne auch nur einen Augenblick zu zögern, als sei sie allein in ihrem eigenen Schlafzimmer. Ihre Brüste wackelten, als sie ihren Rock öffnete.

»FERN! DU BIST BETRUNKEN, UND DU BIST WIDERWÄRTIG!« schrie Gavin und stand auf. »ICH KANN NICHT GLAUBEN, DASS DU MEINE SCHWESTER BIST!«

Tante Fern warf den Kopf zurück und lachte. Gavins Gesicht war rot, als er sich abwandte und aus dem Zimmer eilte. Das brachte sie nur um so mehr zum Lachen.

»GAVIN!« rief ich und stand auf. Ich hörte, wie er durch den Korridor und zur Haustür rannte, ich lief hinter ihm her.

»Halt«, sagte Tante Fern und hörte sofort auf zu lachen. »Du hast deine sechs Kleidungsstücke noch nicht ausgezogen.«

Ich sah erst sie an und dann Morton, der sich mit einem anzüglichen Lächeln zurückgelehnt hatte und mich begehrlich angaffte.

»Das Spiel ist vorbei, Tante Fern«, sagte ich und senkte die Lider.

»Du verläßt diesen Raum nicht, ohne zu zahlen, was du uns schuldest«, beharrte sie. »Das sind die Spielregeln.«

»Bitte, Tante Fern. Können wir nicht endlich aufhören?«

»Nicht, ehe du den Preis gezahlt hast, den du uns schuldig bist«, beharrte sie. »Ich warte.«

Ich zog meine Bluse aus.

»Das wären drei«, sagte sie. »Mach weiter.«

Ich zog den Reißverschluß meines Rocks auf, und er fiel mir auf die Knöchel.

»Vier.«

Ich stand jetzt nur noch in Schlüpfer und BH da.

»Soll ich dir helfen?« fragte sie. Ich schüttelte den Kopf. »Tante Fern...«

»Es wäre nicht fair«, sagte sie. »Ich habe keinen Moment gezögert, meine Schulden zu bezahlen.«

Ich schaute Morton an. Er starrte mich so gebannt an, daß ich das Gefühl hatte, als hätte er mir die letzten verbleibenden Kleidungsstücke bereits mit den Augen ausgezogen. Ich öffnete meinen BH, doch ich zögerte.

»Komm schon, Prinzessin, du hast es für Onkel Philip getan, also kannst du es für uns auch tun«, schmeichelte sie.

»Tante Fern! Wie kannst du nur etwas so Furchtbares sagen!« rief ich. »Ich habe es nicht für Onkel Philip getan. Ich habe es nicht getan.«

Ich hob meine Schuhe und Socken und meinen Rock auf und preßte mir den BH gegen die Brüste, als ich aus dem Wohnzimmer rannte.

»Du Miststück!« rief sie mir nach. »Beim Strip Poker kann man sich nicht einfach drücken. Das wird dir noch leid tun... DAS WIRD DIR NOCH LEID TUN!«

Ich rannte durch den Korridor und stürzte in ein Zimmer, um mich anzuziehen. Dann lief ich aus dem Haus, um Gavin zu suchen. Er war nirgends zu sehen, und daher ging ich um das Haus herum und lief zur Scheune. Auf halber Strecke hörte ich ihn flüstern.

»Christie.«

Er stand abseits im Dunkeln. Ich lief zu ihm hin.

»Gavin, du hast recht gehabt. Ich hätte gar nicht erst versuchen sollen, ihr einen Gefallen zu tun. Sie ist abscheulich, und sie wird niemals aufhören, uns zu quälen, und bei mir schon gar nicht. Mit ihren Drohungen kann sie mich nicht mehr beeindrucken. Ich werde überhaupt nichts mehr für sie tun.«

»Das ist gut so. Vielleicht hörst du jetzt auf mich und gehst mit mir fort.«

»Ja, Gavin, ich werde auf dich hören. Ich glaube, sobald wir fort sind und sie keinen Spaß mehr mit uns hat, wird sie auch abreisen. Ich werde Luther alles erklären, und er wird Charlotte und Homer von ihnen fernhalten, bis sie aufbrechen«, sagte ich. »Wir gehen morgen früh.«

»Gut. Wir werden früh aufstehen und Luther bitten, uns nach Upland Station zu fahren.«

»Aber was tun wir dann, Gavin?« fragte ich. Gavin dachte einen Moment lang nach.

»Ich nehme an, wir werden meinen Daddy anrufen müssen«, sagte er. »Er wird nicht gerade glücklich darüber sein, daß wir so weit weg sind, aber er wird uns helfen, und wenn er erfährt, was dir zugestoßen ist, wird er uns erst recht helfen. Und er ist auch Jeffersons Großvater, Christie. Vergiß das nicht.«

»Ich weiß, aber ich fürchte mich trotzdem. Und doch hast du recht. Wir sollten ihn anrufen«, sagte ich.

»Er wird uns helfen. Du wirst es ja sehen. Er ist alles andere als das, was Fern behauptet«, sagte Gavin, dem ihr Spott offensichtlich sehr zugesetzt hatte.

»Das weiß ich, Gavin. Ich habe Großpapa Longchamp immer geschätzt. Laß uns jetzt wieder ins Haus gehen. Wir gehen in unsere Zimmer und legen uns schlafen.«

Er nahm mich an der Hand, und wir kehrten zum Haus zurück und betraten es so leise wie möglich. Wir konnten Fern im Wohnzimmer kichern hören. Als wir vorbeikamen, warfen wir einen Blick hinein und sahen die beiden nackt in einer Umarmung auf dem Fußboden liegen. Wir eilten die Treppe hinauf und blieben vor meiner Tür stehen.

»Wenn man sie sieht, erscheint einem alles schmutzig«, sagte Gavin und schlug die Augen nieder.

»Das ist es nicht, wenn man den Menschen wirklich gern hat, mit dem man zusammen ist, Gavin. Dann ist es wunderschön. Wir haben keinen Grund, uns für irgend etwas zu schämen«, sagte ich zu ihm. Er lächelte und drückte mir einen Kuß auf die Lippen.

»Schlaf gut«, sagte er.

»Du auch«, sagte ich und ging in mein Zimmer. Nachdem wir eine Entscheidung getroffen hatten, fühlte ich mich, als sei eine schwere Last von meinen Schultern genommen worden. Ich schlief erleichtert ein, weil wir Fern endlich los sein würden. Es tat mir leid, daß unsere Zeit in unserem ganz speziellen Paradies abgelaufen war, aber irgendwie wird schon alles gutgehen, sagte ich mir.

Aber ich hätte es besser wissen müssen.

Gavins Rufe weckten mich aus meinen angenehmen Träumen.

»Christie, komm schnell«, rief er durch die Tür. »Es geht um Jefferson!«

»Was ist, Gavin?«

»Ihm fehlt etwas! Es ist ganz schlimm!« Auf seinem Gesicht stand ein derartiger Ausdruck des Grauens, daß mir das Herz stehenblieb und ich sofort aus dem Bett sprang.

16

Die Schatten werden tiefer

»Was ist los, Jefferson?« rief ich und konnte die Sorge beim besten Willen nicht aus meiner Stimme verbannen.

Jefferson lag starr auf dem Rücken und hatte die Arme steif ausgestreckt. Sein Mund stand gerade so weit offen, daß er leise stöhnen konnte. Sein Kiefer wirkte geschwollen, und die Haut um den Mund herum war gespannt.

»Er hat angefangen, furchtbar zu stöhnen«, erklärte Gavin, »und davon bin ich wachgeworden. Als ich ihn gefragt habe, was ihm fehlt, hat er nur immer weiter gestöhnt. Dann hat er angefangen, nach dir zu rufen.«

Ich legte meine Hand auf Jeffersons Stirn.

»Er fühlt sich fiebrig an.«

»Christie...«, sagte Jefferson, als sich seine Lider flatternd öffneten und er mich sah, wie ich über ihn gebeugt dastand. In seinen Augen standen so viel Leid und Traurigkeit, daß mich enormes Mitleid überkam.

»Was fehlt dir, Jefferson? Wo tut es weh?«

»Ich habe das Gefühl, mir drückt jemand den Hals zu«, klagte er. Er öffnete und schloß die Augen bei jedem Wort, als bedeute es eine große Anstrengung, die einzelnen Silben zu sprechen. »Und mein Gesicht tut auch weh. Tu etwas dagegen, Christie, tu etwas dagegen.«

»Sein Gesicht tut weh? Was... was könnte das sein?« fragte ich Gavin. Er zuckte die Achseln.

»Vielleicht eine Grippe.«

»Er hat Fieber«, sagte ich. Jeffersons Lippen waren vollkommen ausgetrocknet, und seine Zunge war hellrosa.

»Mir ist kalt«, sagte Jefferson. »Brrr...«

»Dir ist kalt?« fragte ich ihn, und er nickte.

»Ich decke ihn mit meiner Decke zu«, sagte Gavin und ging eilig zu seinem Bett, um die Steppdecke zu holen, die Tante Charlotte ihm gegeben hatte. Zu zweit breiteten wir sie über Jeffersons kleinem Körper aus. Er schüttelte sich immer noch vor Kälte.

»Ich friere«, wiederholte er.

»Und dabei ist es eine so warme Nacht«, sagte ich verblüfft. »Wie kann er bloß derart frieren?« Ich rieb ihm kräftig den Arm und die Schulter.

»Das ist Schüttelfrost... der kommt vom Fieber«, sagte Gavin.

»Er scheint sehr krank zu sein«, sagte ich. »Seine Haut ist ganz bleich, und warum liegt er so steif da? Er ist steif wie ein Brett. Faß nur einmal seinen Arm an, Gavin.«

»Vielleicht kommt das auch vom Fieber«, vermutete Gavin, nachdem er Jefferson angefaßt hatte.

»Ich sollte ihm die Temperatur messen. Ich frage mich, ob Tante Charlotte wohl ein Thermometer hat.«

»Das möchte ich bezweifeln«, sagte Gavin.

»Wir sollten schnell etwas unternehmen. Ich wecke Tante Fern und sage ihr, daß sie ihn sich einmal ansehen soll.«

»Ich bezweifle, daß sie weiß, was hier zu tun ist«, sagte Gavin und verzog das Gesicht. »Vergeude deine Zeit nicht damit.«

»Aber es könnte sein, daß ihr Freund es weiß. Er macht einen intelligenten Eindruck«, sagte ich.

»Er kann nicht allzu intelligent sein, wenn er sich mit Fern eingelassen hat«, sagte Gavin.

»Meine Augen tun weh, Christie, und mein Hals tut auch

weh«, klagte Jefferson. »Das Schlucken tut weh, und wenn ich den Kopf umdrehe, tut es auch weh.«

»Das ist eindeutig eine Grippe, das möchte ich wetten«, sagte Gavin und nickte. »Genauso habe ich mich gefühlt, als ich die Grippe hatte.«

»Was hat deine Mutter getan?« fragte ich, und mit jedem Moment, der verging, steigerte sich meine Panik. »Ich hatte auch einmal Grippe, aber ich kann mich nicht erinnern, derart krank gewesen zu sein.«

»Sie hat den Arzt geholt, und er hat ihr gesagt, sie soll mir Aspirin geben und dafür sorgen, daß ich viel Flüssigkeit zu mir nehme. Es hat mehr als einen Tag gedauert, aber danach ist es mir dann schnell wieder bessergegangen. Mach dir keine Sorgen«, beschwichtigte mich Gavin, »ich bin sicher, daß es sonst nichts weiter ist.«

»Trotzdem finde ich, ich sollte lieber Tante Fern oder ihren Freund bitten, einmal nach ihm zu sehen, meinst du nicht auch?«

Als er sah, wie nervös ich war, nickte Gavin widerstrebend.

»Es ist mir verhaßt, sie um etwas zu bitten«, murmelte er.

»Bleib bei ihm«, sagte ich und machte mich auf den Weg zu Tante Ferns Zimmer.

Um diese späte Nachtzeit brannte im Korridor nur noch eine einzige Kerosinlampe. Die Schatten ließen den Flur noch länger und leerer wirken. Ich huschte so schnell wie möglich zu Tante Ferns Zimmer und klopfte an ihre Tür. Weder sie noch ihr Freund reagierten darauf. Vielleicht sind sie noch unten, dachte ich. Der flackernde Lichtschein der kleinen Flammen in der Lampe im unteren Stockwerk ließ dic Schatten an den Wänden und der Decke über der Treppe tanzen. Ich entschloß mich, noch einmal anzuklopfen, aber diesmal wesentlich lauter.

»Tante Fern? Bist du da? Tante Fern.«

Ich hörte etwas, was so klang, als fiele eine Lampe um. Auf

dem Fußboden zerschmetterte etwas. Auf das Geräusch folgte eine Reihe von Flüchen.

»Was, zum Teufel, ist denn?« schrie Fern aus dem Zimmer, und dann wurde die Tür aufgerissen. Tante Fern wankte. Sie stand vollständig nackt da, ihr Haar war wüst zerzaust, und die Augen hatte sie kaum offen.

»Was willst du mitten in der Nacht?« fragte sie. »Warum kommst du her und schlägst derart an unsere Tür?«

»Es ist wegen Jefferson, Tante Fern. Er ist krank. Er hat eindeutig Temperatur, und er klagt über Schmerzen im Hals und im Gesicht. Wir wissen nicht, was wir tun sollen«, sagte ich.

»Was ist? Was ist los?« rief Morton vom Bett her. Er zündete eine Lampe an und setzte sich auf.

»Es geht um meinen Bruder«, erklärte ich und schaute an Tante Fern vorbei. »Er ist krank.«

»Na und?« rief Fern und verschränkte die Arme vor ihren Brüsten. »Kinder werden ständig krank.«

»Übergibt er sich?« fragte Morton.

»Nein, aber ihm tut die Kehle weh und der Hals und...«

»Dann hat er eben eine Erkältung oder so was«, sagte Tante Fern. Ihr Mund verzog sich zu einer widerlichen Grimasse. »Und deshalb weckst du uns mitten in der Nacht?«

»Er hat Schmerzen«, betonte ich.

»Vielleicht hat er so eine Art Grippe«, sagte Morton.

»Ja«, sagte ich und nickte. »Gavin meinte auch, das könnte es sein.«

»Gib ihm ein paar Aspirin«, sagte Morton. »Das ist alles, was ihr im Moment tun könnt.«

»Ja, gib ihm Aspirin«, stimmte Tante Fern zu und wollte die Tür wieder schließen.

»Aber ich glaube nicht, daß es hier Aspirin gibt«, stöhnte ich. »Ich habe Angst um ihn, Tante Fern. Wirklich.«

»Verdammt noch mal«, sagte sie.

»Du hast ein paar Aspirin in deiner Handtasche, Fern«, sagte Morton. »Wir haben das Zeug vor ein paar Tagen gekauft, als wir in Boston verkatert aufgewacht sind, erinnerst du dich nicht mehr?«

»Was? Doch, ja, sicher. Warte einen Moment«, sagte sie und humpelte zum Bett. »Ich habe ganz vergessen, wo ich meine Handtasche hingetan habe«, stöhnte sie. »Habe ich sie unten liegen lassen?«

»Woher soll ich das wissen? Ich kann mich kaum noch daran erinnern, daß wir überhaupt unten waren«, erwiderte Morton und ließ den Kopf wieder auf das Kissen sinken.

»Du blöder Kerl bist aber auch zu nichts nutze«, beschwerte sich Tante Fern. Sie drehte sich mehrfach im Kreis.

»Da ist sie!« rief ich aus und deutete auf die Frisierkommode.

»Was? Ach so. Ja.« Sie ging hin und wühlte in ihrer Handtasche herum. »Ich finde kein Aspirin«, sagte sie. Das Herz wurde mir bleischwer. Es konnte durchaus sein, daß Tante Fern das Aspirin weggeworfen hatte.

»Such bitte noch einmal gründlicher, Tante Fern. Er ist sehr krank. Wir brauchen das Aspirin.«

Ihr Gesicht rötete sich vor Ärger.

»Einer von euch beiden braucht aber auch ständig irgend etwas«, fauchte sie. Ich schlug die Augen nieder, denn ich fürchtete, sie würde mich ganz einfach rauswerfen. »Verflucht, verflucht, verflucht«, sagte sie und kippte ihre Handtasche wütend um und leerte den gesamten Inhalt aus. »Hier ist es«, sagte sie, als sie das kleine Röhrchen Aspirin endlich gefunden hatte. »Nimm es mit«, sagte sie und drückte es mir grob in die Hand, »und scher dich zum Teufel, damit wir endlich Ruhe haben und schlafen können.«

Ich nahm das Röhrchen und lief schnell zur Tür.

»Vergiß nicht, die Tür zuzumachen. Und hör auf, ihn so zu verhätscheln, wie sie dich verhätschelt haben!« rief sie mir nach, als ich mich auf den Rückweg durch den Korridor machte.

»Was haben die beiden gesagt?« fragte Gavin, sowie ich wieder da war.

»Wir sollen ihm Aspirin geben.«

»Sie hätten wenigstens herkommen und ihn ansehen können«, murrte er.

»Keiner von beiden ist in der Verfassung, nach jemandem zu sehen. Wenigstens hat Morton Tante Fern dazu gebracht, daß sie mir ein paar Aspirin gibt.«

Ich holte Jefferson ein Glas Wasser und gab ihm zwei Tabletten, aber als ich sie ihm in den Mund steckte, schrie er, er könnte nicht schlucken.

»Es tut zu weh, Christie. Es tut ja so weh!«

»Was sollen wir bloß tun, Gavin? Wenn er nicht schlucken kann...«

»Zerbrich das Aspirin, und löse es in Wasser auf. Ich erinnere mich noch, daß meine Mutter das getan hat, als ich noch ein kleiner Junge war«, sagte er.

Ich verrührte die Tabletten so schnell wie möglich und hob dann das Glas an Jeffersons Lippen. Ich goß ihm die Flüssigkeit in kleinen Mengen in den Mund, doch sowie sie in seine Kehle rann, fing er fürchterlich an zu würgen – sein ganzer Körper bebte, und seine Augen traten hervor.

»GAVIN!« rief ich. »Er erstickt an dem Wasser!«

Gavin zog Jefferson eilig in seine Arme.

»Ganz ruhig, Kumpel, ganz ruhig«, sagte er und hielt Jefferson aufrecht. Er klopfte ihm sanft auf den Rücken.

»Was ist passiert? Es war nichts weiter als Wasser und aufgelöstes Aspirin!« sagte ich.

»Es ist ihm eben in die falsche Röhre gekommen«, sagte Gavin ruhig. »Laß ihn in Ruhe Atem holen, und dann probieren wir es noch einmal.«

Meine Finger zitterten, als ich das Glas ein zweites Mal an Jeffersons Lippen führte. Er machte den Eindruck, als hätte er das Bewußtsein verloren; er regte sich kaum noch.

»Jefferson, mach den Mund einen kleinen Spalt weit auf«, redete ich ihm zu. Seine Lippen blieben geschlossen, und seine Lider öffneten sich nicht mehr. »Jefferson.«

»Vielleicht sollten wir ihn einfach schlafen lassen«, schlug Gavin vor.

Ich schüttelte furchtsam den Kopf. Mein Herz pochte heftig. So krank hatte ich Jefferson noch nie erlebt, noch nicht einmal, als er die Masern und die Windpocken gehabt hatte.

»Mir kommt das alles sehr eigenartig vor. Du hattest doch keine Mühe mit dem Schlucken, als du Grippe hattest, oder?« fragte ich. »Ich weiß, daß ich keine Schwierigkeiten damit hatte.«

»Ich hatte einmal eine schlimme Halsentzündung. Das könnte es sein«, sagte Gavin.

»Wenn wir ihm das Aspirin nicht einflößen können, wird sein Fieber nicht heruntergehen«, stöhnte ich.

»Laß es mich mal versuchen«, sagte Gavin. Er hielt Jefferson in einer sitzenden Stellung fest und führte ihm das Glas an die Lippen. »Komm schon, Kumpel. Trink einen Schluck«, redete ihm Gavin zu. Jeffersons Lider flatterten, und er machte den Mund gerade so weit auf, daß Gavin ihm ein paar Tropfen von dem Wasser mit dem aufgelösten Aspirin einflößen konnte. Wieder fing er schrecklich an zu husten, doch Gavin hielt ihn fest, und Jefferson schaffte es, ein wenig von dem Wasser zu schlukken. Dann sackte er in Gavins Händen in sich zusammen.

»Er ist wieder eingeschlafen. Laß uns warten, bis er aufwacht, und dann probieren wir es noch einmal«, schlug Gavin vor. Wir setzten uns zu Jefferson und warteten. Jedesmal, wenn er die Augen aufschlug, konnten wir ihn dazu bringen, noch etwas mehr von dem aufgelösten Aspirin zu schlucken, doch bei jedem Schluck würgte er schlimmer. Irgendwann hatten wir ihm dann das ganze Glas eingeflößt. Dennoch beschloß ich, aufzubleiben und aufzupassen, bis ich sicher war, daß er fest schlief.

»Ich setze mich auch zu ihm«, sagte Gavin.

Jefferson machte die Augen zu, doch er schlief lange Zeit nicht ein. Für den Rest der Nacht stöhnte und weinte er fast ständig. Kurz nachdem er endlich eingeschlafen war, schliefen auch Gavin und ich ein.

Der Morgen dämmerte grau und bedrohlich düster. Meine Lider öffneten sich flatternd, und ich sah mich um. Einen Moment lang erschien mir alles wie ein böser Traum; vielleicht war ich schlafwandelnd aufgestanden, hatte mich hierhergesetzt und war wieder eingeschlafen, dachte ich. Dann sah ich, daß Gavin mit geschlossenen Augen auf seinem Bett saß und den Kopf an die Wand gelehnt hatte. Er hatte über Jefferson und mich gewacht und war dabei eingeschlafen.

Ich beugte mich langsam vor und schaute Jefferson an. Obwohl er schlief, sah er merkwürdig aus. Es war, als hätte er einen komischen Traum. Sein Gesicht war zu einem Lächeln erstarrt, die Augenbrauen hochgezogen. Aber von diesem Gesichtsausdruck ging etwas aus, was mir sagte, daß es kein Lächeln war. Nein, seine Lippen blieben unverändert, ebenso wie die hochgezogenen Augenbrauen, und als ich das sah, bebten meine eigenen Lippen, und meine Hände zitterten.

»Gavin«, sagte ich. »Gavin, wach auf.« Ich schüttelte sein Bein. Er öffnete die Augen und streckte sich.

»Hallo«, sagte er. »Wie geht es ihm?«

»Schau ihn dir an, Gavin«, sagte ich. Gavin beugte sich vor und sah Jefferson ins Gesicht.

»Das ist ja komisch.«

»Es ist seltsam, nicht komisch«, sagte ich. »Jefferson?« Ich legte ihm sachte eine Hand auf die Stirn. Er schien nicht fiebrig zu sein, und das hielt ich für ein gutes Zeichen, doch als er die Augen öffnete, sah er mich mit einem Ausdruck allergrößten Grauens an. »Jefferson?«

Er stöhnte, ohne die Lippen dabei zu öffnen.

Und dann fing sein ganzer Körper ohne jede Vorwarnung an zu zittern. Es war, als hätte er eine elektrische Leitung angefaßt, die nicht isoliert war. Es verschlug mir den Atem, ihn in diesen Krämpfen liegen zu sehen. Selbst Gavin brachte im ersten Moment kein Wort heraus und konnte sich nicht bewegen. Dann schrie ich.

»Jefferson!«

Gavin eilte zu ihm und zog ihn schnell in seine Arme. Schweißperlen waren auf Jeffersons Stirn getreten, und auf der rechten Schläfe und Wange sah man ebenfalls Schweißspuren. Speichel rann ihm aus den Mundwinkeln. Er würgte mühsam, und dann verdrehten sich seine Augen, und er sackte in Gavins Armen in sich zusammen.

»Gavin!«

Gavin, der selbst schockiert war, ließ Jefferson auf das Bett sinken und preßte dann sein Ohr auf Jeffersons kleine Brust.

»Sein Herzschlag geht sehr schnell.«

»Wir müssen ihn zum Arzt bringen... ins Krankenhaus!« rief ich.

Ich war jetzt in Panik. Ich rannte aus dem Zimmer und schrie, so laut ich konnte.

»Hilfe! Hilfe! Tante Fern! Tante Charlotte!«

Tante Charlotte kam aus ihrem Schlafzimmer gerannt, und Luther, der dicht hinter ihr folgte, zog sich im Laufen die Hose hoch.

»Was ist passiert, meine Liebe? Was ist los?«

»Es geht um Jefferson! Er ist sehr, sehr krank. Er hat das Bewußtsein verloren«, sagte ich und fing an zu weinen. Luther eilte ins Zimmer, um ihn sich anzusehen.

»Was, zum Teufel, soll der ganze Lärm?« schrie Tante Fern, die den Kopf durch ihre Tür streckte.

»Es geht um Jefferson. Er ist krank«, sagte Tante Charlotte zu ihr.

»Oh, nein, nicht das schon wieder. Dann gebt ihm eben mehr Aspirin, und hört auf zu schreien. Es gibt hier zwei Leute, die ihren Schönheitsschlaf gebrauchen können«, beschwerte sie sich und knallte die Tür zu.

»Luther will, daß wir ihn sofort ins Krankenhaus bringen«, sagte Gavin, der aus dem Zimmer kam. »Er sagt, er hat so etwas schon gesehen.«

Ich schaute Luther an, der hinter ihm stand; sein Gesicht war voller Sorge, seine Augen waren dunkel, und tiefe Falten durchzogen seine Stirn.

»O Luther, was ist es? Was fehlt meinem kleinen Bruder?«

»Ich kann es natürlich nicht mit Sicherheit sagen«, äußerte er bedächtig, «aber es sieht aus wie das, was meinem Cousin Frankie vor mehr als dreißig Jahren passiert ist, nachdem er sich an einer rostigen Pflugschar geschnitten hat.«

»Was...«, fragte ich, und der Atem stockte mir. Gavin und ich schauten einander an. »Diese Wunde in seinem Bein«, sagte ich. Gavin nickte. Ich wandte mich wieder an Luther. »Was ist deinem Cousin passiert, Luther?«

»Er hat sich Tetanus zugezogen«, sagte er und schüttelte den Kopf. Er brauchte nicht weiterzureden. Ich wußte, daß das hieß, daß sein Cousin Frankie gestorben war. Voller Entsetzen eilte ich in mein Zimmer und hob meine Kleider auf. Mit zitternden Händen zog ich mich schnell an, und dann packten Gavin und ich Jefferson in seine Decke. Gavin trug ihn hinaus, und wir liefen durch den Korridor zur Treppe. Jefferson schlug auf dem ganzen Weg nicht ein einziges Mal die Augen auf und gab auch keinen Laut von sich. Mein Herz klopfte heftig, als ich hinter den beiden herlief. Ich hielt den Kopf gesenkt.

Es war alles meine Schuld, begriff ich. Wenn ich nicht fortgelaufen wäre und meinen kleinen Bruder mitgeschleppt hätte...

»Meine Güte, meine Güte«, sagte Tante Charlotte, die neben mir herlief und die Hände rang. »Der arme Kleine.«

»Was, zum Teufel, geht hier vor?« rief Tante Fern uns nach, als wir auf dem oberen Treppenabsatz angekommen waren. Luther war bereits nach unten gelaufen und hatte das Haus verlassen, um den Lastwagen vorzufahren. Mir war nicht danach zumute, mit Tante Fern zu reden, und Gavin sagte auch nichts. Wir ignorierten sie und liefen die Treppe hinunter.

»Ich kann euch nur raten, mir bald einen Kaffee nach oben zu bringen!« schrie sie.

»Gib ihr nichts, Tante Charlotte«, sagte ich, als wir den unteren Treppenabsatz erreicht hatten. »Gib ihr noch nicht einmal ein Glas Wasser. Sie hat es nicht verdient.«

Tante Charlotte nickte, denn ihre Aufmerksamkeit und Sorge galten im Moment nur Jefferson. Sie folgte uns zum Wagen vor dem Haus.

»Du setzt dich mit ihm vorne hin«, sagte Gavin, »und ich setze mich auf die Ladefläche. Steig du erst ein, und ich hebe ihn dir auf den Schoß«, wies er mich an. Luther kam um den Wagen herum, um zu helfen, doch Gavin setzte mir Jefferson vorsichtig auf den Schoß.

»Meine Güte, meine Güte«, sagte Tante Charlotte, die händeringend danebenstand. Gavin sprang auf, und wir fuhren über die holprige Auffahrt.

»Wir müssen nach Lynchburg fahren«, sagte Luther. »Dort ist

das nächste Krankenhaus, dieser kleine Junge muß sofort ins Krankenhaus.«

Ich antwortete nichts darauf. Ich konnte nur nicken und in das leidende Gesicht meines kranken kleinen Bruders starren. Seine Lippen waren leicht geöffnet, doch seine Augen waren fest geschlossen, und die Augäpfel bewegten sich nicht.

O Mommy, schrie ich innerlich, ich wollte nicht, daß das passiert. Es tut mir leid; es tut mir ja so leid.

Mir war nicht klar, daß ich weinte, bis die erste Träne von meinem Kinn tropfte und auf Jeffersons Wange fiel. Ich lehnte mich zurück, holte tief Atem und betete. Ich hörte, wie Gavin an die Trennscheibe klopfte, und ich drehte mich um.

»Ist alles in Ordnung mit dir?« fragte er. Der Wind zerzauste sein Haar, als wir auf der Schnellstraße fuhren. Ich bemerkte die tiefe Sorge in seinen Augen. Ich bemühte mich, etwas zu sagen, aber ich konnte nicht gegen das Zittern meiner Lippen ankommen. Ich schüttelte den Kopf und schaute wieder vor mich hin auf die Straße. Dann warf ich einen Blick auf Luther. Er fuhr den Wagen mit der höchstmöglichen Geschwindigkeit. Der Motor spuckte und knallte, doch Luthers Blick war so fest auf die Straße gerichtet wie die Augen eines Mannes, der den Tod schon einmal erlebt hatte und vor den Erinnerungen floh, die diese Situation hatte wiederaufleben lassen.

Es schien endlose Stunden zu dauern, bis wir das Straßenschild sahen, das uns sagte, wir näherten uns dem Krankenhaus. Der verhangene Himmel war während der Fahrt immer dunkler geworden. Ich sah, wie der Wind die Bäume wanken ließ. Die Leute hatten angefangen, ihre Scheinwerfer einzuschalten, weil es so dunkel geworden war. Ich war sicher, daß wir in einen schrecklichen Regenschauer geraten würden, ehe wir das Krankenhaus erreicht hatten, aber es fielen nur ein paar Tropfen auf die Windschutzscheibe. Als die Gebäude endlich vor uns auftauchten, gestattete ich es mir, tief Atem zu holen. Der Sicherheitsbeamte sagte uns, wo die Notaufnahme war, und wir fuhren direkt dorthin. Sobald der Wagen stand, sprang Gavin ab und rannte um den Wagen herum, um die Tür zu öffnen. Jefferson war nicht aufgewacht und hatte während der ganzen Zeit nicht einen Laut von sich gegeben. Gavin streckte die Arme aus und hob Jefferson sanft von meinem Schoß. Er trat zurück, und ich stieg aus und folgte ihm zur Tür der Notaufnahme.

»Was ist passiert?« fragte eine Krankenschwester in dem Moment, als wir eintraten.

»Wir vermuten, daß es Tetanus sein könnte«, sagte Gavin. Sie kam schnell hinter ihrem Schalter heraus und bedeutete einer anderen Krankenschwester, eine Bahre zu bringen. Gavin legte Jefferson darauf, und die beiden Krankenschwestern schauten ihn sich sofort an; eine maß ihm den Blutdruck, und die andere hielt ihm ein Stethoskop auf die Brust. Beide schauten einander äußerst besorgt an, und dann schob eine von ihnen die Bahre durch den Korridor zu einem Untersuchungszimmer, aus dem gerade ein junger Arzt gekommen war. Ich folgte ihnen.

»Worum geht es?« fragte er die Schwestern.

»Mein Bruder ist sehr krank«, sagte ich. »Er hat sich vor ein paar Tagen an einem Nagel gerissen, und wir glauben, daß er vielleicht Tetanus hat.«

»Ist er nie dagegen geimpft worden?« fragte der Arzt.

»Ich weiß es nicht«, antwortete ich. »Ich glaube nicht.«

»Was hat die Wunde verursacht?« fragte er, während er eines von Jeffersons Lidern hochzog, um sich die Pupille anzusehen.

»Ein rostiger Nagel«, sagte ich. Der Arzt blickte scharf auf.

»Und wo sind eure Eltern? Ist das euer Vater?« fragte er und wies mit einer Kopfbewegung auf Luther, der mit Gavin im Korridor wartete.

»Nein, Sir.«

Die erste Krankenschwester flüsterte ihm etwas zu, und sie rollten Jefferson in das Untersuchungszimmer. Der Arzt folgte. Ich wollte mitkommen, doch die zweite Krankenschwester hielt mich zurück.

»Warte hier draußen«, sagte sie. »Geh dort drüben an den Schalter und gib der Schwester am Empfang die erforderlichen Informationen.«

»Aber...«

Sie schloß die Tür, ehe ich noch weitere Einwände erheben konnte. Mein Herz schlug so schnell, daß ich glaubte, ich sei die nächste, die auf eine Bahre gelegt werden müßte. Die Tränen brannten in meinen Augen. Ich machte mich auf den Rückweg.

»Was haben sie gesagt?« fragte Gavin.

»Sie wollen, daß wir draußen warten. Ich muß der Schwester am Empfang Informationen geben«, erklärte ich. Er nahm mich an der Hand, und wir gingen an den Schalter. Luther hatte sich im Gang auf einen Stuhl gesetzt und starrte uns an; ein furchtbarer Ausdruck banger Erwartung war ihm ins Gesicht geschrieben. Ich blickte noch einmal zurück auf die geschlossene Tür des Untersuchungszimmers.

Mein kleiner Bruder wird in diesem Zimmer sterben, dachte ich. Ich habe ihn hierhergebracht. Er hatte meine Hand gehalten und mir vertraut – von dem Moment an, in dem wir das Hotel in Cutler's Cove verlassen hatten, und jetzt liegt er bewußtlos in einem fremden Raum. Meine Schultern fingen an zu beben, als ich von Kopf bis Fuß erschauerte. Gavin legte einen Arm um mich.

»Er wird schon wieder gesund werden. Mach dir keine Sorgen«, sagte er.

»Ist einer von euch mit dem Patienten verwandt?« fragte die Krankenschwester bei der Anmeldung.

»Ja, Ma'am«, sagte ich und wischte mir die Augen. »Ich bin seine Schwester.«

»Würdest du dann bitte dieses Formular ausfüllen, der Name und die Adresse kommen dorthin«, sagte sie und wies mit einem Stift auf die entsprechende Stelle. Vor meinen Augen hing ein so dichter Tränenschleier, daß die Worte auf dem Blatt verschwammen.

»Es muß ausgefüllt werden«, sagte sie noch einmal, als ich zögerte.

Ich wischte mir die Augen und holte Luft. Dann nickte ich und fing an. Ich füllte aus, soviel ich konnte, doch als die Nennung eines Elternteils oder eines Vormunds verlangt wurde, hörte ich auf und ließ die Zeile frei. Sie bemerkte es augenblicklich.

»Warum hast du die Namen eurer Eltern nicht hier eingesetzt?« fragte sie.

»Sie sind beide tot, Ma'am.«

»So... und wie alt bist du?«

»Sechzehn.«

»Ist das da euer Vormund?« fragte sie und wies mit einer Kopfbewegung auf Luther, der sich nicht gerührt und kein Wort von sich gegeben hatte.

»Nein, Ma'am.«

Sie wirkte gereizt.

»Bei wem lebt ihr, dein Bruder und du?« fragte sie barsch.

»Bei niemandem«, sagte ich.

»Bei niemandem?« Ihr verwirrtes Lächeln wurde schnell von einem zornigen Ausdruck abgelöst. »Das verstehe ich nicht. Wir brauchen diese Information«, beharrte sie.

Ich konnte mir nicht helfen. Ich fing ganz einfach an zu weinen, laut und heftig. Sogar Gavins Umarmung konnte mich nicht beruhigen. Er half mir zu einem Stuhl neben Luther und hielt mich weiterhin in den Armen, nachdem ich mich gesetzt hatte, mein Kopf lag an seiner Schulter. Die Krankenschwester hinter dem Schalter stellte keine weiteren Fragen mehr und wollte auch sonst nichts mehr von mir. Nach einer Weile hörte ich auf zu weinen und holte tief Luft. Ich lehnte mich mit geschlossenen Augen zurück. Als ich die Augen öffnete, fühlte ich mich von den jüngsten Vorfällen wie betäubt.

Bis zu diesem Augenblick hatte ich außer uns niemanden im Krankenhaus wahrgenommen, doch als ich mich umdrehte, sah ich jetzt plötzlich andere Leute im Wartezimmer und andere Patienten im Gang – einen Mann mit einem blutigen Verband um den Unterarm, einen anderen, der die Augen geschlossen und den Kopf zurückgelehnt hatte und in einem Rollstuhl saß. Um uns herum herrschte ein reges Treiben. Krankenschwestern liefen umher, manche im Gefolge von Ärzten, andere allein. Ein Hilfspfleger rollte Bahren mit Patienten in die Röntgenabteilung. Am anderen Ende des hellerleuchteten Korridors konnte ich Menschen sehen, die vor einem Aufzug warteten, wahrscheinlich waren sie alle hergekommen, um Angehörige zu besuchen.

Nach einer unendlich langen Wartezeit kamen der junge Arzt und eine der Krankenschwestern endlich aus dem Untersuchungszimmer und durch den Korridor auf uns zu. Sie blieben am Schalter stehen, und die Schwester von der Anmeldung reichte ihnen das Formular, das ich nur unvollständig ausgefüllt hatte. Der Arzt zog die Augenbrauen hoch. Die Krankenschwester sagte etwas zu ihm, und dann schaute er uns an und kam auf uns zu. Ich hielt den Atem an. Gavin drückte fest meine Hand. Luther nickte und hatte die Hände auf dem Schoß gefaltet.

»Christie Longchamp?« sagte er.

»Ja, Sir.«

»Dein Bruder heißt Jefferson«, sagte er und schaute auf das Formular.

»Ja, Sir.«

»Also ja, es sieht so aus, als hätte er sich Tetanus zugezogen. Er hätte nach dieser Beinverletzung sofort eine Spritze bekommen müssen«, sagte er, und ein Anflug von Tadel schwang in seiner Stimme mit. Ich versuchte zu schlucken, konnte es aber nicht. »Wußten eure Eltern nichts von dieser Verletzung?«

Ich schüttelte den Kopf.

»Ihre Eltern sind beide tot«, sagte Gavin. »Sie sind bei einem Brand umgekommen.«

Der Arzt starrte ihn einen Moment lang aus zusammengekniffenen Augen an. Dann wandte er sich an mich.

»Jetzt reden wir zuerst einmal über deinen Bruder«, sagte er. »Er liegt im Koma, eine übliche Folge von Krämpfen, die durch Tetanus ausgelöst werden.«

»Wird er wieder gesund werden?« fragte ich schnell. Ich konnte mich nicht zurückhalten.

Der Arzt sah erst Luther an und dann wieder mich.

»Die Sterblichkeitsrate bei Tetanus hängt vom Alter des Patienten und von der Länge der Inkubationszeit ab. Bei kleinen Kindern ist es ernster, vor allem für diejenigen, die nicht sofort behandelt werden, nachdem die Bakterien in den Körper gelangt sind«, sagte er kühl und herablassend. »Habt ihr denn keinen Vormund?«

»Doch, Sir«, sagte ich und schaute unter mich. »Mein Onkel ist unser Vormund.«

»Er muß auf der Stelle unterrichtet werden. Wichtige Formulare müssen unterschrieben werden. Ich fange schon mit der Behandlung an, aber ich muß augenblicklich euren Vormund sprechen«, sagte er. »Ihr kommt also aus...« Er schaute auf das Formular. »Cutler's Cove, Virginia?«

»Ja, Sir.«

»Seid ihr bei Verwandten zu Besuch?«

»Ja, Sir, bei meiner Tante.«

»Ach ja, kann ich sie sprechen?«

»Wir haben kein Telefon im Haus«, antwortete Luther.

»Wie bitte?«

»Das ist… mein Onkel«, sagte ich.

»Euer Vormund? Er hat die ganze Zeit dabeigesessen?« fragte der Arzt mit ungläubigen Augen.

»Nein, Sir. Das ist ein anderer Onkel.«

»Sieh mal«, sagte er und lehnte sich zurück, »wir haben es mit einer ernsten Situation zu tun. Ich will den Namen und die Telefonnummer eures Vormunds auf der Stelle wissen.« Er drückte mir das Formular in die Hand und holte einen Stift aus seiner Brusttasche.

»Ja, Sir«, sagte ich und schrieb Onkel Philips Namen und seine Telefonnummer auf.

»Gut«, sagte der Arzt und nahm das Formular wieder an sich. Er wandte sich ab, um zu gehen.

»Was ist mit meinem Bruder?« fragte ich.

»Er wird auf die Intensivstation gebracht. Wir hängen ihn an einen Tropf und führen ihm intravenös das Gegengift zu. Der kleine Junge ist sehr schwer erkrankt«, sagte er. Er schaute Luther an, als wüßte er, daß Luther mit dem Ernst einer solchen Krankheit vertraut war.

»Darf ich ihn sehen?« fragte ich.

»Nur einen Moment lang«, sagte der Arzt. »In der Intensivstation gibt es ein Wartezimmer und nur eingeschränkte Besuchszeiten.«

»Danke«, sagte ich und stand auf. Gavin hielt mich an der Hand, als wir durch den Korridor zum Untersuchungszimmer liefen. Als wir hineinschauten, sahen wir, daß eine Krankenschwester ihn gerade an den Tropf angeschlossen hatte. Jefferson trug einen Krankenhauskittel.

»Die Sachen deines Bruders«, sagte sie und reichte mir das Nachthemd und die Decke.

»Danke.« Gavin und ich traten an die Bahre und schauten auf Jefferson hinunter. Ich sah, daß sich ein Augapfel unter dem Lid zuckend bewegte, und dann bebten kurz seine Lippen.

»Jefferson«, sagte ich. Meine Kehle schmerzte furchtbar von der Anstrengung, nicht in Tränen auszubrechen, und meine Brust fühlte sich an, als stünde jemand darauf, der drei Zentner wog. Ich nahm Jeffersons kleine Hand in meine und hielt sie ein paar Sekunden lang fest.

»Wird er wieder gesund werden?« fragte Gavin die Krankenschwester.

»Das müssen wir erst noch abwarten«, sagte sie. »Hier ist er in guten Händen«, fügte sie hinzu und lächelte, um uns einen Funken Hoffnung zu geben. Gavin nickte.

»Er ist ein kräftiger kleiner Junge«, sagte er, wenn auch in erster Linie, um mich zu beruhigen.

Ich beugte mich vor und küßte Jefferson auf die Wange. Dann legte ich meine Lippen an sein Ohr.

»Es tut mir leid, Jefferson«, flüsterte ich. »Es tut mir leid, daß ich dich mitgenommen habe. Werde wieder gesund, bitte. Bitte, bitte«, wiederholte ich weinend.

»Christie, komm jetzt. Sie sind gekommen, um ihn nach oben zu bringen«, sagte Gavin.

Er umarmte mich, und wir traten zurück und beobachteten, wie der Krankenpfleger und die Schwester ihn aus dem Raum und durch den Korridor schoben. Wir folgten ihnen, bis sie vor dem Aufzug standen.

»Kommt in etwa einer Stunde nach oben«, sagte die Krankenschwester zu uns, als sich die Türen gerade schlossen. Wir standen beide da und starrten die geschlossenen Aufzugtüren an. Luther trat zu uns.

»Es wird eine ganze Weile dauern«, sagte er, »ehe wir wirklich etwas wissen, was sicher ist.«

»Ich gehe nicht von hier fort«, sagte ich. Er nickte. Dann griff er in seine Hosentasche und zog etwas Geld heraus.

»Nehmt das«, sagte er und hielt es Gavin hin. »Ihr werdet bestimmt etwas essen oder trinken wollen. Ich fahre zurück, um nach Charlotte zu sehen. Ich werde deiner Schwester sagen, wie die Dinge hier stehen«, sagte er zu Gavin. Gavin nickte. »Vielleicht besitzt sie den Anstand, hierherzukommen und nach euch zu sehen.«

»Danke, Luther.«

Er richtete den Blick fest auf mich, und ich bemerkte die Tränen, die er zurückhielt.

»Ich werde für ihn beten«, sagte er. »Er ist ein großartiger kleiner Junge, so einer, wie ich ihn selbst gern hätte.«

Gavin und ich schauten ihm nach, als er zum Ausgang lief. Nachdem er gegangen war, wandten wir uns ab, um vor den Türen der Intensivstation Wache zu halten.

Ich schlief immer wieder mit dem Kopf an Gavins Schulter gelehnt ein. Wir saßen auf einem kleinen Kunstledersofa im Wartezimmer der Intensivstation. Uns gegenüber saß eine ältere Frau, die starr aus dem Fenster sah. Gelegentlich tupfte sie sich mit ihrem Spitzentaschentuch die Augen ab. Als sie zu uns herblickte, lächelte sie.

»Mein Mann ist operiert worden«, begann sie. »Er ist kräftig, aber ein Mann in seinem Alter...« Ihre Stimme verklang, und sie schaute wieder zum Fenster hinaus. Draußen hatte sich der graue Himmel stellenweise aufgehellt, und es hatte aufgehört zu regnen.

»Ist schon eine Stunde vorbei, Gavin?« fragte ich.

»Etwas mehr als eine Stunde«, antwortete er. Wir standen auf und gingen zur Tür der Intensivstation. Ich holte tief Atem, und wir traten ein. Die Krankenschwester am Aufnahmeschalter in der Mitte des Raums blickte sofort auf. Wir sahen Patienten, denen Sauerstoff zugeführt wurde, und einer von ihnen hatte die Arme und Beine eingegipst.

»Wir wollen zu Jefferson Longchamp«, sagte Gavin.

»Ihr dürft nur fünf Minuten bleiben«, erwiderte sie unfreundlich.

»Wie geht es ihm?« fragte ich.

»Unverändert«, sagte sie. »Er liegt ganz hinten rechts.« Wir liefen durch die Intensivstation. Ich bemühte mich, die anderen Patienten nicht anzusehen, die alle sehr schwer krank waren, doch die Geräusche der Herzmonitoren, das Murmeln der Krankenschwestern, die mit gesenkten Stimmen miteinander sprachen, das gelegentliche Ächzen und Stöhnen, der Anblick von blutigen Verbänden und der Menschen, die nebeneinander dalagen, war erschütternd. Mir wurde schwer ums Herz, und jeder Atemzug kostete mich Anstrengung. Ich konnte nicht gegen das Gefühl ankommen, daß wir den Grenzbereich zwischen dem Reich der Lebenden und dem Reich der Toten betraten.

Jefferson lag in einem Einzelzimmer unter einem Sauerstoffzelt. Das Licht war ausgeschaltet, und der Raum war dämmrig. Er sah noch genauso aus wie vorher, abgesehen davon, daß sie ihn jetzt ebenfalls an einen Herzmonitor und nicht nur an den Tropf angeschlossen hatten. Die Wunde in seinem Bein war gesäubert und verbunden worden. Gavin hielt mich eng an sich gepreßt, als wir ihn beide betrachteten.

»Ich hätte nie geglaubt, daß er so schwer krank ist«, sagte Gavin. »Wir hätten gestern nacht schon etwas tun müssen.«

»Es ist meine Schuld; ich hatte völlig vergessen, daß er an dem Nagel hängengeblieben ist.«

»Mach dir bloß keine Vorwürfe«, befahl mir Gavin liebevoll.

Wir drehten uns um, als eine Krankenschwester eintrat, um Jeffersons Tropf zu überprüfen und ihm den Puls zu messen.

»Wie geht es ihm?« fragte Gavin rasch.

»Es ist ein gutes Zeichen, daß er keine Krämpfe mehr gehabt hat«, erwiderte sie darauf.

Wir blieben, bis uns die Krankenschwester riet, zu gehen, und dann begaben wir uns nach unten in die Cafeteria des Krankenhauses. Ich hatte keinen Hunger, aber Gavin meinte, wir bräuchten etwas im Magen, wenn wir selbst nicht auch noch matt und krank werden wollten. Ich bestellte eine warme Hafergrütze und aß etwa die Hälfte davon, und dazu trank ich eine Tasse Tee. Später kehrten wir wieder in das Wartezimmer der Intensivstation zurück, und dort verbrachten wir den größten Teil des Tages und gingen hinein, sooft man es uns erlaubte.

Die Verwandten anderer Patienten kamen und gingen. Manche waren redselig, die meisten jedoch nicht. Gavin und ich schliefen zwischendurch immer wieder ein, blätterten in Zeitschriften und starrten einfach durch das Fenster den Himmel an, der immer klarer wurde. Als wir das nächste Mal die Intensivstation betraten, teilte uns die Oberschwester mit, es ging ihm stündlich besser.

»Aber er ist bei weitem noch nicht über dem Berg«, sagte sie. »Jedenfalls hat sich sein Zustand nicht verschlechtert.«

Ihre Worte beruhigten uns, und wir begaben uns wieder in die Cafeteria des Krankenhauses. Jetzt hatten wir Appetit und aßen mehr als am Morgen.

»Ich hätte doch gedacht, Fern würde hier auftauchen«, sagte Gavin. »Ich dachte, so tief sei selbst sie noch nicht gesunken.«

»Ich hoffe, daß sie Tante Charlotte und Luther nicht quälen«, sagte ich.

»Ich glaube, Luther ist bald soweit, sie vor die Tür zu befördern«, erwiderte Gavin.

Als wir in das Wartezimmer der Intensivstation zurückkehrten, stellten wir fest, daß Luther zurückgekommen war und Homer mitgebracht hatte. Homer trug eine saubere Hose, ein weißes Hemd und eine Krawatte. Er hatte sich das Haar ordentlich gebürstet, wirkte verängstigt und bedrückt, doch als er uns hereinkommen sah, wurden seine Augen vor Freude größer.

»Homer hat mich so lange verrückt gemacht, bis ich ihn mitgebracht habe«, erklärte Luther.

»Das ist sehr nett von dir, Luther. Ich danke dir für dein Kommen, Homer.«

»Wie geht es ihm?« fragte Homer.

»Es geht ihm besser, aber er ist immer noch sehr krank.«

Homer nickte.

»Ich habe ihm etwas zum Spielen mitgebracht«, sagte er. »Für später, wenn es ihm wieder besser geht«, fügte er hinzu und zeigte uns eines dieser Spielzeuge, die etwa handtellergroß sind. Es war ein kleines Spiel, bei dem man winzige Silberkügelchen bewegen mußte, bis sie alle in Löchern saßen.

»Das Ding ist schon so alt, es ist die reinste Antiquität«, sagte Luther und zwinkerte uns zu. Er beugte sich vor, um zu flüstern. »Ich habe es ihm geschenkt, als er kaum älter war als Jefferson.«

»Danke, Homer«, sagte ich. »Ich werde dafür sorgen, daß er es bekommt.«

»Was ist mit meiner Schwester?« fragte Gavin.

»Oh«, sagte Luther. »Sowie sie von Jefferson erfahren hat, sind sie und Morton schleunigst abgehauen.«

»Soll das heißen, daß sie abgereist sind?« fragte Gavin verblüfft. »Sie sind cinfach abgereist, ohne in Erfahrung zu bringen, wie es Jefferson geht?«

»Sie hätten nicht schneller aus dem Haus laufen können, wenn es in Flammen gestanden hätte«, sagte Luther. »Ich schätze, ich werde sie nicht gerade vermissen«, fügte er hinzu.

»Ich kann es einfach nicht glauben«, murmelte Gavin.

Wir statteten Jefferson unseren nächsten Besuch ab. Diesmal ließen uns die Krankenschwestern fast zwanzig Minuten bleiben, und sie erlaubten Homer, mit uns reinzugehen. Er stand neben uns, hatte die Hände vor dem Bauch gefaltet und ließ Jeffersons Gesicht keinen Moment lang aus den Augen.

Als es an der Zeit war, wieder fortzugehen, trat Homer dicht an das Zelt.

»Du wirst gesund, Jefferson. Du mußt so richtig schnell gesund werden, weil wir noch die Scheune streichen müssen und auch sonst noch jede Menge zu tun haben«, sagte er.

Ich nahm Homers Hand, und zu dritt verließen wir das Zimmer mit gesenkten Köpfen, und jeder von uns betete auf seine eigene Weise. Als wir die Intensivstation verließen, verließ mich der Mut. Ich hätte es vorherahnen können; ich hätte darauf vorbereitet sein sollen und mir überlegen müssen, was ich tun würde, aber meine Sorge um Jefferson hatte jeden anderen Gedanken verdrängt, und an mich selbst hatte ich am allerwenigsten gedacht.

Neben dem Arzt stand mit grimmigem Gesicht Onkel Philip. Mein Blick wanderte von ihm zu dem Arzt, der ebenfalls sehr wütend wirkte.

»Alle waren krank vor Sorge um euch, Christie«, sagte er. Er wandte sich an Gavin. »Und deine Eltern sind auch außer sich.«

Ich schlug die Augen nieder. Ich konnte ihn nicht ansehen.

»Luther und Charlotte hätten euch nicht erlauben dürfen, zu bleiben«, fuhr er fort. Ich blickte schnell auf und sah ihm mit einem stahlharten Blick in die Augen.

»Wirf ihnen bloß nichts vor«, sagte ich mit scharfer Stimme.

»Nein, gewiß nicht«, sagte er eilig. »Ich bin sicher, daß ihnen nicht klar war, was hier vorgeht, aber die Sache ist die...«

»Worum geht es?« fauchte Gavin.

»Bei dir, junger Mann, geht es darum, daß deine Eltern außer sich sind. Sie haben nicht die Mittel, dafür zu zahlen, daß du durch das ganze Land ziehst. Ich habe Vorkehrungen für deine sofortige Heimkehr getroffen«, sagte er und zog ein Flugticket aus seiner Brusttasche. »Ich habe ihnen gesagt, daß ich mich darum kümmern werde. Vor dem Haupteingang des Krankenhauses wartet ein Taxi, das dich zum Flughafen bringen wird. Du hast noch zehn Minuten Zeit, ehe du unten sein mußt«, sagte Onkel Philip nachdrücklich.

»Ich lasse Christie nicht allein«, sagte Gavin und trat zurück, um sich neben mich zu stellen.

»Christie reist auch ab«, sagte Onkel Philip lächelnd. »Sie fliegt nach Hause.«

Ich schüttelte den Kopf.

»Nein.«

»Willst du denn nicht bei deinem Bruder sein?« fragte er. Ich sah den Arzt an. »Der Arzt ist der Meinung, daß Jefferson in etwa vierundzwanzig Stunden transportfähig ist. Wir bringen ihn nach Virginia Beach ins Krankenhaus. Du willst doch, daß dein Bruder die beste ärztliche Pflege bekommt, oder nicht?«

»Sie wird nicht mit dir nach Hause fahren«, sagte Gavin. Onkel Philip schaute ihn einen Moment lang finster an, und dann wurde sein Gesicht wieder freundlicher, und er wandte sich an mich.

»Christie?«

»Ich muß mit ihm nach Hause fahren, Gavin«, sagte ich.

»Nein, das kannst du nicht tun. Wir werden zur Polizei gehen, wir werden dort alles erzählen, was passiert ist. Wir…«

»Nicht jetzt, wenn Jefferson so krank ist«, sagte ich. »Mach dir keine Sorgen. Ich werde schon zurechtkommen.«

»Natürlich wirst du das«, sagte Onkel Philip. Er schaute den

Arzt an. »Zu Hause ist es zu ein paar Mißverständnissen gekommen. Für Christie war das Leben schwer, seit ihre Eltern unglückseligerweise gestorben sind, aber...«

»Mißverständnisse!« rief Gavin aus. »Du bezeichnest das, was du ihr angetan hast, als ein Mißverständnis?«

»Beruhigen Sie sich, junger Mann«, sagte der Arzt. »Sie sind hier nicht auf der Straße.«

»Aber Sie verstehen nicht...«

»Es ist nicht seine Sache, unsere Familienangelegenheiten zu verstehen«, sagte Onkel Philip rasch. »Du solltest dir Sorgen um deine Eltern machen. Deine Mutter ist durch diese ganze Geschichte krank geworden, und dein Vater...«

»Gavin, bitte«, sagte ich und drückte fest seinen Arm. »Nicht jetzt. Im Moment ist es zwecklos. Er hat recht. Geh nach Hause, und sprich mit deinen Eltern. Ich habe schon genügend Menschen Kummer und Sorgen gemacht.«

»Aber, Christie, ich kann nicht zulassen, daß du mit ihm zurückfährst. Ich kann es nicht.«

»Ich werde schon zurechtkommen. Ich rufe dich so bald wie möglich an. Ich will jetzt nur in Jeffersons Nähe sein. Er braucht mich jetzt, Gavin. Bitte.«

»Aber...«

»Das Taxi wartet«, sagte Onkel Philip und drückte Gavin das Flugticket in die Hand. »Du wirst deinen Flug noch verpassen, und dann mußt du die ganze Nacht auf dem Flughafen sitzen.«

»Geh schon, Gavin«, flehte ich ihn an. »Bitte.« Er stand da, und sein Gesicht drückte seine Wut aus. Ich bildete lautlos mit den Lippen die Worte: »Ich liebe dich.«

Er nickte, und dann wandte er sich an Onkel Philip und nahm das Ticket.

»Wenn du ihr etwas tust... ihr auch nur die kleinste Kleinigkeit tust«, warnte er ihn. Onkel Philips Gesicht wurde knallrot.

»Wag es nicht, mir zu drohen, junger Mann«, sagte er. Er wandte sich an den Arzt. »Diese Jugendlichen heute.«

Der Arzt nickte.

Mit gesenktem Kopf machte sich Gavin auf den Weg durch den Korridor zum Ausgang.

»GAVIN!« rief ich und lief ihm nach. Wir umarmten einander.

»Ruf mich einfach an«, sagte er, »und ich werde eine Möglichkeit finden, zu dir zu kommen. Das schwöre ich dir.«

Er küßte mich kurz und eilte davon. Mein Blick fiel auf Luther und Homer, die diese Auseinandersetzung wortlos mitangehört hatten. Beide hatten denselben Gesichtsausdruck – betrübt und mitfühlend.

»Danke, Luther. Und sag Tante Charlotte bitte, daß ich ihr für alles danke. Jefferson wird dir schreiben, Homer. Sobald es ihm wieder besser geht. Das verspreche ich dir. Und eines Tages in naher Zukunft werden wir wieder zu euch zu Besuch kommen.«

Er lächelte. Langsam drehte ich mich wieder zu Onkel Philip um. Er strahlte jetzt von einem Ohr zum anderen.

»Christie«, sagte er. »Wir werden alles wieder hinkriegen. Tante Bet freut sich sehr auf euch, und die Zwillinge freuen sich auch schon. Es wird alles gut werden. Es wird genauso werden, wie es war. Das verspreche ich dir«, sagte er, und seine Augen strahlten. »Es wird genauso werden, wie es war, als seist du nie fortgelaufen.«

17

Eingeholt von der Vergangenheit

Nachdem Onkel Philip sämtliche Vorkehrungen für Jeffersons Transport ins Krankenhaus von Virginia Beach getroffen hatte, machten wir uns auf den Rückweg nach Cutler's Cove. Es war eine der längsten Reisen meines Lebens, obwohl wir mit dem Flugzeug flogen, weil mir so unwohl dabei zumute war, neben ihm zu sitzen. Trotz seines guten Aussehens und seiner makellosen und gepflegten Erscheinung würde er in meinen Augen immer häßlich und schmutzig sein. Während des größten Teils der Reise benahm er sich, als sei zwischen uns nichts vorgefallen. Er quasselte ständig und erzählte mir von dem Hotel in Cutler's Cove und von den Fortschritten beim Wiederaufbau. Dann sprach er von den Zwillingen und erzählte mir, er hätte sie beide dazu überredet, Klavierunterricht zu nehmen.

»Ich habe deinen Klavierlehrer für sie engagiert«, sagte er. »Wenn du jetzt wieder da bist, kannst du sie vielleicht auch ermutigen und ihnen ab und zu ein paar Tips geben. Ich rechne nicht damit, daß einer von beiden jemals so gut wird wie du, aber so fangen sie wenigstens mit der Zeit, die sie im Sommer haben, etwas Lohnendes an.«

Ich saß im Flugzeug am Fenster, hatte ihm den Rücken zugekehrt und schaute in die Dunkelheit hinaus. Gelegentlich konnte ich zwischen Wolken, die aufrissen, einen Stern sehen, aber es erschien mir, als zögen sich die Sterne weiter und immer weiter zurück. Ich entdeckte höher über uns ein Flugzeug, das in die Gegenrichtung flog, und ich wünschte mir, ich säße darin.

»Ich weiß, daß die Zwillinge sich schon auf dich freuen«, redete er weiter. »Melanie und Richard waren beide sehr traurig, als sie erfahren haben, daß du mitten in der Nacht mit Jefferson fortgelaufen bist.«

»Das bezweifle ich«, murmelte ich. Ich weiß nicht, ob er mich hörte oder nicht. An dem Punkt hatte ich das Gefühl, er redete nur noch vor sich hin, um zu verhindern, daß die Stille das Schild aus Lügen durchdrang, das er geschmiedet hatte.

»Deine Tante Bet war natürlich vor Sorge außer sich. Sie konnte tagelang nichts essen, und sie ist doch ohnehin schon so dünn. Wir fühlen uns beide absolut verantwortlich für dich und Jefferson, ebensosehr, wie wir uns für unsere eigenen Kinder verantwortlich fühlen. Nachdem ihr jetzt wieder da seid, kann ich euch versprechen, daß sich einiges ändern wird«, fuhr er fort.

Ich warf ihm einen Blick zu. Er saß steif auf seinem Platz und schaute starr vor sich hin, als säße ich ihm gegenüber und nicht neben ihm. Aber seine Augen waren glasig und bewegten sich nicht. Er sah aus wie ein Schlafender, der im Traum redet.

»Ja, die Dinge werden anders sein. Wir haben gelernt, wie wir miteinander auskommen können. Das erfordert Zeit, und es erfordert Gewöhnung, genau wie alles andere auf Erden, was von Bedeutung ist«, sagte er und nickte. »Wir haben alle Fehler gemacht. Das Schicksal hat uns plötzlich, abrupt und unsanft zusammengeworfen, aber wir werden uns durchsetzen. Es liegt uns im Blut, stark zu sein.«

Er blinzelte mehrfach schnell hintereinander, und dann schaute er mich an und lächelte.

»Wir haben übrigens auch wieder eine neue Haushälterin. Einen Ersatz für Mrs. Stoddard. Mit ihr hat es nicht geklappt... vom Typ her war sie nicht mit Betty Ann vereinbar. Du weißt ja, wie schwer es ist, heutzutage gutes Personal zu finden. Jeder hält sich selbst für einen Manager und einen Boß und nicht für einen

Angestellten. Aber die Führung des Haushalts überlasse ich ganz und gar Betty Ann. Darin stellt sie sich geschickter an als ich. Ich bringe einfach nicht die Geduld auf, nicht, wenn ich jetzt mit dem Hotel ohnehin schon so viel zu tun habe.«

Endlich hörte er auf zu reden und starrte ausdruckslos vor sich hin. Ich lehnte mich auf meinem Platz zurück und schloß die Augen, aber kurz darauf spürte ich, wie seine Hand sich auf der Armlehne auf meine Hand legte. Ich schlug die Augen auf und stellte fest, daß er mich anstarrte; sein Gesicht war dicht vor meinem.

»Christie, o Christie, warum bist du bloß weggelaufen? Ich wollte dir niemals weh tun oder dich erschrecken, und verjagen wollte ich dich mit Sicherheit nicht«, flüsterte er.

»Was hast du denn anderes von mir erwartet, Onkel Philip?« fragte ich und schüttelte angeekelt den Kopf.

»Wir haben einander etwas versprochen. Ich dachte, du würdest dich an deine Versprechen halten«, sagte er.

»Versprechen? Was für Versprechen?«

»Erinnerst du dich denn nicht mehr? Ich erinnere mich nur zu gut«, sagte er und lehnte sich wieder zurück; er schloß die Augen, und ein Lächeln trat auf sein Gesicht. »Wir haben einen Pakt geschlossen. Wir haben einander versprochen, uns zu vertrauen und uns aufeinander zu verlassen, für immer und ewig, und einander Dinge zu erzählen, die wir niemandem sonst erzählen würden. Ich habe dir gesagt«, fuhr er fort, und dabei drehte er sich wieder zu mir um und legte seine Hand erneut auf meine, »daß alles, was dich traurig macht, mich traurig machen wird, und alles, was dich glücklich macht, mich glücklich machen wird. Erinnerst du dich denn nicht? Wir haben diesen Pakt mit einem Kuß besiegelt«, sagte er, »einem wunderbaren liebevollen Kuß.«

Ich erinnerte mich durchaus daran, wie er damals in mein

Zimmer gekommen war, aber es war alles seine Idee gewesen. Ich hatte kein Wort dazu gesagt; ich war damals viel zu sehr von seinem Ausdruck tiefer Zuneigung verwirrt gewesen.

»Wenn dich etwas bedrückt hat, dann hättest du zu mir kommen sollen«, sagte er und nickte. »Du hättest an meine Tür klopfen und es mir sagen sollen, und ich hätte alles getan, um das Problem zu lösen.«

»Das Problem zu lösen?« War das alles, was es für ihn darstellte – ein kleines Problem?

»Ja«, sagte er. »Ich habe es dir oft genug gesagt – ich bin für dich da. Und natürlich auch für Jefferson. Als der Arzt angerufen hat und ich erfahren habe, was Jefferson passiert ist, bin ich aus dem Haus gestürzt, ohne Betty Ann zu sagen, wohin ich gehe. Dazu hatte ich keine Zeit; ich habe es Julius überlassen. Ihr habt mich gebraucht, du und Jefferson«, sagte er. »Ich habe schleunigst alle Vorkehrungen getroffen und bin hierhergeflogen, um euch zu holen. Und jetzt sind wir wieder zusammen«, schloß er lächelnd. »Jetzt bist du in Sicherheit.«

Ich starrte ihn an. Machte er mir nur etwas vor, oder hatte er tatsächlich vergessen, was er mir angetan hatte? Ich war in Versuchung, ihn anzuschreien, doch statt dessen wandte ich mich ab und schloß die Augen und stellte mir vor, ich sei wie eine Schnecke in ihrem Schneckenhaus. Wenn ich mich weit genug in mein Schneckenhaus zurückzog und von anderen Dingen träumte, konnte ich ihn aus meinem Leben aussperren, dachte ich. Ich würde ihn ansehen, wenn er mit mir redete, und ich würde nicken, aber ich würde ihn nicht hören und ihn auch nicht wirklich sehen. Mit der Zeit würde er so unsichtbar werden wie ein Geist. Ich würde sogar an den Punkt kommen, an dem ich es nicht fühlte, wenn er mich berührte.

Julius, der uns am Flughafen erwartete, war froh, mich zu sehen.

»Wie geht es Jefferson?« fragte er sofort.

»Er wird wieder gesund werden«, teilte ihm Onkel Philip mit. »Das heißt, bei der Sonderbehandlung und der speziellen Pflege, die ich für ihn arrangiert habe.«

»Kein Gepäck?« fragte Julius verwundert.

»Nein«, sagte ich rasch. Ich wollte nicht darauf zu sprechen kommen, was passiert war, nachdem ich fortgelaufen war.

»Fahren wir gleich nach Hause«, sagte Onkel Philip; er nahm meinen Arm und führte mich aus dem Flughafengebäude. »Warte nur, bis du erst siehst, welche Fortschritte der Wiederaufbau des Hotels gemacht hat«, sagte er, als er sich mit mir auf den Rücksitz der Limousine setzte. »Sogar in der kurzen Zeit, die du weggewesen bist, hat sich einiges verändert, stimmt's, Julius?«

»Ja, Sir.«

Weggewesen bist, dachte ich. Er benimmt sich, als hätte ich einen kurzen Urlaub gemacht, hätte Freundinnen besucht oder sei irgendwo zur Schule gegangen. Wie konnte er bloß derart heucheln? Onkel Philip hoffte offensichtlich, diese kleine Episode (so mußte er es wohl sehen) würde sich schlichtweg in Luft auflösen, platzen wie eine Seifenblase, von der keine Spuren zurückblieben. Diese Hoffnung zerschlug sich jedoch in dem Moment, in dem wir vor dem Haus vorfuhren und die Haustür öffneten. Dafür sorgte Tante Bet. Sie hatte offensichtlich im Wohnzimmer am Fenster gewartet und uns vorfahren sehen. Ihre Augen glühten derart, daß ich glaubte, ihr Blick könnte mich versengen.

»Nun, bist du jetzt zufrieden?« fauchte sie in dem Moment, in dem ich einen Fuß in die Eingangshalle setzte. Sie trat vor und hatte ihre knochigen Hände derart fest auf die Hüften gestemmt, daß ihre Ellbogen spitz vorstanden. Ich glaubte, sie würden sich durch ihre Haut bohren und ich könnte jeden Augenblick den gespenstisch weißen Knochen sehen. Ihre Nackenmuskeln spannten sich sichtlich, und ihre Lippen waren schmal und zusammengepreßt, und darunter ließen sich ihre zusammengebissenen grauen Zähne erkennen.

»Freust du dich, daß du all diesen Wirbel veranstaltet hast? Freust du dich, daß wir vor Sorge alle völlig außer uns und in heller Panik waren? Bist du nun zufrieden?« fragte sie mit einer Stimme, die so schrill war wie die Schreie von verängstigten Seeschwalben.

»Betty Ann«, setzte Philip an, »laß uns...« Sie machte auf dem Absatz kehrt und warf ihm einen derart wütenden Blick zu, daß sein Mund zuklappte.

»Erzähl mir jetzt bloß nicht, ich sollte mich beruhigen, Philip Cutler«, sagte sie und fuchtelte mit ihrer kleinen Faust vor seinem Gesicht herum. »Versuch jetzt bloß nicht, sie zu verteidigen. Ich bin diejenige, die dasitzt und wartet und keine Ahnung hat, was vorgeht. Ich bin diejenige, die man im dunkeln tappen läßt. Ich muß es mir von Angestellten erzählen lassen, von Dienstboten, die geschickt werden, um mir Nachrichten zu übermitteln, als sei ich kein vollwertiger Mensch.«

»Hör mal, Betty Ann, niemand hatte die Absicht, dich zu übergehen. Es war nur einfach so, daß ich schnell handeln mußte, weil Jefferson sehr krank ist und...«

»Sieh dir nur an, was du angerichtet hast!« schrie sie mich an. »Dein kleiner Bruder wäre fast gestorben!«

Meine Lippen begannen zu zittern. Ich verschränkte die Arme und starrte zu Boden, während sie tobte und wütete.

»All dieser Kummer, diese ganze Tragödie, alles bricht über uns herein, eines nach dem anderen. Alle versuchen, damit umzugehen, das Beste daraus zu machen, in unserem Leben, das völlig aus den Fugen geraten ist, wieder eine gewisse Normalität herzustellen, und du... du verzogenes, verdorbenes...«

»Ich bin nicht verzogen und verdorben!« schrie ich sie an, und meine Wirbelsäule wurde zu Stahl. »Und wessen Leben ist aus den Fugen geraten? Doch ganz bestimmt nicht deines!«

»So, so«, sagte sie und schüttelte den Kopf. »So, so.« Sie lächelte kalt. Es war ein unnatürliches kleines Lächeln, das um ihre Lippen spielte. »Ich hatte nicht geglaubt, daß du dich reumütig zeigst. Ich hatte nicht geglaubt, daß es dir etwas ausmacht, welche Qualen du uns hast durchleiden lassen. Du denkst nur an dich selbst.« Das Lächeln schwand schnell. »Nun, du stehst unter unserer Aufsicht. Wir sind für dich und für dein Benehmen verantwortlich. Du hast etwas sehr Böses getan, und dafür mußt du bestraft werden.«

Sie richtete sich steif auf und sah mir fest in die Augen.

»Bis auf weiteres hast du Stubenarrest und wirst in deinem Zimmer bleiben. Du darfst nur zu den Mahlzeiten nach unten kommen, und dann wirst du augenblicklich wieder nach oben gehen. Hast du gehört? Du wirst keine Anrufe entgegennehmen und auch nicht telefonieren, und es wird niemandem gestattet werden, dich zu besuchen. Und laß dir das eine Warnung sein, junge Dame«, sagte sie und trat noch näher vor mich hin und streckte ihren langen knochigen Zeigefinger aus. »Denk nicht im Traum daran, noch einmal gegen eine meiner Vorschriften zu verstoßen.

Geh schon nach oben! Geh!« befahl sie mir und wies zur Treppe. Ich sah Onkel Philip an, dem ihr Ausbruch anscheinend einen Dämpfer versetzt hatte. Dann ließ ich sie beide stehen und rannte zur Treppe. Als ich zu meinem Zimmer eilte, sah ich, daß die Tür zu Jeffersons Zimmer, das jetzt Richards Zimmer war, offenstand. Er schaute heraus, und sein Gesicht drückte große Selbstzufriedenheit aus.

»Was gaffst du so?« fauchte ich.

Er lächelte weiterhin, schloß aber die Tür.

Ich rannte in mein Zimmer und stand eine Weile da und kochte vor Wut. Wie konnte sie es wagen, so mit mir zu reden, dachte ich. Ich hätte ihr die Wahrheit sagen sollen. Ich hätte ihr sagen sollen, warum ich ausgerissen bin. Dann wäre sie derart entsetzt gewesen, daß es ihr für Tage die Sprache verschlagen hätte. Es war ein gutes Gefühl, daß ich sie, wenn es mir angebracht erschien, jederzeit mit der Wahrheit zerschmettern konnte. Doch als sich meine Wut erst ein wenig legte, begriff ich, daß es nicht gerade besonders leicht für mich war, herauszuschreien, was Onkel Philip mir angetan hatte. Mir würde es auch weh tun. Es war ein zweischneidiges Schwert.

Nein, es war besser, auch sie zu ignorieren, dachte ich, so zu tun, als existierte sie überhaupt nicht, so zu tun, als existierten sie alle nicht. Ich würde sie ertragen, bis Jefferson wieder gesund war, und dann würde ich mir etwas Neues einfallen lassen. Mir blieb gar nichts anderes übrig.

In vielerlei Hinsicht war es ein gutes Gefühl, wieder zu Hause und in meinem eigenen Zimmer zu sein und die Stofftiere zu sehen, die Mommy und Daddy Jimmy mir geschenkt hatten. Es war wunderbar, meine eigene Bettwäsche zu riechen und meine Bürste zu benutzen, wenn ich vor meiner Frisierkommode saß. Mein Zimmer war von erfreulichen Erinnerungen angefüllt, und es waren alles Erinnerungen, die mich an die Zeiten mit Mommy und Daddy Jimmy denken ließen.

Ich war erschöpft. Da ich jetzt nicht mehr unterwegs war und wieder behaglich in meinem Zimmer saß, erschlugen mich die Ereignisse der letzten vierundzwanzig Stunden fast. All die Gefühle, dic Anspannung, das Grauen und die Seelenqual – all das brach jetzt wieder über mich herein und ließ mich in einem Meer der Mattigkeit versinken und zog jeden Funken Energie aus mir.

Ich fing an, mich auszuziehen, um ins Bett zu gehen, aber als ich vor meinen Kleiderschrank trat, um meine Kleider aufzuhängen, stand mir eine weitere unerfreuliche Überraschung bevor. Das wundervolle Kleid, das ich zu meinem sechzehnten Geburtstag getragen hatte, war in der Mitte durchgeschnitten worden. Es lag wie eine tödlich verwundete Möwe auf dem Schrankboden, die Ärmel wie zwei Flügel ausgebreitet. Es war vom Ausschnitt bis zur Taille aufgeschnitten worden, und die wogenden Röcke waren zerrissen und zerfetzt. Es sah aus, als hätte sich ein Irrer daraufgestürzt und es brutal attackiert.

»Oh, nein«, rief ich aus. Ich kniete mich hin und preßte das ruinierte Kleid an mich. »Oh, nein!« schrie ich. »Nein!« Die Tür meines Zimmers wurde aufgerissen.

»Was ist? Warum schreist du so? Weißt du denn nicht, wie spät es ist?« fragte Tante Bet.

»Sieh dir nur an, was einer deiner ach so tollen, ganz besonderen Zwillinge getan hat, wenn nicht beide.«

Sie schaute das Kleid an und verzog das Gesicht zu einer Grimasse.

»Ich bin sicher, daß keiner von beiden so etwas täte. Solche Dinge tun sie nicht. Und überhaupt ist es deine eigene Schuld«, sagte sie und verschränkte die Arme und richtete sich so steif wie ein eiserner Mast auf. »Wenn du nicht fortgelaufen wärst, wärst du hier gewesen und hättest selbst auf deine Sachen aufpassen können, oder etwa nicht? Und jetzt hör auf zu schreien, und leg dich schlafen«, fügte sie hinzu und schloß die Tür. Dann hörte ich, wie ein Schlüssel im Schloß umgedreht wurde, und ich begriff, daß sie mich in meinem eigenen Zimmer eingesperrt hatte.

Ich sank zu Boden und preßte das Kleid an mich. Ich konnte nichts anderes mehr vor mir sehen als Mommys strahlendes Lächeln, als sie hereingekommen war und mich in diesem Kleid gesehen hatte. Es kam mir so vor, als seien die Tränen, die über mein Gesicht strömten, ihre Tränen. Sie weinte durch mich und mit mir. Mein Körper bebte vor Schluchzen. Ich saß zusammengekauert da und preßte mir den zarten Stoff ans Gesicht, bis ich schließlich keine Tränen mehr vergießen konnte. Dann stand ich langsam auf, legte das Kleid ausgebreitet auf mein Bett und schlief daneben ein, denn ich hoffte, wenn ich am Morgen erwachte, würde ich irgendwie feststellen, daß alles nur ein langer, furchtbarer Traum gewesen war.

Ich würde aufwachen, und es würde der Morgen meines sechzehnten Geburtstags sein. Mommy und Daddy Jimmy würden am Leben sein, Jefferson würde gesund und munter sein, Gavin würde gemeinsam mit all den anderen wunderbaren Gästen und lieben Freunden wie Tante Trisha herkommen. Der Himmel würde blau sein, und das Meer kristallklar und frisch.

Hatte es eine solche Zeit überhaupt jemals gegeben?

Das einzige, was mich am Morgen zum Aufstehen verleiten konnte, war mein heftiges Verlangen, herauszufinden, wie es Jefferson ging. Trotz der späten Stunde, zu der ich schlafen gegangen war, war Tante Bet ohnehin entschlossen, mich nicht ausschlafen zu lassen. Sie pochte an meine Tür und riß sie dann abrupt auf.

»Noch im Bett?« fragte sie. Ich setzte mich langsam auf. »Wir haben eine neue Haushälterin, die ihre Anweisungen genau befolgt. Das Frühstück wird nur einmal serviert. Wer es verpaßt, bekommt bis zum Mittagessen nichts zu essen, und wer das verpaßt, bekommt erst zum Abendessen etwas. Wir sind alle angezogen und gehen jetzt nach unten, und daher würde ich dir raten, schnell aufzustehen und dich anzuziehen, wenn du etwas zu essen haben willst.«

»Ich will wissen, was mit meinem Bruder ist«, sagte ich. »Das ist alles, was ich will.«

»Mach, was du willst«, sagte sie und schloß die Tür.

Ich ließ mich in das Kissen zurücksinken. Mein Blick fiel wieder auf mein zerrissenes Kleid, und es tat mir in der Seele weh. Schließlich stand ich auf und trat vor meine Kommodenschubladen, um frische Unterwäsche herauszuholen und dann ins Bad zu gehen, um zu duschen. Aber als ich die Schublade aufzog, wich ich voller Grausen zurück. Tote Würmer und Lehmklumpen waren über meine Unterwäsche geworfen worden.

Das war alles Richards Werk, dachte ich, aber es hatte keinen Zweck, Tante Bet zu rufen, damit sie es sich ansah. Ihr war das gleichgültig, und sie hätte ihn ohnehin nur verteidigt. Ich zog die Schublade ganz heraus und trug sie ins Bad und kippte dort den Lehm und die toten Würmer in die Toilette. Ich nahm meine Wäsche und brachte die Schublade zurück. Dann sah ich mich im Zimmer um. Was würde ich sonst noch an Scherben und Trümmern vorfinden?

Ich stieß auf weitere Akte von Vandalismus. Einige meiner Parfüms waren zusammengeschüttet worden. In meinen Schuhen waren Klumpen von Hautcreme, meine Blusen waren mit Lippenstift beschmiert, und in einen meiner Schmuckkästen war Wasser geschüttet worden. Ich behob die Schäden, soweit das ging, und dann duschte ich, doch als ich fertig war, um nach unten zu gehen, hatte Tante Bet die Frühstückszeit für beendet erklärt. Das tat sie, indem sie an meiner Tür erschien, ehe ich sie geöffnet hatte, und den Schlüssel wieder im Schloß umdrehte.

»Sieh zu, daß du das Mittagessen nicht versäumst«, rief sie durch die abgeschlossene Tür. Ich zerrte am Türknopf.

»Laß mich hier raus«, verlangte ich. Ich hämmerte gegen die Tür. »Tante Bet, mach diese Tür auf. Ich muß wissen, wie es Jefferson geht. Tante Bet!« Ich hämmerte immer wieder gegen die Tür, doch sie reagierte nicht darauf. In meiner Wut trat ich gegen die Tür, doch das bewirkte nur, daß mein Fuß schmerzte. Ich stand siedend vor Wut da, und dann hörte ich Richards Flüstern. Er hatte die Lippen an den Spalt zwischen dem Türrahmen und der Tür gepreßt.

»Warum schleichst du dich nicht aus dem Fenster«, sagte er und lachte.

»Du kleiner Mistkerl. Wenn ich hier rauskomme...« Ich zog und zerrte an dem Türknopf, bis meine Arme schmerzten.

»Tante Bet! Bitte. Schließ die Tür auf!« Ich wartete, aber alles blieb stumm. »Onkel Philip!« schrie ich. »Laß mich raus!« Niemand kam, obwohl ich stundenlang gegen die Tür hämmerte und schrie. Als die Mittagszeit nahte, die Tante Bet festgesetzt hatte, kam sie die Treppe herauf und betrat mein Zimmer. Ich lag so auf dem Fußboden, wie ich zusammengesunken war, nachdem ich aufgehört hatte, zu klopfen und zu schreien.

»Wie kannst du es wagen, mich einfach einzuschließen?« sagte ich und erhob mich langsam.

»Vielleicht verstehst du jetzt, wie wichtig es ist, sich an geregelte Zeiten zu halten«, sagte sie. »Unser Leben ist jetzt gründlich durchorganisiert, und wir dulden keine Störungen im Alltagsablauf.«

»Schließ mich nie mehr hier ein, nie mehr«, sagte ich. Sie behielt ihr kaltes Lächeln bei.

»Was tust du dann?« fragte sie. »Läufst du wieder fort?«

Es war, als sei ein kaltes Messer entlang der Wirbelsäule über meinen Rücken geglitten. Mir wurde plötzlich klar, wie froh sie darüber gewesen war, daß Jefferson und ich ausgerissen waren. Sie mochte uns nicht; sie hatte unsere Rückkehr nicht gewollt. Sie hatte gehofft, wir lebten jetzt bei anderen Leuten. Die Rache, wenn sie auch noch so selbstzerstörerisch sein mochte, erschien mir plötzlich lohnend.

»Was glaubst du wohl, warum ich fortgelaufen bin? Was glaubst du wohl, was der wahre Grund dafür war?«

»Woher soll ich das wissen«, sagte sie, doch in ihren Augen stand ein besorgter Ausdruck. Ich verschränkte die Arme vor der Brust und trat vor sie und sah ihr fest in die Augen.

»Du hast Onkel Philip nie danach gefragt, stimmt's? Du mußt in jener Nacht wach gewesen sein. Du mußt gemerkt haben, daß er aus dem Bett aufgestanden und in mein Zimmer gekommen ist«, warf ich ihr in einem Tonfall an den Kopf, der derart von Gehässigkeit triefte, daß ich darüber erstaunt war.

»Was?« Sie wich zurück. »Was sagst du da, du abscheuliches Kind?«

»Er ist in mein Zimmer gekommen. Er ist in mein Bett gekommen«, sagte ich zu ihr. Ihr Mund öffnete sich, und ihre Augen wurden groß. Sie schüttelte den Kopf und wollte etwas sagen, doch ihre Lippen bewegten sich, ohne einen Laut herauszubringen. »Er hat sich mir gewaltsam aufgedrängt; es war gräßlich, einfach gräßlich. Er hat mir immer wieder gesagt, er könnte deine Nähe nicht ertragen, und es sei ihm widerlich, dich zu berühren.«

Sie schüttelte heftig den Kopf.

»Ich habe versucht, mich gegen ihn zu wehren, aber er war zu stark, und seine Entschlossenheit war zu groß. Schließlich... hat er mich vergewaltigt.«

Sie preßte sich die Hände auf die Ohren und stieß einen widerlichen, verzerrten Schrei aus. Dann holte sie aus, um mich zu ohrfeigen, aber ich fing ihre Hand in der Luft ab.

»Rühr mich nicht an«, sagte ich zu ihr, »und schließ mich nie mehr in meinem Zimmer ein. Denk nicht einmal im Traum daran!«

Sie riß ihre Hand los und floh vor mir. Sie zog sich in ihr eigenes Schlafzimmer zurück und knallte die Tür hinter sich zu.

»Gott sei Dank, dich wäre ich los«, rief ich, und dann holte ich tief Atem. Es kam mir vor, als sei ein Feuer in meiner Brust entflammt. Mir war nicht klargewesen, wie verkrampft ich gewesen war. Meine Rippen schmerzten. Wenn ich sie auch vertrieben hatte, so war ich trotzdem nicht stolz auf mich. Selbst jetzt, nachdem es vorbei war und meine Wut sich gelegt hatte, konnte ich mir vorstellen, wie haßerfüllt und gemein ich ihr erschienen sein mußte. Das war eine Seite von mir, von der ich nicht wollte, daß sie sichtbar wurde, denn ich wußte, daß sie Narben zurückließ. Vielleicht konnte kein anderer die Narben sehen, doch ich erkannte sie deutlich. Das Schlimmste, was gehässige und widerliche Menschen wie Tante Bet einem antun konnten, war, einen dazu zu bringen, daß man so wurde wie sie. Und genau das war ihr gelungen.

Ich ging nach unten, um etwas zu Mittag zu essen. Melanie und Richard saßen schon am Tisch, er hatte sich die Serviette in den Kragen gesteckt, sie hatte ihre auf dem Schoß liegen. Beide saßen aufrecht und mit perfekter Haltung da, hielten die Suppenlöffel vorschriftsmäßig in der Hand und verharrten geziert über den dampfenden Schalen mit der Fischsuppe. Sie sahen eher aus wie Schaufensterpuppen als wie echte Menschen.

»Ich habe all die Scheußlichkeiten entdeckt, die ihr in meinem Zimmer angerichtet habt, während ich fort war«, sagte ich zu ihnen. »Damit kommt ihr mir nicht davon. Das könnt ihr mir glauben.«

Mein lodernder Blick erschreckte die beiden. Dann faßte sich Richard wieder und gab es mir zurück.

»Jefferson wird sterben«, sagte er durch einen Mundwinkel. »Mutter hat es uns heute morgen gesagt.«

»Das ist eine Lüge. Es geht ihm schon besser. Sowie er transportfähig ist, wird er hierher ins Krankenhaus gebracht«, sagte ich. Er lächelte verschlagen.

»Das hat mein Vater dir doch nur erzählt, damit du nach Hause zurückkommst«, sagte er voller Zuversicht. Ich schaute

Melanie an, die mich wie eine kalte und analytische Wissenschaftlerin anstarrte und begierig darauf wartete, wie ich wohl auf diese Neuigkeiten reagieren würde.

»Ihr seid abscheulich... zwei Ungeheuer!« rief ich, und mit einer schnellen Bewegung leerte ich ihnen die Suppenschalen auf dem Schoß aus. Sie schrien beide auf, sprangen hoch und entfernten sich vom Tisch, als die Flüssigkeit durch ihre Kleider sikkerte und sie verbrühte. Ohne zu warten, bis Tante Bet nach unten kam, drehte ich mich um und floh.

Ich rannte aus dem Haus, die Stufen hinunter und zum Hotel. Alle Trümmer waren entfernt worden, und mit dem Bau der neuen Mauern war begonnen worden. Als ich näher kam, drehten sich die Arbeiter zu mir um, und im nächsten Moment löste sich Onkel Philip aus einer Gruppe, um mich zu begrüßen.

»Du hast eine Familie von Ungeheuern«, setzte ich an. »Ich hasse sie alle!«

»Sieh mal, alle müssen lernen, sich umzustellen.« Er hielt die Hände mit den Handflächen nach oben vor sich. »Mit der Zeit...«

»Ich werde mich nie an sie gewöhnen... und an dich auch nicht!« sagte ich, und meine Brust hob und senkte sich bei jedem Atemzug. Einen Moment lang starrte ich ihn nur finster an. Er wirkte bestürzt und verletzt. »Die Zwillinge haben mir gesagt, du hättest mich belogen, was Jefferson angeht. Sie haben gesagt, er würde nicht hier in der Nähe in ein Krankenhaus gebracht«, sagte ich. Er lächelte.

»Das ist doch Unsinn. Sie ziehen dich nur auf. Es ist tatsächlich so, daß ich heute morgen den Anruf bekommen habe und gerade zu dir kommen wollte. Jefferson ist aus dem Koma erwacht, und er wird heute abend um acht Uhr hier im Krankenhaus eingeliefert. Wir beide werden dort sein, wenn er ankommt.«

»Wirklich? Oder ist das schon wieder eine Lüge?«

»Glaubst du, ich würde dich in einem solchen Punkt belügen?« Er legte die Hand auf meine Schulter, und ich wich zurück, als stünde seine Hand in Flammen. »Christie, bitte...«

»Rühr mich nicht an. Ich will nie mehr von dir angerührt werden.«

»Christie. Wir lieben dich. Wir...«

»Mich lieben? Weißt du, daß sie mich in meinem Zimmer eingeschlossen hat?«

»Sie ist immer noch ein wenig außer sich.«

»Und du läßt das zu. Du läßt sie tun, was sie will«, warf ich ihm vor.

»Betty Ann führt jetzt den Haushalt, und ich...«

»Sie bestimmt hier über alles und jeden. Aber nicht über mich. Ich habe ihr gesagt, was du getan hast. Ich habe es ihr gesagt!« schrie ich, und dann wandte ich mich ab und rannte fort. Ich kehrte erst am späten Nachmittag ins Haus zurück. In der Zwischenzeit ging ich in die Stadt und kaufte mir etwas zum Mittagessen. Ich lief eine Zeitlang am Strand entlang, und dann setzte ich mich hinter das Hotel und schaute bei den Bauarbeiten zu. Als ich dann das Haus wieder betrat, fand ich es totenstill vor. Ich lief nach oben, zu meinem Zimmer. Die Tür zu Melanies Zimmer stand offen, und daher schaute ich im Vorbeigehen hinein und sah, wie die beiden auf dem Boden saßen und ein chinesisches Brettspiel spielten. Sie blickten haßerfüllt zu mir auf. Als ich stehenblieb, wandten sich beide voller Entsetzen ab und richteten die Augen schnell wieder auf das Spiel.

Die Tür zum Schlafzimmer von Tante Bet und Onkel Philip war immer noch geschlossen. Ich fragte mich, ob sie sich den ganzen Tag dort verkrochen hatte. Sie tat mir nicht leid; ich war nur neugierig. Um Punkt achtzehn Uhr fünfzehn kam sie an meine Tür und klopfte leise an. Sie sah aus, als hätte sie stundenlang geweint. Jetzt hatte ihr Gesicht diesen trockenen, ruhigen Ausdruck angenommen, den Ausdruck eines Menschen, der automatisch funktioniert, ohne dabei zu denken oder etwas zu fühlen.

»Das Abendessen wird serviert«, sagte sie und wandte sich ab, ehe ich ein Wort sagen konnte. Ich hatte keinen allzugroßen Hunger, und ich hatte auch keine Lust, mit einem von ihnen am Tisch zu sitzen, aber ich ging trotzdem nach unten. Die Zwillinge warfen einen schnellen Blick auf mich und schauten dann ihre Teller und das Besteck an. Onkel Philip war noch der Lebhafteste von allen, doch selbst er wirkte wie eine Marionette. Die neue Hausangestellte servierte das Essen, ohne dabei einen Ton von sich zu geben. Es war ein junges Mädchen mit einem vorzeitig gealterten Gesicht. Ihre Bewegungen, als sie um den Tisch lief, bewiesen, daß sie gräßliche Angst vor Tante Bet hatte und sich fürchtete, etwas falsch zu machen. Ich war die einzige, die sich bei ihr bedankte. Ihre Augen strahlten mich an, aber sie reagierte lediglich mit einem angedeuteten Nicken und zog sich in die Küche zurück.

Da sie alle so still und in sich zurückgezogen waren, konnte ich mich meiner Phantasie überlassen und mir einbilden, ich säße vor vielen Monaten an diesem Tisch. Ich lauschte, als mein Gedächtnis einige der komischen Dinge noch einmal abspulte, die Daddy Jimmy gesagt hatte. Ich hörte Mommys Gelächter und sah, wie Jefferson lächelte. Ich malte mir aus, wie Mrs. Boston dabeistand und uns sagte, wir sollten dieses oder jenes nicht kalt werden lassen. Ich war derart in meine Tagträume versunken, daß das neue Hausmädchen eine Weile brauchte, um meine Aufmerksamkeit auf sich zu lenken. Ich hatte noch nicht einmal das Läuten des Telefons gehört.

»Sie darf keine Anrufe entgegennehmen«, hörte ich Tante Bet sagen. »Sagen Sie dem Anrufer...«

»Die Vermittlung sagt, es ist ein Ferngespräch«, erklärte das Mädchen.

»Ein Ferngespräch?« Ich sprang von meinem Stuhl auf.

»Während des Abendessens wird nicht telefoniert«, betonte Tante Bet. »Das gehört sich nicht, das ist…«

Ich schaute sie finster an. Sie warf einen Blick auf Onkel Philip, der auf sein Essen herabsah, und dann schüttelte sie sich, als sei ihr plötzlich ein fürchterlicher Schauer über den Rücken gelaufen, und sie wandte sich wieder ihrem Teller zu. Ich ging ans Telefon. Es war Gavin.

»Ich habe den ganzen Tag über versucht, dich anzurufen«, sagte er, »aber irgend jemand hat mir jedesmal gesagt, du schliefst oder du seist nicht im Haus.«

»Es ist ganz gräßlich hier, gräßlicher denn je«, sagte ich zu ihm. »Sobald Jefferson wieder gesund ist, gehe ich von hier fort.«

»Hat Philip…«

»Er ist mir nicht zu nahe gekommen. Gavin, ich habe es ihr erzählt. Ich habe es Tante Bet erzählt. Sie hat mich dazu gebracht«, sagte ich.

»Wirklich? Was hat sie dazu gesagt?«

»Sie ist schreiend vor mir davongelaufen, und jetzt sind sie alle wie Zombies, aber das ist mir egal.«

»Ich habe es meiner Mutter erzählt, und sie spricht mit Daddy. Sie werden sich darüber unterhalten, was wir tun können«, sagte er.

»Sag ihnen, sie sollen gar nichts unternehmen, solange Jefferson nicht gesund ist. Ich will bis dahin keine neuen Probleme haben«, sagte ich.

»Ich mache mir Sorgen um dich, Christie. Ich liege den ganzen Tag nur noch rum und denke an dich«, sagte er zu mir.

»Ich werde schon zurechtkommen, Gavin. Ich lasse mich von

ihnen nicht mehr mißhandeln. Jefferson wird heute abend eingeflogen. Wir fahren zum Krankenhaus, um da zu sein, wenn er ankommt«, sagte ich.

»Ruf mich an, sobald du etwas weißt, okay? Versprichst du mir das?«

»Du brauchst mir kein Versprechen abzunehmen, Gavin. Ich rufe dich ohnehin an. Die beiden einzigen Menschen, aus denen ich mir im Moment etwas mache, seid ihr beide, du und Jefferson.«

»Ich liebe dich, Christie. Ich möchte keinen einzigen unserer zärtlichen Augenblicke auf The Meadows vermissen«, sagte er leise.

»Ich auch nicht.«

»Ich erwarte deinen Anruf«, sagte er. »Tschüß.«

»Tschüß.«

Ich legte den Hörer auf und kehrte an den Eßtisch zurück. Sie blickten alle erwartungsvoll auf, als ich zurückkam.

»Ich habe keinen Hunger mehr«, bekundete ich. »Ich werde oben auf dich warten, Onkel Philip. Sag mir Bescheid, wenn du fertig bist.«

»Fertig wofür?« fragte Tante Bet.

»Wir fahren zum Krankenhaus«, sagte er. »Jefferson ist auf dem Weg hierher.«

»Davon hast du mir nichts gesagt«, sagte sie.

»Ach, nein? Oh. Dann muß es mir wohl entfallen sein. Wir hatten heute im Hotel einen hektischen Arbeitstag«, sagte er rasch und schaute wieder auf sein Essen. Tante Bet sah ihn finster an, und dann richtete sie ihren Blick auf mich.

»Ich habe dir gesagt, was sie heute mit den Zwillingen gemacht hat. Du wolltest mit ihr darüber reden, Philip. Nun?«

Er schaute zu mir auf.

»Das ist jetzt nicht der passende Zeitpunkt«, sagte er zu ihr.

»O doch, es ist genau der richtige Zeitpunkt. Warum...«

»Es ist der falsche Zeitpunkt!« sagte er, und seine Stimme war fester, als ich es seit meiner Rückkehr erlebt hatte.

Tante Bet lief dunkelrot an und kniff die Lippen zusammen. Sie nickte, und dabei bewegte sich ihr Kopf auf und ab, als sei ihr Hals eine Spirale, auf der er befestigt war.

»Ich werde oben warten«, wiederholte ich und ließ sie beim Essen sitzen.

Eine gute halbe Stunde später klopfte Onkel Philip an meine Tür. Er hatte sich umgezogen und war ganz merkwürdig gekleidet – er trug Jeans und ausgetretene Schuhe, ein schwarzes T-Shirt und ein schwarzgoldenes Jackett, auf dessen Brusttasche sein Name gestickt war.

»Fertig?« fragte er lächelnd. Er sah, wie verblüfft ich ihn anstarrte. »Ach, das ist meine Jacke aus der High-School mit dem Schulwappen«, erklärte er und drehte sich um, um mir das Abzeichen der Emerson Peabody Schule zu zeigen, das auf den Rücken genäht war. »Sie sitzt doch noch recht gut, findest du nicht?«

Ich stand langsam auf und zog mir meine leichte Baumwolljacke an. Irgend etwas erschreckte mich daran, daß er seine Sachen aus der High-School angezogen hatte. Ich wußte nicht, warum, aber es war so. Er trat zurück, als ich mein Zimmer verließ.

»Du siehst sehr hübsch aus«, sagte er. »Sehr hübsch.«

Ich fragte mich, ob Tante Bet wohl mit uns kommen würde, um wenigstens so zu tun, als hätte sie ein gewisses Interesse an Jefferson, doch sie saß unten und las und hörte zu, wie die Zwillinge auf dem Klavier klimperten. Keiner von ihnen schaute auf, als wir zur Haustür gingen. Onkel Philip hielt sie mir auf. Ich erwartete Julius und die Limousine, aber Onkel Philip hatte seinen eigenen Wagen statt dessen vorgefahren.

»Wo ist Julius?« fragte ich.

»Heute ist sein freier Abend«, sagte Onkel Philip.

»Ich bin sicher, daß er gern mitgekommen wäre.«

»Ach, Julius hat eine Freundin, eine Witwe drüben in Hadleyville, die er öfter besucht. Er deutet sogar an, er würde heiraten«, sagte Onkel Philip lächelnd. Er hielt mir die Tür auf, und ich stieg in den Wagen. Dann lief er schnell um den Wagen herum, um sich auf den Fahrersitz zu setzen und loszufahren.

Der Nachthimmel war bewölkt, die Dunkelheit erschien mir dichter, vor allem, als wir aus Cutler's Cove herausfuhren und den Weg nach Virginia Beach einschlugen. Onkel Philip war auffällig still. Ich hatte damit gerechnet, daß er wie auf unserem Rückflug unaufhörlich reden würde, doch er fuhr nur stumm den Wagen und schaute auf die Straße. Als ich einen Blick auf ihn warf, sah ich, wie sich auf seinen Lippen ein seltsames, zartes Lächeln bildete.

»Was für eine Nacht, was für eine Nacht«, murmelte er schließlich. Ich dachte mir nichts dabei, obwohl ich diese Nacht nicht gerade bemerkenswert fand. Das Meer zu unserer Rechten wirkte tintig. Ich sah noch nicht einmal ein einziges kleines Licht von einem Boot. Es war, als hätte sich der unfreundliche Himmel mit dem Meer verbunden, und beide gingen fließend ineinander über. Ein Nachthimmel ohne irgendwelche Sterne oder einen Mond war für mich nichts weiter als ein enormes leeres Ödland trostloser Schwärze.

»Du warst einfach wunderbar«, fügte er wenige Momente später hinzu.

»Wie bitte?«

»Die Gesichter der Leute im Publikum...« Er schaute mich an. »Du konntest sie nicht so gut erkennen wie ich, weil dich die Lichter geblendet haben. Ich weiß das. Ich habe auch schon auf einer Bühne gestanden.«

»Auf einer Bühne? Wovon sprichst du, Onkel Philip?« Mein Herz fing an, heftig zu klopfen.

»Du hast die schönste Stimme, die ich je gehört habe. Und das sage ich nicht nur so«, sagte er eilig.

»Was?«

»Ich bin so stolz auf dich, so stolz darauf, daß du meine Freundin bist«, sagte er, und plötzlich fuhr er langsamer und bog mit dem Wagen auf einen Weg zum Strand ein.

Ich richtete mich abrupt auf. »Wohin fährst du?«

»Zum Gipfel der Welt, erinnerst du dich nicht mehr? Ich habe dir doch versprochen, ich würde ihn dir zeigen. Nun, hier ist er«, sagte er und hielt an. Er lehnte sich zurück und schaute aus dem Fenster in die pechschwarze Nacht hinaus. »Hast du jemals so viele Lichter gesehen?«

»Was für Lichter? Wovon sprichst du? Onkel Philip, wir sind auf dem Weg ins Krankenhaus... zu Jefferson.«

»Ich habe es dir doch gesagt«, sagte er und hatte kein Wort von dem gehört, was ich gesagt hatte. »Ich habe dir gesagt, daß ich dir Dinge beibringen werde, dir Dinge zeigen werde.« Er rutschte zu mir herüber und legte seinen Arm um meine Schultern.

»Laß das!« rief ich. »Onkel Philip.«

Er umklammerte fest meine Schulter und wollte mich an sich ziehen, und seine Lippen näherten sich meinem Mund.

»Dawn... o Dawn«, sagte er.

Ich schrie und stieß ihm meine Hand ins Gesicht, grub meine Nägel in seine Wange, um ihn von mir zu stoßen. Dann drehte ich mich schnell um und packte den Türgriff. Er hielt mich am Kragen meiner Jacke fest, aber ich öffnete die Tür und riß mich los. Meine Jacke blieb in seinen Händen zurück. Ich spürte, wie seine Fingernägel meinen Nacken zerkratzten, doch der Schmerz interessierte mich nicht; ich dachte nur noch an Flucht.

Als ich aus dem Wagen gesprungen war, rannte ich über den Strand.

»DAWN!«

Ich hörte, wie er mir nachlief. Zu meiner Rechten rauschte das Meer, und links von mir schien meilenweit nur Sand zu sein. Ich rannte weiter, stolperte und fiel in den Sand, rappelte mich auf und rannte wieder weiter. Als ich gerade glaubte, ich sei ihm entkommen, spürte ich jedoch, wie seine Arme sich um meine Taille schlangen, und wir fielen beide in den Sand.

»Ich möchte... dir Dinge zeigen... dich Dinge lehren«, keuchte er. Seine Hände lagen auf meinen Brüsten, und seine Finger begannen, an den Knöpfen meiner Bluse herumzufummeln. Ich trat um mich und wand mich rasend, um unter ihm herauszukommen, aber er war zu schwer und zu stark. Seine Fingernägel gruben sich seitlich in meinen Hals und ritzten mir die Brust auf. Ich schrie und schrie, und dann griff ich nach einer Handvoll Sand und wandte mich zu ihm um. Selbst in der pechschwarzen Nacht konnte ich sehen, daß seine Augen schimmerten, und Schweißperlen standen auf seiner Haut.

»Dawn...«

»Ich bin nicht Dawn! Ich bin es nicht!« schrie ich und warf ihm den Sand ins Gesicht.

Er schrie auf, und als seine Hände mich losließen, wälzte ich mich herum, schlüpfte unter ihm heraus und sprang auf. Dann rannte ich wieder los, doch diesmal lief ich nach links. Ich rannte und rannte, bis ich den Motor eines Wagens hörte und erkannte, daß ich die Schnellstraße erreicht hatte. Ich stürzte auf die Straße, ins Licht der Scheinwerfer des nahenden Fahrzeugs. Ich hörte die Bremsen quietschen und sah, daß der Wagen nach links auswich, doch der Fahrer hielt nicht an. Er fuhr weiter, und seine Rücklichter wurden in der Dunkelheit kleiner und immer kleiner wie die Augen eines verschwindenden Wolfes.

Ich lief immer weiter, und jetzt fürchtete ich, einer der Wagen könnte Onkel Philips Wagen sein. Endlich sah ich die Randbezirke von Cutler's Cove. Aber ich ging nicht in die Ortschaft hinein. Ich bog statt dessen auf die Straße ein, die zu Bronson Alcotts Haus führte. Es dauerte fast eine weitere Stunde, bis ich sein Haus auf dem Hügel erreicht hatte. Meine Kleider waren zerrissen, meine Beine taten weh, und ich war schmutzig und verschwitzt, als ich an die Tür klopfte und wartete. Er öffnete persönlich.

»Christie!« rief er schockiert, und ich ließ mich in seine Arme sinken.

Ich war immer noch benommen, als ich im Wohnzimmer auf dem Sofa lag. Bronson ließ Mrs. Berme ein feuchtes Tuch bringen, um es mir auf die Stirn zu legen, und dann ging er selbst fort, um mir ein Glas Wasser zu holen. Kurz darauf kam er mit dem Glas zurück, und dann half er mir, mich aufzusetzen, damit ich trinken konnte.

»Und jetzt fang ganz langsam an«, sagte er, als ich mich wieder auf das Sofa hatte zurücksinken lassen, »und erzähl mir alles. Ich wußte überhaupt nicht, daß du wieder da bist. Es wundert mich, und bin sehr verärgert darüber, daß es mir niemand gesagt hat. Dein Onkel und deine Tante wußten doch, welche Sorgen ich mir gemacht habe.«

»Es überrascht mich nicht, daß sie dich nicht angerufen haben«, sagte ich und holte tief Atem, ehe ich begann. Selbst jetzt noch, nach diesem beängstigenden und abscheulichen Zwischenfall mit Onkel Philip, fiel es mir schwer, Bronson um Hilfe zu bitten. Es war mir peinlich, und wenn ich auch sicher war, daß jeder zu mir gesagt hätte, ich hätte keinen Grund, mich schuldig zu fühlen und mich zu schämen, so ging es mir unwillkürlich doch so.

Bronson hörte mir aufmerksam zu und zog die Augenbrauen hoch, als ich anfing, ihm meinen Grund dafür zu schildern, warum ich fortgelaufen war. Er schaute Mrs. Berme an, und sie verließ das Zimmer, da sie annahm, er wollte mit mir allein sein, wenn wir über derart persönliche Angelegenheiten sprachen.

Als ich fertig war, lehnte sich Bronson betroffen zurück. Dann schaute er mich mitfühlend an.

»Betty Ann hat mir gesagt, ihr wärt fortgelaufen, weil ihr euch über die Vorschriften geärgert habt, die sie euch gemacht hat. Nachdem du und ich damals dieses Gespräch miteinander hatten, nahm ich eben an, das sei der Grund dafür«, sagte er, und es klang wie eine Entschuldigung. »Ich hätte einigen Dingen, die du mir erzählt hast, mehr Beachtung schenken sollen. Es tut mir leid. Ich hätte nie zugelassen, daß er dich und Jefferson zurückholt. Wo hat sich dieser letzte Zwischenfall abgespielt?« fragte er.

»Er wollte mich zu Jefferson ins Krankenhaus bringen«, sagte ich und schilderte den Weg, den Onkel Philip eingeschlagen hatte, als er zum Strand gefahren war. Bronson nickte, und sein Gesicht wurde härter, seine Augen klein und scharf. Dann stand er auf und ging ans Telefon. Ich hörte, wie er das hiesige Polizeirevier anrief.

»Das ist alles eine ganz häßliche Angelegenheit«, sagte er, als er zurückkam. »Du hast Furchtbares durchgemacht, aber mit all dem ist jetzt Schluß. Das verspreche ich dir«, sagte er mit fester Stimme. »Ihr beide, du und Jefferson, werdet zu mir ziehen. Das heißt, natürlich nur, wenn ihr wollt.«

»O ja«, sagte ich rasch. »Das habe ich mir schon immer gewünscht.«

Er nickte und lächelte dann.

»Es könnte schön sein, einen kleinen Jungen hierzuhaben. Das

Haus könnte das Trappeln junger Füße und die Laute eines Kinderlachens gut gebrauchen«, sagte er. »Und die zarte Hand einer jungen Dame braucht es weiß Gott dringend«, fügte er hinzu. »Ich freue mich auf dich und deinen Bruder...«

»Jefferson!« sagte ich und setzte mich eilig auf. »Ich bin jetzt nicht mehr sicher, ob Onkel Philip mir die Wahrheit gesagt hat. Vielleicht hat er mich doch belogen, und er ist nicht nach Virginia Beach gebracht worden. Vielleicht ist er noch in Lynchburg!«

»Das werde ich auf der Stelle herausfinden«, sagte Bronson. »Bis dahin gehst du ins Bad und reinigst diese üblen Kratzer. Ich lasse dir von Mrs. Berme ein Desinfektionsmittel bringen. Es tut mir leid«, sagte er noch einmal. »Es tut mir leid, daß ich nicht begriffen habe, wie schwierig die Lage für dich und für Jefferson ist.«

»Mach dir keine Vorwürfe. Du hattest mit meiner Großmutter alle Hände voll zu tun, Bronson.«

»Ja«, sagte er und gestand es endlich ein. »Ja, das kann man wohl sagen. Aber wenn es auch noch so seltsam klingen mag, sie fehlt mir. Ab und zu war sie immer wieder sie selbst, und dann haben wir unschätzbare Augenblicke erlebt«, sagte er und lächelte bei der Erinnerung daran. »Aber jetzt werde ich dich und deinen Bruder bei mir haben, damit ihr Heiterkeit in dieses große, trübselige Haus bringt.« Er legte sich die Hände auf die Knie und stand auf. »Geh schon«, sagte er. »Kümmere dich um deine Verletzungen, und laß mich im Krankenhaus anrufen.«

Ich ging ins Bad und zog mir langsam die Bluse aus; meine Schultern schmerzten, und meine Haut brannte. Als ich mich selbst im Spiegel ansah, schien es, als sei mir das Entsetzen noch ins Gesicht geschrieben. Meine Augen blickten immer noch wild, mein Haar war zerzaust. Ich fuhr mit einem Finger über die Kratzer auf meinem Schlüsselbein und auf der Brust, und dann preßte ich die Augen fest zu, um nicht wieder zu weinen. Mrs. Berme klopfte an die Badtür und trat dann ein, um mir das Mittel zu bringen.

»Mein armes Kleines«, sagte sie, als sie meinen Rücken sah. Mir war nicht bewußt gewesen, wie schlimm ich zerkratzt war. Es mußte passiert sein, als er mich auf den Boden geworfen und ich mit ihm gerungen hatte, um mich unter ihm herauszuwinden, dachte ich.

Mrs. Berme reinigte meine Wunden und klebte Pflaster darauf, ohne mir peinliche Fragen zu stellen. Kurz darauf kam Bronson, um mir mitzuteilen, daß Jefferson tatsächlich im Krankenhaus in Virginia Beach angekommen war.

»Und außerdem macht er sich gut«, fügte er hinzu.

»Können wir hinfahren und ihn besuchen?« fragte ich.

»Selbstverständlich, mein Liebes. Wenn du ganz sicher bist, daß du dich dem gewachsen fühlst, meine ich«, fügte er hinzu.

»O ja, dem bin ich gewachsen. Ich hätte nie geglaubt, daß ich ihn derart vermissen würde.«

Bronson lachte. Wir hörten, daß an der Tür geläutet wurde, und Mrs. Berme eilte hin, um nachzusehen, wer es war. Es war ein großer dunkelhaariger Polizist. Ich folgte Bronson langsam durch die Eingangshalle, um ihn an der Tür zu begrüßen.

»Guten Abend, Mr. Alcott«, sagte er. Er sah mich an. »Das ist Dawn?«

»Dawn? Nein, nein, das ist ihre Tochter Christie. Wie kommen Sie darauf, zu fragen, ob sie Dawn heißt?« fragte Bronson. Ich trat näher zu ihm, und er nahm schnell meine Hand. Es war gespenstisch zu hören, wie ein Polizist den Namen meiner Mutter benutzte.

»Tja, wir sind an den Strand gefahren, an die Stelle, die Sie uns beschrieben haben, um dort mit unserer Suche zu beginnen, und wir haben den Wagen noch dort vorgefunden. Kurz darauf sagt

Charley Robinson, das ist mein Partner«, erklärte er, an mich gewandt, »sagt also Charley, er hört jemanden am Strand. Dann sind wir losgelaufen, und da war er dann auch und hat nach Dawn geschrien.«

»Oh, nein«, sagte ich und preßte mir die Hand aufs Herz.

»Mr. Cutler?« fragte Bronson.

»Ja, Sir, höchstpersönlich... er ist schreiend umhergelaufen. Wir mußten ihn regelrecht gewaltsam vom Strand zerren. Er hat darauf bestanden, Dawn sei noch dort.«

»Wo ist er?« fragte Bronson.

»Jetzt sitzt er im Streifenwagen. Er ist nicht gerade in der besten Verfassung, Mr. Alcott. Ich bin gekommen, weil ich mich gefragt habe...«

»Ja«, sagte Bronson rasch. »Danke, Henry. Ich glaube, Mr. Cutler braucht im Augenblick weit dringender einen Arzt als einen Richter... einen Psychiater.«

»Ich verstehe.«

»Sie wissen, was Sie zu tun haben?«

»Ja, Sir. Wir werden uns darum kümmern, und wir werden Sie auf dem laufenden halten, ja?« fügte er hinzu und schaute sowohl mich als auch Bronson an. Bronson legte einen Arm um meine Schultern.

»Ja, Henry. Vielen Dank«, sagte Bronson und drückte dem Polizisten die Hand.

Der Polizist öffnete die Tür und lief die Stufen hinunter zum Streifenwagen.

Ich blieb mit Bronson an der Tür stehen, und wir schauten beide zu, als der Streifenwagen losfuhr. Die Außenbeleuchtung ließ mühelos Onkel Philip auf dem Rücksitz erkennen. Er drehte sich um, als der Streifenwagen die Auffahrt hinunterfuhr, und dann preßte er sein Gesicht an das hintere Fenster. Es sah so aus, als schrie er laut den Namen meiner Mutter, und obwohl ich es nicht wirklich hören konnte, hallte das Echo in meinem Kopf und ließ mich erschauern.

»Es ist vorbei, Christie«, flüsterte Bronson und zog mich enger in seine Umarmung. »Ich verspreche es dir… jetzt ist alles vorbei.«

Epilog

Es war tatsächlich vorbei, und tatsächlich hatte es gerade erst begonnen.

Auf einem unserer häufigen Spaziergänge am Strand, als ich noch ein kleines Mädchen war, waren Mommy und ich einmal auf einen toten Fisch gestoßen, der im Sand lag. Ich erschrak, als ich ihn mit glasigen Augen so still daliegen sah. Ich fing an zu weinen. Mommy hob mich auf ihre Arme und hielt mich fest, als die Flut kam und den Fisch umspülte und ihn wieder ins Meer zurückholte.

»Wird er wieder schwimmen können, Mommy?« fragte ich sie.

»In gewisser Weise«, sagte sie. »Es wird sich in etwas anderes verwandeln und wiedergeboren werden.«

»Das will ich sehen«, verlangte ich. Ich war noch ein kleines Kind und glaubte, ich könnte ganz einfach dadurch, daß ich die Augen schloß und es mir stark genug wünschte, am Morgen über die Sonne und am Abend über die Sterne gebieten.

»Das können wir nicht sehen«, sagte sie zu mir. »Manche Dinge sind so geheimnisvoll, daß wir sie nicht sehen dürfen. Statt dessen müssen wir daran glauben, obwohl wir es nicht sehen. Kannst du an den Fisch glauben?« fragte sie mich lächelnd. »Kannst du an den Zauber glauben?«

Ich nickte, obwohl ich nicht sicher war, wie sie das meinte. Aber ich beobachtete, wie der Fisch auf den Wellen trieb und hopste, und es erschien mir, als drehte er sich um und tauchte unter und setzte sich in Bewegung. Ich wollte es glauben. Ich hatte noch den kindlichen Glauben, daß alles, was gut und schön ist, niemals endet.

Als ich älter wurde, begriff ich dann mit der Zeit, daß wir der Sonne und den Sternen nicht befehlen können, am Himmel zu erscheinen, aber daß wir die Wärme der Sonne spüren und vom Nachthimmel geblendet sein können, und das war märchenhaft genug. Ich lernte auch zu verstehen, daß an jedem einzelnen Tag unseres Lebens ein neuer Teil von uns geboren wird und ein alter Teil von uns stirbt.

Es gab so viel, wovon ich wollte, daß es starb, daß ich es für immer in den tiefsten Winkeln meines Gedächtnisses begraben konnte. Wie qualvoll diese Tage und Wochen nach dem Tod von Mommy und Daddy Jimmy doch gewesen waren! Es war mir so erschienen, als würde das Leid niemals ein Ende finden, doch Bronsons Versprechen erfüllte sich.

Bronson handelte das Nachspiel des Zwischenfalls mit Onkel Philip am Strand so diskret wie möglich ab. Das, was in jener Nacht in Onkel Philips Verstand zersprungen war, was es auch gewesen sein mag, blieb zersprungen, und es dauerte noch eine ganze Weile, bis er sich wieder erholte. Er konnte seine Aufgaben nicht mehr übernehmen und mußte in Behandlung bleiben. Tante Bet fühlte sich von der raschen Wendung der Geschehnisse überfordert. Schließlich konnte sie hier niemandem mehr ins Gesicht sehen und entschloß sich, mit den Zwillingen zu ihren Eltern zu ziehen.

Jefferson erholte sich vollständig von seiner Krankheit, und als er hörte, daß wir nach Beulla Woods ziehen und bei Bronson leben würden, war er hellauf begeistert. Ich bin sicher, daß diese Neuigkeit dazu beitrug, seine Genesung zu beschleunigen. Mrs. Berme wurde uns schnell zu einer Art Großmutter, und Bronson wurde uns ein weiser und liebevoller Großvater. In seinem Haus fing ich an, so wie nie zuvor Klavier zu spielen. An Sommerabenden öffnete er die Verandatüren weit, damit meine Musik den Hügel hinunterziehen konnte und »alle Leute in Cutler's Cove sie hören und sich daran erfreuen können«.

Ich entschied mich, mein Leben der Musik zu widmen, und wenn das Hotel auch noch so wichtig sein und noch so viel Geld einbringen würde, dann würde es für mich doch immer nur den zweiten Platz einnehmen. Bronson übernahm die Treuhänderschaft. Er setzte mir immer wieder damit zu, ich sollte mich mehr für die alltäglichen Aufgaben in der Hotelleitung und in der Hotelverwaltung interessieren. Ich bemühte mich, Interesse daran aufzubringen, versuchte es um Mommys und um Daddy Jimmys willen, aber insgeheim hoffte ich in meinem tiefsten Herzen, daß Jefferson derjenige sein würde, der eine Liebe zum Hotel faßte und eines Tages der wahre Besitzer des neuen Cutler-Cove-Hotels sein würde.

Meine Träume führten mich in eine andere Richtung... an die Schule für die Darstellenden Künste, auf Europatourneen, in die großen Konzertsäle. Und natürlich war da noch Gavin.

Wir verbrachten so viel Zeit wie möglich zusammen, und immer wieder kehrten wir in unseren Gesprächen zu unserer Zeit auf The Meadows zurück. In einem der nächsten Sommer fuhren wir sogar noch einmal hin, um Charlotte, Luther und Homer zu besuchen. Wir nahmen Jefferson mit, und als Homer und er einander sahen, war es, als seien sie nie voneinander getrennt gewesen, als hätten sie die ganze Zeit gemeinsam verbracht. Homer zog mit ihm los, um ihm zu zeigen, wo eine Füchsin Junge geworfen hatte.

»Was ist eigentlich aus dieser Fern geworden?« fragte mich Luther, als wir uns alle zum Abendessen setzten.

»Sie ist mit jemandem durchgebrannt, nachdem ich ihr die monatlichen Zahlungen gestrichen habe. Aber das war nicht der

Mann, mit dem sie hier war«, sagte ich. Nach einer Weile fügte ich hinzu: »Sie fehlt mir nicht.«

»Uns auch nicht«, sagte Charlotte, und wir brachen alle in herzliches Gelächter aus. Es war eine wunderschöne Zeit. Ich spielte ihnen auf dem Klavier vor, und als wir abreisten, mußten wir versprechen, so oft wie möglich wiederzukommen.

Im Sommer meines neunzehnten Lebensjahres wurde ich für ein dreiwöchiges Studienprogramm angenommen, das mich nach Paris und von dort nach Wien führen würde. Es war eine Konzerttournee, und ich freute mich sehr darauf. Gavin kam, und wir machten einen Spaziergang am Strand.

»Ich werde dich vermissen, Christie«, sagte er zu mir. »Jedesmal, wenn ich von dir fortgehe oder du von mir, dann stirbt etwas in mir, und jedesmal, wenn ich dich wiedersehe, wird etwas Neues in mir wiedergeboren.«

»Für mich ist es genauso, Gavin«, antwortete ich ihm.

»Ich bin eifersüchtig auf deine Musik«, gestand er. »Du bist in einer Art davon besessen, von der ich wünschte, so besessen könntest du von mir sein.«

»Sei nicht eifersüchtig«, sagte ich lächelnd. »Die Musik erfüllt mich mit großer Freude, aber ich teile sie nur mit dir.«

»Versprochen?«

»Für immer und ewig«, sagte ich, doch ich blieb stehen, und mein Lächeln verflog.

»Was ist, Christie?« fragte Gavin. Er folgte meiner Blickrichtung. Dort lag ein Fisch still im Wasser. Mein Herz wurde schwer, doch plötzlich... bewegten sich die Schwanzflossen ein wenig, und dann bewegten sie sich noch einmal, und der Fisch drehte sich um, als hätte er sich tot gestellt. Er tauchte in die nächste Welle ein und schwamm davon.

Und so klar wie an dem Tag, an dem sie neben mir am Strand gestanden hatte, hörte ich Mommy fragen:

»Kannst du an diesen Fisch glauben, Christie? Kannst du an den Zauber glauben?«

Ich konnte daran glauben; ich konnte für immer und ewig daran glauben. Danke, Mommy, dachte ich. Ich danke dir für den Glauben, den du mir geschenkt hast.

»Ist alles in Ordnung mit dir?« fragte Gavin besorgt.

»O ja, Gavin. O ja.«

In der Ferne flog eine Möwe der untergehenden Sonne entgegen. Ich schmiegte mich enger an Gavin, und zu zweit liefen wir den Schatten voraus und einem strahlenden neuen Tag entgegen.

V. C. Andrews

Das Netz im Dunkel
6764

Dunkle Wasser
8655

Dornen des Glücks
6619

Wie Blüten im Wind
6618

Schatten der Vergangenheit
8841

Schwarzer Engel
8964

Gärten der Nacht
9163

Blumen der Nacht
6617

Gebrochene Schwingen
9301

Das Netz im Dunkel
6764

GOLDMANN

AMERIKANISCHE LITERATUR

Tama Janowitz
Sonnenstich
9554

Alice Hoffman
Die Nacht der tausend
Lichter 9378

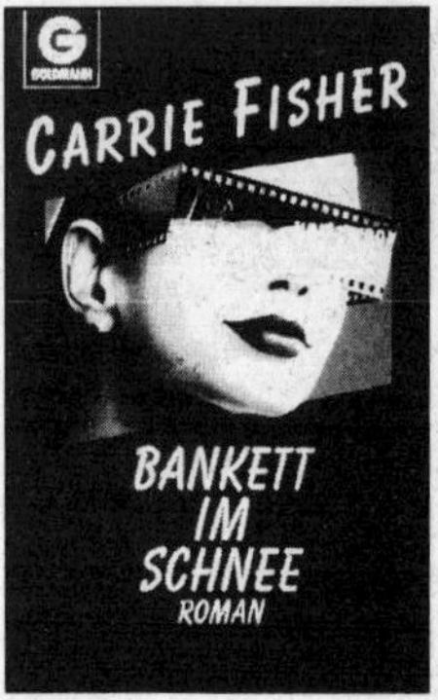

Carrie Fisher
Bankett im Schnee
9310

Kaye Gibbons
Ellen Foster
oder Tausend Arten,
meinen Vater zu töten
9477

Madison Smartt Bell
Ein sauberer Schnitt
9635

David Feinberg
Abgestürzt
9564

GOLDMANN

Shirley MacLaine

Schritt für Schritt
8807

Raupe mit Schmetterlingsflügeln 8949

Zwischenleben
6769

Tanz im Licht
9070

Zauberspiel
9834

GOLDMANN

Robert Merle

Malevil oder Die Bombe ist gefallen 6808

Die Insel
6864

Nachtjäger
9242

Die geschützten Männer
8350

Hinter Glas
8595

Der Tag der Delphine
8863

Moncada
8957

Der Tod ist mein Beruf
8388

Madrapour
8790

GOLDMANN

GOLDMANN

Bestseller

Tom Clancy und Sidney Sheldon, Utta Danella und Danielle Steel, Heinz G. Konsalik und Marie Louise Fischer, Colleen McCullough und Gillian Bradshaw, Charlotte Link und Irina Korschunow – internationale Weltbestseller garantieren Spannung und Unterhaltung auf höchstem Niveau.

Joy Fielding,
Lauf, Jane, lauf! 41333

Anne Perry,
Das Gesicht des Fremden 41392

Mary McGarry Morris,
Eine gefährliche Frau 41237

Ruth Rendell,
Stirb glücklich 41294

Goldmann · Der Bestseller-Verlag

GOLDMANN

Stuart Woods

Stuart Woods erzählt geradlinig, ohne Schnörkel und mit der Wucht eines Torpedos. Kein Wunder, daß man seine Romane in einem Zug verschlingt.

Still ruht der See 9250

Auf Grund 8839

Die Nachfolger 8379

Anaconda 9897

Goldmann · Der Taschenbuch-Verlag

GOLDMANN

FrauenLeben

»Sie war eine jener mutigen Frauen, die sich ins offene Wasser hinauswagen... Sie hatte das Zeug zu einer Königin.«

Frankfurter Allgemeine Zeitung

Jeanne Champion,
Die Vielgeliebte 9634

Jeanne Champion,
Sturmhöhen 9342

Maurice Lever,
Primavera 9700

Ingeborg Drewitz,
Bettine von Arnim 9328

Goldmann · Der Taschenbuch-Verlag

GOLDMANN TASCHENBÜCHER

Fordern Sie das kostenlose Gesamtverzeichnis an!

Literatur · **U**nterhaltung · **B**estseller · **L**yrik

Frauen heute · **T**hriller · **B**iographien

Bücher zu Film und Fernsehen · **K**riminalromane

Science-Fiction · **F**antasy · **A**benteuer · **S**piele-Bücher

Lesespaß zum Jubelpreis · **S**chock · **C**artoon · **H**eiteres

Klassiker mit Erläuterungen · **W**erkausgaben

****

Sachbücher zu Politik, Gesellschaft,

Zeitgeschichte und Geschichte; zu Wissenschaft,

Natur und Psychologie

Ein Siedler Buch bei Goldmann

****

Esoterik · **M**agisch reisen

****

Ratgeber zu Psychologie, Lebenshilfe,

Sexualität und Partnerschaft;

zu Ernährung und für die gesunde Küche

Rechtsratgeber für Beruf und Ausbildung

Goldmann Verlag · Neumarkter Str. 18 · 8000 München 80

Bitte senden Sie mir das neue Gesamtverzeichnis.

Name: ______________________________

Straße: ______________________________

PLZ/Ort: ______________________________